The Definitive BARNSLEY F.C.

A statistical history to 1996

**Statistics by Brian Dennis
Players details by Derek Hyde
Production by Tony Brown**

Volume 5 in a series of club histories
The Association of Football Statisticians

First published in Great Britain by Tony Brown, on behalf of the Association of Football Statisticians, 22 Bretons, Basildon, Essex SS15 5BY.

© Brian Dennis and Tony Brown, 1996

All rights reserved. No part of this publication may be reproduced, stored in a retrieval system, or transmitted in any form, or by any means, electronic, mechanical, photocopying, recording or otherwise without the prior permission in writing of the Copyright holders, nor be otherwise circulated in any form or binding or cover other than in which it is published and without a similar condition including this condition being imposed on the subsequent publisher.

Other volumes in this series are:

Volume 1: Rochdale
Volume 2: Northampton Town
Volume 3: Chesterfield
Volume 4: Portsmouth

and clubs under consideration for future volumes include:

Scunthorpe United, QPR, Aldershot, Hartlepool United, Torquay United and Luton Town

ISBN 1 899468 05 6

BARNSLEY F.C.

Contents

	Page
Forewords	2
Records Page	4
Team Groups	5
Introduction to the Statistics Pages	7
Non-League Seasons	8
Season by Season Line Ups	9
Results Against Other Clubs	98
F.A. Cup in Non-League Seasons	100
Managers	101
Players A-Z	102

FOREWORD by Mick McCarthy

I made my first team debut for Barnsley against Chesterfield in a League Cup tie on 16th August 1977. It was a memorable day for me because I was just 18, and scored a goal in a 3-0 victory. I spent 6 happy years playing soccer for my home town football club, and it gives me great pleasure to introduce this comprehensive statistical history of Barnsley F.C.

I have fond memories of the time I spent at Oakwell, playing with great players such as Ronnie Glavin, Trevor Aylott, Ian Evans, Allan Clarke and Norman Hunter, helping the Reds gain promotion to the 3rd Division in 1978/79, the 2nd Division in 1980/81, and having a good run in the F.A. Cup and League Cup, in the latter season.

I also recall the following season's great League Cup run when top flight teams Brighton & Hove Albion and Manchester City were beaten at Oakwell, and a trip to Anfield in the 5th round produced a moral victory in a 0-0 draw against mighty Liverpool.

Football has been good to me since I played for Worsborough Bridge Miners' Welfare Athletic as a 16 year old, but I never visualised that, one day, I would be Team Manager of The Republic of Ireland. After leaving Barnsley, I played for Manchester City, Glasgow Celtic, Olympic Lyon in France, and then had my first experience in management with Millwall, before accepting the Ireland post.

However, I will never forget my roots. I was born and bred in Barnsley, and often return to South Yorkshire to visit family and friends, and take in the odd game at Oakwell. I always watch out for Barnsley's result, and look forward to the day when Premiership football comes to the town.

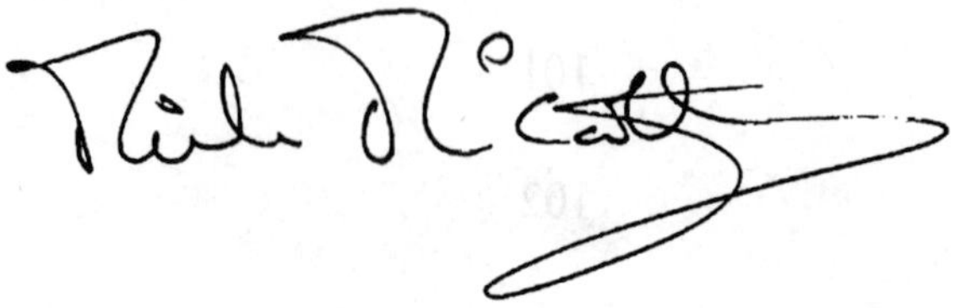

Mick McCarthy played 272 league games for the club scoring 7 goals. He also made 16 F.A. Cup appearances and 26 League Cup appearances, scoring 3 goals.

AUTHOR'S NOTES

Being Wombwell born and bred, it was natural that I should support Barnsley Football Club, and even though I left my roots more than 30 years ago, my support has never waned. I recall with fondness and sadness memories of yesteryear. Legends like the late, great Tommy Taylor, the stylish Danny Blanchflower and the awesome 'Skinner' Normanton. I was nowt but a lad when I visited Highbury to see my hero taken out of the game by a certain Mr. Alex Forbes. I remember games which are still etched in my memory, Lol Chappell scoring 4 goals but still on the losing side as the Reds were beaten 7-4 by Bristol City at Oakwell; beating Brighton 4-3 in a cup tie after being 3 goals down, again at Oakwell; drawing 2-2 at Loftus Road in the last match of the season to secure Third Division survival. Many more memories, but too numerous to mention.

I have always been interested in statistics, and it has been my dream for many a long year to publish a book on Barnsley FC, and I am grateful to the AFS for allowing me to fulfil my ambition. However, without the help of Derek Hyde, another Wombwell lad, now settled in Cardiff, the book would still be a dream. His assistance has been invaluable, checking and re-checking the season by season statistics, filling in many gaps, and he is given full credit for the player details.

My grateful thanks are due to David Copping for lending me his comprehensive records, to Brian Tabner for substantiating attendance figures, to Leigh Edwards for casting his eagle eyes over the player database, to Tony Brown for his considerable production skills, to Ray Spiller and other members of the AFS for their help and co-operation in making this publication possible, to Mick McCarthy who readily accepted my invitation to write the foreword, and finally, to my wife, for her patience and support as I burned many midnight oils locked away in my computer room. Whilst every effort has been made to produce accurate figures, anomalies are inevitable, and I would appreciate any feedback, no matter how small, as I intend to do a more detailed history of the club sometime in the future.

Brian Dennis
May 1996

PRODUCER'S NOTE

Barnsley are the archetypal second division club! This is not meant to be a disparaging remark, it is a statistical fact. The club have played 2458 games in the League's second division, nearly 400 more than their nearest challengers, Hull City and Leicester City. The fact that they are one of just nine clubs to have lost more than one thousand away games may explain why they have never quite managed to reach the top division!

My own connections with Barnsley date back to a steam train excursion to Oakwell in 1957; that just shows you how old I am! Thanks to Brian's meticulous records I can now look up the Barnsley team that day, and find I was one of 40,626 inside the stadium. With Short, Sharp and Swift in the side it's a wonder they ever lost.

Brian's efforts on his computer made the work for this book on my computer much easier, and I am grateful to him for his quick response to my questions. Despite the best efforts of AFS members we have had to leave a few gaps in attendance figures in the early years. My thanks go as usual to the regular contributors to these books, Brian Tabner, Michael Joyce and Leigh Edwards.

Tony Brown
May 1996

BARNSLEY RECORDS PAGE

PLAYERS:

Most Appearances	Barry Murphy 567 (512 League, 26 FA Cup, 29 FL Cup)
	Phil Chambers 494 (442+23+29)
	Eric Winstanley 461 (410+33+18)
Most Goals	Ernie Hine 131 (124 League, 7 FA Cup)
	George Lillycrop 104 (92+12)
Most League Goals in a Season	Cecil McCormack, 33 1950/51
Most International Appearances	Gerry Taggart, Northern Ireland, 35

THE CLUB:

Honours	Champions Division 3 (North) 1933/34, 1938/39, 1954/55
	F.A. Cup Winners 1911/12
Best League performance	3rd in Division Two, 1914/15, 1921/22
Best League Cup performance	5th Round, 1981/82
Most League points	67, Division 3(N) 1938/39 (2 points for a win)
	74, Division 2 1988/89 (3 points for a win)
Most League goals	118, Division 3(N), 1933/34
Most League wins in a season	30, 1938/39, 1954/55
Best League win	9-0 v. Loughborough 28/1/1899
Best League away win	9-0 v. Accrington Stanley 3/2/1934
Best F.A. Cup win	8-0 v. Leeds City, 3/11/1894
Best League Cup win	6-0 v. Peterborough United 15/9/1981
Best League run undefeated	21, from 1/1/1934
Undefeated League games, home	36, from 4/2/1933
Undefeated League games, away	15, from 27/12/1938
Best run of League wins	10, from 5/3/1955
Best run of home League wins	12, from 3/10/1914
Longest run of League draws	7, from 28/3/1911

1908/09. Back; Mr. A Fairclough (secretary), Mr. T Smith (referee), Mr. BE Gaunt (Director), Thorpe, Cooper. Second row; W Norman (trainer), Little, Boyle, Ness, Downs, Glendenning, Mr. TH Fisher (Chairman), Messrs. J Hawke, T Kenworthy, H Morton (directors). Seated; Tomlinson, Birkenshaw, Oxspring, Utley, Silto, Stringer, Moran (assistant trainer). Front; Biggins, Howard, Coulthard, Thomas, Lillycrop, Jones, Kaye, Wilkinson, Brooks, Forman.

1924/25. Back; Halliwell, Kelly, Beaumont, Gale, Gittins, Newton. Front; Donkin, Hine, Baines, Jukes, Hodgkinson.

1934/35. Back; Harper, Adey, Ellis, Shotton, Henderson, Chivers. Front; Spence, Smith, Blight, Andrews, Ashton, G Holley (trainer).

1948/49. Back; Whyte, Glover, Williams, P Kelly, Pallister, Baxter. Front; Smith, Wright, Robledo, Morris, J Kelly.

INTRODUCTION TO THE STATISTICS PAGES

The season by season grids show the results of games in the Football League, the F.A. Cup, the Football League Cup, and other first team competitions. The results of the 1939/40 season are not included since the League competition was abandoned at the outbreak of World War Two. However, details of these games can be found in a later section.

Home games are identified by the opponents name in upper case, away games by the use of lower case. Barnsley's score is always given first. Attendances for League games are taken from the official Football League records since 1925/26; before that, estimated attendances based on newspaper reports have to be used.

Substitutes have the numbers 12, 13 and 14. 12 is used if only one substitute appeared (no matter what number was on the player's shirt). 14 is used for the second substitute until 1993/94. In 1994/95 three substitutes were allowed, one of which was a goalkeeper (number 13). In 1995/96, 13 is used for the second substitute, even if he was an outfield player. The players who were taken off are underlined, except for seasons 1965/66 to 1968/69 where the details are unknown.

A full player list is provided for every player who made a League appearance. Date and place of birth are shown, where known, and the year of death. Players with the same name are given a (1) or (2) after their name to avoid confusion. The next two columns, "seasons played", act as an index to the season by season grids. The years shown are the "first year" of the season; for example, 1971 is season 1971/72. The two columns show the season in which the player made his League debut; and the final season that he played. However, if he only played in one season, the second column is blank. An entry of "1995" in the second column does not imply that the player has left the club, but means that he appeared in this "final season" of the book.

Note that some players also made F.A. Cup appearances before 1898 and in 1945/46. If a player also made a League appearance his F.A. Cup appearances and goals from these seasons are included in the list, but the "first/last League season" columns are unchanged.

Previous and next clubs show where he was transferred from, and the club he moved to. Non league club information is included when known.

The appearance columns have separate totals for the League, F.A. Cup, Football League Cup and miscellaneous tournaments. In Barnsley's case, the latter category includes the Third Division North Cup, the Anglo-Italian Cup, and the Full Members' Cup (played under a variety of sponsors' names). "Goals scored" are also shown under the four headings.

If a player has had more than one spell at the club, a consolidated set of appearance and goals are shown on the first line. Subsequent lines show the seasons involved in his return, and his new pair of previous and next clubs.

A full record of meetings against all other League clubs is included. Some clubs have played in the League under different names, but the totals are consolidated under the present day name in this table. Other pages show the club's record in the F.A. Cup in non League seasons and the list of managers.

BARNSLEY IN NON LEAGUE SEASONS

The club was formed as Barnsley St. Peter's, by The Reverend Tiverton Preedy, in 1887, and dropped the 'St. Peter's' 10 years later. In the first year of inception, Barnsley St. Peter's played local friendly matches and entered the Sheffield Hallamshire Cup the following season. By 1890, the club had progressed to the Sheffield League and three seasons later were involved in the F.A. Cup, the Sheffield Challenge Cup and the Barnsley Hospital Cup, a trophy they won in 1892/93 and again the following year.

The club was noticed by a wider audience in season 1894/95, when they reached the first round of the F.A. Cup and were rewarded with a home tie against mighty Liverpool, which was drawn. One of the 'part time' players was reported as having worked the night shift down the pit immediately before the replay in Liverpool! The ' Saints', as they were then known, joined the Midland League in 1895, but were still involved in local Charity Cup competitions. Barnsley also played in the Yorkshire League in 1897/98, and the following season were elected to the Football League, when it was decided to increase the size of the two divisions of the League to 18 clubs each.

Principal league record prior to 1898:

		p	*w*	*d*	*l*	*f*	*a*	*Pts*	*Pos.*
1893/94	Sheffield Challenge Cup	26	15	5	6	67	50	35	4th
1894/95	Sheffield Challenge Cup	28	17	3	8	67	43	35	5th
1895/96	Midland League	28	13	3	12	62	52	29	8th
1896/97	Midland League	28	10	4	14	57	71	24	11th
1897/98	Midland League	22	14	3	5	48	30	31	2nd

2 points were deducted in 1894/95 for playing an ineligible player.

BARNSLEY IN THE WAR YEARS

1915/16 to 1918/19 - 1st World War

		p	*w*	*d*	*l*	*f*	*a*	*Pts.*	*Pos.*
1915/16	Midland Section	26	12	4	10	46	55	28	5th
1915/16	Supplementary Compefition	10	2	0	8	13	27	4	6th
1916/17	Midland Section	30	15	8	7	65	41	38	2nd
1916/17	Supplementary Competition	6	1	3	2	8	9	5	3rd
1917/18	Midland Section	28	8	2	18	40	74	18	15th
1917/18	SupplementaryCompetition	6	3	1	2	14	12	7	2nd
1918/19	Midland Section	30	9	3	18	45	79	21	14th
1918/19	Supplementary Competition	6	1	1	4	13	18	3	3rd

During these years, guest players turned out for Barnsley including Palmer (Everton), Peart and Sherwin (Leeds City) and Bratley (Liverpool).

1939/40 to 1945 - 2nd World War

During this period, Barnsley entered various competitions including the East Midlands League, North League, County Cup and War Cup. Many guest players donned the red and white of Barnsley, including Hubbard and Burton (West Ham United), Hydes (Newport County), Thorogood and Fisher (Millwall), Sagar (Everton), Henry (Leeds United), Nicholls (Bradford Park Avenue), Barlow (Portsmouth), Sinclair (Doncaster Rovers), Spence (Chelsea), Taylor (Norwich City) and Myers (Cardiff City).

1898/99 11th in Division 2

No.	Month	Day	Opponent	Score	Scorers	Att.	Fawcett T	Nixon T	McCartney J	King T	Burleigh J	Porteous D	Davis H	Lees W	Murray J	McCullough F	McGee J	Black A	Carthy T	Craven JR	Greaves J	Hepworth W	Hind A	Howard F	Jones R	Naylor H	Padgett D	Ritchie R	Smith T	Worrall AJ
1	Sep	1	Lincoln City	0-1			1	3	2	4	5	6	7	8	9	10	11													
2		3	Burslem Port Vale	0-2		4000		3	2	4	5	6	7	8	9	10	11				1									
3		10	LUTON TOWN	2-1	McCartney (pen), Davis			3	2		5	6	7		9	10	11				1							4	8	
4		17	Small Heath	1-3	Davis	5000		3	2		5	6	7		9	10		11			1	8						4		
5		24	LEICESTER FOSSE	3-4	Hepworth, Lees, Davis			3	2		5	6	7	9		10					1	8			11			4		
6	Oct	8	DARWEN	6-0	Hepworth 2, McCullough 2, Howard, Davis				3		5	2	7			10		6	11		1	8		4	9					
7		22	GAINSBOROUGH TRIN.	1-0	Davis	1500		3	2		5	6	7	9		10					1	8		4	11					
8	Nov	5	MANCHESTER CITY	1-1	Lees	4000		3	2		5	6	7	9		10					1	8		4	11					
9		12	Newton Heath	0-0		4000		3	2		5	6	7	9		10					1	8		4	11					
10		26	New Brighton Tower	1-2	Hepworth			3			5	2	7	9		10					1	8		4	11		6			
11	Dec	3	WALSALL	1-1	Hepworth	2500		3			5	2	7	9		10					1	8	6	4	11					
12		17	Burton Swifts	0-5					3		5	2	7	9		10		6			1	8		4	11					
13		24	WOOLWICH ARSENAL	2-1	Lees, Davis	3000			2		5	3	7	9		10				4	1	8		6	11					
14		26	Grimsby Town	1-0	Jones	4500			2		5	3	7	9		10				4	1	8		6	11					
15		27	GLOSSOP	1-1	Davis				2		5	3	7	9		10				6	1	8		4	11					
16		31	BURSLEM PORT VALE	2-1	Hepworth, Lees (pen)	1000			2		5	3	7	9		10				6	1	8		4	11					
17	Jan	7	Luton Town	1-4	Jones				2		5	3	7	9		10				6	1	8		4	11					
18		14	SMALL HEATH	7-2	Jones 3, Hepworth, Lees 2, Davis	2000		3	2		5	4	7	9		10					1	8		6	11					
19		21	Leicester Fosse	1-3	Lees (pen)			3	2		5	4	7	9		10					1	8		6	11					
20		28	LOUGHBOROUGH	9-0	*see below	2000		3	2		5	4	7	9		10					1	8		6	11					
21	Feb	11	BLACKPOOL	2-1	Hepworth, McCullough			3	2		5	6	7	9		10					1	8		4	11					
22		18	Gainsborough Trinity	0-2				3	2		5	6	7	9		10					1	8		4	11					
23		25	GRIMSBY TOWN	2-2	Davis, Jones	2000		3	2		5	6	7	9		10					1			4	11	8				
24	Mar	4	Manchester City	0-5		12000		3	2		5		7	9		10				6	1	8		4	11					
25		11	Loughborough	0-2		1200		3	2		5		7	9		10				6	1			4	11				8	
26		15	Blackpool	1-3	McCartney	600		3	2	4			7	5		10		6		9	1				11				8	
27		21	Darwen	1-1	Davis			3	2			4	7	5		10					1			6	11				8	9
28		25	NEW BRIGHTON TOWER	2-1	Jones, Craven			3	2			4	7	5		10				8	1			6	11					9
29		31	Glossop	0-1				3	2			4	7	5		10				8	1			6	11					9
30	Apr	1	Walsall	1-1	Davis	2000		3	2			4	7	5						8	1	10		6	11					9
31		3	LINCOLN CITY	1-0	Lees			3	2			4		5		10				8	1	7		6	11					9
32		4	NEWTON HEATH	0-2		4000		3	2			4	7	5		10				11	1	9		6	8					
33		15	BURTON SWIFTS	2-0	Jones, McCullough			3	2			4	7	5		10					1			6	11				8	9
34		22	Woolwich Arsenal	0-3		4000		3	2			4	7	5						11	1	8		6	10					9

Scorers in game 20: Davis 4, Jones 2, Hepworth, McCullough, Lees

	Fawcett T	Nixon T	McCartney J	King T	Burleigh J	Porteous D	Davis H	Lees W	Murray J	McCullough F	McGee J	Black A	Carthy T	Craven JR	Greaves J	Hepworth W	Hind A	Howard F	Jones R	Naylor H	Padgett D	Ritchie R	Smith T	Worrall AJ
Apps	1	27	32	3	25	31	33	31	4	32	3	4	1	14	33	24	1	28	30	1	1	3	5	7
Goals			2				15	9		5				1		9		1	10					

F.A. Cup

Rd	Month	Day	Opponent	Score	Scorers	Att.	Fawcett T	Nixon T	McCartney J	King T	Burleigh J	Porteous D	Davis H	Lees W	Murray J	McCullough F	McGee J	Black A	Carthy T	Craven JR	Greaves J	Hepworth W	Hind A	Howard F	Jones R	Naylor H	Padgett D	Ritchie R	Smith T	Worrall AJ
Q2	Oct	15	Wombwell	1-0	Hepworth				2		5	3	7			10		6	11		1	8		4	9					
Q3		29	Gainsborough Trinity	2-2	McCartney (pen), McCullough			3	2		5	6	7	9		10					1	8		4	11					
rep	Nov	3	GAINSBOROUGH TRIN.	4-0	Lees, Davis 3			3	2		5	6	7	9		10					1	8		4	11					
Q4		19	Doncaster Rovers	2-1	Hepworth, Lees	3000		3			5	2	7	9		10					1	8		4	11		6			
Q5	Dec	10	GRIMSBY TOWN	0-0				3	2		5	6	7	9		10					1	8		4	11					
rep		14	Grimsby Town	1-2	Lees	2000			2		5	6	7	9		10		3			1	8		4	11					

		P	W	D	L	F	A	W	D	L	F	A	Pts
1	Manchester City	34	15	1	1	64	10	8	5	4	28	25	52
2	Glossop	34	12	1	4	48	13	8	5	4	28	25	46
3	Leicester Fosse	34	12	5	0	35	12	6	4	7	29	30	45
4	Newton Heath	34	12	4	1	51	14	7	1	9	16	29	43
5	New Brighton Tower	34	13	2	2	48	13	5	5	7	23	39	43
6	Walsall	34	12	5	0	64	11	3	7	7	15	25	42
7	Woolwich Arsenal	34	14	2	1	55	10	4	3	10	17	31	41
8	Small Heath	34	14	1	2	66	17	3	6	8	19	33	41
9	Burslem Port Vale	34	12	2	3	35	12	5	3	9	21	22	39
10	Grimsby Town	34	10	3	4	39	17	5	2	10	32	43	35
11	BARNSLEY	34	11	4	2	44	18	1	3	13	8	38	31
12	Lincoln City	34	10	5	2	31	16	2	2	13	20	40	31
13	Burton Swifts	34	7	5	5	35	25	3	3	11	16	45	28
14	Gainsborough Trinity	34	8	4	5	40	22	2	1	14	16	50	25
15	Luton Town	34	8	1	8	37	31	2	2	13	14	64	23
16	Blackpool	34	6	3	8	35	30	2	1	14	14	60	20
17	Loughborough	34	5	4	8	31	26	1	2	14	7	66	18
18	Darwen	34	2	4	11	16	32	0	1	16	6	109	9

1899/1900 16th in Division 2

							Greaves J	Nixon T	McCartney J	Pepper F	Lees W	Foulds J	Davis H	Gosling T	Armson H	Little T	Craven JR	Atterbury S	Bennett HE	Campbell A	Hellewell, Alb.	Hepworth W	Howard F	Hunt S	Jones R	Lake CE	Lawton R	Morrison FR	Reid W	Simmons W	Smith T	Waldron H	Kilner A
1	Sep	2	BURTON SWIFTS	4-1	Armson, Foulds, Little, Gosling	3000	1	2	3	4	5	6	7	8	9	10	11																
2		9	Leicester Fosse	0-1		8000	1	2	3	4	5	6	7		9	10	11						8										
3		16	LUTON TOWN	2-1	Davis 2	2500	1	2	3	4	5	6	7		9	10	11						8										
4		23	Burslem Port Vale	1-3	Davis	2000	1	2		5	10		7		9		11						4				3		6		8		
5		30	WALSALL	2-2	Davis, Armson	2000	1	2	3	5	9	6	7		10	11							4								8		
6	Oct	7	Middlesbrough	0-3			1	2	3	5	9	6	7		10	11							4								8		
7		21	Gainsborough Trinity	0-1			1	2	3	6	5		7		10	11							4								8		9
8	Nov	4	Loughborough	0-0		500	1	2	3	6	5			8	10	9	11						4								7		
9		11	NEWTON HEATH	0-0		3000	1	2	3	6	5		7	8	10	9	11						4										
10		25	LINCOLN CITY	0-4		1000	1	2	3	6	5			8		10							4	9		11					7		
11	Dec	2	Small Heath	0-5		4000	1	2	3	6	5		7		10	9						8	4			11							
12		9	NEW BRIGHTON TOWER	1-1	Little		1	2	3		5		7		10	9		6				8	4			11							
13		16	Grimsby Town	1-8	Lake	2500	1		2	6	5		7		10	9		3		8			4			11							
14		25	Walsall	2-4	Lake, Kilner	3500	1				5		7	4		9		3		8			2			11			6				10
15		26	BOLTON WANDERERS	1-6	Davis		1		2		5		7	4		9		3		8			6			11			10				
16		30	Burton Swifts	0-4			1		2	5	10		7	4	9			3		8			6			11							
17	Jan	6	LEICESTER FOSSE	1-2	Campbell		1	3	2	5	9		7	6						8			4			11			10				
18		13	Luton Town	0-3			1		2	5	9			6						7			4		10	11	3		8				
19		20	BURSLEM PORT VALE	3-0	Davis, Waldron, Lees	2000	1		3	5	8		7	4				2					6		11				10			9	
20	Feb	10	MIDDLESBROUGH	5-2	Lake 2, Simmons 2, Lees		1		2	5	8							3	4						10	11		6		7		9	
21		17	Chesterfield	1-2	Jones	1000	1		2	5	8							3	4						10	11		6		7		9	
22		24	GAINSBOROUGH TRIN.	5-0	Lees 3, Simmons, Jones		1		2	5	8							3	4						10	11		6		7		9	
23		27	Sheffield Wednesday	1-5	Simmons		1		2	5	8							3	4						10	11		6		7		9	
24	Mar	10	LOUGHBOROUGH	7-0	Simmons 2, Jones 2, Lees 2, McCartney		1		2	5	8							3	4						10	11		6		7		9	
25		17	Newton Heath	0-3		3000	1		2	5	11			8				3	4						10			6		7		9	
26		24	SHEFFIELD WEDNESDAY	1-0	Jones	5000	1		2	5	8							3	4						10	11		6		7		9	
27		31	Lincoln City	1-1	Lake		1		2	5	8							3	4						10	11		6		7		9	
28	Apr	7	SMALL HEATH	1-1	Jones	2000	1		2	5	8							3	4						10	11		6		7		9	
29		13	Bolton Wanderers	0-2			1			5	8							3	4				2		10	11		6		7		9	
30		17	CHESTERFIELD	0-0		3000	1			5	8							3	2				4		10	11		6		7		9	
31		21	GRIMSBY TOWN	0-1			1			5	8			4				3	2						10	11		6		7		9	
32		23	WOOLWICH ARSENAL	3-2	Jones, Lake, one og	500	1			5	9			4				3	2						10	11		6		7		8	
33		25	New Brighton Tower	2-6	Helliwell, Jones	1000	1			5	9			4				3	2		8				10	11		6		7			
34		28	Woolwich Arsenal	1-5	Lake	3000	1			5	9							3	2		8		4		10	11		6		7			
						Apps	34	13	26	31	34	5	16	14	13	14	6	21	15	6	2	2	21	1	17	23	2	15	6	15	6	14	2
						Goals			1		7	1	6	1	2	2				1	1				8	7				6		1	1

One own goal

F.A. Cup

Q3	Oct	28	Lincoln City	1-0	Davis		1	2	3	4	5		7	8	10	9	11						6										
Q4	Nov	21	Grimsby Town	2-3	Cotton, Little	3000	1	2	3	4	5			8	10	9	11						6										

Played in Q4: Cotton (at 7)

		P	*W*	*D*	*L*	*F*	*A*	*W*	*D*	*L*	*F*	*A*	*Pts*
1	Sheffield Wed.	34	17	0	0	61	7	8	4	5	23	15	54
2	Bolton Wanderers	34	14	2	1	47	7	8	6	3	32	18	52
3	Small Heath	34	15	1	1	58	12	5	5	7	20	26	46
4	Newton Heath	34	15	1	1	44	11	5	3	9	19	16	44
5	Leicester Fosse	34	11	5	1	34	8	6	4	7	19	28	43
6	Grimsby Town	34	10	3	4	46	24	7	3	7	21	22	40
7	Chesterfield	34	10	4	3	35	24	6	2	9	30	36	38
8	Woolwich Arsenal	34	13	1	3	47	12	3	3	11	14	31	36
9	Lincoln City	34	11	5	1	31	9	3	3	11	15	34	36
10	New Brighton Tower	34	9	4	4	44	22	4	5	8	22	36	35
11	Burslem Port Vale	34	11	2	4	26	16	3	4	10	13	33	34
12	Walsall	34	10	5	2	35	18	2	3	12	15	37	32
13	Gainsborough Trin.	34	8	4	5	37	24	1	3	13	10	51	25
14	Middlesbrough	34	8	4	5	28	15	0	4	13	11	54	24
15	Burton Swifts	34	8	5	4	31	24	1	1	15	12	60	24
16	BARNSLEY	34	8	5	4	36	23	0	2	15	10	56	23
17	Luton Town	34	5	3	9	25	25	0	5	12	15	50	18
18	Loughborough	34	1	6	10	12	26	0	0	17	6	74	8

1900/01 15th in Division 2

						Greaves J	McCartney J	Stevenson GW	Bennett HE	Lees W	Morrison FR	Bradbury JJL	Turner PJ	Swann A	Jones R	Mawson F	Atterbury S	Broley JF	Carlin JC	Hellewell, Alb.	Lake CE	Morris GR	Pepper F	Adcock W	McDonald J
1	Sep 1	Walsall	0-3		3000	1	3	2	4	5	6	7	8	9	10	11									
2	8	BURTON SWIFTS	3-2	Swann 2, Turner	2500	1		2	4	10	6	7	8	9	11		3						5		
3	15	CHESTERFIELD	4-1	Hellewell 2, Bradbury, Swann	3000	1	3	2	4	5	6	7	10	9						8	11				
4	22	Woolwich Arsenal	2-1	Swann 2	7000	1	3	2	4	5	6	7	10	9						8	11				
5	29	BLACKPOOL	0-1		4000	1	3	2	4	5	6	7	10	9						8	11				
6	Oct 6	Stockport County	1-2	Swann		1		2	4	5	6	7		9			3			8	11			10	
7	13	SMALL HEATH	1-2	Lake	4000			2	4	10	6	7		9			3	1		8	11		5		
8	20	Grimsby Town	0-1					2	4		6	7		9		10	3	1		8	11		5		
9	24	Gainsborough Trinity	2-4	Swann, Hellewell				2	4		6	7		9		10	3	1		8			5	11	
10	27	LINCOLN CITY	0-0			1		2	4		6	7		9	10	11	3			8			5		
11	Dec 1	Burslem Port Vale	2-3	Bradbury, Swann		1		2	4	5	6	7		9	11		3		10	8					
12	15	New Brighton Tower	0-2		2000	1		2	3	5	6	7		9	11	10				8		4			
13	22	GAINSBOROUGH TRIN.	1-3	Swann		1		2		5	6	7		9	11	10	3			8		4			
14	25	Leicester Fosse	0-2			1		2	6	8				9	11	10	3			7		4	5		
15	26	Middlesbrough	0-3		8000	1	3	2		8	6			9	11	10				7		4	5		
16	29	WALSALL	2-1	Hellewell, Swann	2000	1		2	4	8				9	11	10	3			7		6	5		
17	Jan 1	LEICESTER FOSSE	1-0	Mawson		1		2	4		3	7		9	11	10				8		6	5		
18	5	Burton Swifts	1-1	Mawson		1		2	4		3	7		9	11	10				8		6	5		
19	12	Chesterfield	2-1	Hellewell, Swann		1		2	4		3	7		9		11			10	8		6	5		
20	19	WOOLWICH ARSENAL	3-0	Swann 2, Lees	3000	1		2	4	8	3			9		11			10	7		6	5		
21	Feb 9	STOCKPORT COUNTY	2-0	Swann 2		1		2		4	3			9		11			10	7		6	5		8
22	16	Small Heath	1-3	Carlin	8000	1		2	4	8	3			9		11			10	7		6	5		
23	23	GRIMSBY TOWN	2-3	Carlin, Mawson	2000	1		2	4	8	3			9		11			10	7		6	5		
24	Mar 2	Lincoln City	0-3		1500	1		2	4	8	3				10	11			9	7		6	5		
25	13	Newton Heath	0-1		6000	1		2	4	8	3				10	11			9	7		6	5		
26	14	MIDDLESBROUGH	3-1	Jones, Lees, Carlin		1		2	4	8	3				10	11			9	7		6	5		
27	16	Glossop	1-2	Morris	2000	1		2	4	8	3				10	11			9	7		6	5		
28	20	Blackpool	1-1	Atterbury	500	1			4	8	3				10	11	2		9	7		6	5		
29	30	Burnley	0-4			1			4	8	3			9		11	2		10	7		6	5		
30	Apr 5	BURNLEY	2-1	Swann, Lees		1		2	4	8	3			9		11			10	7		6	5		
31	6	BURSLEM PORT VALE	1-3	Bennett				1	4	8	3			9	10	11	2			7		6	5		
32	8	GLOSSOP	2-2	Bennett 2		1		2	4	8	3			9		11			10	7		6	5		
33	9	NEWTON HEATH	6-2	Hellewell 2,Carlin,Mawson,Swann,Lees	3000	1		2	4	8	3			9		11			10	7		6	5		
34	20	NEW BRIGHTON TOWER	1-1	Swann	3000	1		2	4	8	3			9		11			10	7		6	5		
					Apps	30	5	32	31	28	32	16	5	29	17	27	13	3	16	32	6	23	26	2	1
					Goals				3	4		2	1	18	1	4	1		4	7	1	1			

F.A. Cup

						Greaves J	McCartney J	Stevenson GW	Bennett HE	Lees W	Morrison FR	Bradbury JJL	Turner PJ	Swann A	Jones R	Mawson F	Atterbury S	Broley JF	Carlin JC	Hellewell, Alb.	Lake CE	Morris GR	Pepper F	Adcock W	McDonald J
Q3	Nov 3	DONCASTER ROVERS	2-1	Bradbury, Jones	4000	1		2	4	5	6	7		9	10		3			8	11				
Q4	17	LINCOLN CITY	1-0	Jones		1		2	4	5	6	7		9	10		3			8	11				
Q5	Dec 8	CHESTERFIELD	1-5	Swann	3000	1		2		5	6	7		9	10	11	3			8		4			

		P	W	D	L	F	A	W	D	L	F	A	Pts
1	Grimsby Town	34	14	3	0	46	11	6	6	5	14	22	49
2	Small Heath	34	14	2	1	41	8	5	8	4	16	16	48
3	Burnley	34	15	2	0	39	6	5	2	10	14	23	44
4	New Brighton Tower	34	12	5	0	34	8	5	3	9	23	30	42
5	Glossop	34	11	2	4	34	9	4	6	7	17	24	38
6	Middlesbrough	34	11	4	2	38	13	4	3	10	12	27	37
7	Woolwich Arsenal	34	13	3	1	30	11	2	3	12	9	24	36
8	Lincoln City	34	12	3	2	39	11	1	4	12	4	28	33
9	Burslem Port Vale	34	8	6	3	28	14	3	5	9	17	33	33
10	Newton Heath	34	11	3	3	31	9	3	1	13	11	29	32
11	Leicester Fosse	34	9	5	3	30	15	2	5	10	9	22	32
12	Blackpool	34	7	6	4	20	11	5	1	11	13	47	31
13	Gainsborough Trin.	34	8	4	5	26	18	2	6	9	19	42	30
14	Chesterfield	34	6	5	6	25	22	3	5	9	21	36	28
15	BARNSLEY	34	9	3	5	34	23	2	2	13	13	37	27
16	Walsall	34	7	7	3	29	23	0	6	11	11	33	27
17	Stockport County	34	9	2	6	25	21	2	1	14	13	47	25
18	Burton Swifts	34	7	3	7	16	21	1	1	15	18	45	20

1901/02 11th in Division 2

						Seymour A	Hay J	Stevenson GW	Bennett HE	Carroll J	Couchlin D	McGowan D	Lees W	McCairns T	Carlin JC	Mawson F	Bennett GJ	Dartnell H	Gordon A	Green BH	Hellewell, Alb.	Lydon T	McCartney WJ	Nimrod J	Oxspring A	Pepper F	Travers P	Welch C	Dyer JA	Hirst G	Morrison FR
1	Sep 2	Woolwich Arsenal	1-2	McCairns	4000	1	2	3	4	5	6	7	8	9	10	11															
2	7	BURTON UNITED	3-2	Mawson, Gordon, Carlin	3000	1	2	3	4		6	7	8		10	11			9			5									
3	14	Leicester Fosse	0-2			1	2	3	4		6	8			10	11	7		9							5					
4	21	PRESTON NORTH END	0-4		2000	1	2	3			6		5		10	11	7		9					4	8						
5	28	Burnley	0-2		3000	1	2				6		5		10	11	7		9					4	8			3			
6	Oct 5	BURSLEM PORT VALE	4-0	Gordon 2, Hellewell, Carlin		1	2				6		5		10	11			9		7			4	8			3			
7	12	Chesterfield	2-1	Lees 2	3000	1	2				6		5	9	10	11					7			4	8			3			
8	19	GAINSBOROUGH TRIN.	2-0	Mawson, Gordon	2000	1	2		4		6		5		10	11			9		7				8			3			
9	26	Middlesbrough	1-2	Gordon	5000	1	2		4		6		5	9	10	11			8		7							3			
10	Nov 9	Blackpool	1-2	Mawson	2000	1		2	4		6			9	10	11			8		7			5				3			
11	23	Newton Heath	0-1		4000	1		2	4				5	9	10	11	7		8				6					3			
12	Dec 7	Doncaster Rovers	1-0	Carlin	3000	1	3	2	4				11		10		7		9	8			6						5		
13	14	Preston North End	0-4		2000	1	3	2	4				11		10		7		9	8			6						5		
14	21	West Bromwich Albion	1-3	GJ Bennett	6000	1	3	2	4	5			11	9	10		7						6				8				
15	25	BRISTOL CITY	2-2	McCairns 2		1		2	4	5			8	9	7			11							6		10	3			
16	26	GLOSSOP	1-4	Lees		1		2	4	5			8	9	7			11							6		10	3			
17	28	WOOLWICH ARSENAL	2-0	GJ Bennett 2	3000	1		2	4	5			8	9			7	11							6		10	3			
18	Jan 1	BURNLEY	2-2	Lees (2 pens)		1		2	4	5			8	9			7	11							6		10	3			
19	4	Burton United	1-2	Lees (pen)		1		2	4	5			8	9	7	11									6		10	3			
20	11	LEICESTER FOSSE	2-3	Travers 2		1		2	7	5	4		11	9	10										6		8	3			
21	Feb 1	Burslem Port Vale	1-2	Lees	1500	1		2		5			9		7	11		10						4	6		8	3			
22	8	CHESTERFIELD	3-2	McCairns 2, Lees (pen)		1		2	4				5	8	7	11		10	9						6			3			
23	15	Gainsborough Trinity	0-0			1		2					5	8	7	11		10	9					4	6			3			
24	22	MIDDLESBROUGH	2-7	Travers, Dartnell	2000	1		2		9			5		7	11		10						4	6		8	3			
25	Mar 1	Bristol City	1-3	Gordon	4000	1		2		4			5	8	7	11		10	9						6			3			
26	8	BLACKPOOL	2-0	Dartnell, Carlin	2000	1		2		4			5	8	7	11		9							6		10	3			
27	15	Stockport County	3-2	McCairns 2, Green		1		2	4				5	9	7	11		10		8					6			3			
28	22	NEWTON HEATH	3-2	Green, Carroll, Dartnell	2500	1	2		4	9			5		11			10		8					6			3		7	
29	28	Lincoln City	1-1	Lees		1	2		4				5	9	7			11		8					6		10	3			
30	29	Glossop	1-1	Dartnell	2000	1	2		4				5	9	7			11		8					6		10	3			
31	31	STOCKPORT COUNTY	3-1	Travers, Carlin, Lees (pen)		1	2		4				5	9	7			11		8					6		10	3			
32	Apr 5	DONCASTER ROVERS	3-0	Dartnell 2, McCairns	1000	1	2		4				5	9	7			10		8	11				6						3
33	12	LINCOLN CITY	2-2	Mawson, McCairns	1000	1	2		4				5	9	7	11		10		8					6			3			
34	19	WEST BROMWICH ALB.	0-2		4000	1	2		4				5	9	7	11		10		8					6			3			
					Apps	34	19	22	25	13	11	3	32	23	32	21	9	18	14	10	6	1	4	8	25	1	13	26	2	1	1
					Goals					1			10	9	5	4	3	6	6	2	1						4				

F.A. Cup

						Seymour A	Hay J	Stevenson GW	Bennett HE	Carroll J	Couchlin D	McGowan D	Lees W	McCairns T	Carlin JC	Mawson F	Bennett GJ	Dartnell H	Gordon A	Green BH	Hellewell, Alb.	Lydon T	McCartney WJ	Nimrod J	Oxspring A	Pepper F	Travers P	Welch C	Dyer JA	Hirst G	Morrison FR
Q3	Nov 2	GAINSBOROUGH TRIN.	1-0	McCairns		1		2	4		6		5	9	10	11			8		7							3			
Q4	16	Ilkeston Town	4-2	GJ Bennett 2, Gordon, Mawson		1		2	4				5	9	10	11	7		8				6					3			
Q5	30	LINCOLN CITY	0-0			1		2	4				5	9	10	11	7		8				6					3			
rep	Dec 4	Lincoln City	1-3	Carlin		1		2	4				5	9	10	11	7		8				6					3			

Q5 replay a.e.t.

		P	W	D	L	F	A	W	D	L	F	A	Pts
1	West Bromwich Alb.	34	14	2	1	52	13	11	3	3	30	16	55
2	Middlesbrough	34	15	1	1	58	7	8	4	5	32	17	51
3	Preston North End	34	12	3	2	50	11	6	3	8	21	21	42
4	Woolwich Arsenal	34	13	2	2	35	9	5	4	8	15	17	42
5	Lincoln City	34	11	6	0	26	4	3	7	7	19	31	41
6	Bristol City	34	13	1	3	39	12	4	5	8	13	23	40
7	Doncaster Rovers	34	12	3	2	39	12	1	5	11	10	46	34
8	Glossop	34	7	6	4	22	15	3	6	8	14	25	32
9	Burnley	34	9	6	2	30	8	1	4	12	11	37	30
10	Burton United	34	8	6	3	32	23	3	2	12	14	31	30
11	BARNSLEY	34	9	3	5	36	33	3	3	11	15	30	30
12	Burslem Port Vale	34	7	7	3	26	17	3	2	12	17	42	29
13	Blackpool	34	9	3	5	27	21	2	4	11	13	35	29
14	Leicester Fosse	34	11	2	4	26	14	1	3	13	12	42	29
15	Newton Heath	34	10	2	5	27	12	1	4	12	11	41	28
16	Chesterfield	34	10	3	4	35	18	1	3	13	12	50	28
17	Stockport County	34	8	3	6	25	20	0	4	13	11	52	23
18	Gainsborough Trin.	34	4	9	4	26	25	0	2	15	4	55	19

1902/03 8th in Division 2

							Seymour A	Hay J	West A	Bennett HE	McGran W	Oxspring A	Lang J (1)	Green BH	Richardson GC	Lees W	Bourne RA	Coman F	Greaves J	Hellewell, Alb.	Hellewell, Alec	McCartney WJ	Mawson F	Nimrod J	Underwood A	Welch C
1	Sep	6	STOCKPORT COUNTY	2-1	Green 2	3000	1	2	3	4	5	6	7	8	9	10	11									
2		13	Blackpool	3-3	Lees (pen), Green 2	2000	1	2	3	4	5	6	7	8	9	11									10	
3		20	WOOLWICH ARSENAL	1-1	Underwood	5000	1	2	3	4	5	6	7	8		9							11		10	
4		27	Doncaster Rovers	0-2		3000	1		2	4	5	6	7	9		8	11								10	3
5	Oct	4	LINCOLN CITY	0-0		3000	1		2	4	5	6	7	8	9		11								10	3
6		11	Small Heath	1-2	Richardson	7000	1		2	4	5	6	7	8	9		11								10	3
7		18	LEICESTER FOSSE	1-2	Bennett		1		2	4	5	6	7	8	9		11								10	3
8	Nov	8	Preston North End	0-3		1500	1		2	4		6	7			5	11	8		9					10	3
9		22	Chesterfield	0-3		3000	1		2	4		6	7			5	11	8		9					10	3
10		24	Manchester City	2-3	Underwood, Orr (og)	8000	1		2	4		6	7			5	11	8		9					10	3
11	Dec	6	BURTON UNITED	4-0	Lang 2, Underwood, Coman				2	4		6	7	8			11	10	1	9		5				3
12		20	GLOSSOP	0-1		2000		2	3	4		6	7			5	11	8	1	9					10	
13		25	Bristol City	3-3	Davis (og), Green, Coman	6000	1		2			4		8		5	11	10		9	7				6	3
14		27	Manchester United	1-2	Lees	9000	1		2			4		8		5	11	10		9	7				6	3
15	Jan	1	BURNLEY	3-0	Green 3		1		2			6		8		5				9	7		11	4	10	3
16		3	Stockport County	1-4	Lees		1		2			6	7	8		5		10		9	11			4		3
17		10	BLACKPOOL	6-0	Alec Hellewell 2, Alb. Hellewell 2, Green 2		1		2	4		6		8		5		10		9	7		11			3
18		17	Woolwich Arsenal	0-4		10000	1		2	4		6		8		5		10		9	7		11			3
19		21	Lincoln City	3-1	Alec Hellewell 2, Green		1		2	4		6		8		5		10		9	7		11			3
20		24	DONCASTER ROVERS	2-0	Lees, Alb Hellewell	4000	1		2	4		6		8		5		10		9	7		11			3
21	Feb	14	Leicester Fosse	2-1	Lees, Alb Hellewell		1		2	4		6		8		5	11	10		9	7					3
22		28	Burnley	2-1	Coman, Green		1		2	4		6		8		5	11	10		9	7					3
23	Mar	7	PRESTON NORTH END	3-0	Green 2, Coman	3000	1		2	4		6		8		5	11	10		9	7					3
24		21	CHESTERFIELD	2-2	Alec Hellewell, Coman	3000	1		2	4		6		8		5	11	10		9	7					3
25		25	Gainsborough Trinity	2-1	Coman, Green		1		2	4		6		8		5	11	10		9	7					3
26		28	GAINSBOROUGH TRIN.	2-3	Coman 2		1		2	4		6		8		5	11	10		9	7					3
27	Apr	4	Burton United	1-1	Coman		1		2	4		6		8		5	11	10		9	7					3
28		10	BURSLEM PORT VALE	1-0	Green	4000			2	4		6		8		5		10	1	9	7		11			3
29		11	BRISTOL CITY	2-0	Lewis (og), Lees (pen)	4000			2	4		6		8		5		10	1	9	7		11			3
30		13	SMALL HEATH	3-0	Alb Hellewell, Alec Hellewell, Coman	5000		2	3	4		6		8		5		10	1	9	7		11			
31		14	MANCHESTER CITY	0-3		5500		2		4		6		8		5			1	9	7	3	11		10	
32		18	Glossop	2-2	Lees 2	1000		2	3	4		6		8		5		10	1	9	7		11			
33		20	Burslem Port Vale	0-2			1	2	3			6		8		5		10		9	7		11	4		
34		25	MANCHESTER UNITED	0-0		2000	1		2			6		8		5		10		9	7		11	4		3
						Apps	27	8	33	28	7	34	13	30	5	30	19	25	7	27	22	2	13	4	14	26
						Goals				1			2	16	1	8		10		5	6				3	

Three own goals

F.A. Cup

							Seymour A	Hay J	West A	Bennett HE	McGran W	Oxspring A	Lang J (1)	Green BH	Richardson GC	Lees W	Bourne RA	Coman F	Greaves J	Hellewell, Alb.	Hellewell, Alec	McCartney WJ	Mawson F	Nimrod J	Underwood A	Welch C
Q3	Nov	1	Belper Town	4-1	Lang 2, Coman 2		1		2	4		6	7			5	11	8		9					10	3
Q4		15	CHESTERFIELD	3-2	Lees (pen), Bourne, Alb Hellewell	3000	1		2	4		6	7			5	11	8		9					10	3
Q5		29	GAINSBOROUGH TRIN.	3-2	Lang, Alb Hellewell 2				2	4		6	7	8		5	11		1	9					10	3
IR	Dec	13	SWINDON TOWN	4-0	Lees, Coman, West, Hay			2	3	4		6	7			5	11	8	1	9					10	
R1	Feb	7	LINCOLN CITY	2-0	Bennett, Welch	7000	1		2	4		6		8		5	11	10		9	7					3
R2		21	Aston Villa	1-4	Lees	28000	1		2	4		6		8		5	11	10		9	7					3

		P	W	D	L	F	A	W	D	L	F	A	Pts
1	Manchester City	34	15	1	1	64	15	10	3	4	31	14	54
2	Small Heath	34	17	0	0	57	11	7	3	7	17	25	51
3	Woolwich Arsenal	34	14	2	1	46	9	6	6	5	20	21	48
4	Bristol City	34	12	3	2	43	18	5	5	7	16	20	42
5	Manchester United	34	9	4	4	32	15	6	4	7	21	23	38
6	Chesterfield	34	11	4	2	43	10	3	5	9	24	30	37
7	Preston North End	34	10	5	2	39	12	3	5	9	17	28	36
8	BARNSLEY	34	9	4	4	32	13	4	4	9	23	38	34
9	Burslem Port Vale	34	11	5	1	36	16	2	3	12	21	46	34
10	Lincoln City	34	8	3	6	30	22	4	3	10	16	31	30
11	Glossop	34	9	1	7	26	19	2	6	9	17	38	29
12	Gainsborough Trin.	34	9	4	4	28	14	2	3	12	13	45	29
13	Burton United	34	9	4	4	26	20	2	3	12	13	39	29
14	Blackpool	34	7	5	5	32	24	2	5	10	12	35	28
15	Leicester Fosse	34	5	5	7	20	23	5	3	9	21	42	28
16	Doncaster Rovers	34	8	5	4	27	17	1	2	14	8	55	25
17	Stockport County	34	6	4	7	26	24	1	2	14	12	50	20
18	Burnley	34	6	7	4	25	25	0	1	16	5	52	20

1903/04 8th in Division 2

	Date	Opponent	Score	Scorers	Att	Hewitson R	West A	Welch C	Bennett HE	Lees W	McCartney WJ	Hellewell, Alec	Green BH	Gullen G	Sherman E	Lake CE	Bamfather P	Birtles TJ	Coman F	Edwards M	Gill JE	Jones A	Kelly F	Lavery J	McGuire J	Owen JR	Oxspring A	Sylph J	Travers P	Wall G	Ward J
1	Sep 5	LEICESTER FOSSE	1-1	Sherman		1	2	3	4	5	6	7	8	9	10	11															
2	12	Blackpool	2-0	Hellewell 2	3000	1	2		4	5		7	8	9	10	11				3							6				
3	19	GAINSBOROUGH TRIN.	2-0	Gullen, Hellewell	3000	1	2		4	5		7	8	9	10	11				3							6				
4	26	Burton United	1-1	Gullen	2000	1	2		4	5		7	8	9		11			10	3							6				
5	Oct 3	BRISTOL CITY	2-0	Lees (pen), Lake	4000	1	2		4	5		7	8	9		11			10	3							6				
6	10	Manchester United	0-4		18000	1	2		4	5		7	8	9		11			10	3							6				
7	17	GLOSSOP	4-0	Lake, Bamfather, Hellewell, Jones		1	2		4	5		8				11	7		10	3		9					6				
8	24	Bradford City	1-3	Jones	12000	1	2		4	5		8				11	7		10	3		9					6				
9	31	WOOLWICH ARSENAL	2-1	Kelly 2	6000	1	2		4	5		9					7		10	3		8	11				6				
10	Nov 7	Burslem Port Vale	0-3		2000	1		2	4	5		9					7		10	3		8	11				6				
11	21	STOCKPORT COUNTY	0-0			1		2	4	5		9					7		10	3		8	11				6				
12	Dec 19	PRESTON NORTH END	1-0	Kelly		1				5		9		8			7		10	3	2		11				6				4
13	25	Bolton Wanderers	1-5	Gullen	12000	1				5		9		8			7		10	3	2		11				6				4
14	26	Grimsby Town	1-5	Coman	4000	1			4	5		9		8			7		10	3	2		11				6				
15	28	Lincoln City	0-0			1			4	5		9		8			7		10		2		11				6	3			
16	Jan 2	Leicester Fosse	0-2		5000	1			4	5		9		8			7		10	3	2						6			11	
17	9	BLACKPOOL	2-2	Bamfather, Lees (pen)	3000	1				5		9		8			7		10	3	2						6			11	4
18	16	Gainsborough Trinity	2-4	Coman, Jones	2000	1				5				8			7		10	3	2	9	11				6				4
19	23	BURTON UNITED	2-1	Jones, Lees (pen)		1				5				8			7		10	3	2	9	11				6				4
20	30	Bristol City	0-2		2500	1		2		5							7		10	3		9	11				6		8		4
21	Feb 13	Glossop	0-7			1		2		5		9		8			7		10	3							6			11	4
22	20	BRADFORD CITY	1-2	Coman	5000	1			2	5		9		8			7		10	3							6			11	4
23	27	Woolwich Arsenal	0-3		14000	1				5							7		10	3	2	9		8	4		6			11	
24	Mar 5	BURSLEM PORT VALE	1-0	Wall		1						9					7		10	3	2			8	4	5	6			11	
25	12	LINCOLN CITY	2-1	Wall, Lavery		1				5		9					7		10	3	2			8	4		6			11	
26	19	Stockport County	2-2	Hellewell, Lavery		1				5		9					7		10	3	2				4		6		8	11	
27	26	CHESTERFIELD	0-0		3000	1				5		9					7		10	3	2				4		6		8	11	
28	Apr 1	Burnley	2-2	Hellewell, Coman		1				5		9					7		10	3	2				4		6		8	11	
29	4	BOLTON WANDERERS	1-0	Lees (pen)		1				5		9					7		10	3	2				4		6		8	11	
30	5	MANCHESTER UNITED	0-2		5000	1				5		9					7		10	3	2				4		6		8	11	
31	9	BURNLEY	1-1	Bamfather		1				5							7		10	3	2	9			4		6		8	11	
32	16	Preston North End	1-1	Jones	6000	1				5		9					7			3	2	8			4		6		10	11	
33	23	GRIMSBY TOWN	3-1	Hellewell, Wall 2		1				5		9					7		10	3	2	8			4		6			11	
34	30	Chesterfield	0-1			1						9						7	5	3	2	8			4		6		10	11	
					Apps	34	9	5	15	32	1	29	6	16	3	8	27	1	30	32	20	13	10	3	12	1	33	1	9	16	8
					Goals					4		7		3	1	2	3		4			5	3	2						4	

F.A. Cup

	Date	Opponent	Score	Hewitson R	West A	Welch C	Bennett HE	Lees W	McCartney WJ	Hellewell, Alec	Green BH	Gullen G	Sherman E	Lake CE	Bamfather P	Birtles TJ	Coman F	Edwards M	Gill JE	Jones A	Kelly F	Lavery J	McGuire J	Owen JR	Oxspring A	Sylph J	Travers P	Wall G	Ward J
IR	Dec 12	Grimsby Town	0-2	1		2	4	5		9					7		10	3		8	11				6				

		P	W	D	L	F	A	W	D	L	F	A	Pts
1	Preston North End	34	13	4	0	38	10	7	6	4	24	14	50
2	Woolwich Arsenal	34	15	2	0	67	5	6	5	6	24	17	49
3	Manchester United	34	14	2	1	42	14	6	6	5	23	19	48
4	Bristol City	34	14	2	1	53	12	4	4	9	20	29	42
5	Burnley	34	12	2	3	31	20	3	7	7	19	35	39
6	Grimsby Town	34	12	5	0	39	12	2	3	12	11	37	36
7	Bolton Wanderers	34	10	3	4	38	11	2	7	8	21	30	34
8	BARNSLEY	34	10	5	2	25	12	1	5	11	13	45	32
9	Gainsborough Trin.	34	10	2	5	34	17	4	1	12	19	43	31
10	Bradford City	34	8	5	4	30	25	4	2	11	15	34	31
11	Chesterfield	34	8	5	4	22	12	3	3	11	15	33	30
12	Lincoln City	34	9	4	4	25	18	2	4	11	16	40	30
13	Burslem Port Vale	34	10	3	4	44	20	0	6	11	10	32	29
14	Burton United	34	8	6	3	33	16	3	1	13	12	45	29
15	Blackpool	34	8	2	7	25	27	3	3	11	15	40	27
16	Stockport County	34	7	7	3	28	23	1	4	12	12	49	27
17	Glossop	34	7	4	6	42	25	3	2	12	15	39	26
18	Leicester Fosse	34	5	8	4	26	21	1	2	14	16	61	22

1904/05 7th in Division 2

						Hewitson R	Gill JE	Edwards M	McGuire J	Coman F	Oxspring A	Birtles TJ	McCartney WJ	Hellewell, Alec	Robertson SP	Wall G	Beech GC	Bennett HE	Brodie D	Brooks J	Docherty A	Donagher M	Hay J	Heppinstall F	Jones A	Lees W	Round EW	Silto WA	Wright P
1	Sep 3	Grimsby Town	0-0			1	2	3	4	5	6	7	8	9	10	11													
2	10	BLACKPOOL	2-1	Beech, Wall	3000	1	2	3	4	5	6	7		8	10	11	9												
3	17	Doncaster Rovers	0-2		3500	1	2	3	4	5	6	7		8	10	11	9												
4	24	GAINSBOROUGH TRIN.	2-1	Heppinstall, Edwards (pen)		1	2	3		5	6	7		8	10	11	9		4										
5	Oct 1	Burton United	2-1	Hellewell, Beech		1	2	3		5	6	7		8		11	9					4		10					
6	8	LIVERPOOL	0-2		4000	1	2	3		5	6	7		8		11	9					4		10					
7	15	Burslem Port Vale	2-0	Coman, Cotton (og)	3000	1	2	3		5	6	7		8		11	9					4		10					
8	22	BRISTOL CITY	1-0	Beech	6000	1	2	3		5	6	7		8		11	9					4		10					
9	29	Manchester United	0-4		16000	1	2	3		5	6	7		8		11	9					4		10					
10	Nov 5	GLOSSOP	0-0			1	2	3		5	6	7		8		11	9					4		10					
11	12	Chesterfield	0-2		3000	1	2	3		5	6	7		8		11	9					4		10					
12	19	BRADFORD CITY	1-0	Beech	4000	1		3		5	6	7		8		11	9					4		10					2
13	26	Lincoln City	0-2		3000	1		3	8	5	6	7			10	11	9					4							2
14	Dec 3	LEICESTER FOSSE	2-1	Edwards (pen), Silto	3000	1		3		8	6	7			10		9			11		5	2					4	
15	17	West Bromwich Albion	1-4	Coman	1000	1		3		10	6			7			8	4		11		5	2		9				
16	24	BURNLEY	1-2	Oxspring	2000	1		3	4	10	6			7			8			11		5	2		9				
17	26	Liverpool	1-2	Beech	25000	1		3	4	10	6			7			8			11		5	2		9				
18	31	GRIMSBY TOWN	2-2	Beech, Jones	3000	1		3	4	10	6			7			8			11		5	2		9				
19	Jan 2	Bolton Wanderers	1-2	Coman		1		3	4	10	6			7						11	8	5	2		9				
20	7	Blackpool	0-6			1		3	4	10	6			7		11	8					5	2		9				
21	21	Gainsborough Trinity	0-4		2000	1		3	4	10	6	7				11	9				8	5	2						
22	28	BURTON UNITED	7-0	Jones 4, Wall 2, Edwards		1		3	4	10	6	7				11	8					5	2		9				
23	Feb 11	BURSLEM PORT VALE	3-0	Jones, Wall, Coman		1		3	4	10	6			7		11	8					5	2		9				
24	25	MANCHESTER UNITED	0-0		4000	1		3	4	10	6			7		11	8					5	2		9				
25	Mar 4	Glossop	0-5		1200	1	3		4	10	6			7		11	8					5	2		9				
26	11	CHESTERFIELD	1-0	Wall				3	4	10	6					11				7		5	2		9	8	1		
27	18	Bradford City	2-1	Jones, Brooks	11000			3	4	10	6					11	8			7		5	2		9		1		
28	25	LINCOLN CITY	2-1	Jones 2				3	4	10	6					11	8			7		5	2		9		1		
29	29	Bristol City	0-3		3000			3	4	10	6			7		11	8					5	2		9		1		
30	Apr 1	Leicester Fosse	0-2		6000			3	4	10	6					11	8			7		5	2		9		1		
31	15	WEST BROMWICH ALB.	1-1	Jones	6000			3	4	10	6			7		11	8					5	2		9		1		
32	22	Burnley	0-3		3000	1		3	4	10	6					11	8			7		5	2		9				
33	24	BOLTON WANDERERS	2-1	Wall, Jones	8000	1		3	4	10	6					11	8			7		5	2		9				
34	25	DONCASTER ROVERS	2-1	Hellewell, Docherty	2000	1		3			6			7		11	10				8	5	2		9			4	
					Apps	28	12	33	22	33	34	16	1	24	6	28	31	1	1	12	3	30	21	8	19	1	6	2	2
					Goals			3		4	1			2		6	6			1	1			1	11			1	

One own goal

F.A. Cup

						Hewitson R	Gill JE	Edwards M	McGuire J	Coman F	Oxspring A	Birtles TJ	McCartney WJ	Hellewell, Alec	Robertson SP	Wall G	Beech GC	Bennett HE	Brodie D	Brooks J	Docherty A	Donagher M	Hay J	Heppinstall F	Jones A	Lees W	Round EW	Silto WA	Wright P
Q6	Dec 10	BURSLEM PORT VALE	0-0		2000	1		3		5	6	7		8			9			11		4	2	10					
rep	15	Burslem Port Vale	2-1	Jones, Coman		1		3		10	6			7			8	4		11		5	2		9				
R1	Jan 14	Plymouth Argyle	0-2		15000	1		3	4	10	6			7		11	8					5	2		9				

		P	W	D	L	F	A	W	D	L	F	A	Pts
1	Liverpool	34	14	3	0	60	12	13	1	3	33	13	58
2	Bolton Wanderers	34	15	0	2	53	16	12	2	3	34	16	56
3	Manchester United	34	16	0	1	60	10	8	5	4	21	20	53
4	Bristol City	34	12	3	2	40	12	7	1	9	26	33	42
5	Chesterfield	34	9	6	2	26	11	5	5	7	18	24	39
6	Gainsborough Trin.	34	11	4	2	32	15	3	4	10	29	43	36
7	BARNSLEY	34	11	4	2	29	13	3	1	13	9	43	33
8	Bradford City	34	8	5	4	31	20	4	3	10	14	29	32
9	Lincoln City	34	9	4	4	31	16	3	3	11	11	24	31
10	West Bromwich Alb.	34	8	2	7	28	20	5	2	10	28	28	30
11	Burnley	34	10	1	6	31	21	2	5	10	12	31	30
12	Glossop	34	7	5	5	23	14	3	5	9	14	32	30
13	Grimsby Town	34	9	3	5	22	14	2	5	10	11	32	30
14	Leicester Fosse	34	8	3	6	30	25	3	4	10	10	30	29
15	Blackpool	34	8	5	4	26	15	1	5	11	10	33	28
16	Burslem Port Vale	34	7	4	6	28	25	3	3	11	19	47	27
17	Burton United	34	7	2	8	20	29	1	2	14	10	55	20
18	Doncaster Rovers	34	3	2	12	12	32	0	0	17	11	49	8

1905/06 12th in Division 2

						Thorpe T	Hay J	Stacey GW	Hellewell, Alec	Donagher M	Oxspring A	Ryalls J	Beech GC	Pegg E	Bell J	Wall G	Birtles TJ	Brooks J	Hall, John	Noble WD	Owen JR	Reed C	Robertson SP	Round EW	Silto WA	Warner P	Wilkinson J
1	Sep 2	Hull City	1-4	Bell	8000	1	2	3	4	5	6	7	8	9	10	11											
2	9	LINCOLN CITY	4-2	Pegg 2, Wall 2		1	2	3		5	6	7	8	9	10	11							4				
3	16	Chesterfield	0-2			1	2	3		5	6	7	8	9	10	11							4				
4	23	BURSLEM PORT VALE	4-0	Oxspring, Hellewell, Bell, Beech	3000	1	2	3		5	6	7	8	9	10	11							4				
5	30	GRIMSBY TOWN	2-0	Wall, Donagher		1	2		9	5	6	7	8		10	11						3	4				
6	Oct 7	Clapton Orient	0-0			1	2		9	4	6	7	8		10	11						3					5
7	14	BURNLEY	1-2	Oxspring	3000	1	2		9	4	6	7	8		10	11						3					5
8	21	Leeds City	2-3	Bell, Hellewell	12000	1	2	3	9	5	6	7			10	11					8		4				
9	28	BURTON UNITED	3-0	Beech 2, Robertson		1	2	3	9	5	6	7	8		10	11							4				
10	Nov 4	Chelsea	0-6		10000	1		3	9	5	6	7	8		10	11				2			4				
11	11	GAINSBOROUGH TRIN.	2-1	Wall, Noble (pen)		1		3	9	5	6	7	8		10	11				2			4				
12	18	Bristol City	0-3		8000	1		3	9	5	6	7	8		10	11				2			4				
13	25	MANCHESTER UNITED	0-3		4000	1	2		9	5	6	7	8			11						3	10		4		
14	Dec 2	Glossop	2-2	Bell, Wall		1	2		7	5	6		8	9	10	11						3	4				
15	16	Blackpool	0-0		3000	1				5	6	7	8	9	10	11				2		3	4				
16	23	BRADFORD CITY	0-1		5000	1				5	6	7	8	9	10	11				2		3	4				
17	25	Leicester Fosse	0-1		10000	1	2			5	6	7	8	9	10	11						3	4				
18	26	West Bromwich Albion	3-5	Hellewell 2, Manners (og)	7000	1	2		9	5	6	7	8		10	11						3	4				
19	Jan 1	STOCKPORT COUNTY	4-0	Birtles 2, Bell, Wall	4000		2		9	5	6				10	11	7				8	3	4	1			
20	6	Lincoln City	1-4	Hellewell		1	2	3	9	4	6		10			11	7				8						5
21	20	CHESTERFIELD	8-1	*see below	3000	1	2	3	9	4	6		10			11	7				8						5
22	27	Burslem Port Vale	2-1	Hellewell, Wall			2	3	9	4	6		10			11	7				8			1			5
23	Feb 10	CLAPTON ORIENT	4-1	Hellewell, Wilkinson, Wall, Birtles		1	2	3	9	4	6		10			11	7				8						5
24	17	Burnley	1-2	Birtles	3000	1	2	3	9	4	6					11	7				8					10	5
25	24	LEEDS CITY	3-0	Warner, Wall 2	5000	1	2	3	9	4	6					11	7				8					10	5
26	Mar 3	Burton United	1-4	Warner		1	2	3	9	4	6		10			11	7				8						5
27	10	CHELSEA	1-2	Wall	8000	1	2	3	9	4	6		10			11	7				8						5
28	17	Gainsborough Trinity	0-1			1		3	9	4	6		10			11	7			2	8						5
29	24	BRISTOL CITY	2-2	Owen, Birtles	6000	1	2	3	9	4	6		10			11	7				8						5
30	31	Manchester United	1-5	Wall	11000	1			9	4	6		10			11	7			2	8	3					5
31	Apr 5	Grimsby Town	1-2	Owen	1500	1	2	3	9	4	6		10			11	7				8						5
32	7	GLOSSOP	1-1	Birtles		1	2	3	9	4	6		10				7	11			8				5		
33	13	WEST BROMWICH ALB.	3-0	Owen, Hellewell, Brooks	5000	1	2	3	9	4	6		10				7	11			8						5
34	14	Stockport County	0-0		4000	1	2	3	9	4	6		10				7	11			8				5		
35	16	LEICESTER FOSSE	0-0		6000	1	2	3	9	4	6				8		7	11							5	10	
36	17	HULL CITY	2-0	Bell, Owen	4000	1	2	3	9	4	6				10			11	7		8				5		
37	21	BLACKPOOL	1-1	Stacey		1	2	3	9		6				10			11	7		8				4		5
38	28	Bradford City	0-0		8000	1	4	3	9		6		8		10		7	11		2							5
					Apps	36	31	27	32	36	38	17	31	8	22	31	18	7	2	8	19	11	16	2	6	3	17
					Goals			3	9	1	2		3	2	6	14	7	1		1	6		1			2	1

Scorers in game 21: Owen 2, Stacey 2, Wall 2, Birtles, Hellewell

One own goal

F.A. Cup

						Thorpe T	Hay J	Stacey GW	Hellewell, Alec	Donagher M	Oxspring A	Ryalls J	Beech GC	Pegg E	Bell J	Wall G	Birtles TJ	Brooks J	Hall, John	Noble WD	Owen JR	Reed C	Robertson SP	Round EW	Silto WA	Warner P	Wilkinson J
Q4	Dec 9	Earlstown	2-0	Beech 2		1	2		7	5	6		8	9	10	11						3	4				
R1	Jan 13	Crewe Alexandra	1-1	Stacey (pen)		1	2	3	9	4	6		10			11	7				8						5
rep	18	CREWE ALEXANDRA	4-0	Hellewell, Wall, Stacey, Wilkinson		1	2	3	9	4	6		10			11	7				8						5
R2	Feb 3	Liverpool	0-1		10000	1	2	3	9	4	6		10			11	7				8						5

		P	W	D	L	F	A	W	D	L	F	A	Pts
1	Bristol City	38	17	1	1	43	8	13	5	1	40	20	66
2	Manchester United	38	15	3	1	55	13	13	3	3	35	15	62
3	Chelsea	38	13	4	2	58	16	9	5	5	32	21	53
4	West Bromwich Alb.	38	13	4	2	53	16	9	4	6	26	20	52
5	Hull City	38	10	5	4	38	21	9	1	9	29	33	44
6	Leeds City	38	11	5	3	38	19	6	4	9	21	28	43
7	Leicester Fosse	38	10	3	6	30	21	5	9	5	23	27	42
8	Grimsby Town	38	11	7	1	33	13	4	3	12	13	33	40
9	Burnley	38	9	4	6	26	23	6	4	9	16	30	38
10	Stockport County	38	11	6	2	36	16	2	3	14	8	40	35
11	Bradford City	38	7	4	8	21	22	6	4	9	25	38	34
12	BARNSLEY	38	11	4	4	45	17	1	5	13	15	45	33
13	Lincoln City	38	10	1	8	46	29	2	5	12	23	43	30
14	Blackpool	38	8	3	8	22	21	2	6	11	15	41	29
15	Gainsborough Trin.	38	10	2	7	35	22	2	2	15	9	35	28
16	Glossop	38	9	4	6	36	28	1	4	14	13	43	28
17	Burslem Port Vale	38	10	4	5	34	25	2	0	17	15	57	28
18	Chesterfield	38	8	4	7	26	24	2	4	13	14	48	28
19	Burton United	38	9	4	6	26	20	1	2	16	8	47	26
20	Clapton Orient	38	6	4	9	19	22	1	3	15	16	56	21

1906/07 8th in Division 2

							Thorpe T	Noble WD	Stacey GW	Hay J	Wilkinson J	Oxspring A	Hall, John	Owen JR	Hellewell, Alec	O'Donnell M	Brooks J	Bell J	Boyle TW	Cooper W	Crump JA	Gedney C	Griffiths, Will	Johnson A	Mordue J	Norton P	Powell H	Reeves G	Round EW	Ruddlesdin W	Silto WA
1	Sep	1	BLACKPOOL	3-2	Owen 2, O'Donnell		1	2	3	4	5	6	7	8	9	10	11														
2		8	Bradford City	0-2		13000	1	2	3	4	5	6	7	8	9	10	11														
3		15	WEST BROMWICH ALB.	0-1		3000	1	2	3		5	6	7	8	9	10	11													4	
4		22	Leicester Fosse	1-2	Griffiths		1		3	2	5	6	7	8		10	11						9							4	
5		29	NOTTM. FOREST	0-1			1		3	2		6	7	8	5	10	11						9							4	
6	Oct	6	Lincoln City	0-1					3	2	5	6	7		9	8	11									10			1	4	
7		13	BURTON UNITED	6-1	Griffiths 2, Hellewell, Owen, Hall, Wilkinson				3	2	5	6	7	10	8		11						9						1	4	
8		20	Grimsby Town	0-1					3	2		6	7	10	8		11						9						1	4	5
9		27	BURSLEM PORT VALE	3-2	Mordue 2, Owen	1000			3	2		6	7	10		8							9		11				1	4	5
10	Nov	3	Burnley	2-2	Hellewell, Hall				3	2		6	7	9	8			10							11				1	4	5
11		10	LEEDS CITY	3-0	Stacey (pen), Mordue, Owen	4000			3	2		6	7	9	8	10									11				1	4	5
12		17	Chesterfield	2-3	Owen, Oxspring	4000			3	2		6	7	9	8	10									11				1	4	5
13		24	Chelsea	1-2	Mordue	14000			3	2		6	7	9	8	10			4						11				1		5
14	Dec	1	WOLVERHAMPTON W.	0-1		4000	1		3	2		6	7	9	8	10			4						11						5
15		8	Hull City	0-2		7000	1		3	2		6	7	9	8	10			4						11						5
16		15	GAINSBOROUGH TRIN.	6-0	Griffiths, Hall 2, Owen, Brooks, Mordue		1		3	2		6	7		8		11		4				9		10						5
17		22	Stockport County	0-0			1		3	2		6	7		8		11		4				9		10						5
18		25	GLOSSOP	3-0	Reeves 2, Mordue	5000	1		3	2		6	7			9	11		4						10			8			5
19		26	HULL CITY	4-2	Hellewell 2, Mordue 2	4000	1		3	2		6	7		8	9	11		4						10						5
20		29	Blackpool	3-2	Hellewell 2, Brooks	2000	1		3	2		6	7		9		11		4						10			8			5
21	Jan	1	CLAPTON ORIENT	3-2	Mordue, Reeves 2	4000	1		3	2		6	7		9		11		4						10			8			5
22		5	BRADFORD CITY	3-1	Reeves 2, Mordue		1		3	2		6	7		9		11		4						10			8			5
23		26	LEICESTER FOSSE	2-2	Hellewell, Reeves		1		3	2		6	7		9		11		4						10			8			5
24	Feb	9	LINCOLN CITY	6-2	O'Donnell 2, Brooks, Stacey, Hall, Hellewell		1		3	2		6	7		9	8	11		4						10						5
25		16	Burton United	1-1	Hellewell	3000	1		3	2		6	7		9	10	11		4								8				5
26	Mar	2	Burslem Port Vale	2-2	Brooks 2	3000	1						7		9		11		4	6	2			3	10			8			5
27		16	Leeds City	1-2	Hellewell	14000			3	2		6			9	8	11		4						10			7	1		5
28		23	CHESTERFIELD	2-1	Stacey (pen), O'Donnell	3000	1		3	2		6				9	11		4						10		8	7			5
29		29	Glossop	1-2	Hall	4000			3	2		6	7		9		11		4						10			8	1		5
30		30	CHELSEA	3-1	Reeves 2, Silto	5000			3	2		6	7		9		11		4						10			8	1		5
31	Apr	1	STOCKPORT COUNTY	3-1	Mordue 2, Hall	5000			3	2		6	7		9		11		4						10			8	1		5
32		2	Nottingham Forest	0-0		15000			3			6	7		9	10			4			5		2	11			8	1		
33		6	Wolverhampton Wan.	1-5	Reeves	4000			3	2			7		9		11		4	6					10			8	1		5
34		11	GRIMSBY TOWN	1-1	Hall				3	2		6	7		9		11		4						10			8	1		5
35		13	Clapton Orient	0-1		6000			3			6	7		9		11		4					2			10	8	1	5	
36		18	BURNLEY	5-0	Reeves 2, Hellewell, Hall, Powell				3	2		6	7		9		11		4								10	8	1	5	
37		20	Gainsborough Trinity	1-1	Reeves				3	2		6	7		9		11		4								10	8	1	5	
38		25	West Bromwich Albion	1-3	Powell	5000			3	2		6	7		9		11		4								10	8	1	5	

	Thorpe T	Noble WD	Stacey GW	Hay J	Wilkinson J	Oxspring A	Hall, John	Owen JR	Hellewell, Alec	O'Donnell M	Brooks J	Bell J	Boyle TW	Cooper W	Crump JA	Gedney C	Griffiths, Will	Johnson A	Mordue J	Norton P	Powell H	Reeves G	Round EW	Ruddlesdin W	Silto WA
Apps	19	3	37	34	6	36	36	14	34	19	30	1	26	2	1	1	7	3	25	1	6	18	19	14	26
Goals			3		1	1	9	7	11	4	5						4		12		2	13			1

F.A. Cup

							Thorpe T	Noble WD	Stacey GW	Hay J	Wilkinson J	Oxspring A	Hall, John	Owen JR	Hellewell, Alec	O'Donnell M	Brooks J	Bell J	Boyle TW	Cooper W	Crump JA	Gedney C	Griffiths, Will	Johnson A	Mordue J	Norton P	Powell H	Reeves G	Round EW	Ruddlesdin W	Silto WA
R1	Jan	12	Nottingham Forest	1-1	Hellewell	7000	1		3	2		6	7		8	10	11		4				9								5
rep		17	NOTTINGHAM FOREST	2-1	Hellewell, Hall	10000	1		3	2		6	7		8	10	11		4												5
R2	Feb	2	PORTSMOUTH	1-0	O'Donnell	10266	1		3	2		6	7		8	10	11		4												5
R3		23	BURY	1-0	Powell	13077	1		3			6	7		9	10	11		4					2			8				5
R4	Mar	9	WOOLWICH ARSENAL	1-2	O'Donnell	13781			3	2		6	7		9	10	11		4								8		1		5

Played in R1 replay and R2: J Scott (at 9)

		P	W	D	L	F	A	W	D	L	F	A	Pts
1	Nottingham Forest	38	16	2	1	43	13	12	2	5	31	23	60
2	Chelsea	38	18	0	1	55	10	8	5	6	25	24	57
3	Leicester Fosse	38	15	3	1	44	12	5	5	9	18	27	48
4	West Bromwich Alb.	38	15	2	2	62	15	6	3	10	21	30	47
5	Bradford City	38	14	2	3	46	21	7	3	9	24	32	47
6	Wolverhampton Wan.	38	13	4	2	49	16	4	3	12	17	37	41
7	Burnley	38	12	4	3	45	13	5	2	12	17	34	40
8	BARNSLEY	38	14	2	3	56	21	1	6	12	17	34	38
9	Hull City	38	11	2	6	41	20	4	5	10	24	37	37
10	Leeds City	38	10	5	4	38	26	3	5	11	17	37	36
11	Grimsby Town	38	13	2	4	34	16	3	1	15	23	46	35
12	Stockport County	38	8	8	3	26	12	4	3	12	16	40	35
13	Blackpool	38	9	4	6	25	19	2	7	10	8	32	33
14	Gainsborough Trin.	38	12	3	4	33	20	2	2	15	12	52	33
15	Glossop	38	10	4	5	32	21	3	2	14	21	58	32
16	Burslem Port Vale	38	11	5	3	45	26	1	2	16	15	57	31
17	Clapton Orient	38	9	7	3	25	13	2	1	16	20	54	30
18	Chesterfield	38	10	3	6	36	26	1	4	14	14	40	29
19	Lincoln City	38	10	2	7	29	24	2	2	15	17	49	28
20	Burton United	38	7	3	9	24	23	1	4	14	10	45	23

1907/08 16th in Division 2

					Att.	Thorpe T	Hay J	Johnson A	Boyle TW	Silto WA	Oxspring A	Hall, John	Reeves G	McShea E	Hellewell, Alec	Forman T	Collins WE	Cowley JS	Francis A	Griffiths, Walt	Kay H	Lillycrop GB	Milton A	Reed C	Round EW	Sanderson R	Surtees E	Tomlinson F	Wilkinson J
1	Sep 5	CLAPTON ORIENT	2-2	Reeves (2 pens)	3000	1	2	3	4	5	6	7	8	9	10	11													
2	7	Hull City	0-2		9000	1	2	3	4	5	6	7	8		9	11	10												
3	14	DERBY COUNTY	2-4	McShea 2	4000	1	2	3	4	5		7	8	9		11										10		6	
4	21	Lincoln City	2-0	Reeves 2			2	3	4	5	6	7	8	9	10	11									1				
5	28	FULHAM	6-0	Reeves 3, McShea 2, Forman	7000		2	3	4	5	6	7	8	9	10	11									1				
6	Oct 5	GRIMSBY TOWN	2-1	Reeves 2	4500		2	3	4	5	6	7	8	9	10	11									1				
7	12	Chesterfield	3-1	Reeves 2 (1 pen), McShea	6000		2	3	4	5	6	7	8	9	10	11									1				
8	19	BURNLEY	2-3	McShea, Boyle			2		4	5	6	7	8	9	10	11								3	1				
9	26	Oldham Athletic	0-1		9000		2		4	5	6	7	8	9		11						10		3	1				
10	Nov 9	Leeds City	1-1	Hall	7000		2		4	5	6	7	8	9		11						10		3	1				
11	16	WOLVERHAMPTON W.	5-0	Reeves 3, Silto, McShea	5000		2		4	5	6	7	8	9		11						10		3	1				
12	23	Gainsborough Trinity	1-0	Forman	3000		2		4	5	6	7	8	9		11						10		3	1				
13	30	STOCKPORT COUNTY	0-0		4000		2		4	5	6	7		9	8	11						10		3	1				
14	Dec 14	LEICESTER FOSSE	1-3	Tomlinson			2			5	6	7		8		11					10	9		3	1			4	
15	21	Blackpool	1-1	Hellewell	3000		2		4	5	6	7			10	11				8		9		3	1				
16	24	Derby County	0-3		6000	1	2		4	5	6	7			10	11				8		9		3					
17	25	Bradford City	0-2		18000	1	2		4	5	6	7			10	11				8		9		3					
18	26	WEST BROMWICH ALB.	1-3	Hellewell	6000	1	2		4	5	6	7		9	8	11					10			3					
19	28	STOKE	0-1		3000		2		8	5	6	7			9	11		1		10				3				4	
20	Jan 1	BRADFORD CITY	1-2	Hall	6000	1	2		4	5	6	7			8	11						9		3			10		
21	4	HULL CITY	4-2	Kay 3, Lillycrop	4000	1		2	4	5	6	7			8	11					10	9		3					
22	18	LINCOLN CITY	2-1	Lillycrop 2			2		4		6	7			8	11					10	9		3	1			5	
23	25	Fulham	0-2		12000		2		4		6	7			8	11						9	3		1		10		5
24	Feb 8	CHESTERFIELD	5-2	Surtees 2, Lillycrop 2, Hall	2500		2		4	5	6	7			8							9	3		1	11	10		
25	15	Burnley	1-4	Hellewell			2		4	5	6	7			8							9	3		1	11	10		
26	29	Clapton Orient	0-2		7000		2		4	5	6	7			8	11						9	3		1		10		
27	Mar 7	LEEDS CITY	1-3	Lillycrop	5000		2		4	5	6	7			8	11						9	3		1		10		
28	14	Wolverhampton Wan.	1-0	Lillycrop	12500	1			2	5	6	7		8		11						9	3				10	4	
29	19	OLDHAM ATHLETIC	2-1	McShea, Surtees	6000	1			2	5	6	7		8								9	3			11	10	4	
30	21	GAINSBOROUGH TRIN.	1-2	Lillycrop		1			2	5	6			8						7		9	3			11	10	4	
31	28	Stockport County	0-2		5000	1			2	5	6			8		11			10	7		9	3					4	
32	Apr 9	Grimsby Town	1-4	Griffiths	3000	1			2	5	6	7		8		11				10		9	3					4	
33	11	Leicester Fosse	0-4			1	2			5	6	7		8		11				10		9		3				4	
34	17	Glossop	1-3	Hall	3000	1	2			5	6	7			9	11				10			3				8	4	
35	18	BLACKPOOL	0-0		4000	1	2			5	6	7			8					11	10	9	3					4	
36	20	West Bromwich Albion	1-1	Hall	5000	1	2			5	6	7			8	11					10	9	3					4	
37	21	GLOSSOP	4-1	Hellewell 2, Griffiths, Lillycrop	5000	1	2			5	6	7			8	11				10		9	3					4	
38	25	Stoke	0-4		2000	1	2		4	5	6	7			8	11				10		9	3						
					Apps	19	32	8	32	36	37	36	12	20	26	33	1	1	1	12	6	27	15	16	18	5	10	14	1
					Goals				1	1		5	14	8	5	2				2	3	9					3	1	

F.A. Cup

					Att.	Thorpe T	Hay J	Johnson A	Boyle TW	Silto WA	Oxspring A	Hall, John	Reeves G	McShea E	Hellewell, Alec	Forman T	Collins WE	Cowley JS	Francis A	Griffiths, Walt	Kay H	Lillycrop GB	Milton A	Reed C	Round EW	Sanderson R	Surtees E	Tomlinson F	Wilkinson J
R1	Jan 11	Plymouth Argyle	0-1		17539	1	2		4	5	6	7			8	11					10	9		3					

		P	W	D	L	F	A	W	D	L	F	A	Pts
1	Bradford City	38	15	2	2	58	16	9	4	6	32	26	54
2	Leicester Fosse	38	14	2	3	41	20	7	8	4	31	27	52
3	Oldham Athletic	38	15	4	0	53	14	7	2	10	23	28	50
4	Fulham	38	12	2	5	50	14	10	3	6	32	35	49
5	West Bromwich Alb.	38	13	3	3	38	13	6	6	7	23	26	47
6	Derby County	38	15	1	3	50	13	6	3	10	27	32	46
7	Burnley	38	14	3	2	44	14	6	3	10	23	36	46
8	Hull City	38	15	1	3	50	23	6	3	10	23	39	46
9	Wolverhampton Wan.	38	11	4	4	34	11	4	3	12	16	34	37
10	Stoke	38	11	5	3	43	13	5	0	14	14	39	37
11	Gainsborough Trin.	38	9	4	6	31	28	5	3	11	16	43	35
12	Leeds City	38	9	6	4	33	18	3	2	14	20	47	32
13	Stockport County	38	9	4	6	35	26	3	4	12	13	41	32
14	Clapton Orient	38	10	5	4	28	13	1	5	13	12	52	32
15	Blackpool	38	11	3	5	33	19	0	6	13	18	39	31
16	BARNSLEY	38	8	3	8	41	31	4	3	12	13	37	30
17	Glossop	38	9	5	5	36	26	2	3	14	18	48	30
18	Grimsby Town	38	8	5	6	27	24	3	3	13	16	47	30
19	Chesterfield	38	6	6	7	33	38	0	5	14	13	54	23
20	Lincoln City	38	7	2	10	27	28	2	1	16	19	55	21

1908/09 17th in Division 2

	Date		Opponent	Score	Scorers	Att.	Thorpe T	Boyle TW	Downs JT	Tomlinson F	Silto WA	Oxspring A	Biggins FJ	Thomas W	Lillycrop GB	Wilkinson F	Brooks J	Burkinshaw A	Cooper JC	Coulthard ET	Forman T	Glendenning R	Griffiths, Walt	Hellewell, Alec	Jones, Ben	Kay H	Leigh H	Little J	Ness HM	Utley G
1	Sep	2	Blackpool	1-1	Lillycrop	4000	1	2	3	4	5	6	7	8	9	10	11													
2		5	BOLTON WANDERERS	0-1		6000	1	2	3	4	5	6	7	8	9	10	11													
3		12	Tottenham Hotspur	0-4		20000	1	4	3		5	6	7			10				8	11				9			2		
4		14	Leeds City	0-2		7000	1	4	3		5	6	7			10				8	11				9			2		
5		19	HULL CITY	2-1	Lillycrop, Jones	7000	1	4	3		5	6	7		8	10					11				9			2		
6		26	Derby County	0-0		7000	1	4	3		5	6	7		8	10					11				9			2		
7	Oct	3	BLACKPOOL	4-0	Lillycrop 3, Jones (og)		1	4	3		5	6	7		8	10					11				9			2		
8		10	Chesterfield	0-1		6000	1	4	3		5	6	7		8	10					11				9			2		
9		17	GLOSSOP	1-3	Jones		1	4	3		5	6	7		8	10					11				9			2		
10		24	Stockport County	1-2	Jones		1	4	3		5		7		8	10					11				9			2		6
11		31	WEST BROMWICH ALB.	0-2		7000	1	4	3		5		7		8	10					11				9			2		6
12	Nov	7	Birmingham	1-2	Lillycrop	10000	1	4	3		5					10					11		7	8	9			2		6
13		14	GAINSBOROUGH TRIN.	2-2	Lillycrop 2		1	4	3		5		7		8	10					11				9			2		6
14		21	Grimsby Town	0-0		6000	1		3		5		7								11	4		8	9	10		2		6
15		28	FULHAM	1-2	Thorpe (pen)	6000	1		3		5	6								7	11			8	9	10		2		4
16	Dec	5	Burnley	2-3	Hellewell, Coulthard	5000	1		2			6		10	9					7	11	4		8					3	5
17		12	BRADFORD PARK AVE.	3-1	Forman, Lillycrop 2		1		2			6			9	10				7	11	4		8					3	5
18		19	Wolverhampton Wan.	0-2		6000	1		3		5	6			9	10				7	11	4		8				2		
19		25	Clapton Orient	1-1	Lillycrop	20000	1	4	3		5	6			9					7	11		10	8				2		
20		26	CLAPTON ORIENT	3-0	Forman, Hellewell, Griffiths			4	3		5	6			9				1	7	11		10	8				2		
21	Jan	1	LEEDS CITY	2-1	Jones 2	6000		4	3		5	6			8				1	7	11			10	9			2		
22		2	Bolton Wanderers	0-3		18000		4	3		5	6			8				1	7	11			10	9			2		
23		9	TOTTENHAM HOTSPUR	1-1	Hellewell	6000	1	4	3		5	6			8					7	11			10	9			2		
24		23	Hull City	0-4		7000	1	5	3			6			9		11			7		4	8	10				2		
25		30	DERBY COUNTY	1-0	Burkinshaw	3000	1	5	3			6			9			8		7	11	4		10				2		
26	Feb	13	CHESTERFIELD	4-0	Lillycrop 3, Boyle	5000	1	5	3			6			9					8	11	4		10			7	2		
27		27	STOCKPORT COUNTY	2-0	Lillycrop 2		1	5	3			6			9					7	11	4		10				2		8
28	Mar	13	BIRMINGHAM	3-1	Burkinshaw 2, Utley	4000	1	5	3			6			10			8		7	11	4						2		9
29		20	Gainsborough Trinity	1-4	Forman		1	5	3			6			10					7	11	4		8				2		9
30		24	West Bromwich Albion	1-1	Lillycrop	4000	1	5	3			6			9					7	11	4		8				2		9
31		27	GRIMSBY TOWN	3-1	Boyle 2 (1 pen), Lillycrop		1	5	3			6			9			8		7	11	4		10				2		
32		30	Glossop	0-3			1	5	3			6			9					7	11	4		10				2		8
33	Apr	3	Fulham	2-2	Boyle (pen), Burkinshaw	16000	1	5	3			6			9			8		7	11	4		10				2		
34		9	OLDHAM ATHLETIC	2-0	Fay (og), Boyle (pen)	9000	1	5	3			6			9			8		7	11	4		10				2		
35		12	Oldham Athletic	0-0		3000			3		5	6					11	8	1	7		4		10				2		9
36		13	BURNLEY	1-2	Burkinshaw			5	3			6						8	1	7	11	4		10				2		9
37		17	Bradford Park Avenue	2-3	Forman, Boyle	10000		5	3			6						8	1	7	11	4		9		10		2		
38		24	WOLVERHAMPTON W.	1-1	Kay	3000		5	2			6						8	1	7	11	4		9		10			3	
						Apps	31	32	38	2	22	33	13	3	29	15	4	9	7	26	34	19	4	25	16	4	1	33	3	15
						Goals	1	6							18			5		1	4		1	3	5	1				1

Two own goals

F.A. Cup

	Date		Opponent	Score	Scorers	Thorpe T	Boyle TW	Downs JT	Tomlinson F	Silto WA	Oxspring A	Biggins FJ	Thomas W	Lillycrop GB	Wilkinson F	Brooks J	Burkinshaw A	Cooper JC	Coulthard ET	Forman T	Glendenning R	Griffiths, Walt	Hellewell, Alec	Jones, Ben	Kay H	Leigh H	Little J	Ness HM	Utley G
R1	Jan	16	Everton	1-3	Lillycrop	1	5	3			6			9		11			7		4	8	10				2		

		P	W	D	L	F	A	W	D	L	F	A	Pts
1	Bolton Wanderers	38	14	3	2	37	8	10	1	8	22	20	52
2	Tottenham Hotspur	38	12	5	2	42	12	8	6	5	25	20	51
3	West Bromwich Alb.	38	13	5	1	35	9	6	8	5	21	18	51
4	Hull City	38	14	2	3	44	15	5	4	10	19	24	44
5	Derby County	38	13	5	1	38	11	3	6	10	17	30	43
6	Oldham Athletic	38	14	4	1	39	9	3	2	14	16	34	40
7	Wolverhampton Wan.	38	10	6	3	32	12	4	5	10	24	36	39
8	Glossop	38	11	5	3	35	17	4	3	12	22	36	38
9	Gainsborough Trin.	38	12	3	4	30	20	3	5	11	19	50	38
10	Fulham	38	8	4	7	39	26	5	7	7	19	22	37
11	Birmingham	38	10	6	3	35	21	4	3	12	23	40	37
12	Leeds City	38	12	3	4	35	19	2	4	13	8	34	35
13	Grimsby Town	38	9	5	5	23	14	5	2	12	18	40	35
14	Burnley	38	8	4	7	33	28	5	3	11	18	30	33
15	Clapton Orient	38	7	7	5	25	19	5	2	12	12	30	33
16	Bradford Park Ave.	38	9	2	8	30	25	4	4	11	21	34	32
17	BARNSLEY	38	11	3	5	36	19	0	7	12	12	38	32
18	Stockport County	38	11	2	6	25	19	3	1	15	14	52	31
19	Chesterfield	38	10	3	6	30	28	1	5	13	7	39	30
20	Blackpool	38	9	6	4	30	22	0	5	14	16	46	29

1909/10 9th in Division 2

						Cooper JC	Downs JT	Ness HM	Glendenning R	Boyle TW	Utley G	Coulthard ET	Gadsby E	Lillycrop GB	Tufnell H	Forman T	Arthurs G	Bartrop W	Ellis EE	Biggins FJ	Graham TH	Hellewell, Alec	Jebb A	Kay H	Little J	Mearns FC	Martin F	Oxspring A	Taylor JH	Wren C
1	Sep 2	HULL CITY	1-2	Lillycrop	5000	1	2	3	4	5	6	7	8	9	10	11														
2	4	Glossop	0-3			1	2	3	4	5	6		8	9	10	11		7												
3	11	BIRMINGHAM	5-1	Lillycrop 2, Tufnell, Gadsby, Forman	3000	1	2	3	4	5	6		8	9	10	11		7												
4	18	West Bromwich Albion	3-4	Lillycrop 2, Boyle	10000	1	2	3	4	5	6		8	9	10	11		7												
5	25	OLDHAM ATHLETIC	2-1	Gadsby, Taylor	4000	1	2	3	4	5	6		8	9		11		7											10	
6	Oct 2	BRADFORD PARK AVE.	4-0	Tufnell 2, Forman, Lillycrop	6000	1	2	3	4	5	6		8	9	10	11		7												
7	9	Fulham	0-3		20000	1	2	3	4	5	6		8	9	10	11		7												
8	11	Hull City	0-1		8000	1	2	3	4	5	6		8	9	10	11		7												
9	16	BURNLEY	0-0		4000	1	2	3	4	5	6	7	9		10	11													8	
10	23	Leeds City	7-0	Gadsby 2, Lillycrop 2, Tufnell 2, Forman	8000	1	2	3	4	5	6		8	9	10	11		7												
11	30	WOLVERHAMPTON W.	7-1	Gadsby 3, Boyle, Lillycrop, Forman, Bartrop	5500	1	2	3	4	5	6		8	9	10	11		7												
12	Nov 6	Gainsborough Trinity	0-0			1	2	3	4	5	6		8	9	10	11		7												
13	13	GRIMSBY TOWN	2-1	Lillycrop, Tufnell	5000	1	2	3	4	5	6		8	9	10	11		7												
14	27	LEICESTER FOSSE	3-1	Gadsby, Tuffnell, Lillycrop	6000	1	2	3	4	5	6		8	9	10	11		7												
15	Dec 11	CLAPTON ORIENT	2-1	Gadsby, Lillycrop		1	2	3	4	5	6		8	9	10	11		7												
16	18	Blackpool	0-0			1	2	3	4	5	6		8	9	10	11		7												
17	25	Derby County	1-2	Lillycrop	15000	1	2	3	4	5	6		8	9	10	11		7												
18	27	STOCKPORT COUNTY	1-0	Lillycrop		1	2	3	4	5	6		8	9	10	11		7												
19	28	DERBY COUNTY	5-1	Lillycrop 2, Boyle 2, Gadsby	10000	1	2	3	4	5	6		8	9	10	11		7												
20	Jan 1	Stockport County	0-5		5000		2	3	4		5		8	9	10	11		7								1			6	
21	8	GLOSSOP	3-0	Lillycrop 2, Boyle	8000		2	3	4	5	6		8	9	10	11		7								1				
22	22	Birmingham	1-2	Boyle	5000		2	3	4	5	6		8	9	10	11		7								1				
23	Feb 12	Bradford Park Avenue	0-2		12000	1	2	3	4		6		8	9	10	11		7				5								
24	24	FULHAM	2-1	Lillycrop, Forman	3000			3	4	5	6		8	9		11	10	7							2	1				
25	26	Burnley	0-2		3000			3	4	5	6		8	9		11	10	7							2	1				
26	Mar 9	Manchester City	0-0		15000			3	4	5	6		8			11		7			9			10	2	1				
27	12	Wolverhampton Wan.	0-1		5000	1	2	3	4	5	6		8	9		11	10	7												
28	14	Oldham Athletic	0-5		6000	1		3		5	6	10	8				11	7				9			2				4	
29	17	LEEDS CITY	1-1	Gadsby	3000	1	2	3	4	5	6		8	9	10	11		7												
30	19	GAINSBOROUGH TRIN.	4-1	Boyle (pen), Coulthard, Kay, Lillycrop	3000	1	2	3		5	6	8		9				7		11			4	10						
31	28	LINCOLN CITY	2-1	Taylor, Hellewell		1		3		5						11						9		10	2		7	6	8	4
32	Apr 2	MANCHESTER CITY	1-1	Gadsby	10000		2	3	4	5	6		8	9	10	11		7								1				
33	7	Clapton Orient	0-4		4000		2	3	4	5	6		8	9	10	11		7								1				
34	9	Leicester Fosse	1-1	Lillycrop				3		5	6			9	10	11		7		4					2	1			8	
35	14	WEST BROMWICH ALB.	2-1	Forman, Bartrop	2500			3	4	5	6		8	9	10	11		7	2							1				
36	16	Lincoln City	1-2	Lillycrop	6000			3	4	5			8	9	10	11		7	2				6			1				
37	26	Grimsby Town	0-7		2000	1						7					11		2	4		9	5	10	3				8	6
38	30	BLACKPOOL	1-0	Lillycrop	3000			3	4	5	6		8	9	10	11		7	2							1				
					Apps	26	28	37	33	35	35	5	34	33	29	35	5	34	4	3	1	4	3	4	7	12	1	1	7	2
					Goals					7		1	12	23	7	6		2				1		1					2	

F.A. Cup

						Cooper JC	Downs JT	Ness HM	Glendenning R	Boyle TW	Utley G	Coulthard ET	Gadsby E	Lillycrop GB	Tufnell H	Forman T	Arthurs G	Bartrop W	Ellis EE	Biggins FJ	Graham TH	Hellewell, Alec	Jebb A	Kay H	Little J	Mearns FC	Martin F	Oxspring A	Taylor JH	Wren C
R1	Jan 15	Blackpool	1-1	Tufnell	8000		2	3	4	5	6		8	9	10	11		7								1				
rep	20	BLACKPOOL	6-0	Lillycrop 2, Tufnell 2, Gadsby, Boyle (p)	13939		2	3	4	5	6		8	9	10	11		7								1				
R2	Feb 5	BRISTOL R	4-0	Bartrop, Gadsby, Forman, Utley	10285	1	2	3	4	5	6		8	9	10	11		7												
R3	19	WEST BROMWICH A	1-0	Tufnell	18636	1	2	3	4	5	6		8	9	10	11		7												
R4	Mar 5	QUEENS PARK R	1-0	Bartrop	23574		2	3	4	5	6		8	9	10	11		7								1				
SF	26	Everton	0-0		35000		2	3	4	5	6		8	9	10	11		7								1				
rep	31	Everton	3-0	Gadsby, Forman, Tufnell	55000		2	3	4	5	6		8	9	10	11		7								1				
F	Apr 23	Newcastle U	1-1	Tufnell	77747		2	3	4	5	6		8	9	10	11		7								1				
rep	28	Newcastle U	0-2		65000		2	3	4	5	6		8	9	10	11		7								1				

SF at Elland Road, replay at Old Trafford. Final at Crystal Palace, replay at Goodison Park.

		P	W	D	L	F	A	W	D	L	F	A	Pts
1	Manchester City	38	15	2	2	51	17	8	6	5	30	23	54
2	Oldham Athletic	38	15	2	2	47	9	8	5	6	32	30	53
3	Hull City	38	13	4	2	52	19	10	3	6	28	27	53
4	Derby County	38	15	2	2	46	15	7	7	5	26	32	53
5	Leicester Fosse	38	15	2	2	60	20	5	2	12	19	38	44
6	Glossop	38	14	1	4	42	18	4	6	9	22	39	43
7	Fulham	38	9	7	3	28	13	5	6	8	23	30	41
8	Wolverhampton Wan.	38	14	3	2	51	22	3	3	13	13	41	40
9	BARNSLEY	38	15	3	1	48	15	1	4	14	14	44	39
10	Bradford Park Ave.	38	12	1	6	47	28	5	3	11	17	31	38
11	West Bromwich Alb.	38	8	5	6	30	23	8	0	11	28	33	37
12	Blackpool	38	7	7	5	24	18	7	1	11	26	34	36
13	Stockport County	38	9	6	4	37	20	4	2	13	13	27	34
14	Burnley	38	12	2	5	43	21	2	4	13	19	40	34
15	Lincoln City	38	7	6	6	27	24	3	5	11	15	45	31
16	Clapton Orient	38	10	4	5	26	15	2	2	15	11	45	30
17	Leeds City	38	8	4	7	30	33	2	3	14	16	47	27
18	Gainsborough Trin.	38	8	3	8	22	21	2	3	14	11	54	26
19	Grimsby Town	38	8	3	8	31	19	1	3	15	19	58	24
20	Birmingham	38	7	4	8	28	26	1	3	15	14	52	23

1910/11 19th in Division 2

	Date		Opponent	Score	Scorers	Att.	Mearns FC	Downs JT	Ness HM	Glendenning R	Utley G	Jebb A	Bartrop W	Gadsby E	Lillycrop GB	Tufnell H	Forman T	Arthurs G	Biggins FJ	Birtles TJ	Bratley PW	Boyle TW	Clegg JA	Johnson P	Little J	Martin F	Rutter A	Taylor JH	Travers JEG
1	Sep	3	WOLVERHAMPTON W.	2-2	Lillycrop, Forman	5000	1	2	3	4	5	6	7	8	9	10	11												
2		10	Chelsea	1-3	Gadsby	21000	1	2	3	4	5	6	7	8	9	10	11												
3		17	CLAPTON ORIENT	1-2	Martin	5500	1	2	3	4	6		7	8		10	11				5					9			
4		24	Blackpool	0-1		7000	1	2	3	4	6			8	9	10	11			7	5								
5	Oct	1	GLOSSOP	4-0	Forman, Lillycrop 2, Birtles		1	2	3	4	6			8	9	10	11			7	5								
6		8	Lincoln City	0-1			1	2	3	4	6		7	8	9	10	11					5							
7		22	Birmingham	0-1		10000	1	2	3		6		7	10	9		11				4	5						8	
8		26	Gainsborough Trinity	1-1	Taylor		1	2	3		6		7	10	9		11				4	5						8	
9		29	WEST BROMWICH ALB.	1-1	Taylor	5000	1	2			6		7	10	9		11				4	5			3			8	
10	Nov	5	Hull City	1-5	Tufnell	7000	1	2	3		6		7		9	10	11				4	5						8	
11		12	FULHAM	4-2	Lillycrop, Taylor 2 (1 pen), Tufnell	5000	1	2	3		6		7		9	10	11		4			5						8	
12		17	HUDDERSFIELD T	1-2	Tufnell	2000	1	2	3		6				9	10	11		4	7		5						8	
13		19	Bradford Park Avenue	3-2	Rutter 2, Tufnell	12000	1	2	3		6				8	10	11		7		4	5					9		
14		26	BURNLEY	0-1		4000	1	2	3		6				8	10	11		7		4	5					9		
15	Dec	10	LEEDS CITY	4-0	Bartrop, Boyle, Lillycrop, Forman	4000		2	3		6		7		8	10	11				4	5	1				9		
16		17	Stockport County	2-2	Rutter, Lillycrop	2500		2	3		6		7		8	10	11		4			5	1				9		
17		24	DERBY COUNTY	0-2		5000		2	3		6		7		8	10	11		4			5	1				9		
18		27	Leicester Fosse	1-1	Forman (pen)	15000		2	3	4	6		7		8	10	11					5	1				9		
19		31	Wolverhampton Wan.	0-1		7000		2	3	4	6		7		8	10	11					5	1				9		
20	Jan	2	Bolton Wanderers	0-4				2	3	4	6		7		9	10	11					5	1					8	
21		7	CHELSEA	3-2	Boyle, Lillycrop, Tufnell	7000		2	3	4	6		7		9	10	11					5	1					8	
22		21	Clapton Orient	0-3		8000		2	3	4	6		7		9	10	11					5	1						8
23		28	BLACKPOOL	1-2	Tufnell	5000		2	3	4	6		7	8	9	10	11					5	1						
24	Feb	11	LINCOLN CITY	2-2	Tufnell, Rutter			2	3	4	6				8	10	11		7			5	1				9		
25		18	Huddersfield Town	0-2		8000		2	3	4	6				8	10		11	7		5		1				9		
26		25	BIRMINGHAM	2-3	Arthurs, Tufnell	2500		2	3	4	6					10		11	7			5	1				9		8
27	Mar	4	West Bromwich Albion	3-3	Lillycrop, Rutter, Tufnell	8000		2		4	6		7			10		11			5		1	3			9		8
28		11	HULL CITY	0-1		5000		2	3	4	6		7		8			11			5		1				9		10
29		18	Fulham	2-0	Biggins, Bartrop	8000		2		4	6		7		8			11				5	1		3		9		10
30		25	BRADFORD PARK AVE.	7-0	Lillycrop 3, Tufnell 2, Utley, Bartrop	4000		2		4	6		7		9	10		11				5	1		3				8
31		28	Glossop	1-1	Arthurs			2		4	6		7		9	10		11	8			5	1		3				
32	Apr	1	Burnley	0-0		4000		2		4	6		7		9	10		11	8			5	1		3				
33		8	GAINSBOROUGH TRIN.	2-2	Tufnell, Biggins			2		4	6		7		9	10		11	8			5	1		3				
34		14	LEICESTER FOSSE	1-1	Tufnell	6000		2		4	6		7		9	10		11	8			5	1		3				
35		15	Leeds City	0-0		10000		2	3	4	6		7		9	10		11				5	1				8		
36		17	BOLTON WANDERERS	0-0				2	3	4	6		7		9	10		11				5	1				8		
37		22	STOCKPORT COUNTY	1-1	Tufnell	3000		2	3	4	6		7		9	10		11				5	1				8		
38		29	Derby County	1-5	Taylor	5000		2	3	4	6		7		9	10		11				5	1					8	
						Apps	14	38	30	27	38	2	30	10	35	33	24	14	13	3	13	30	24	1	7	1	16	9	6
						Goals					1		3	1	11	14	4	2	2	1		2				1	5	5	

F.A. Cup

	Date		Opponent	Score	Scorers	Att.	Mearns FC	Downs JT	Ness HM	Glendenning R	Utley G	Jebb A	Bartrop W	Gadsby E	Lillycrop GB	Tufnell H	Forman T	Arthurs G	Biggins FJ	Birtles TJ	Bratley PW	Boyle TW	Clegg JA	Johnson P	Little J	Martin F	Rutter A	Taylor JH	Travers JEG
R1	Jan	14	Watford	2-0	Lillycrop, Boyle			2	3	4	6		7		9	10	11					5	1					8	
R2	Feb	4	Burnley	0-2				2	3	4	6		7		9	10	11		8			5	1						

		P	*W*	*D*	*L*	*F*	*A*	*W*	*D*	*L*	*F*	*A*	*Pts*
1	West Bromwich Alb.	38	14	2	3	40	18	8	7	4	27	23	53
2	Bolton Wanderers	38	17	2	0	53	12	4	7	8	16	28	51
3	Chelsea	38	17	2	0	48	7	3	7	9	23	28	49
4	Clapton Orient	38	14	4	1	28	7	5	3	11	16	28	45
5	Hull City	38	8	10	1	38	21	6	6	7	17	18	44
6	Derby County	38	11	5	3	48	24	6	3	10	25	28	42
7	Blackpool	38	10	5	4	29	15	6	5	8	20	23	42
8	Burnley	38	9	9	1	31	18	4	6	9	14	27	41
9	Wolverhampton Wan.	38	10	5	4	26	16	5	3	11	25	36	38
10	Fulham	38	12	3	4	35	15	3	4	12	17	33	37
11	Leeds City	38	11	4	4	35	18	4	3	12	23	38	37
12	Bradford Park Ave.	38	12	4	3	44	18	2	5	12	9	37	37
13	Huddersfield Town	38	10	4	5	35	21	3	4	12	22	37	34
14	Glossop	38	11	4	4	36	21	2	4	13	12	41	34
15	Leicester Fosse	38	12	3	4	37	19	2	2	15	15	43	33
16	Birmingham	38	10	4	5	23	18	2	4	13	19	46	32
17	Stockport County	38	10	4	5	27	26	1	4	14	20	53	30
18	Gainsborough Trin.	38	9	5	5	26	16	0	6	13	11	39	29
19	BARNSLEY	38	5	7	7	36	26	2	7	10	16	36	28
20	Lincoln City	38	5	7	7	16	23	2	3	14	12	49	24

1911/12

6th in Division 2

	Date	Opponent	Score	Scorers	Att	Clegg JA	Downs JT	Taylor A	Glendenning R	Boyle TW	Utley G	Bartrop W	Travers JEG	Lillycrop GB	Tufnell H	Leavey HJ	Barson F	Bratley PW	Cooper JC	Comock M	Doncaster T	Hall JE	Hanlon E	Jebb A	Martin F	Mitchell R	Moore J	Roystone A	Wilcock GH	Wigmore C
1	Sep 2	Huddersfield Town	1-2	Tufnell	12000	1	2	3	4	5	6	7	8	9	10	11														
2	9	BLACKPOOL	1-0	Boyle	7000	1	2	3	4	5	6	7	8	9	10	11														
3	11	Birmingham	3-1	Comock 2, Tufnell	5000	1	2	3	4	5	6	7		8	10	11				9										
4	16	Glossop	2-0	Comock, Tufnell	2000	1	2	3	4	5	6	7		8	10	11				9										
5	23	HULL CITY	1-2	Lillycrop	9000	1	2	3	4	5	6	7		8	10	11				9										
6	26	Grimsby Town	0-0		5000	1	2	3	4		6	7		8	10	11				9			5							
7	30	BURNLEY	1-1	Comock	7000	1	2	3	4		6	7		8	10	11				9			5							
8	Oct 7	Bradford Park Avenue	0-1		20000	1	2	3	4		6			9	10	11							5			8	7			
9	14	FULHAM	2-2	Tufnell, Comock	7000	1	2	3	4		6			8	10	11				9			5				7			
10	21	Derby County	0-0		8000		2	3	4		6			8	10	11				9			5				7		1	
11	28	STOCKPORT COUNTY	2-1	Lillycrop 2	6000		2	3	4		6			8	10	11				9			5				7		1	
12	Nov 4	Leeds City	2-3	Hanlon, Leavey	10000		2	3	4		6	7		8	10	11							5		9				1	
13	11	WOLVERHAMPTON W.	2-1	Martin, Utley	8000		2	3	4		6	7		8	10	11		5							9				1	
14	18	Leicester Fosse	0-0		6000		2	3	4		6	7		8	10	11		5	1						9					
15	25	GAINSBOROUGH TRIN.	4-0	Gunson (og), Bartrop 2, Utley	5000		2	3	4		6	7		8	10	11		5	1						9					
16	Dec 9	NOTTM. FOREST	1-0	Tufnell	5000		2	3	4		6	7		8	10	11		5	1						9					
17	16	Chelsea	1-2	Lillycrop	25000		2	3	4		6	7		8	10	11		5	1						9					
18	23	CLAPTON ORIENT	2-1	Lillycrop, Utley	6000		2	3	4		6	7	8	9	10	11		5	1											
19	25	BRISTOL CITY	4-1	Lillycrop, Utley, Travers, Tufnell	12000		2	3	4		6	7	8	9	10	11		5	1											
20	26	Bristol City	1-0	Tufnell	6000		2	3	4		6	7	8	9	10	11		5	1											
21	Jan 1	HUDDERSFIELD T	0-0		12000		2	3	4		6	7	8	9	10	11		5	1											
22	6	Blackpool	0-0		2000		2	3	4		6	7	8	9	10	11		5	1											
23	27	Hull City	0-0		10000		2	3	4		6	7	8	9	10	11		5	1											
24	Feb 10	BRADFORD PARK AVE.	1-0	Travers	5000			3	4		6	7	8	9	10	11		5	1			2								
25	12	Burnley	0-3				2	3	4		6		8	9	10	11			1				5				7			
26	17	Fulham	2-2	Leavey, Tufnell	20000		2	3	4		6	7	8	9	10	11		5	1											
27	Mar 2	Stockport County	1-1	Tufnell	7000		2	3	4		6	7	8		10	11			1	9			5							
28	16	Wolverhampton Wan.	0-5		6000		2	3	4		6	7	8	9		11			1	10			5							
29	23	LEICESTER FOSSE	0-0		4000		2					7	8	9			4		1		3		5	6			11	10		
30	Apr 6	GRIMSBY TOWN	2-2	Bartrop, Lillycrop	5000		2	3	4		6	7	8	9	10			5	1								11			
31	8	BIRMINGHAM	1-0	Lillycrop	5000		2	3	4		6	7	8	9	10			5	1								11			
32	10	Gainsborough Trinity	2-1	Floyd (og), Moore			2		4			7	8				5		1	10	3			6	9		11			
33	11	LEEDS CITY	3-4	Tufnell, Travers 2	3000		2	3				7	8		10		4	5	1					6	9		11			
34	13	Nottingham Forest	2-0	Lillycrop, Tufnell	7000		2	3	4		6	7		9	8			5	1								11			10
35	22	DERBY COUNTY	0-2		5000		2	3	4		6	7	8	9	10			5	1								11			
36	25	CHELSEA	0-2		7000		2		4		6	7	8	9	10			5	1		3						11			
37	27	Clapton Orient	0-2				2	3				7	8				4		1	9			5	6		10	11			
38	29	GLOSSOP	1-0	Glendenning	2000		2		4		6	7	8		10			5	1		3						11			9
					Apps	9	37	34	35	5	34	33	22	33	34	28	4	20	25	12	4	1	12	4	8	2	15	1	4	2
					Goals				1	1	4	3	4	9	11	2				5			1		1		1			

Two own goals

F.A. Cup

	Date	Opponent	Score	Scorers	Att	Clegg JA	Downs JT	Taylor A	Glendenning R	Boyle TW	Utley G	Bartrop W	Travers JEG	Lillycrop GB	Tufnell H	Leavey HJ	Barson F	Bratley PW	Cooper JC	Comock M	Doncaster T	Hall JE	Hanlon E	Jebb A	Martin F	Mitchell R	Moore J	Roystone A	Wilcock GH	Wigmore C
R1	Jan 13	Birmingham	0-0		18000		2	3	4		6	7	10	9	8	11		5	1											
rep	22	BIRMINGHAM	3-1	Lillycrop 2, Tufnell	12000		2	3	4		6	7	10	9	8	11		5	1											
R2	Feb 3	LEICESTER FOSSE	1-0	Lillycrop	15114		2	3	4		6	7	10	9	8	11		5	1											
R3	24	Bolton Wanderers	2-1	Lillycrop, Leavey	34598		2	3	4		6	7	10	9	8	11		5	1											
R4	Mar 9	BRADFORD CITY	0-0		24987		2	3	4		6	7	10	9	8	11		5	1											
rep	13	Bradford City	0-0		31910		2	3	4		6	7	10	9	8	11		5	1											
rep2	18	Bradford City	0-0		37000		2	3	4		6	7	10	9	8	11		5	1											
rep3	21	Bradford City	3-2	Lillycrop 2, Travers	38264		2	3	4		6	7	10	9	8			5	1								11			
SF	30	Swindon Town	0-0		48057		2	3	4		6	7	10	9	8			5	1								11			
rep	Apr 3	Swindon Town	1-0	Bratley	18000		2	3	4		6	7	10	9	8			5	1								11			
F	20	West Bromwich Albion	0-0		54556		2	3	4		6	7	10	9	8			5	1								11			
rep	24	West Bromwich Albion	1-0	Tufnell	38555		2	3	4		6	7	10	9	8			5	1								11			

All R4 replays a.e.t. Final replay also a.e.t.

R4 replay 2 at Elland Road. R4 replay 3 at Bramall Lane. SF at Stamford Bridge, replay at Meadow Lane, Nottingham.

Final at Crystal Palace. Final replay at Bramall Lane.

		P	*W*	*D*	*L*	*F*	*A*	*W*	*D*	*L*	*F*	*A*	*Pts*
1	Derby County	38	15	2	2	55	13	8	6	5	19	15	54
2	Chelsea	38	15	2	2	36	13	9	4	6	28	21	54
3	Burnley	38	14	5	0	50	14	8	3	8	27	27	52
4	Clapton Orient	38	16	0	3	44	14	5	3	11	17	30	45
5	Wolverhampton Wan.	38	12	3	4	41	10	4	7	8	16	23	42
6	BARNSLEY	38	10	5	4	28	19	5	7	7	17	23	42
7	Hull City	38	12	3	4	36	13	5	5	9	18	38	42
8	Fulham	38	10	3	6	42	24	6	4	9	24	34	39
9	Grimsby Town	38	9	6	4	24	18	6	3	10	24	37	39
10	Leicester Fosse	38	11	4	4	34	18	4	3	12	15	48	37
11	Bradford Park Ave.	38	10	5	4	30	16	3	4	12	14	29	35
12	Birmingham	38	11	3	5	44	29	3	3	13	11	30	34
13	Bristol City	38	11	4	4	27	17	3	2	14	14	43	34
14	Blackpool	38	12	4	3	24	12	1	4	14	8	40	34
15	Nottingham Forest	38	9	3	7	26	18	4	4	11	20	30	33
16	Stockport County	38	8	5	6	31	22	3	6	10	16	32	33
17	Huddersfield Town	38	8	5	6	30	22	5	1	13	20	42	32
18	Glossop	38	6	8	5	33	23	2	4	13	9	33	28
19	Leeds City	38	7	6	6	21	22	3	2	14	29	56	28
20	Gainsborough Trin.	38	4	6	9	17	22	1	7	11	13	42	23

1912/13 4th in Division 2

							Cooper JC	Downs JT	Taylor A	Glendenning R	Bratley PW	Utley G	Bartrop W	Travers JEG	Lillycrop GB	Tufnell H	Moore J	Barson F	Bethune J	Coman F	Griffin M	Hall JE	Hunter W	Mitchell R	Musgrove R	McCann H
1	Sep	7	HUDDERSFIELD T	2-0	Bratley, Moore	10000	1	2	3	4	5	6	7	8	9	10	11									
2		14	Leeds City	0-2		15000	1	2	3	4	5	6	7	8	9	10	11									
3		21	GRIMSBY TOWN	3-0	Lillycrop, Travaers, Bartrop	7000	1	2	3	4	5	6	7	8	9	10	11									
4		28	Bury	0-2		6000	1	2	3	4	5	6	7	8	9	10	11									
5	Oct	3	Nottingham Forest	0-2		10000	1	2		4	5	6	7	8	9	10	11					3				
6		5	FULHAM	2-1	Lillycrop 2	7000	1	2		4	5	6	7	8	9	10	11					3				
7		12	Blackpool	1-0	Bratley	8000	1	2		4	5	6		10	9		11				7	3		8		
8		19	Bradford Park Avenue	0-0		12000	1	2	3	4	5	6	7	8	9	10	11									
9		26	WOLVERHAMPTON W.	3-2	Lillycrop (pen), Tufnell, Travers	6000	1	2	3	4	5	6	7	8	9	10	11									
10	Nov	2	Leicester Fosse	0-1			1	2	3	4	5	6	7	8	9	10	11									
11		9	STOCKPORT COUNTY	1-1	Hunter		1	2	3	4	5	6	7	10	8		11						9			
12		16	Preston North End	0-4		6000	1	2	3	4	5	6	7		8		11				10		9			
13		23	BURNLEY	1-4	Lillycrop	7000	1	2		4	5	6			9	10	7		3		11			8		
14	Dec	7	GLOSSOP	2-1	Tufnell 2 (1 pen)		1	2	3	4	5	6	7	8	9	10	11									
15		14	Clapton Orient	2-2	Tufnell, Lillycrop		1	2	3	4	5	6		8	9	10	7				11					
16		19	Hull City	1-0	Travers	4000	1	2	3	4		6		8	9	10	7	5			11					
17		21	LINCOLN CITY	4-0	Lillycrop 2, Travers, Griffin		1	2	3	4	5	6	7	8	9	10					11					
18		25	Birmingham	1-3	Bratley	30000	1	2	3	4	5	6	7	8	9	10	11									
19		28	Huddersfield Town	0-2		11000	1	2	3	4	5	6	7	8	9	10					11					
20	Jan	1	NOTTM. FOREST	1-0	Lillycrop	9000	1	2	3	4	5	6	7	8	9	10					11					
21		4	LEEDS CITY	2-0	Tufnell, Bratley	5000	1	2	3	4	5	6	7		9	8					11					10
22		18	Grimsby Town	1-1	Moore		1	2	3	4	5	6		8	9	10	7				11					
23		25	BURY	4-3	Lillycrop, Moore 2 (1 pen), Bratley		1	2	3	4	5	6		8	9	10	7				11					
24	Feb	8	Fulham	1-1	Lillycrop	15000	1	2	3	4	5	6	7	8	9	10	11									
25		15	BLACKPOOL	5-3	Lillycrop 3, Travers 2		1	2	3	4	5		7	8	9	10	11								6	
26	Mar	1	Wolverhampton Wan.	0-3		7000	1		3	4	5		7	8	9	10	11					2			6	
27		8	LEICESTER FOSSE	1-0	Utley	4000	1	2	3	4	5	6	7	8	9	10	11									
28		15	Stockport County	3-0	Lillycrop 2 (1 pen), Travers	5000	1	2			5	6	7	8	9	10	11	4	3							
29		21	BRISTOL CITY	7-1	Lillycrop 2,Tufnell 2,Moore,Travers,Bartrop	8000	1	2			5	6	7	8	9	10	11	4	3							
30		22	PRESTON NORTH END	1-1	Lillycrop		1	2			5	6	7	8	9	10	11	4	3							
31		24	Bristol City	0-3		15000	1	2			5	6	7	8	9	10	11	4	3							
32		25	BIRMINGHAM	1-0	Travers	10000	1	2			5	6	7	8	9	10	11		3	4						
33	Apr	3	BRADFORD PARK AVE.	4-0	Tufnell, Lillycrop 2, Travers	4000	1	2			5	6	7	8	9	10	11		3	4						
34		5	HULL CITY	2-1	Lillycrop, Tufnell	6000	1	2			5	6	7	8	9	10	11		3	4						
35		12	Glossop	0-1		3000	1	2			5	6	7	8	9	10	11		3	4						
36		19	CLAPTON ORIENT	0-0		4000	1	2			5	6	7	8	9	10	11		3	4						
37		23	Burnley	1-0	Bartrop	20000	1	2			5	6	7	8	9	10	11		3	4						
38		26	Lincoln City	0-2			1	2			5	6	7	8	9	10	11		3	4						
						Apps	38	37	23	27	37	36	32	35	38	35	34	5	12	7	11	4	2	2	2	1
						Goals					5	1	3	10	22	9	5				1		1			

F.A. Cup

							Cooper JC	Downs JT	Taylor A	Glendenning R	Bratley PW	Utley G	Bartrop W	Travers JEG	Lillycrop GB	Tufnell H	Moore J	Barson F	Bethune J	Coman F	Griffin M	Hall JE	Hunter W	Mitchell R	Musgrove R	McCann H
R1	Jan	11	Gillingham	0-0		11321	1	2	3	4	5	6	7	8	9	10					11					
rep		16	GILLINGHAM	3-1	Tufnell, Lillycrop 2	9561	1	2	3	4	5	6		8	9	10	7				11					
R2	Feb	1	BLACKBURN ROVERS	2-3	Tufnell, Moore	30800	1	2	3	4	5	6		8	9	10	7				11					

		P	W	D	L	F	A	W	D	L	F	A	Pts
1	Preston North End	38	13	5	1	34	12	6	10	3	22	21	53
2	Burnley	38	13	4	2	58	23	8	4	7	30	30	50
3	Birmingham	38	11	6	2	39	18	7	4	8	20	26	46
4	BARNSLEY	38	15	3	1	46	18	4	4	11	11	29	45
5	Huddersfield Town	38	13	5	1	49	12	4	4	11	17	28	43
6	Leeds City	38	12	3	4	45	22	3	7	9	25	42	40
7	Grimsby Town	38	10	8	1	32	11	5	2	12	19	39	40
8	Lincoln City	38	10	6	3	31	16	5	4	10	19	36	40
9	Fulham	38	13	5	1	47	16	4	0	15	18	39	39
10	Wolverhampton Wan.	38	10	6	3	34	16	4	4	11	22	38	38
11	Bury	38	10	6	3	29	14	5	2	12	24	43	38
12	Hull City	38	12	2	5	42	18	3	4	12	18	37	36
13	Bradford Park Ave.	38	12	4	3	47	18	2	4	13	13	42	36
14	Clapton Orient	38	8	6	5	25	20	2	8	9	9	27	34
15	Leicester Fosse	38	12	2	5	34	20	1	5	13	15	45	33
16	Bristol City	38	7	9	3	32	25	2	6	11	14	47	33
17	Nottingham Forest	38	9	3	7	35	25	3	5	11	23	34	32
18	Glossop	38	11	2	6	34	26	1	6	12	15	42	32
19	Stockport County	38	8	4	7	32	23	0	6	13	24	55	26
20	Blackpool	38	8	4	7	22	22	1	4	14	17	47	26

1913/14 5th in Division 2

							Cooper JC	Downs JT	Bethune J	Barson F	Bratley PW	Utley G	Bartrop W	Travers JEG	Morton J	Tufnell H	Moore J	Donkin GWC	Griffin M	Halliwell JA	Ledingham WD	Marshall J	Tindall JT	Wigmore C
1	Sep	6	Lincoln City	2-2	Moore 2 (1 pen)	6000	1	2	3	4	5	6	7	8	9	10	11							
2		13	BLACKPOOL	2-1	Tufnell, Bartrop	8000	1	2	3	4	5	6	7	8	9	10	11							
3		20	Nottingham Forest	2-0	Morton, Travers	6000	1	2	3	4	5	6	7	8	9	10	11							
4		27	WOOLWICH ARSENAL	1-0	Travers	11000	1	2	3	4	5	6	7	8	9	10			11					
5	Oct	4	Grimsby Town	1-1	Travers	8000	1	2	3	4	5	6	7	8	9	10	11							
6		11	BIRMINGHAM	1-1	Utley	9000	1	2	3	4	5	6	7	8	9	10	11							
7		18	Bristol City	1-1	Griffin	15000	1		3	4	5	6		8	9	10	7		11				2	
8		25	LEEDS CITY	1-4	Moore	12000	1	2	3	4	5	6	7	8	9	10	11							
9	Nov	1	Clapton Orient	0-1			1		2	4	5	6		8	9	10	11	7					3	
10		8	GLOSSOP	2-0	Travers, Morton		1		2	4	5	6		8	9	10	11	7					3	
11		15	Stockport County	1-1	Tufnell	6000	1		2	4	5	6		8	9	10	11	7					3	
12		22	BRADFORD PARK AVE.	1-2	Wigmore	5000	1		2	4	5			8	9	10	11	7					3	6
13		29	Notts County	1-3	Moore	10000	1		2	4	5		7		9		10	8	11				3	6
14	Dec	6	LEICESTER FOSSE	3-0	Travers, Bratley, Moore		1		2	4	5	6		8	9	10	11	7					3	
15		13	Wolverhampton Wan.	1-0	Moore	10000	1	2	3	4	5		7	8	9		10		11					6
16		20	HULL CITY	0-2		4000	1	2	3	4	5		7	8	9		10		11					6
17		25	Bury	0-4		12000	1	2	3	4	5		7	8			10		11	9				6
18		26	BURY	2-0	Halliwell, Travers	7000	1	2	3	4	5		7	8			10		11	9				6
19		27	LINCOLN CITY	1-0	Travers		1	2	3	4	5		7	8			10		11	9				6
20	Jan	1	HUDDERSFIELD T	2-1	Moore, Halliwell	3000	1	2	3	4	5		7	8			10		11	9				6
21		3	Blackpool	1-3	Moore	10000	1	2	3	4	5		7	8			10		11	9				6
22		17	NOTTM. FOREST	5-0	Travers 2, Downs (p), Moore, Halliwell	5000	1	2	3	4	5		7	8			10		11	9				6
23		24	Woolwich Arsenal	0-1		25000	1	2	3	4	5		7			8	10		11	9				6
24	Feb	7	GRIMSBY TOWN	3-1	Moore 3		1	2	3	4	5		7			8	10		11	9				6
25		14	Birmingham	0-0		18000	1	2	3	4	5		7			8	10		11	9				6
26		21	BRISTOL CITY	3-0	Bartrop, Bratley, Halliwell	6000	1	2	3	4	5		7			8	10		11	9				6
27		28	Leeds City	0-3		20000	1	2	3	4	5		7			8	10		11	9				6
28	Mar	7	CLAPTON ORIENT	2-1	Halliwell, Bartrop		1	2	3	4	5		7			10	11			9		8		6
29		14	Glossop	1-5	Tufnell		1	2	3	4	5		7			10	11			9		8		6
30		21	STOCKPORT COUNTY	1-0	Halliwell		1	2	3	4			7			10			11	9	5	8		6
31		28	Bradford Park Avenue	1-1	Morton	18000	1	2	3	4	5		7		9				11	10		8		6
32	Apr	4	NOTTS COUNTY	0-1		13000	1	2	3	4	5		7		9				11	10		8		6
33		10	Fulham	2-1	Tufnell, Bartrop	25000	1	2	3	4	5		7			8	9		11	10				6
34		11	Leicester Fosse	2-0	Tufnell, Moore		1	2	3	4	5		7			8	9		11	10				6
35		13	FULHAM	1-0	Downs (pen)	10000	1	2	3	4	5		7			8	9		11	10				6
36		14	Huddersfield Town	1-3	Tufnell	10000	1	2	3	4	5		7			8	9		11	10				6
37		18	WOLVERHAMPTON W.	2-1	Donkin, Moore	11000	1	2	3	4	5					8	9	7	11	10				6
38		25	Hull City	1-0	Tufnell	5000	1	2	3	4	5		7			8	9		11	10				6
						Apps	38	31	38	38	37	12	31	21	18	27	34	7	25	22	1	5	7	26
						Goals		2			2	1	4	9	3	8	13	1	1	6				1

F.A. Cup

							Cooper JC	Downs JT	Bethune J	Barson F	Bratley PW	Utley G	Bartrop W	Travers JEG	Morton J	Tufnell H	Moore J	Donkin GWC	Griffin M	Halliwell JA	Ledingham WD	Marshall J	Tindall JT	Wigmore C
R1	Jan	10	Liverpool	1-1	Travers	33000	1	2	3	4	5		7	8		10	11			9				6
rep		14	LIVERPOOL	0-1		23299	1	2	3	4	5		7	8		10			11	9				

Played in replay: A Roystone (at 6)

		P	W	D	L	F	A	W	D	L	F	A	Pts
1	Notts County	38	16	2	1	55	13	7	5	7	22	23	53
2	Bradford Park Ave.	38	15	1	3	44	20	8	2	9	27	27	49
3	Woolwich Arsenal	38	14	3	2	34	10	6	6	7	20	28	49
4	Leeds City	38	15	2	2	54	16	5	5	9	22	30	47
5	BARNSLEY	38	14	1	4	33	15	5	6	8	18	30	45
6	Clapton Orient	38	14	5	0	38	11	2	6	11	9	24	43
7	Hull City	38	9	5	5	29	13	7	4	8	24	24	41
8	Bristol City	38	12	5	2	32	10	4	4	11	20	40	41
9	Wolverhampton Wan.	38	14	1	4	33	16	4	4	11	18	36	41
10	Bury	38	12	6	1	30	14	3	4	12	9	26	40
11	Fulham	38	10	3	6	31	20	6	3	10	15	23	38
12	Stockport County	38	9	6	4	32	18	4	4	11	23	39	36
13	Huddersfield Town	38	8	4	7	28	22	5	4	10	19	31	34
14	Birmingham	38	10	4	5	31	18	2	6	11	17	42	34
15	Grimsby Town	38	10	4	5	24	15	3	4	12	18	43	34
16	Blackpool	38	6	10	3	24	19	3	4	12	9	25	32
17	Glossop	38	8	3	8	32	24	3	3	13	19	43	28
18	Leicester Fosse	38	7	2	10	29	28	4	2	13	16	33	26
19	Lincoln City	38	8	5	6	23	23	2	1	16	13	43	26
20	Nottingham Forest	38	7	7	5	27	23	0	2	17	10	53	23

1914/15 3rd in Division 2

	Date		Opponent	Score	Scorers	Att	Cooper JC	Downs JT	Bethune J	Smith F	Barson F	Wigmore C	Griffin M	Halliwell JA	Lyon S	Tufnell H	Kirsop W	Donkin GWC	Fletcher B	Gittins JH	Lees JWD	Marshall J	Moore J	Musgrove R	Rooney T	Tindall JT
1	Sep	2	Derby County	0-7		2000	1	2	3	4	5	6	7	8	9	10	11									
2		5	LINCOLN CITY	3-1	Lyon 2, Tufnell		1	2	3	4	5	6	7	8	9	10	11									
3		12	Birmingham	0-2		10000	1	2	3	4	5	6	7	8	9	10	11									
4		19	GRIMSBY TOWN	0-0			1	2	3		4	6		10	9	5		7	8				11			
5		26	Huddersfield Town	0-1		7000	1	2	3		4	6	11		9	10		7	8						5	
6	Oct	3	BRISTOL CITY	2-1	Lyon, Tufnell	5000	1	2	3		4	6	11		9	10		7	8						5	
7		10	Bury	2-1	Fletcher, Downs (pen)	8000	1	2	3		4	6	11		9	10		7	8						5	
8		17	PRESTON NORTH END	2-1	Wigmore, Griffin	7000	1	2	3		4	6	11	9		10		7	8						5	
9		24	Nottingham Forest	1-2	Halliwell	6000	1	2	3		4	6	11	9		10		7	8						5	
10		31	LEICESTER FOSSE	1-0	Halliwell	5000	1	2	3		4	6	11	9		10		7	8						5	
11	Nov	7	Blackpool	1-1	Halliwell	4000	1	2	3		4	6	11	9		10		7	8						5	
12		14	Glossop	1-0	Fletcher	2000	1	2	3		4	6	11	9		10		7	8						5	
13		21	WOLVERHAMPTON W.	2-1	Donkin, Fletcher	5000	1	2	3		4	6	11	9		10		7	8						5	
14		28	Fulham	0-2		1000	1	2	3		4	6	11	9		10		7	8						5	
15	Dec	5	STOCKPORT COUNTY	2-0	Lees, Donkin	3000	1	2	3		4	6	11	9				7	8		10			5		
16		12	Hull City	1-2	Tufnell	3000	1	2	3		4	6	11	9		10		7	8						5	
17		19	LEEDS CITY	2-1	Musgrove, Lees	3000	1	2	3				11			10		7	8		6		9	4	5	
18		25	Clapton Orient	2-4	Halliwell, Moore	4000	1	2	3		4	6		9		10		7	8				11		5	
19		26	CLAPTON ORIENT	1-0	Downs (pen)	6000	1	2	3		4	6				10		7	8		9		11		5	
20	Jan	1	ARSENAL	1-0	Tufnell	5000	1	2	3		4	6		9		10		7	8				11		5	
21		2	Lincoln City	0-3			1	2	3		4	6				10		7	8		9		11		5	
22		23	Grimsby Town	3-2	Griffin 2, Downs (pen)	4000	1	2	3			6	11		9	10		7	8					4	5	
23		30	HUDDERSFIELD T	1-0	Donkin	6700	1	2	3	5		6	11			10		7	8			9		4		
24	Feb	6	Bristol City	1-3	Moore	4000	1		3				11			6		7		2	10	8	9	4	5	
25		13	BURY	2-0	Fletcher, Moore		1	2	3		4	6	11			10		7	8				9		5	
26		20	Preston North End	2-5	Marshall, Downs (pen)		1	2	3		4	6	11			10			8			9	7		5	
27		27	NOTTM. FOREST	3-0	Tufnell, Musgrove, Donkin	4000	1	2	3		4		11			10		7	8				9	6	5	
28	Mar	6	Leicester Fosse	1-0	Moore		1	2	3		4		11			10		7	8				9	6	5	
29		8	BIRMINGHAM	2-1	Tufnell 2	3000	1	2			4		11			10					7	8	9	6	5	3
30		13	BLACKPOOL	1-2	Tufnell	7000	1	2	3		4	5	11			10			8		7		9	6		
31		20	GLOSSOP	2-0	Wigmore 2		1	2	3		4	6	11			10		7	8				9		5	
32		27	Wolverhampton Wan.	1-4	Downs (pen)	6000	1	2	3		4	6	11			10		7	8				9		5	
33	Apr	2	DERBY COUNTY	1-0	Downs (pen)	10000	1	2	3		5	6	11			10		7	8			4	9			
34		3	FULHAM	2-2	Griffin 2	4600	1	2	3		5	6	11			10		7	8			4	9			
35		5	Arsenal	0-1		16000	1	2	3		5	6	11			10		7	8			4	9			
36		10	Stockport County	2-1	Wigmore, Fletcher		1	2	3		5	6	11			8		7	9		10	4				
37		17	HULL CITY	1-0	Fletcher	5000	1	2	3		5	6	11			8		7	9		10	4				
38		24	Leeds City	2-0	Green (og), Tufnell	5000	1	2	3		4	5	11			8		7	9		10			6		
						Apps	38	37	37	4	34	33	33	15	8	37	3	32	33	1	10	9	18	10	25	1
						Goals		6	.			4	5	4	3	9		4	6		2	1	4	2		

One own goal

F.A. Cup

	Date		Opponent	Score	Scorers	Att	Cooper JC	Downs JT	Bethune J	Smith F	Barson F	Wigmore C	Griffin M	Halliwell JA	Lyon S	Tufnell H	Kirsop W	Donkin GWC	Fletcher B	Gittins JH	Lees JWD	Marshall J	Moore J	Musgrove R	Rooney T	Tindall JT
R1	Jan	9	Everton	0-3			1	2	3		4	6	11			10		7	8		9				5	

		P	W	D	L	F	A	W	D	L	F	A	Pts
1	Derby County	38	14	3	2	40	11	9	4	6	31	22	53
2	Preston North End	38	14	4	1	41	16	6	6	7	20	26	50
3	BARNSLEY	38	16	2	1	31	10	6	1	12	20	41	47
4	Wolverhampton Wan.	38	12	4	3	47	13	7	3	9	30	39	45
5	Arsenal	38	15	1	3	52	13	4	4	11	17	28	43
6	Birmingham	38	13	3	3	44	13	4	6	9	18	26	43
7	Hull City	38	12	2	5	36	23	7	3	9	29	31	43
8	Huddersfield Town	38	12	4	3	36	13	5	4	10	25	29	42
9	Clapton Orient	38	12	5	2	36	17	4	4	11	14	31	41
10	Blackpool	38	11	3	5	40	22	6	2	11	18	35	39
11	Bury	38	11	5	3	39	19	4	3	12	22	37	38
12	Fulham	38	12	0	7	35	20	3	7	9	18	27	37
13	Bristol City	38	11	2	6	38	19	4	5	10	24	37	37
14	Stockport County	38	12	4	3	33	19	3	3	13	21	41	37
15	Leeds City	38	9	3	7	40	25	5	1	13	25	39	32
16	Lincoln City	38	9	4	6	29	23	2	5	12	17	42	31
17	Grimsby Town	38	10	4	5	36	24	1	5	13	12	52	31
18	Nottingham Forest	38	9	7	3	32	24	1	2	16	11	53	29
19	Leicester Fosse	38	6	4	9	31	41	4	0	15	16	47	24
20	Glossop	38	5	5	9	21	33	1	1	17	10	54	18

1919/20 12th in Division 2

#	Month	Day	Opponent	Score	Scorers	Att	Cooper A	Downs JT	Tindall JT	Fletcher B	Barson F	Gittins JH	Donkin GWC	Halliwell JA	Newton A	Whitham V	Dobson GW	Addy GW	Bell H	Bethune J	Curry T	Downing J	Fell G	Frost H	Fryer W	Lakin W	Matthews CM	Saxton E	Smith F	Thompson L	Tufnell H	Vaughan H	Wainscoat WR	White ET	Williams JH
1	Aug	30	Stoke	0-2		12000	1	2	3	4	5	6	7	8	9	10	11																		
2	Sep	1	WEST HAM UNITED	7-0	Halliwell 3,Donkin,Tufnell,Newton,Fletc	6000	1	2	3	8	5	6	7	9	11														4		10				
3		6	STOKE	1-2	Downs (pen)	7000	1	2	3	8	5	6	7	9	11														4		10				
4		8	West Ham United	2-0	Newton 2	14000	1	2	3	8	5	6	7	10	9		11												4						
5		13	Nottingham Forest	1-0	Newton	10000	1	2	3	8	5	6	7	10	9		11												4						
6		20	NOTTM. FOREST	2-2	Fletcher, Newton	7000	1	2	3	8	5	6	7	10	9		11												4						
7		27	Rotherham County	0-1		10000	1	2	3	8	5	6	7	10	9		11												4						
8	Oct	4	ROTHERHAM COUNTY	4-0	Newton 2, Halliwell, Fletcher		1	2	3	8	5	6	7	9	11				10										4						
9		11	Lincoln City	4-0	Halliwell 2, Fletcher, Newton	7000	1	2	3	8	5	6	7	9	11				10										4						
10		18	LINCOLN CITY	5-3	Halliwell 3, Bell 2	8000	1	2	3	8	5	6	7	9	11				10										4						
11		25	STOCKPORT COUNTY	0-0		7000	1	2	3	8		5	7	9	11			4	10																6
12	Nov	1	Stockport County	0-1		9000	1	2	3	4		5	7	9	11				10												8				6
13		6	HULL CITY	2-3	Fletcher, Halliwell	6000	1	2	3	8		5	7	9	11				10										4						6
14		15	Hull City	1-3	Halliwell	8000	1	2	3	8		5	7	9	11				10										4						6
15		22	WOLVERHAMPTON W.	4-1	Halliwell 3, Fletcher	5000	1	2	3	8		5		9	11				10	7									4						6
16		29	Wolverhampton Wan.	4-2	Halliwell 2, Fletcher, Bethune	4000	1	2	3	8		5	7	9	11					10									4						6
17	Dec	6	SOUTH SHIELDS	0-1		6000		2	3	8		5	7	9	11					10		1							4						6
18		13	South Shields	0-0			1	2	3	8		5	7	9		10	11			4															6
19		20	TOTTENHAM HOTSPUR	3-0	Fletcher, Bell, Halliwell	12000	1	2	3	8		5	7	9			11		10							4									6
20		25	Port Vale	2-0	Bell, Tufnell	14000	1	2	3	8		5	7	9			11		10							4									6
21		26	PORT VALE	1-0	Donkin	12000	1	2	3	8		5	7	10	9		11												4						6
22		27	Tottenham Hotspur	0-4		50000		2					7	8	9		11		10			1			5	3			4						6
23	Jan	1	Bury	0-2		16000	1						7	9			11		10	2					5			3			8			4	6
24		3	CLAPTON ORIENT	2-1	Downs, Bell	4500	1	2				5	7	9			11		10	3					4				8						6
25		17	Clapton Orient	0-2		13000	1	2	3			5	7		9		11		10							4			8						6
26		24	Grimsby Town	1-1	Bell	4000	1	2	3	8		5	7	10	9		11			4									6						
27	Feb	7	Birmingham	0-0		30000	1	2	3	4		5	7	10	9		11								6		8								
28		9	GRIMSBY TOWN	0-1		4000			3	4		5	7	9	10		11			2		1			6		8								
29		14	BIRMINGHAM	0-5		12000	1	2	3	4		5	7	9	11						10										8				6
30		28	LEICESTER CITY	0-1		7000		2	3	8		6	7	9	11				10			1			5				4						
31	Mar	4	Leicester City	0-0		10000	1		3	4		5		9		10	11			2					8				7						6
32		6	FULHAM	4-1	Wainscoat 3, Gittins (pen)	6000	1		3	4		5	7	9			11			2									8				10		6
33		13	Fulham	1-1	Wainscoat	15000	1		3	4		5	7	9			11			2												8	10		6
34		20	COVENTRY CITY	1-0	Halliwell	11000	1		3	4		5	7	9			11			2												8	10		6
35		27	Coventry City	0-1		16000	1		3	4		5	7	9			11			2												8	10		6
36	Apr	2	BRISTOL CITY	0-0		13000	1		3	4		5	7		11					2										8		9	10		6
37		3	HUDDERSFIELD T	3-3	Fletcher, Newton, Halliwell	21000			3	8		5	7	9	11					2		1			4								10		6
38		5	BURY	1-3	Vaughan	13000			3			5	7	9	11					2		1				4						8	10		6
39		10	Huddersfield Town	1-4	Gittins (pen)	10000			3	4		5	8	9	11		7					1						2					10		6
40		17	BLACKPOOL	1-1	Newton	8000	1		3	4		2	8	9	11		7						5										10		6
41		24	Blackpool	2-0	Wainscoat, Gittins (pen)	5000	1		3	4		2	7	9			11						5							8			10		6
42	May	1	Bristol City	1-3	Halliwell	10000	1		3	4		2	7	9			11						5	8									10		6
						Apps	35	28	39	37	10	40	40	40	30	3	25	1	15	16	1	7	3	1	8	5	2	2	22	2	5	5	11	1	28
						Goals		2		9		3	2	20	10				6	1											2	1	5		

F.A. Cup

Rd	Month	Day	Opponent	Score	Scorers	Att	Cooper A	Downs JT	Tindall JT	Fletcher B	Barson F	Gittins JH	Donkin GWC	Halliwell JA	Newton A	Whitham V	Dobson GW	Addy GW	Bell H	Bethune J	Curry T	Downing J	Fell G	Frost H	Fryer W	Lakin W	Matthews CM	Saxton E	Smith F	Thompson L	Tufnell H	Vaughan H	Wainscoat WR	White ET	Williams JH
R1	Jan	10	West Bromwich Albion	1-0	Fletcher	32327	1	2	3	8		5	7	9			11		10							4									6
R2		31	Plymouth Argyle	1-4	Downs	27000	1	2	3	8		5	7	10	9		11			4															6

		P	W	D	L	F	A	W	D	L	F	A	Pts
1	Tottenham Hotspur	42	19	2	0	60	11	13	4	4	42	21	70
2	Huddersfield Town	42	16	4	1	58	13	12	4	5	39	25	64
3	Birmingham	42	14	3	4	54	16	10	5	6	31	18	56
4	Blackpool	42	13	4	4	40	18	8	6	7	25	29	52
5	Bury	42	14	4	3	35	15	6	4	11	25	29	48
6	Fulham	42	11	6	4	36	18	8	3	10	25	32	47
7	West Ham United	42	14	3	4	34	14	5	6	10	13	26	47
8	Bristol City	42	9	9	3	30	18	4	8	9	16	25	43
9	South Shields	42	13	5	3	47	18	2	7	12	11	30	42
10	Stoke	42	13	3	5	37	15	5	3	13	23	39	42
11	Hull City	42	13	4	4	53	23	5	2	14	25	49	42
12	BARNSLEY	42	9	5	7	41	28	6	5	10	20	27	40
13	Port Vale	42	11	3	7	35	27	5	5	11	24	35	40
14	Leicester City	42	8	6	7	26	29	7	4	10	15	32	40
15	Clapton Orient	42	14	3	4	34	17	2	3	16	17	42	38
16	Stockport County	42	11	4	6	34	24	3	5	13	18	37	37
17	Rotherham County	42	10	4	7	32	27	3	4	14	19	56	34
18	Nottingham Forest	42	9	4	8	23	22	2	5	14	20	51	31
19	Wolverhampton Wan.	42	8	4	9	41	32	2	6	13	14	48	30
20	Coventry City	42	7	7	7	20	26	2	4	15	15	47	29
21	Lincoln City	42	8	6	7	27	30	1	3	17	17	71	27
22	Grimsby Town	42	8	4	9	23	24	2	1	18	11	51	25

1920/21

16th in Division 2

							Cooper A	Spoors J	Tindall JT	Williams JH	Ashmore RA	Gittins JH	Donkin GWC	Fletcher B	Newton A	Wainscoat WR	Tummon O	Baines CE	Bates FG	Fell G	Frost H	Fryer W	Halliwell JA	Hammerton JD	Kay, Harold	King S	Low WR	Morris R	Ruddlesdin A	Saxton E	Turner JH
1	Aug	28	SHEFFIELD WEDNESDAY	0-0		15000	1	2	3	4	5	6	7	8	9	10	11														
2		30	Notts County	0-1		18000	1	2	3		5	6	7	8	9	10				4											11
3	Sep	4	Sheffield Wednesday	0-0		25000	1	2	3	6		5	7	8	11	10				4					9						
4		6	NOTTS COUNTY	2-2	Newton, Wainscoat	10000	1	2	3		6	5	7		11	10				4		8					9				
5		11	South Shields	2-3	Wainscoat, Halliwell	21000	1	2	3		6	5	7	8	11	10				4			9								
6		18	SOUTH SHIELDS	1-1	Gittins (pen)	12000	1		3	4	6	2	7	8	11	10				5			9								
7		25	Hull City	0-3		15000	1	2	3	4		6	7	8	11					5			9						10		
8	Oct	2	HULL CITY	0-0		8000	1		3	4		2	7	8	11					5			10		9		6				
9		9	Wolverhampton Wan.	1-1	Gittins	20000	1	2	3	8		9	7		11					5	4		10				6				
10		16	WOLVERHAMPTON W.	3-2	Wainscoat 2, Halliwell	7000	1	2	3			6	7	4	11	10				5			8		9						
11		23	Stockport County	2-3	Wainscoat, Donkin	10000	1		3			2	7	4	11	10				5			8		9		6				
12		30	STOCKPORT COUNTY	2-0	Halliwell, Morris	12000	1		3			2	7	4	11	10				5			8				6	9			
13	Nov	13	CLAPTON ORIENT	1-0	Gittins (pen)	10000			3			2	7	4	11	10			1	5			8				6	9			
14		20	Bury	0-0		10000	1		3	6	4	2	7			10				5			8					9			11
15		25	Clapton Orient	2-3	Wainscoat, Gittins (pen)	10000	1		3			2	7	4		10				5			8				6	9			11
16		27	BURY	5-0	Halliwell 2, Morris 2, Fell	6000	1		3			2	7	4		10				5			8				6	9			11
17	Dec	4	Bristol City	0-1		18000	1		3			2	7	4	9	10				5			8				6				11
18		11	BRISTOL CITY	1-1	Donkin	10000	1		3			2	7	4	9	10				5			8				6				11
19		18	Nottingham Forest	0-0		8000	1		3		5	2	8	4	11	10							9				6				7
20		25	Blackpool	0-1		13000	1		3		5	2	7	4	11	10							8				6	9			
21		27	BLACKPOOL	0-1		10000	1		3		5	2	8	4	11	10											6	9			7
22	Jan	1	NOTTM. FOREST	0-0		13000			3		5	2	7	4	11	10			1				8				6	9			
23		15	LEICESTER CITY	2-1	Wainscoat 2	8000			3		4	2	7	8	11	10			1	5							6	9			
24		22	Leicester City	0-2		14000			3		4	2	7	8	11	10			1	5							6	9			
25		29	ROTHERHAM COUNTY	2-1	Fell 2	14000						2	7	4		10			1	5			8				6	9		3	11
26	Feb	5	Rotherham County	0-1		16000	1			3		2	7	4	11	10				5			8	9			6				
27		12	CARDIFF CITY	0-2		17000	1			3		2	7	8	11	10		4		5			9				6				
28		26	FULHAM	3-1	Halliwell, Donkin, Wainscoat	12000	1	2		4		3	7	8	11	10				5			9				6				
29	Mar	5	Fulham	0-1		20000	1	2		4		3	7	8	11	10				5			9				6				
30		9	Cardiff City	2-3	Newton, Wainscoat	25000	1	2				3	7	8	11	10				5			4				6	9			
31		12	WEST HAM UNITED	1-1	Spoors (pen)	13000	1	2				3	7	8	11					5	4		10				6	9			
32		19	West Ham United	1-2	Spoors	18000	1	9	3			2	7	8	11					5			10		4		6				
33		25	Port Vale	1-1	Spoors	13000	1	9	3				7	8	11					5	4		10		2		6				
34		26	Birmingham	3-1	Spoors 3	40000	1	9	3				7	8	11	10				5			2		4		6				
35		28	PORT VALE	3-0	Fletcher 2, Wainscoat	12000		9	3			2	7	8	11	10			1	5			4				6				
36	Apr	2	BIRMINGHAM	1-1	Donkin	19000		9	3			2	7	8	11	10			1	5			4				6				
37		9	Leeds United	0-0		13000	1	9	3			2	7	8	11	10				5			4				6				
38		16	LEEDS UNITED	1-1	Wainscoat	14000	1	9	3			2	7	8	11	10				5			4				6				
39		23	Coventry City	1-3	Halliwell	15000	1	9	3			2	7	8	11	10				5			4			6					
40		30	COVENTRY CITY	2-2	Spoors 2 (1 pen)	8000	1	9	3			2	7	8	11	10				5			4				6				
41	May	2	Stoke	2-3	Spoors, Wainscoat	5000	1	9	3			2	7	8	11	10				5			4				6				
42		7	STOKE	1-0	Spoors	6000	1	9	3			2	7	8	11	10				5			4				6				
						Apps	35	23	35	11	12	40	42	39	38	36	1	1	7	37	3	1	35	1	7	1	33	13	1	1	9
						Goals		10				4	4	2	2	13				3			7					3			

F.A. Cup

							Cooper A	Spoors J	Tindall JT	Williams JH	Ashmore RA	Gittins JH	Donkin GWC	Fletcher B	Newton A	Wainscoat WR	Tummon O	Baines CE	Bates FG	Fell G	Frost H	Fryer W	Halliwell JA	Hammerton JD	Kay, Harold	King S	Low WR	Morris R	Ruddlesdin A	Saxton E	Turner JH
R1	Jan	8	Bradford City	1-3	Fletcher	33256		9	3		4	2	7	8	11	10			1	5							6				

		P	W	D	L	F	A	W	D	L	F	A	Pts
1	Birmingham	42	16	4	1	55	13	8	6	7	24	25	58
2	Cardiff City	42	13	5	3	27	9	11	5	5	32	23	58
3	Bristol City	42	14	3	4	35	12	5	10	6	14	17	51
4	Blackpool	42	12	3	6	32	19	8	7	6	22	23	50
5	West Ham United	42	13	5	3	38	11	6	5	10	13	19	48
6	Notts County	42	12	5	4	36	17	6	6	9	19	23	47
7	Clapton Orient	42	13	6	2	31	9	3	7	11	12	33	45
8	South Shields	42	13	4	4	41	16	4	6	11	20	30	44
9	Fulham	42	14	4	3	33	12	2	6	13	10	35	42
10	Sheffield Wed.	42	9	7	5	31	14	6	4	11	17	34	41
11	Bury	42	10	8	3	29	13	5	2	14	16	36	40
12	Leicester City	42	10	8	3	26	11	2	8	11	13	35	40
13	Hull City	42	7	10	4	24	18	3	10	8	19	35	40
14	Leeds United	42	11	5	5	30	14	3	5	13	10	31	38
15	Wolverhampton Wan.	42	11	4	6	34	24	5	2	14	15	42	38
16	BARNSLEY	42	9	10	2	31	17	1	6	14	17	33	36
17	Port Vale	42	7	6	8	28	19	4	8	9	15	30	36
18	Nottingham Forest	42	9	6	6	37	26	3	6	12	11	29	36
19	Rotherham County	42	8	9	4	23	21	4	3	14	14	32	36
20	Stoke	42	9	5	7	26	16	3	6	12	20	40	35
21	Coventry City	42	8	6	7	24	25	4	5	12	15	45	35
22	Stockport County	42	8	6	7	30	24	1	6	14	12	51	30

1921/22 3rd in Division 2

							Cooper A	Gittins JH	Tindall JT	Halliwell JA	Fell G	Low WR	Donkin GWC	Fletcher B	Hammerton JD	Wainscoat WR	Newton A	Armstrong JD	Baines CE	Beaumont P	Curran J	Hine EW	Kay, Harold	Page G	Redford J	Ruddlesdin A	Sayles T	Thorpe T	Turner JH
1	Aug	27	Sheffield Wednesday	3-2	Hammerton, Fletcher, Newton	30000	1	2	3	4	5	6	7	8	9	10	11												
2		29	CRYSTAL PALACE	3-1	Hammerton 2, Fletcher	12000	1	2	3	4	5		7	8	9	10	11			6									
3	Sep	3	SHEFFIELD WEDNESDAY	2-0	Hammerton, Wainscoat	17000	1	2	3	4	5	6	7	8	9	10													11
4		7	Crystal Palace	1-0	Fletcher	12000	1	2	3	4	5		7	8	9	10				6									11
5		10	WOLVERHAMPTON W.	2-1	Hammerton, Fletcher	15000	1	2	3	4	5		7	8	9	10	11			6									
6		17	Wolverhampton Wan.	0-2		18000	1		3	4	5	6	7	8	9	10	11										2		
7		24	BURY	3-0	Newton, Fletcher 2 (1 pen)	10000	1		3	4	5	6	7	8	9	10	11										2		
8	Oct	1	Bury	2-1	Fletcher, Wainscoat	12000	1		3	4	5	6	7	8	9	10	11										2		
9		6	Notts County	4-1	*see below	12000	1		3	4	5	6	7	8	9	10	11										2		
10		8	COVENTRY CITY	0-1		12000	1		3	4	5		7	8	9	10	11		6								2		
11		15	Coventry City	1-0	Hammerton	25000	1	6	3	4	5		7	8	9	10	11										2		
12		22	DERBY COUNTY	2-1	Hammerton 2	10000	1	6	3	4	5		7	8	9	10	11										2		
13		29	Derby County	0-1		10000	1	6	3	4	5		7	8	9	10	11										2		
14	Nov	5	Leicester City	0-1		18000	1	2	3	4	5	6	7	8	9	10	11												
15		7	Rotherham County	0-0		20000	1	6	3	4			7	8	9	10	11			5							2		
16		12	LEICESTER CITY	0-0		11000		2	3	4	5	6	7	8	9	10	11											1	
17		19	West Ham United	0-4		18000	1	2	3	4	5		7	8	9	10							6						11
18		26	WEST HAM UNITED	1-1	Donkin (pen)	9000		5	3	4			7	8	9	10	11		6								2	1	
19	Dec	10	ROTHERHAM COUNTY	0-1		12000		5	3	4				8	9	10	11		6		7						2	1	
20		17	Port Vale	3-2	Retford, Fletcher, Ruddlesdin	6000		2	3	4	5		7	8			11		6						9	10		1	
21		24	PORT VALE	3-2	Fletcher 2 (1 pen), Retford	8000			3	4	5		7	8			11		6						9	10	2	1	
22		26	BRISTOL CITY	1-1	Wainscoat	11000		2	3	4	5		7	8	9	10	11		6									1	
23		27	Bristol City	0-3		20000		5	3	4			7	8	9	10	11		6								2	1	
24		31	South Shields	2-5	Wainscoat, Fletcher (pen)	10000	1	2	3	4	5		7	8		10	11		6						9				
25	Jan	21	Fulham	0-0		12000			3				7	9		10	11		6	5		8	4				2	1	
26	Feb	4	Blackpool	0-1		10000			3				7	9		10	11		6	5		8	4				2	1	
27		11	BLACKPOOL	3-2	Wainscoat, Hine, Donkin	10000			3				7	9		10	11		6	5		8	4				2	1	
28		25	BRADFORD PARK AVE.	2-0	Longran (og), Hine	10000			3	4	5				9	10	11	2	6		7	8						1	
29		27	SOUTH SHIELDS	2-1	Hine, Wainscoat	6000	1		3	4			7		9	10	11	2	6	5		8							
30	Mar	4	Clapton Orient	1-2	Wainscoat	10000	1		3	4					9	10	11	2	6	5	7	8							
31		6	FULHAM	2-1	Fletcher, Wainscoat	9000	1		3	4			7	9		10	11	2	6	5		8							
32		11	CLAPTON ORIENT	4-0	Donkin, Hine 2, Wainscoat	10000	1		3	4			7	9		10	11	2	6	5		8							
33		18	STOKE	2-2	Fletcher 2	16000	1	2	3	4			7	9		10	11		6	5		8							
34		22	Bradford Park Avenue	3-2	Newton, Hine, Wainscoat	7000		2		4			7	9		10	11		6	5		8		3				1	
35		25	Stoke	0-1		9000		2		4			7	9		10	11		6	5		8					3	1	
36	Apr	1	LEEDS UNITED	2-2	Hine, Fletcher	14000	1	2		4			7	9		10	11	3	6	5		8							
37		8	Leeds United	0-4		10000	1	2	3	4			7	9		10	11		6	5		8							
38		14	NOTTM. FOREST	2-0	Wainscoat, Newton	18000	1	2	3	4			7	8		10	11		6	5		9							
39		15	HULL CITY	4-1	Hine, Wainscoat 2, Fletcher	12000	1	2	3	4			7	8		10	11		6	5		9							
40		17	Nottingham Forest	1-1	Hine (pen)	28000	1	2	3	4			7	8		10	11		6	5		9							
41		22	Hull City	3-1	Hine 2, Wainscoat	10000	1	2	3	4			7	8		10	11		6	5		9							
42		29	NOTTS COUNTY	3-0	Wainscoat 2, Hine (pen)	13000	1	2	3	4			7	8		10	11		6	5		9							
						Apps	29	28	39	39	21	8	39	39	24	40	39	6	26	21	3	18	4	1	3	2	17	13	3
						Goals							3	17	9	17	4					12			2	1			

Scorers in game 9: Wainscoat, Fletcher (p), Ashurst (og), Hammerton

Two own goals

F.A. Cup

							Cooper A	Gittins JH	Tindall JT	Halliwell JA	Fell G	Low WR	Donkin GWC	Fletcher B	Hammerton JD	Wainscoat WR	Newton A	Armstrong JD	Baines CE	Beaumont P	Curran J	Hine EW	Kay, Harold	Page G	Redford J	Ruddlesdin A	Sayles T	Thorpe T	Turner JH
R1	Jan	7	NORWICH CITY	1-1	Spoors	17000	1	6	3	4	5		7	8		10	11										2		
rep		12	Norwich City	2-1	Hine, Fletcher	13000	1		3				7	4		10	11		6	5		8			9		2		
R2		28	OLDHAM ATHLETIC	3-1	Wainscoat, Fletcher (2 pens)	26866			3				7	9		10	11		6	5		8	4				2	1	
R3	Feb	18	PRESTON NORTH END	1-1	Fletcher	36881			3	4			7	9		10	11		6	5		8					2	1	
rep		22	Preston North End	0-3		38000			3	4			7	9		10	11	2	6	5		8						1	

Played in R1: J Spoors (at 9)

		P	W	D	L	F	A	W	D	L	F	A	Pts
1	Nottingham Forest	42	13	7	1	29	9	9	5	7	22	21	56
2	Stoke	42	9	11	1	31	11	9	5	7	29	33	52
3	BARNSLEY	42	14	5	2	43	18	8	3	10	24	34	52
4	West Ham United	42	15	3	3	39	13	5	5	11	13	26	48
5	Hull City	42	13	5	3	36	13	6	5	10	15	28	48
6	South Shields	42	11	7	3	25	13	6	5	10	18	25	46
7	Fulham	42	14	5	2	41	8	4	4	13	16	30	45
8	Leeds United	42	10	8	3	31	12	6	5	10	17	26	45
9	Leicester City	42	11	6	4	30	16	3	11	7	9	18	45
10	Sheffield Wed.	42	12	4	5	31	24	3	10	8	16	26	44
11	Bury	42	11	3	7	35	19	4	7	10	19	36	40
12	Derby County	42	11	3	7	34	22	4	6	11	26	42	39
13	Notts County	42	10	7	4	34	18	2	8	11	13	33	39
14	Crystal Palace	42	9	6	6	28	20	4	7	10	17	31	39
15	Clapton Orient	42	12	4	5	33	18	3	5	13	10	32	39
16	Rotherham County	42	8	9	4	17	7	6	2	13	15	36	39
17	Wolverhampton Wan.	42	8	7	6	28	19	5	4	12	16	30	37
18	Port Vale	42	10	5	6	28	19	4	3	14	15	38	36
19	Blackpool	42	11	1	9	33	27	4	4	13	11	30	35
20	Coventry City	42	8	5	8	31	21	4	5	12	20	39	34
21	Bradford Park Ave.	42	10	5	6	32	22	2	4	15	14	40	33
22	Bristol City	42	10	3	8	25	18	2	6	13	12	40	33

1922/23 9th in Division 2

						Gale T	Gittins JH	Tindall JT	Halliwell JA	Beaumont P	Baines CE	Donkin GWC	Fletcher B	Wainscoat WR	Hine EW	Newton A	Armstrong JD	Batty, Billy	Cope H	Curran J	Hammerton JD	Jackson S	Kay, Harold	Millership H	Ruddlesdin A	Sayles T
1	Aug 26	Clapton Orient	1-0	Wainscoat	16000	1	2	3	4	5	6	7	8	9	10	11										
2	28	BURY	2-1	Hine (pen), Potter (og)		1	2	3	4	5	6	7		9	10	11									8	
3	Sep 2	CLAPTON ORIENT	2-1	Wainscoat, Donkin	12000	1	2	3	4	5	6	7	8	9	10	11										
4	6	Bury	1-2	Hine (pen)	9000	1	2	3	4	5	6	7	8	9	10	11										
5	9	SOUTHAMPTON	3-0	Hine (pen), Wainscoat 2	11500	1	2	3	4	5	6	7	8	9	10	11										
6	16	Southampton	2-2	Hine 2	15000	1	2	3	4	5	6	7	8	9	10	11										
7	23	DERBY COUNTY	5-0	Wainscoat 2, Hine 2, Fletcher	12000	1	2	3	4	5	6	7	8	9	10	11										
8	30	Derby County	1-0	Wainscoat	13000	1	2	3	4	5	6	7	8	9	10	11										
9	Oct 7	NOTTS COUNTY	1-0	Fletcher	15000	1	2	3	4	5	6	7	8	9	10							11				
10	14	Notts County	0-1		15000	1	2	3	4		6	7	8	9	10	11							5			
11	21	Stockport County	1-3	Wainscoat	15000	1	2	3	4		6	7	8	9	10	11							5			
12	28	STOCKPORT COUNTY	1-1	Wainscoat	10000	1	2		4		6	7	8	9	10	11							5	3		
13	Nov 4	Fulham	1-0	Wainscoat	19000	1	2		4	5	6		8	9	10	11				7				3		
14	11	FULHAM	0-1		12000	1	2		4	5	6		8	9	10	11				7				3		
15	18	Crystal Palace	0-2		12000	1	2		4	5	6			9	10	11		8		7				3		
16	25	CRYSTAL PALACE	1-2	Hine (pen)	11000	1	2		4	5	6		8	9	10	11				7				3		
17	Dec 2	HULL CITY	1-0	Fletcher	9000	1	2	3	4	5	6	7	8	9	10	11										
18	9	Hull City	1-2	Wainscoat	7000	1	2	3	4	5	6	7	8	9	10	11										
19	16	SHEFFIELD WEDNESDAY	2-4	Hine, Wainscoat	8000	1	2	3	4	5	6	7	8	9	10	11										
20	23	Sheffield Wednesday	3-2	Hine 2 (1 pen), Fletcher	20000	1	2		10	5	6		4		8	11				7	9					3
21	25	Rotherham County	1-1	Hine	14500	1		3	10	5	6		4		8	11				7	9					2
22	26	ROTHERHAM COUNTY	2-2	Hine, Newton	16000	1	2	3	10	5	6		4		8	11				7	9					
23	30	LEICESTER CITY	0-1		10000	1	3			5	6		4	10	8	11	2			7	9					
24	Jan 1	Manchester United	0-1		25000	1	3		4	5	6			10	8	11	2			7	9					
25	6	Leicester City	2-2	Halliwell, Beaumont	17000	1	3		10	5	6		4	9	8	11	2			7						
26	20	BLACKPOOL	2-2	Hine, Newton	10000	1	3		10	5	6		4	9	8	11	2			7						
27	27	Blackpool	1-0	Halliwell	12000	1	3		10	5	6		4	9	8	11	2			7						
28	Feb 10	LEEDS UNITED	1-0	Halliwell	8000	1	3		10	5	6		4	9	8	11	2			7						
29	17	West Ham United	0-0		20000	1			10	5	6		4	9	8	11	2			7						3
30	24	Leeds United	1-1	Halliwell	10000	1	3		10	5	6		4	9	8	11	2			7						
31	Mar 3	South Shields	0-2		9000	1	3		10	5	6		4	9	8	11	2			7						
32	10	SOUTH SHIELDS	5-0	Halliwell 3, Wainscoat, Hine	9000	1	3		10	5	6		4	9	8	11	2			7						
33	17	WOLVERHAMPTON W.	1-0	Wainscoat	10000	1	3		10	5	6		4	9	8	11	2			7						
34	24	Wolverhampton Wan.	3-3	Halliwell, Curran, Hine	12000	1	3		10	5	6		4	9	8	11	2			7						
35	31	COVENTRY CITY	6-2	Hine 3(1 p),Halliwell 2,Wainscoat	8000	1	3		10	5	6		4	9	8	11	2			7						
36	Apr 2	BRADFORD CITY	3-1	Wainscoat, Hine (pen), Curran	15000	1	3	2	10	5	6		4	9	8	11				7						
37	3	Bradford City	0-2		24000	1	3	2	10	5	6		4	9	8	11				7						
38	7	Coventry City	0-3		12000	1	3		10	5	6		4	9	8	11	2			7						
39	14	PORT VALE	0-1		7000		3		10	5	6		4	9	8	11	2		1	7						
40	16	WEST HAM UNITED	2-0	Hine 2	10000		3		10	5	6		4	9	8	11	2		1	7						
41	21	Port Vale	1-1	Hine	8000	1	3	2	10	5	6		4	9	8	11				7						
42	28	MANCHESTER UNITED	2-2	Hine, Curran	10000	1	3		10	5	6		4	9	8	11	2			7						
					Apps	40	40	19	41	39	42	15	39	39	42	41	17	1	2	27	5	1	3	5	1	3
					Goals				10	1		1	4	16	24	2				3						

One own goal

F.A. Cup

						Gale T	Gittins JH	Tindall JT	Halliwell JA	Beaumont P	Baines CE	Donkin GWC	Fletcher B	Wainscoat WR	Hine EW	Newton A	Armstrong JD	Batty, Billy	Cope H	Curran J	Hammerton JD	Jackson S	Kay, Harold	Millership H	Ruddlesdin A	Sayles T
R1	Jan 13	Swindon Town	0-0		20261	1	3		10	5	6		4	9	8	11	2			7						
rep	18	SWINDON TOWN	2-0	Wainscoat, Hine	22951	1	3		10	5	6		4	9	8	11	2			7						
R2	Feb 3	Sheffield Wednesday	1-2	Baines	66103	1	3		10	5	6		4	9	8	11	2			7						

		P	W	D	L	F	A	W	D	L	F	A	Pts
1	Notts County	42	16	1	4	29	15	7	6	8	17	19	53
2	West Ham United	42	9	8	4	21	11	11	3	7	42	27	51
3	Leicester City	42	14	2	5	42	19	7	7	7	23	25	51
4	Manchester United	42	10	6	5	25	17	7	8	6	26	19	48
5	Blackpool	42	12	4	5	37	14	6	7	8	23	29	47
6	Bury	42	14	5	2	41	16	4	6	11	14	30	47
7	Leeds United	42	11	8	2	26	10	7	3	11	17	26	47
8	Sheffield Wed.	42	14	3	4	36	16	3	9	9	18	31	46
9	BARNSLEY	42	12	4	5	42	21	5	7	9	20	30	45
10	Fulham	42	10	7	4	29	12	6	5	10	14	20	44
11	Southampton	42	10	5	6	28	21	4	9	8	12	19	42
12	Hull City	42	9	8	4	29	22	5	6	10	14	23	42
13	South Shields	42	11	7	3	26	12	4	3	14	9	32	40
14	Derby County	42	9	5	7	25	16	5	6	10	21	34	39
15	Bradford City	42	8	7	6	27	18	4	6	11	14	27	37
16	Crystal Palace	42	10	7	4	33	16	3	4	14	21	46	37
17	Port Vale	42	8	6	7	23	18	6	3	12	16	33	37
18	Coventry City	42	12	2	7	35	21	3	5	13	11	42	37
19	Clapton Orient	42	9	6	6	26	17	3	6	12	14	33	36
20	Stockport County	42	10	6	5	32	24	4	2	15	11	34	36
21	Rotherham County	42	10	7	4	30	19	3	2	16	14	44	35
22	Wolverhampton Wan.	42	9	4	8	32	26	0	5	16	10	51	27

1923/24 11th in Division 2

						Gale T	Armstrong JD	Gittins JH	Fletcher B	Beaumont P	Baines CE	Curran J	Hine EW	Wainscoat WR	Halliwell JA	Newton A	Appleyard GE	Bowie A	Brown A	Cope H	Donkin GWC	Fisher L	Hodgkinson H	Jeffs AS	Jukes AB	Kelly T	Matthews F	Russell H	Sanderson CA	Smart E
1	Aug	25 Coventry City	3-2	Fletcher, Halliwell 2	20000	1	2	3	4	5	6	7	8	9	10	11														
2		27 BRISTOL CITY	3-1	Curran, Halliwell, Hine	12000	1	2	3	4	5	6	7	8	9	10	11														
3	Sep	1 COVENTRY CITY	1-1	Beaumont	12000	1	2	3	4	5	6	7	8	9	10	11														
4		3 Bristol City	1-1	Wainscoat	20000	1	2	3	4	5	6	7	8	10		11									9					
5		8 South Shields	0-2		12000		2	3	4	5	6	7	8	10		11				1					9					
6		15 SOUTH SHIELDS	1-0	Wainscoat	11000		2	3	4	5	6	7	8	10	9	11				1										
7		22 Oldham Athletic	1-1	Donkin	10000		2	3	4	5	6		8	10	9	11				1	7									
8		29 OLDHAM ATHLETIC	4-1	Hine 2, Halliwell, Donkin	12000		2	3	4	5	6		8	10	9	11				1	7									
9	Oct	6 Stockport County	1-1	Halliwell	10000		2	3	4	5	6		8	10	9	11				1	7									
10		13 STOCKPORT COUNTY	0-0		10000	1	2	3	4	5	6		8	10	9	11					7									
11		20 Leicester City	0-2		16000	1	2	3		5	6		8	10	9	11					7			4						
12		27 LEICESTER CITY	3-1	Halliwell 3	10000	1	2	3		5	6		8	10	9	11					7			4						
13	Nov	3 SHEFFIELD WEDNESDAY	0-0		16000	1	2	3	4	5	6		8	10	9	11											7			
14		10 Sheffield Wednesday	0-1		25000	1	2	3	4	5	6		8	10	9	11											7			
15		17 Leeds United	1-3	Appleyard	14000	1	2		4	5	6		8	10		11	9						3				7			
16		24 LEEDS UNITED	1-3	Hine (pen)	15000	1	2	5			6		8	10		11	9				7		3	4						
17	Dec	8 Port Vale	1-4	Hine (pen)	6000	1	2	4		5	6		8	10	9	11					7		3							
18		15 BRADFORD CITY	2-1	Hine, Wainscoat	8000	1	2	3		5	6		9	10	8	11					7								4	
19		22 Bradford City	2-3	Halliwell, Lloyd (og)	10000		2	3		5	6		8		9	11				1	7						10		4	
20		25 Manchester United	2-1	Halliwell, Matthews	40000		2	3		5	6		10		9					1	7			8			11		4	
21		26 MANCHESTER UNITED	1-0	Halliwell	14000		2	3		5	6		10		9					1	7			8			11		4	
22		29 CLAPTON ORIENT	1-0	Halliwell			2	3		5	6		8		9	11				1	7						10		4	
23	Jan	5 Clapton Orient	1-2	Baines	8000		2	3		5	6		8		9	11				1	7						10		4	
24		19 Southampton	0-6		7000		2	3		5	6				10					1	7				8		11	9	4	
25		26 SOUTHAMPTON	1-1	Hine (pen)	8000	1	2	3	4	5	6		8		9						7				10		11			
26	Feb	2 PORT VALE	3-0	Hine 3	7000	1	2	3	4		6		8		9						7				10		11	5		
27		9 FULHAM	2-1	Hine (pen), Jukes	6000		2	3	4	5	6		8		9					1	7				10		11			
28		16 Blackpool	2-0	Hine 2	8000		2	3	4	5	6		8		9					1	7				10		11			
29		23 BLACKPOOL	3-1	Halliwell, Donkin, Matthews	11000		2	3	4	5	6		8		9					1	7				10		11			
30	Mar	1 Derby County	1-2	Matthews	8000		2	3		5	6		8		9					1	7				10		11		4	
31		8 DERBY COUNTY	1-3	Halliwell	12000		2	3		5	6		8		9					1	7				10		11		4	
32		10 Fulham	0-3		7200		2	3		5	6		8					9		1	7				4		10			11
33		15 NELSON	0-0		8000		2	3		5	6		8		9				4	1	7				10		11			
34		22 Nelson	3-4	Matthews, Hine, Halliwell	7000		2	3	4	5	6		8		9	11				1	7						10			
35		29 HULL CITY	0-0		5000			2	4	5	6		8		10			9		1	7		3				11			
36	Apr	5 Hull City	2-1	Halliwell 2	8000			2	4	5	6		8		10			9		1	7		3				11			
37		12 Stoke	0-2		8000			2	4	5	6		8		10			9		1	7		3				11			
38		18 Bury	1-1	Appleyard	20000	1		2		5	6		8		10	11	9		4		7		3							
39		19 STOKE	0-0		12000	1		2		5	6		8		10	11	9		4		7		3							
40		21 BURY	2-0	Fletcher, Hine	12000	1		2	9	5			8		10	11			4		7		3						6	
41		26 CRYSTAL PALACE	5-2	Hine 3, Donkin, Kelly	4000		2	3		5			8		10	11			4	1	7					9			6	
42	May	3 Crystal Palace	1-3	Hine	8000	1		2		5	6		8			11			4		7	10	3			9				
					Apps	19	35	41	23	40	40	6	41	18	36	27	4	4	6	23	33	1	10	5	12	2	22	2	11	1
					Goals				2	1	1	1	19	3	17		2				4				1	1	4			

One own goal

F.A. Cup

						Gale T	Armstrong JD	Gittins JH	Fletcher B	Beaumont P	Baines CE	Curran J	Hine EW	Wainscoat WR	Halliwell JA	Newton A	Appleyard GE	Bowie A	Brown A	Cope H	Donkin GWC	Fisher L	Hodgkinson H	Jeffs AS	Jukes AB	Kelly T	Matthews F	Russell H	Sanderson CA	Smart E
R1	Jan	12 BRIGHTON & HOVE ALB.	0-0		18490		2	3	8	5	6		10		9	11				1	7								4	
rep		16 Brighton & Hove Albion	0-1		22086		2	3	8	5	6		10		9					1	7						11		4	

		P	W	D	L	F	A	W	D	L	F	A	Pts
1	Leeds United	42	14	5	2	41	10	7	7	7	20	25	54
2	Bury	42	15	5	1	42	7	6	4	11	21	28	51
3	Derby County	42	15	4	2	52	15	6	5	10	23	27	51
4	Blackpool	42	13	7	1	43	12	5	6	10	29	35	49
5	Southampton	42	13	5	3	36	9	4	9	8	16	22	48
6	Stoke	42	9	11	1	27	10	5	7	9	17	32	46
7	Oldham Athletic	42	10	10	1	24	12	4	7	10	21	40	45
8	Sheffield Wed.	42	15	5	1	42	9	1	7	13	12	42	44
9	South Shields	42	13	5	3	34	16	4	5	12	15	34	44
10	Clapton Orient	42	11	7	3	27	10	3	8	10	13	26	43
11	BARNSLEY	42	12	7	2	34	16	4	4	13	23	45	43
12	Leicester City	42	13	4	4	43	16	4	4	13	21	38	42
13	Stockport County	42	10	7	4	32	21	3	9	9	12	31	42
14	Manchester United	42	10	7	4	37	15	3	7	11	15	29	40
15	Crystal Palace	42	11	7	3	37	19	2	6	13	16	46	39
16	Port Vale	42	9	5	7	33	29	4	7	10	17	37	38
17	Hull City	42	8	7	6	32	23	2	10	9	14	28	37
18	Bradford City	42	8	7	6	24	21	3	8	10	11	27	37
19	Coventry City	42	9	6	6	34	23	2	7	12	18	45	35
20	Fulham	42	9	8	4	30	20	1	6	14	15	36	34
21	Nelson	42	8	8	5	32	31	2	5	14	8	43	33
22	Bristol City	42	5	8	8	19	26	2	7	12	13	39	29

1924/25 15th in Division 2

	Date	Opponent	Score	Scorers	Att	Cope H	Gittins JH	Hodgkinson H	Sanderson CA	Beaumont P	Baines CE	Donkin GWC	Hine EW	Halliwell JA	Matthews F	Smart E	Armstrong JD	Baker LH	Barnett LH	Bowie A	Brown A	Curran J	Dixon C	Fletcher B	Gale T	Gillatt K	Jukes AB	Kelly T	Newton A	Rawson AN	Sherwin H	Swan E
1	Aug 30	Middlesbrough	0-2		25000	1	2	3	4	5	6	7	8	9	10	11																
2	Sep 1	WOLVERHAMPTON W.	0-0		9000		2	3	4	5	6	7	8	9	10	11									1							
3	6	PORT VALE	1-3	Halliwell	8000		2	3		5	6	7	8	9	10									4	1				11			
4	8	Manchester United	0-1		16000		2	3		5	6	7	8	4	10					9					1				11			
5	13	Bradford City	0-1		12000		2	3		5	6	7	8	4											1		10	9	11			
6	20	SOUTH SHIELDS	1-0	Hine	8000		2	3		5	6	7	8	4											1		10		11	9		
7	27	Derby County	1-1	Rawson	18000		2	3		5	6	7	8	4											1		10		11	9		
8	Oct 4	BLACKPOOL	2-4	Rawson 2	10000		2	3		5	6	7	8	4											1		10		11	9		
9	11	Hull City	2-5	Hine 2	9000		2	3	4	5	6	7	8												1				11	9		10
10	18	PORTSMOUTH	1-4	Rawson	9000	1	3			5	6	7	8	4			2												11	9		10
11	25	LEICESTER CITY	1-1	Beaumont	7000	1		3		5	6	7	10	4									2	8				9	11			
12	Nov 1	Stoke	1-1	Fletcher	6000	1		3	4	5	6	7	10										2	8				9	11			
13	8	COVENTRY CITY	3-1	Hine, Fletcher, Rawson	7000	1		3		5	6	7	10	4									2	8					11	9		
14	15	Oldham Athletic	0-2		10000	1		3		5	6	7	10	4									2	8					11	9		
15	22	SHEFFIELD WEDNESDAY	3-0	Kelly, Newton, Hine	12000			3		5	6	7	10	4									2	8	1			9	11			
16	29	Clapton Orient	0-0		14000			3		5	6	7	10	4									2	8	1			9	11			
17	Dec 6	CRYSTAL PALACE	3-0	Donkin, Kelly 2	7000			3		5	6	7	10	4									2	8	1			9	11			
18	13	Southampton	1-3	Hine (pen)	9000			3			6	7	10	4	11				5				2	8	1			9				
19	20	CHELSEA	3-3	Hine 2 (1 pen), Kelly	10000			3		5	6		10	4	11							7	2	8	1			9				
20	25	Stockport County	0-1		15000			3		5	6		10	4	11							7	2	8	1			9				
21	26	STOCKPORT COUNTY	0-1		11000			3		5	6		10	4	11							7	2	8	1			9				
22	27	MIDDLESBROUGH	1-0	Matthews	7000			3		5	6		10	4	11							7	2		1			9		8		
23	Jan 3	Port Vale	0-2		7000		2	3		5	6		10	4	11							7			1			9		8		
24	17	BRADFORD CITY	3-1	Hine, Halliwell 2	10000	1	2	3		5	6	7	10	9					4										11	8		
25	24	South Shields	2-5	Halliwell, Rawson	7000		2	3		5	6	7	10	9					4						1				11	8		
26	Feb 7	Blackpool	2-1	Halliwell, Hine	8000		2	3		5		7	10	4							6			8	1				11	9		
27	14	HULL CITY	1-2	Beaumont	8000		2	3		5	6	7	10	4										9	1	8			11			
28	21	Portsmouth	0-0		15000		2			5	6	7	10	9					4				3		1	8			11			
29	28	Leicester City	0-6		20000		2			5	6		10	8					4				3		1	7		9	11			
30	Mar 7	STOKE	1-1	Hine	10000		2				6		8	10				5					3		1	7			11	9	4	
31	9	DERBY COUNTY	3-0	Beaumont 2, Curran	5000		2	3		9	6		10					5				7			1	8			11		4	
32	14	Coventry City	2-3	Beaumont, Hine	14000		2	3		9	6		10					5				7			1	8			11		4	
33	21	OLDHAM ATHLETIC	0-0		9000		2	3		9	6		10					5				7			1	8			11		4	
34	28	Sheffield Wednesday	0-1				2			9	6		10					5				7	3	8	1				11		4	
35	Apr 4	CLAPTON ORIENT	1-1	Hine	8000		2			9	6		10					5				7	3	8	1				11		4	
36	11	Crystal Palace	1-0	Baines	10000		2				6		10	9	11			5	4			7	3		1	8						
37	13	FULHAM	1-0	Hine (pen)	11000		2				6		10	9	11			5	4			7	3		1	8						
38	14	Fulham	2-1	Curran, Halliwell	6000		2				6		10	9				5	4			7	3	8	1				11			
39	18	SOUTHAMPTON	1-1	Newton	9000		2				6		10	9				5	4			7	3	8	1				11			
40	25	Chelsea	1-0	Halliwell	20000		2				6		10	9				5	4			7	3	8	1				11			
41	27	Wolverhampton Wan.	1-0	Hine	10000		2				6		10	9				5	4			7	3		1				11	8		
42	May 2	MANCHESTER UNITED	0-0		14000		2				6		10	9				5	4			7	3		1				11	8		
					Apps	7	30	29	4	33	41	23	42	35	12	2	1	13	12	1	1	17	24	19	35	9	4	13	32	15	6	2
					Goals					5	1	1	15	7	1							2		2				4	2	6		

F.A. Cup

	Date	Opponent	Score	Scorers	Att	Cope H	Gittins JH	Hodgkinson H	Sanderson CA	Beaumont P	Baines CE	Donkin GWC	Hine EW	Halliwell JA	Matthews F	Smart E	Armstrong JD	Baker LH	Barnett LH	Bowie A	Brown A	Curran J	Dixon C	Fletcher B	Gale T	Gillatt K	Jukes AB	Kelly T	Newton A	Rawson AN	Sherwin H	Swan E
R1	Jan 10	Millwall	0-0		31500		2	3		5	6		10	4								7		8	1			9	11			
rep	15	MILLWALL	2-1	Kelly, Fletcher	23300		2	3		5	6	7	10	4										8	1			9	11			
R2	31	BRADFORD CITY	0-3		22319		2	3		5	6	7	10	9					4						1				11	8		

		P	W	D	L	F	A	W	D	L	F	A	Pts
1	Leicester City	42	15	4	2	58	9	9	7	5	32	23	59
2	Manchester United	42	17	3	1	40	6	6	8	7	17	17	57
3	Derby County	42	15	3	3	49	15	7	8	6	22	21	55
4	Portsmouth	42	7	13	1	28	14	8	5	8	30	36	48
5	Chelsea	42	11	8	2	31	12	5	7	9	20	25	47
6	Wolverhampton Wan.	42	14	1	6	29	19	6	5	10	26	32	46
7	Southampton	42	12	8	1	29	10	1	10	10	11	26	44
8	Port Vale	42	12	4	5	34	19	5	4	12	14	37	42
9	South Shields	42	9	6	6	33	21	3	11	7	9	17	41
10	Hull City	42	12	6	3	40	14	3	5	13	10	35	41
11	Clapton Orient	42	8	7	6	22	13	6	5	10	20	29	40
12	Fulham	42	11	6	4	26	15	4	4	13	15	41	40
13	Middlesbrough	42	6	10	5	22	21	4	9	8	14	23	39
14	Sheffield Wed.	42	12	3	6	36	23	3	5	13	14	33	38
15	BARNSLEY	42	8	8	5	30	23	5	4	12	16	36	38
16	Bradford City	42	11	6	4	26	13	2	6	13	11	37	38
17	Blackpool	42	8	5	8	37	26	6	4	11	28	35	37
18	Oldham Athletic	42	9	5	7	24	21	4	6	11	11	30	37
19	Stockport County	42	10	6	5	26	15	3	5	13	11	42	37
20	Stoke	42	7	8	6	22	17	5	3	13	12	29	35
21	Crystal Palace	42	8	4	9	23	19	4	6	11	15	35	34
22	Coventry City	42	10	6	5	32	26	1	3	17	13	58	31

1925/26 18th in Division 2

#	Date	Opponent	Score	Scorers	Att.	Gale T	Gittins JH	Hodgkinson H	Barnett LH	Baker LH	Baines CE	Curran J	Hine EW	Halliwell JA	Johnson WJ	Newton A	Allen F	Beaumont P	Bedford F	Brook EFG	Brown A	Caddick GFR	Eaton F	Fletcher B	Gillatt K	Goodwin J	Johnson AJ	Myers J	Phoenix AE	Richmond J	Sanderson CA	Shaw MV	Sherwin H
1	Aug 29	Oldham Athletic	1-2	Halliwell	11731	1	2	3	4	5	6	7	8	9	10	11																	
2	31	BRADFORD CITY	0-0		8599	1	2	3	4	5	6		8	9	10	11			7														
3	Sep 5	CLAPTON ORIENT	3-1	Hine 2, Fletcher	5657	1	2	3		5	6		10	9		11			7					8									4
4	7	Bradford City	1-4	Hine (pen)	9195	1	2		3	5	6	7	10	9		11													8				4
5	12	Chelsea	2-3	Hine, Halliwell	35161	1	2	3	4	5	6	7	10	9		11								8									
6	14	Port Vale	0-3		7277	1	2	3	4	5	6	7	10	9		11								8									
7	19	HULL CITY	2-1	Hine (pen), Halliwell	3314	1	2	3	4	5	6	7	10	9		11								8									
8	26	Darlington	2-2	Fletcher 2	8419	1	2	3	4	5	6	7	10	9		11								8									
9	Oct 3	BLACKPOOL	2-0	Hine, Halliwell	9119	1	2	3	4	5	6	7	10	9		11								8									
10	10	Southampton	0-0		10564	1	2	3	4	5	6	7	10	9		11								8									
11	17	Stockport County	1-1	Halliwell	5850	1	2	3	4	5	6	7	10	9		11								8									
12	24	FULHAM	2-2	Hine, Fletcher	8309	1	2	3	4	5	6	7	10	9		11								8									
13	31	Sheffield Wednesday	0-3		23920	1	2	3	4	5	6	7	8	9	10												11						
14	Nov 7	STOKE CITY	2-1	Baines, Hine	1916	1	2	3		5	6	7		9	10			4						8			11						
15	14	Middlesbrough	0-5		12760	1	2	3		5	6	7		9	10									8					11				4
16	21	PORTSMOUTH	2-2	Curran, Halliwell	4577			3	2	5	6	7		4	10	9									8	1	11						
17	Dec 5	SWANSEA TOWN	2-0	Fletcher, WJ Johnson	4786	1	2	3		5	6	7		8	10									9					11		4		
18	12	South Shields	0-3		6167	1	2	3		5	6	7		8	10									9					11		4		
19	19	PRESTON NORTH END	2-0	Fletcher, A Johnson	3607	1	2	3		5			8	4	10				7					9			11				6		
20	25	Nottingham Forest	2-4	A Johnson, Hine	10537	1	2	3		5			8	4	10				7					9			11				6		
21	28	NOTTM. FOREST	4-1	Hine 2, Fletcher, A Johnson	6047	1	2	3		5	6		8	10					7					9			11				4		
22	Jan 1	PORT VALE	3-0	Fletcher 2, Hine	6804	1	2	3		5	6		8	10					7					9			11				4		
23	2	OLDHAM ATHLETIC	3-4	Bedford, Halliwell, WJ Johnson	10680	1	2	3		5	6		8	9	10				7								11				4		
24	16	Clapton Orient	0-4		8472	1	2	3		5	6			8					7				10	9			11				4		
25	23	CHELSEA	2-3	A Johnson, Bedford	7031	1	2	3		5	6			8					7				10	9			11				4		
26	30	Hull City	2-2	Shaw, Curran	8478	1	2	3				7						5			6		10	8			11					9	4
27	Feb 6	DARLINGTON	1-1	Richmond	8133	1	2	3				7						5			6		10				11			8		9	4
28	13	Blackpool	0-4		8620	1	2	3				7		4	8	10					6						11			9			5
29	20	SOUTHAMPTON	2-0	Gillatt, Richmond (pen)	8653	1	2	3	4			7									6		10		8		11			9			5
30	27	STOCKPORT COUNTY	1-1	Eaton	7663	1	2	3	4												6		10		8		11			9			5
31	Mar 6	WOLVERHAMPTON W.	1-1	Newton	5948	1	2	3			6	7		4		11	10	5							8					9			
32	13	SHEFFIELD WEDNESDAY	1-1	Richmond	28124	1	2	3				7		4	8		10	5				6					11			9			
33	20	Stoke City	2-1	Richmond, Allen	12977	1	2	3			6	7		4	10		8					5					11			9			
34	27	MIDDLESBROUGH	0-1		8361	1	2	3			6	7		4	10		8					5					11			9			
35	Apr 3	Portsmouth	2-1	Allen, Richmond	13724	1	2	3			6	7		4	10		8					5					11			9			
36	5	DERBY COUNTY	0-1		16687	1	2	3			6	7		4	10		8					5					11			9			
37	6	Derby County	0-4		17782	1	2	3		5	6	7		10			8			11		4								9			
38	17	Swansea Town	0-3		10343	1	2	3		5	6	7		10			8			11		4								9			
39	19	Fulham	2-2	Halliwell, Curran	7124	1	2	3		5	6	7		10						11		4								8		9	
40	24	SOUTH SHIELDS	3-1	Myers 2, Halliwell	4901	1	2	3		5	6	7		10			8			11								9				4	
41	26	Wolverhampton Wan.	1-7	Curran	7135	1	2	3	4	5	6	7		10			8			11								9					
42	May 1	Preston North End	2-4	Halliwell 2	6997			3			6	7		10								5	8			1	11	9				4	
					Apps	40	40	41	16	30	34	32	18	38	17	15	10	5	9	5	5	9	7	20	4	2	21	3	4	13	9	5	8
					Goals						1	4	12	11	2	1	2		2				1	9	1		4	2		5		1	

Played in game 30: H Wroe (at 7). In game 42: C Dixon (at 2).

F.A. Cup

Rd	Date	Opponent	Score	Scorers	Gale T	Gittins JH	Hodgkinson H	Barnett LH	Baker LH	Baines CE	Curran J	Hine EW	Halliwell JA	Johnson WJ	Newton A	Allen F	Beaumont P	Bedford F	Brook EFG	Brown A	Caddick GFR	Eaton F	Fletcher B	Gillatt K	Goodwin J	Johnson AJ	Myers J	Phoenix AE	Richmond J	Sanderson CA	Shaw MV	Sherwin H
R1	Nov 28	Northampton Town	1-3	Fletcher	1		3	2	5	6	7	10	4		9								8			11						

		P	W	D	L	F	A	W	D	L	F	A	Pts
1	Sheffield Wed.	42	19	0	2	61	17	8	6	7	27	31	60
2	Derby County	42	17	2	2	57	17	8	5	8	20	25	57
3	Chelsea	42	10	7	4	42	22	9	7	5	34	27	52
4	Wolverhampton Wan.	42	15	4	2	55	15	6	3	12	29	45	49
5	Swansea Town	42	13	6	2	50	16	6	5	10	27	41	49
6	Blackpool	42	12	6	3	41	16	5	5	11	35	53	45
7	Oldham Athletic	42	14	4	3	52	24	4	4	13	22	38	44
8	Port Vale	42	15	3	3	53	18	4	3	14	26	51	44
9	South Shields	42	11	6	4	50	29	7	2	12	24	36	44
10	Middlesbrough	42	14	1	6	56	28	7	1	13	21	40	44
11	Portsmouth	42	12	4	5	48	27	5	6	10	31	47	44
12	Preston North End	42	17	2	2	54	28	1	5	15	17	56	43
13	Hull City	42	11	4	6	40	19	5	5	11	23	42	41
14	Southampton	42	11	2	8	39	25	4	6	11	24	38	38
15	Darlington	42	9	5	7	51	31	5	5	11	21	46	38
16	Bradford City	42	9	5	7	28	26	4	5	12	19	40	36
17	Nottingham Forest	42	11	4	6	38	25	3	4	14	13	48	36
18	BARNSLEY	42	10	7	4	38	22	2	5	14	20	62	36
19	Fulham	42	8	6	7	32	29	3	6	12	14	48	34
20	Clapton Orient	42	8	6	7	30	21	4	3	14	20	44	33
21	Stoke City	42	8	5	8	32	23	4	3	14	22	54	32
22	Stockport County	42	8	7	6	34	28	0	2	19	17	69	25

1926/27 11th in Division 2

							Gale T	Batty W	Hodgkinson H	Rushton R	Baker LH	Baines CE	Curran J	Halliwell JA	Stark J	Thompson N	Brook EFG	Allen F	Caddick GFR	Carrigan J	Clayson WJ	Dixon C	Eaton F	Fletcher B	Gittins JH	Kennedy S	Stott GRB	Tilson SF	Walsh C
1	Aug	28	GRIMSBY TOWN	2-1	Stark, Curran	7004	1	2	3	4	5	6	7	8	9	10	11												
2		30	OLDHAM ATHLETIC	0-1		7213	1	2	3	4	5	6	7	8	9	10	11												
3	Sep	4	Blackpool	1-6	Stark	12673	1	2	3	4	5	6	7	8	9		11				10								
4		11	READING	2-2	Halliwell, Brook	5570	1	2	3	4		6	7	10			11		5		8		9						
5		13	Fulham	0-1		9857	1	2	3	4		6	7	10			11		5		8		9						
6		18	Swansea Town	2-5	Brook, Curran	15006	1	2	3		5	6	7	10			11		4		8		9						
7		25	NOTTM. FOREST	0-2		4829	1				5	6	7				11	4			8	3	10		2			9	
8	Oct	2	Clapton Orient	1-0	Tilson	13337	1		3		5	6	7				11	8				2				9		10	4
9		9	Manchester City	1-1	Kennedy	19430	1		3		5	6	7				11	8				2				9		10	4
10		16	PORT VALE	2-0	Tilson, Brook	5520	1		3		5	6	7				11	8				2				9		10	4
11		23	Middlesbrough	1-5	Curran	12740	1		3		5	6	7				11	8				2				9		10	4
12		30	NOTTS COUNTY	4-4	Kennedy 3, Tilson	4671	1	2			5	6	7				11					3	8			9		10	4
13	Nov	6	Wolverhampton Wan.	1-9	Kennedy	9528		2		10	5	6	7				11			1		3	8			9			4
14		13	HULL CITY	1-2	Curran	4159		2			6		7	4		10	11		5	1		3	8			9			
15		20	South Shields	1-7	Tilson	3754			3		6		7	4		10	11		5	1		2				9		8	
16	Dec	4	Chelsea	2-4	Ferguson (og), Fletcher	21904			3		6		7	4			11		5	1		2		8		9		10	
17		11	BRADFORD CITY	1-0	Tilson	5475	1		3		5	6	7	4			11					2	9	8				10	
18		18	Southampton	1-3	Eaton	8792	1		3			6	7				11	4	5			2	9	8				10	
19		25	Darlington	3-3	Brook 2, Curran	7455	1		3			6	7				11	4	5			2	9	8				10	
20		27	DARLINGTON	3-2	Brook, Tilson, Curran	11166	1		3			6	7				11	4	5			2	9	8				10	
21		28	FULHAM	5-0	Curran 3, Tilson 2	5472	1		3			6	7				11	4	5			2	9	8				10	
22	Jan	1	Oldham Athletic	4-0	Eaton 2, Tilson 2	13242	1		3			6	7				11	4	5			2	9	8				10	
23		15	Grimsby Town	3-1	Curran 2, Eaton	10596	1		3			6	7				11	4	5			2	9	8				10	
24		22	BLACKPOOL	6-1	Curran 3 (1 p),Eaton,Tilson,Brook	7533	1		3			6	7				11	4	5			2	9	8				10	
25	Feb	5	SWANSEA TOWN	1-1	Clayson	8308	1		3			6	7				11	4	5		10	2	9	8					
26		12	Nottingham Forest	1-3	Brook	11298	1		3			6					11	4	5		10	2	9	8			7		
27		19	CLAPTON ORIENT	4-2	Eaton 3, Fletcher	6812	1		3			6	7				11	4	5			2	9	8				10	
28		26	MANCHESTER CITY	1-1	Fletcher	16395	1		3			6	7				11	4	5			2	9	8				10	
29	Mar	5	Port Vale	2-3	Eaton, Maddock (og)	8462	1		3			6	7				11	4	5			2	9	8				10	
30		12	MIDDLESBROUGH	1-1	Curran	23599	1		3			6	7				11	4	5			2	9	8				10	
31		14	PRESTON NORTH END	3-0	Curran, Fletcher, Eaton	11074	1		3			6	7				11	4	5		10	2	9	8					
32		19	Notts County	1-1	Clayson	15327	1		3			6	7				11	4	5		10	2	9	8					
33		26	WOLVERHAMPTON W.	4-1	Tilson, Curran, Eaton 2	8337	1	3				6	7				11	4	5			2	9	8				10	
34	Apr	2	Hull City	1-5	Eaton	8671	1	3				6	7				11	4	5			2	9	8				10	
35		6	Reading	2-3	Tilson, Curran	5894	1					6	7	3	9		11	4	5			2	8					10	
36		9	SOUTH SHIELDS	6-1	Eaton 5, Fletcher	2290	1		3			6	7				11	4	5			2	9	8				10	
37		15	Portsmouth	2-1	Baines, Curran	25306			3			6	7				11	4	5	1		2	9	8				10	
38		16	Preston North End	1-2	Eaton	15885			3			6	7				11	4	5	1	8	2	9					10	
39		18	PORTSMOUTH	2-0	Eaton 2	15948	1		3			6	7				11	4	5			2	9	8				10	
40		23	CHELSEA	3-0	Brook, Curran, Fletcher	9641	1		3			6	7				11	4	5			2	9	8				10	
41		30	Bradford City	1-1	Curran	7585	1		3			6	7				11	4	5			2	9	8				10	
42	May	7	SOUTHAMPTON	5-1	Fletcher 3, Brook 2	7592	1		3			6					11	4	5			2	9	8			7	10	
						Apps	36	11	35	6	15	39	40	11	4	4	42	30	31	6	10	36	33	25	1	9	2	30	6
						Goals						1	21	1	2		11				2		21	9		5		13	

Two own goals

F.A. Cup

							Gale T	Batty W	Hodgkinson H	Rushton R	Baker LH	Baines CE	Curran J	Halliwell JA	Stark J	Thompson N	Brook EFG	Allen F	Caddick GFR	Carrigan J	Clayson WJ	Dixon C	Eaton F	Fletcher B	Gittins JH	Kennedy S	Stott GRB	Tilson SF	Walsh C
R3	Jan	8	CREWE ALEXANDRA	6-1	Fletcher 3, Tilson, Eaton, Curran	18598	1		3			6	7				11	4	5			2	9	8				10	
R4		29	Swansea Town	1-3	Eaton	27481	1		3			6	7				11	4	5			2	9	8				10	

		P	W	D	L	F	A	W	D	L	F	A	Pts
1	Middlesbrough	42	18	2	1	78	23	9	6	6	44	37	62
2	Portsmouth	42	14	4	3	58	17	9	4	8	29	32	54
3	Manchester City	42	15	3	3	65	23	7	7	7	43	38	54
4	Chelsea	42	13	7	1	40	17	7	5	9	22	35	52
5	Nottingham Forest	42	14	6	1	57	23	4	8	9	23	32	50
6	Preston North End	42	14	4	3	54	29	6	5	10	20	43	49
7	Hull City	42	13	4	4	43	19	7	3	11	20	33	47
8	Port Vale	42	11	6	4	50	26	5	7	9	38	52	45
9	Blackpool	42	13	5	3	65	26	5	3	13	30	54	44
10	Oldham Athletic	42	12	3	6	50	37	7	3	11	24	47	44
11	BARNSLEY	42	13	5	3	56	23	4	4	13	32	64	43
12	Swansea Town	42	13	5	3	44	21	3	6	12	24	51	43
13	Southampton	42	9	8	4	35	22	6	4	11	25	40	42
14	Reading	42	14	1	6	47	20	2	7	12	17	52	40
15	Wolverhampton Wan.	42	10	4	7	54	30	4	3	14	19	45	35
16	Notts County	42	11	4	6	45	24	4	1	16	25	72	35
17	Grimsby Town	42	6	7	8	39	39	5	5	11	35	52	34
18	Fulham	42	11	4	6	39	31	2	4	15	19	61	34
19	South Shields	42	10	8	3	49	25	1	3	17	22	71	33
20	Clapton Orient	42	9	3	9	37	35	3	4	14	23	61	31
21	Darlington	42	10	3	8	53	42	2	3	16	26	56	30
22	Bradford City	42	6	4	11	30	28	1	5	15	20	60	23

1927/28 13th in Division 2

	Date		Opponent	Score	Scorers	Att.	Gale T	Dixon C	Hodgkinson H	Allen F	Caddick GFR	Baines CE	Curran J	Fletcher B	Eaton F	Tilson SF	Brook EFG	Ashton E	Baker LH	Batty W	Stark JW	Jones WD	Godderidge AE	McDonagh P	Morton R	Proudfoot J	Richards A	Scott JW	Wilshaw J
1	Aug	27	HULL CITY	1-1	Eaton	10830	1	2	3	4	5	6	7	8	9	10	11												
2		29	Leeds United	2-2	Tilson, Fletcher (pen)	21219	1	2	3	4	5	6	7	8	9	10	11												
3	Sep	3	Preston North End	2-1	Fletcher (pen), Curran	20431	1	2	3	4	5	6	7	8	9	10	11												
4		10	SWANSEA TOWN	3-3	Eaton 2, Curran	13643	1	2	3	4	5	6	7	8	9	10	11												
5		17	Fulham	1-3	Tilson	16924	1	2	3	4	5	6	7	8	9	10	11												
6		24	CLAPTON ORIENT	4-2	McDonagh 2, Fletcher, Curran	11951	1	2	3	4	5	6	7	8		9	11							10					
7		26	LEEDS UNITED	2-1	Tilson, Brook	13038	1	2	3	4	5	6	7	8		9	11							10					
8	Oct	1	WOLVERHAMPTON W.	2-2	Fletcher, Brook	9082	1	2	3	4	5	6	7	8		9	11							10					
9		8	Port Vale	1-2	Fletcher (pen)	10010	1	2	3	4	5	6	7	8		9	11							10					
10		15	SOUTH SHIELDS	0-0		10611	1	2	3	4	5	6	7	8		9	11							10					
11		22	Stoke City	0-0		8323	1	2	3	4	5	6	7	8		9	11							10					
12		29	BRISTOL CITY	2-3	Fletcher (pen), Baines	10079	1	2	3	4	5	6	7	8		9	11							10					
13	Nov	5	West Bromwich Albion	1-1	Fletcher	18129	1	2	3	8	5	6	7	10		9	11					4							
14		12	SOUTHAMPTON	0-1		7621	1	2	3	8	5	6	7	10		9	11					4							
15		19	Notts County	0-9		9382	1	2		8		6	7	10		9	11		5	3		4							
16		26	READING	2-0	Eaton, Tilson	7181	1	2	3	4	5	6	7		9	10	11							8					
17	Dec	3	Grimsby Town	1-3	Brook	10421	1	2	3	4	5	6	7		9	10	11							8					
18		10	OLDHAM ATHLETIC	0-1		4944	1	2	3	4	5	6	7	8		10	11				9								
19		17	Blackpool	3-1	Tilson 2, Curran	7629	1	2	3		5	6	7		9	10	11					4				8			
20		24	CHELSEA	3-1	Tilson, Curran (pen), Proudfoot	5634	1	2	3		5	6	7		9	10	11					4				8			
21		26	MANCHESTER CITY	0-3		17252	1	2			5		7		9	10	11		6	3		4				8			
22		31	Hull City	1-2	Eaton	9569	1	2			5		7		9	10	11		6			4				8	3		
23	Jan	2	Manchester City	3-7	Curran 2 (1 pen), Tilson	38226	1	2			5		7		9	10	11		6			4				8	3		
24		7	PRESTON NORTH END	2-1	Curran, Brook	7967		2		4	5	6	7		9	10	11						1			8	3		
25		21	Swansea Town	0-3		6420		2		4	5	6	7		9	10	11		3				1			8			
26		28	FULHAM	8-4	Eaton 4, Curran 2, Brook 2	4563		2	3	4	5	6	7	8	9	10	11						1						
27	Feb	4	Clapton Orient	0-2		8985		2	3	4	5	6	7	8	9	10	11						1						
28		11	Wolverhampton Wan.	1-2	Tilson	7151		2	3	4	5	6	7	8	9	10	11						1						
29		20	PORT VALE	4-2	Tilson, Eaton, Brook, Curran	5423		2	3	4	5	6	7		9	10	11						1			8			
30		25	South Shields	0-0		5513		2	3	4	5	6	7		9	10	11						1						8
31	Mar	10	Bristol City	0-2		12662		2	3		5	6	7		9	10	11		4		8		1						
32		17	WEST BROMWICH ALB.	2-4	Fletcher 2	8144		2	3	4		6	7	8	10				5				1					11	9
33		19	STOKE CITY	3-1	Scott 2, Eaton	4658		2	3		5	6	7	8	9							4	1			10		11	
34		24	Southampton	1-6	Fletcher	10528		2	3		5	6	7	8	9							4	1			10		11	
35		31	NOTTS COUNTY	0-0		5619		2	3		5	6	7	8	9				4				1			10		11	
36	Apr	7	Reading	1-1	Curran	10659		2	3		5	6	7		9				4		8		1			10		11	
37		9	Nottingham Forest	1-1	Morton	11640		2	3			6		8	9			7	5			4	1		11	10			
38		10	NOTTM. FOREST	2-1	Curran, Eaton	7688		2	3	4		6	7	8	9				5		10		1					11	
39		14	GRIMSBY TOWN	1-4	Fletcher	4516		2	3	4		6	7	8	9				5				1			10		11	
40		21	Oldham Athletic	1-0	Baker	7036	1	2	3		5		7	8	9				6			4				10		11	
41		28	BLACKPOOL	2-1	Eaton, Scott (pen)	4949	1	2	3		5		7	8	9				6	4						10		11	
42	May	5	Chelsea	2-1	Eaton 2	13707	1	2	3		5	6		8	9			7		4						10		11	
						Apps	26	42	36	28	37	37	40	29	31	31	31	2	14	4	4	12	16	9	1	17	3	10	2
						Goals						1	13	11	15	10	7		1					2	1	1		3	

F.A. Cup

	Date		Opponent	Score	Scorers	Att.	Gale T	Dixon C	Hodgkinson H	Allen F	Caddick GFR	Baines CE	Curran J	Fletcher B	Eaton F	Tilson SF	Brook EFG	Ashton E	Baker LH	Batty W	Stark JW	Jones WD	Godderidge AE	McDonagh P	Morton R	Proudfoot J	Richards A	Scott JW	Wilshaw J
R3	Jan	14	Port Vale	0-3		13162		2		8	5	6	7		9	10	11					4	1				3		

		P	W	D	L	F	A	W	D	L	F	A	Pts
1	Manchester City	42	18	2	1	70	27	7	7	7	30	32	59
2	Leeds United	42	16	2	3	63	15	9	5	7	35	34	57
3	Chelsea	42	15	2	4	46	15	8	6	7	29	30	54
4	Preston North End	42	15	3	3	62	24	7	6	8	38	42	53
5	Stoke City	42	14	5	2	44	17	8	3	10	34	42	52
6	Swansea Town	42	13	6	2	46	17	5	6	10	29	46	48
7	Oldham Athletic	42	15	3	3	55	18	4	5	12	20	33	46
8	West Bromwich Alb.	42	10	7	4	50	28	7	5	9	40	42	46
9	Port Vale	42	11	6	4	45	20	7	2	12	23	37	44
10	Nottingham Forest	42	10	6	5	54	37	5	4	12	29	47	40
11	Grimsby Town	42	8	6	7	41	41	6	6	9	28	42	40
12	Bristol City	42	11	5	5	42	18	4	4	13	34	61	39
13	BARNSLEY	42	10	5	6	43	36	4	6	11	22	49	39
14	Hull City	42	9	8	4	25	19	3	7	11	16	35	39
15	Notts County	42	10	4	7	47	26	3	8	10	21	48	38
16	Wolverhampton Wan.	42	11	5	5	43	31	2	5	14	20	60	36
17	Southampton	42	11	3	7	54	40	3	4	14	14	37	35
18	Reading	42	9	8	4	32	22	2	5	14	21	53	35
19	Blackpool	42	11	3	7	55	43	2	5	14	28	58	34
20	Clapton Orient	42	9	7	5	32	25	2	5	14	23	60	34
21	Fulham	42	12	7	2	46	22	1	0	20	22	67	33
22	South Shields	42	5	5	11	30	41	2	4	15	26	70	23

1928/29 — 16th in Division 2

#	Date		Opponent	Score	Scorers	Att	Gale T	Dixon C	Hodgkinson H	Baker LH	Caddick GFR	Atkinson JW	Ashton E	Fletcher B	Eaton F	Dowdall C	Millar JM	Baines CE	Batty W	Breedon JN	Curran J	Harron J	Henderson GB	Mears F	Proudfoot J	Richards A	Smith JW	Storer JA	Gibbs GWH
1	Aug	25	BRADFORD PARK AVE.	1-2	Millar	11072	1	2	3	4	5	6	7	8	9	10	11												
2		27	Grimsby Town	1-2	Ashton	12967	1	2	3	4	5	6	7		8		11							9	10				
3	Sep	1	Swansea Town	1-2	Ashton	12005	1	2	3	4	5	6	7		8		11							9	10				
4		8	BLACKPOOL	3-1	Mears 2, Eaton	7312	1	2	3		5	6	7		8		11							9	10	4			
5		15	Chelsea	0-1		34793	1	2	3		5	6	7		8		11							9	10	4			
6		22	OLDHAM ATHLETIC	2-1	Eaton, Fletcher	7421	1	2	3		5		7	8	9		11	6							10	4			
7		29	BRISTOL CITY	4-2	Eaton, Mears, Proudfoot, Ashton	6996	1	3			5		7		8		11	6	2					9	10	4			
8	Oct	6	Nottingham Forest	3-1	Batty, Millar, Mears	14785	1	3			5		7		8		11	6	2					9	10	4			
9		13	WEST BROMWICH ALB.	2-0	Proudfoot, Ashton	11072	1	3			5		7		8		11	6	2					9	10	4			
10		20	Southampton	2-1	Eaton, Millar	15175	1	3			5		7		8		11	6	2					9	10	4			
11		27	WOLVERHAMPTON W.	2-2	Mears, Millar	8444	1	3			5		7		8		11	6	2					9	10	4			
12	Nov	3	Notts County	1-4	Ashton	16917	1	3			5		7		8		11	6	2					9	10	4			
13		10	MIDDLESBROUGH	2-2	Eaton, Millar	9635	1	3			5		7		8		11	6	2					9	10	4			
14		17	Port Vale	0-3		7417	1	3			5		7		8		11	6	2					9	10	4			
15		24	HULL CITY	2-2	Eaton (pen), Mears	4693	1	3			5		7		8		11	6	2					9	10	4			
16	Dec	1	Tottenham Hotspur	0-2		18951	1	3					5	7	9	8	11	6	2						10	4			
17		8	READING	2-3	Proudfoot 2	5833	1	3			5			7	9	8	11	6	2						10	4			
18		15	Preston North End	1-2	Mears	12413	1	3					5	7	8			6	2					9	10	4			11
19		22	MILLWALL	2-2	Atkinson, Harron	5664	1	3					5	7	8			6	2			11		9	10	4			
20		25	Clapton Orient	1-3	Batty (pen)	9877	1	3					5	7	8			6	2			11		9	10	4			
21		26	CLAPTON ORIENT	2-0	Batty (pen), Harron	9910	1	3					5	7	8			6	2			11		9	10	4			
22		29	Bradford Park Avenue	1-2	Mears	17706	1	3			5			7	8			6	2			11		9	10	4			
23	Jan	1	GRIMSBY TOWN	0-2		9049	1	3			5			7	8			6	2			11		9	10	4			
24		5	SWANSEA TOWN	2-1	Eaton 2	3848	1	3		6	5	4	7	8	9				2			11			10				
25		19	Blackpool	1-0	Ashton	8937	1	3		6	5		7		8			6	2			11			10				
26		30	CHELSEA	0-1		7886	1	3			5	4	7	8	9			6	2			11			10				
27	Feb	2	Oldham Athletic	0-1		10803	1	3				5	4		8	9		6	2			11			10			7	
28		9	Bristol City	1-3	Proudfoot	11035	1		3	5		4	7	8				6	2			11		9	10				
29		16	NOTTM. FOREST	1-2	Batty (pen)	3688	1	3				5	4	7		9		6	2			11		9	10				
30		23	West Bromwich Albion	2-6	Eaton, Batty (pen)	13019	1	3			5			7	8	9		6	2			11			10	4			
31	Mar	2	SOUTHAMPTON	4-1	Eaton, Ashton 2, Harron	5223	1	3				5	4	7		9		6				11			10	8	2		
32		9	Wolverhampton Wan.	1-3	Curran	11289	1	3					4	11		9		6			7			5	10	8	2		
33		16	NOTTS COUNTY	2-0	Eaton, Curran	7518	1	2	3				4	11		9		6			7			5	10	8			
34		23	Middlesbrough	0-1		17050	1	2	3				4	11		9		6			7			5	10	8			
35		29	STOKE CITY	4-2	Ashton, Eaton, Proudfoot, Dixon	11793	1	2	3				4	10		9		6			7	11		5		8			
36		30	PORT VALE	6-0	Proudfoot 2, Curran 2, Dixon, Eaton	9615	1	2	3				4	10		9		6			7	11		5		8			
37	Apr	1	Stoke City	0-0		13213	1	2	3				4	10		9		6			7	11		5		8			
38		6	Hull City	0-0		6977	1	2	3				4	10		9		6			7	11		5		8			
39		13	TOTTENHAM HOTSPUR	4-1	Ashton, Eaton 2, Curran	8449	1	2					4	11		9		6			7			5	10	8	3		
40		20	Reading	0-1		8404		2	3				4	11		9		6		1	7			5	10	8			
41		27	PRESTON NORTH END	4-1	Ashton, Proudfoot, Curran, Mears	9655	1	2	3				4	11		9		6			7			5	10	8			
42	May	4	Millwall	2-0	Curran, Mears	10952	1	2	3				4	11		9		6			7			5	10	8			
			Apps				41	41	16	6	24	28	41	8	41	3	17	36	24	1	11	17	11	30	40	3	21	1	1
			Goals					2			1	1	11	1	15		5				5	7	3		10	9				

F.A. Cup

R3	Jan	12	Blackburn Rovers	0-1		31697	1	3			5	4	7	8	9		11	6	2						10				

		P	W	D	L	F	A	W	D	L	F	A	Pts
1	Middlesbrough	42	14	4	3	54	22	8	7	6	38	35	55
2	Grimsby Town	42	16	2	3	49	24	8	3	10	33	37	53
3	Bradford Park Ave.	42	18	2	1	62	22	4	2	15	26	48	48
4	Southampton	42	12	6	3	48	22	5	8	8	26	38	48
5	Notts County	42	13	4	4	51	24	6	5	10	27	41	47
6	Stoke City	42	12	7	2	46	16	5	5	11	28	35	46
7	West Bromwich Alb.	42	13	4	4	50	25	6	4	11	30	54	46
8	Blackpool	42	13	4	4	49	18	6	3	12	43	58	45
9	Chelsea	42	10	6	5	40	30	7	4	10	24	35	44
10	Tottenham Hotspur	42	16	3	2	50	26	1	6	14	25	55	43
11	Nottingham Forest	42	8	6	7	34	33	7	6	8	37	37	42
12	Hull City	42	8	8	5	38	24	5	6	10	20	39	40
13	Preston North End	42	12	6	3	58	27	3	3	15	20	52	39
14	Millwall	42	10	4	7	43	35	6	3	12	28	51	39
15	Reading	42	12	3	6	48	30	3	6	12	15	56	39
16	BARNSLEY	42	12	4	5	51	28	4	2	15	18	38	38
17	Wolverhampton Wan.	42	9	6	6	41	31	6	1	14	36	50	37
18	Oldham Athletic	42	15	2	4	37	24	1	3	17	17	51	37
19	Swansea Town	42	12	3	6	46	26	1	7	13	16	49	36
20	Bristol City	42	11	6	4	37	25	2	4	15	21	47	36
21	Port Vale	42	14	1	6	53	25	1	3	17	18	61	34
22	Clapton Orient	42	10	4	7	29	25	2	4	15	16	47	32

1929/30 17th in Division 2

#	Date		Opponent	Score	Scorers	Att	Gale T	Dixon C	Hodgkinson H	Atkinson JW	Henderson GB	Baines CE	Ashton E	Eaton F	Pigg A	Mears F	Harron J	Breedon JN	Caddick GFR	Curran J	Gibbs GWH	Harvey WA	Kerry E	Morris H	Ogle R	Proudfoot J	Richards A	Smith JW	Storer JA	Wallbanks, John
1	Aug	31	SOUTHAMPTON	3-1	Ashton, Pigg, Henderson	7441	1	2	3	4	5	6	7	8	9	10	11												
2	Sep	7	Tottenham Hotspur	1-2	Mears	26056	1	2	3	4	5	6	7	8	9	10	11												
3		11	Chelsea	0-2		11353	1	2	3	4	5	6	11	8	9	10				7										
4		14	WEST BROMWICH ALB.	2-2	Ashton, Dixon (pen)	9705	1	2	3	4	5	6	11	9		10				7						8				
5		16	Oldham Athletic	2-3	Mears, Kerry	16635		2	3	4		6			9	11	1	5	7			10				8				
6		21	Bradford Park Avenue	4-4	Harron, Ashton, Proudfoot 2	14516	1	2	3	4	5	6	7	9		10	11									8				
7		28	SWANSEA TOWN	1-0	Ashton	7961	1	2	3	4	5	6	7	9		10	11									8				
8	Oct	5	BLACKPOOL	2-4	Henderson, Mears	8353	1	2	3		5	6	11	8		10			4	7				9						
9		12	Bury	1-2	Curran	10557	1	2	3	4	5	6	11			10				7						8				9
10		19	Cardiff City	0-1		12058	1	2	3	4	5	6	7	8	9		11									10				
11		26	PRESTON NORTH END	0-0		6076	1	2	3	4	5	6	7	8	9		11									10				
12	Nov	2	Bristol City	1-2	Wallbanks	8531	1	2	3	6	5		8				11				10							4	7	9
13		9	NOTTS COUNTY	2-2	Wallbanks 2	5116	1	2	3	6	5		8				11				10							4	7	9
14		16	Reading	0-1		4624	1	2	3	6	5		11	8							10							4	7	9
15		23	CHARLTON ATHLETIC	2-0	Wallbanks, Ashton	3142	1	2	3	6	5		11	8							10							4	7	9
16		30	Hull City	0-2		5706	1	2	3	6	5		11	8							10							4	7	9
17	Dec	7	STOKE CITY	3-1	Dixon (pen), Storer 2	2303	1	2	3	6	5		11		9						8	10						4	7	
18		14	Wolverhampton Wan.	0-3		13055	1	2	3	6	5		11		9						8	10						4	7	
19		21	BRADFORD CITY	2-1	Eaton, Storer	4791	1	2	3	6	5		11	9		10					8							4	7	
20		25	Nottingham Forest	0-4		16301	1	2	3		5	6	11	9		10					8							4	7	
21		26	NOTTM. FOREST	1-1	Eaton	9852	1	2	3	4		6	11	9					5		8	10							7	
22		28	Southampton	0-4		7832	1	2	3	4		6	11						5		8	10							7	9
23	Jan	1	CHELSEA	0-1		8773	1	2	3		5	6	11	8							10							4	7	9
24		4	TOTTENHAM HOTSPUR	2-0	Wallbanks, Ashton	5870	1	2	3	6	5		11	8							10							4	7	9
25		18	West Bromwich Albion	2-4	Wallbanks, Storer	11067	1	2		6	5		11	8							10						3	4	7	9
26	Feb	1	Swansea Town	2-0	Wallbanks, Ashton	9985	1	2	3		5		11	8							10							4	7	9
27		5	BRADFORD PARK AVE.	1-1	Atkinson	5932	1	2	3	6	5		11	8							10							4	7	9
28		8	Blackpool	1-2	Eaton (pen)	11785	1	2	3	6	5		11	8						7						10		4		9
29		15	BURY	2-1	Curran, Wallbanks	6032	1	2	3		5	6	11	8						7						10		4		9
30		22	CARDIFF CITY	2-2	Wallbanks, Harvey	7345	1	2	3		5	6	7	8			11					10						4		9
31	Mar	1	Preston North End	1-3	Wallbanks	9901	1		3	4	5	6	7	8			11					10					2			9
32		8	BRISTOL CITY	3-1	Harvey, Henderson 2	6656	1		3	4	5	6	11	8						7		10					2			9
33		15	Notts County	0-3		6006	1		3	4	5	6	11	8						7		10					2			9
34		22	READING	1-0	Wallbanks	5569	1		3	6	5		11	8						7		10					2	4		9
35		29	Charlton Athletic	0-2		11243	1			6	5		11	8						7		10	3				2	4		9
36	Apr	5	HULL CITY	3-0	Gibbs, Eaton (2 pens)	6243	1			5	6		11	8						7							3	10	2	4	9
37		12	Stoke City	0-3		9058	1			5	6		11	8						7							3	10	2	4	9
38		18	Millwall	1-2	Gibbs	18913				6	5		11	8				1		7							3	10	2	4	9
39		19	WOLVERHAMPTON W.	3-1	Eaton, Gibbs, Wallbanks	3642					6	11	8				1	5		7							3	10	2	4	9
40		21	MILLWALL	1-2	Eaton (pen)	9543				6			11	8				1	5	7							3	10	2	4	9
41		26	Bradford City	1-0	Curran	17197	1	2			5		8							6	7	11					3	10		4	9
42	May	3	OLDHAM ATHLETIC	2-1	Curran, Gibbs	15001	1	2			5		8							6	7	11					3	10		4	9
					Apps		38	32	33	33	36	23	37	38	5	12	11	4	8	9	11	10	17	1	8	16	11	26	16	27
					Goals			2		1	4		7	7	1	3	1			4	4	2	1		2				5	12

F.A. Cup

	Date		Opponent	Score		Att																								
R3	Jan	11	BRADFORD PARK AVE.	0-1		19700	1	2	3	6	5		11	8															4	7	9

Played at 10: B Fletcher

		P	W	D	L	F	A	W	D	L	F	A	Pts
1	Blackpool	42	17	1	3	63	22	10	3	8	35	45	58
2	Chelsea	42	17	3	1	49	14	5	8	8	25	32	55
3	Oldham Athletic	42	14	5	2	60	21	7	6	8	30	30	53
4	Bradford Park Ave.	42	14	5	2	65	28	5	7	9	26	42	50
5	Bury	42	14	2	5	45	27	8	3	10	33	40	49
6	West Bromwich Alb.	42	16	4	1	73	31	5	4	12	32	42	47
7	Southampton	42	14	6	1	46	22	3	5	13	31	54	45
8	Cardiff City	42	14	4	3	41	16	4	4	13	20	43	44
9	Wolverhampton Wan.	42	14	3	4	53	24	2	6	13	24	55	41
10	Nottingham Forest	42	9	6	6	36	28	4	9	8	19	41	41
11	Stoke City	42	12	4	5	41	20	4	4	13	33	52	40
12	Tottenham Hotspur	42	11	8	2	43	24	4	1	16	16	37	39
13	Charlton Athletic	42	10	6	5	39	23	4	5	12	20	40	39
14	Millwall	42	10	7	4	36	26	2	8	11	21	47	39
15	Swansea Town	42	11	5	5	42	23	3	4	14	15	38	37
16	Preston North End	42	7	7	7	42	36	6	4	11	23	44	37
17	BARNSLEY	42	12	7	2	39	22	2	1	18	17	49	36
18	Bradford City	42	7	7	7	33	30	5	5	11	27	47	36
19	Reading	42	10	7	4	31	20	2	4	15	23	47	35
20	Bristol City	42	11	4	6	36	30	2	5	14	25	53	35
21	Hull City	42	11	3	7	30	24	3	4	14	21	54	35
22	Notts County	42	8	7	6	33	26	1	8	12	21	44	33

1930/31 19th in Division 2

#	Date		Opponent	Score	Scorers	Att	Gale T	Dixon C	Ogle R	Smith JW	Henderson GB	Caddick GFR	Curran J	Proudfoot J	Harston E	Kerry E	Ashton E	Baines CE	Breedon JN	Chivers FC	Crompton L	Davies SC	Gibbs GWH	Harvey WA	Lampard AJ	Murfin C	Patterson MT	Richards A	Ridyard A	Storer JA	Wallbanks, John	Wallbanks, Jas
1	Aug	30	Port Vale	2-5	Ashton, Harston	9853	1	2	3	4	5	6	7	8	9	10	11															
2	Sep	1	SWANSEA TOWN	1-0	Curran	6721	1	2	3	4	5	6	7	8	9	10	11															
3		6	BRADFORD CITY	2-1	Harston, Proudfoot	8177	1	2	3	4	5	6	7	8	9	10	11															
4		10	Plymouth Argyle	0-4		18560	1	2		4	5	6	7		9		11					8		10			3					
5		13	Charlton Athletic	1-1	Harston	4642	1	2		4	5	6	7	8	9	10								11			3					
6		20	OLDHAM ATHLETIC	1-2	Kerrry	8300	1	2		4	5	6	7	8	9	10								11			3					
7		27	BRISTOL CITY	1-0	Curran	6709	1	2		4	5	6	7	8	9	10								11			3					
8	Oct	4	Cardiff City	0-2		9884	1	2		4	5	6	7	8		10								11			3				9	
9		11	EVERTON	1-1	Curran	16039	1	2		4	5		7	8		10								11			3				9	
10		18	Stoke City	0-0		10356	1	2		4	5		7	8		10		6						11			3					
11		25	MILLWALL	2-3	Kerry, Dixon (pen)	7105	1	2		4	5		7	8		10		6		9				11			3					
12	Nov	1	Preston North End	1-1	Harvey	12726		2			5	4	7		9	10			1					11	8		3					6
13		8	BURNLEY	0-1		9427		2			5	4	7		9	10			1					11	8		3					6
14		15	Wolverhampton Wan.	0-2		9354		2			5	4		10	9	7			1					11	8		3					6
15		22	READING	3-2	Kerry, John Wallbanks, Henderson	4712	1	2		4	5	6	7			10	11								8		3				9	
16		29	Southampton	0-4		11613	1	2		4	5	6	7			10	11								8		3				9	
17	Dec	6	BRADFORD PARK AVE.	1-0	Dixon (pen)	8177	1	2		4	5	6	7			10								11	8		3	9				
18		13	Nottingham Forest	3-3	Harvey 2, Ridyard	7497	1	2		4	5	6	7			10	11								8		3		9			
19		20	TOTTENHAM HOTSPUR	0-1		7294	1	2		4	5	6	7			10	11								8		3		9			
20		25	WEST BROMWICH ALB.	0-0		10217	1	2		4	5	6	7	8	9									11	10		3					
21		26	West Bromwich Albion	0-5		22734	1	2		4	5	6			9									11	10		8	3		7		
22		27	PORT VALE	5-2	Storer, Harvey, Ridyard, Proudfoot 2	6469	1	2		4		6		8										11	10			3	5	7	9	
23	Jan	1	PLYMOUTH ARGYLE	0-4		8438	1	2		4		6		8										11	10			3	5	7	9	
24		3	Bradford City	0-1		13392	1	2		4		5		8										11	10			3		7	9	6
25		17	CHARLTON ATHLETIC	5-0	Harvey,Curran 2,John Wallbanks,Smith	4950		2		4	5	6	7	8					1					11	10			3			9	
26		26	Oldham Athletic	0-0		6706		2		4	5	6		8					1					11	10			3		7	9	
27		31	Bristol City	1-2	John Wallbanks	6222		2		4	5	6	7	8					1					11	10			3			9	
28	Feb	7	CARDIFF CITY	4-0	Harvey, John Wallbanks, Curran 2	5399		2		4	5	6	7	8					1					11	10			3			9	
29		18	Everton	2-5	Proudfoot 2	19042		2		4		5		8		7			1					11	10			3			9	6
30		21	STOKE CITY	4-2	John Wallbanks 2, Harvey, Gibbs	4526		2		4		5		8		7			1					11	10			3			9	6
31		28	Millwall	1-4	Harvey	12515		2		4		5		8		7			1					11	10			3			9	6
32	Mar	7	PRESTON NORTH END	1-1	Proudfoot	3657		2		4	5	6	7	8					1					11	10			3			9	
33		14	Burnley	2-2	Curran, Harvey	7877		2		4	5	6	7	8					1					11	10			3			9	
34		21	WOLVERHAMPTON W.	3-0	John Wallbanks 2, Ashton	5198		2		4	5	6	7	8			11								10			3			9	
35		28	Reading	1-6	Dixon (pen)	7320		2		4	5	6	7	8			11								10			3			9	
36	Apr	3	Bury	1-3	Harston	8195		2			5	6	7	8	9		11				1						10	3				4
37		4	SOUTHAMPTON	3-1	John Wallbanks 2, Curran	5307		2		4	5	6	7	8			11				1						10	3			9	
38		6	BURY	2-1	Proudfoot, Curran	6684		2		4	5	6	7	8			11				1						10	3			9	
39		11	Bradford Park Avenue	0-1		9124		2			5	6		8		7					1			11	10			3			9	4
40		18	NOTTM. FOREST	3-1	John Wallbanks, Proudfoot, Barrington (og)	3672		2		4	5	6	7	8			11		1							10		3			9	
41		25	Tottenham Hotspur	2-4	Henderson, Ashton	20762		2		4	5	6	7	8			11		1							10		3			9	
42	May	2	Swansea Town	0-1		5752		2		4	5	6	7	8			11									10	1	3			9	

	Apps	21	42	3	37	36	39	32	33	12	18	21	3	3	5	17	1	25	25	1	1	5	39	5	5	24	9
	Goals		3		1	2		10	8	4	3	3							1	9				2	1	11		

One own goal

F.A. Cup

#	Date		Opponent	Score	Scorers	Att	Gale T	Dixon C	Smith JW	Henderson GB	Caddick GFR	Curran J	Proudfoot J	Harston E	Kerry E	Ashton E	Baines CE	Harvey WA	Lampard AJ	Richards A	Wallbanks, John
R3	Jan	10	BRISTOL CITY	4-1	Proudfoot, Gibbs, Curran, Harvey	12903	1	2	4	5	6	7	8					11	10	3	9
R4		24	SHEFFIELD WEDNESDAY	2-1	Harvey, Gibbs	24032		2	4	5	6	7	8				1	11	10	3	9
R5	Feb	14	WOLVERHAMPTON WAN.	1-3	Henderson	33385		2	4	5	6		8		7		1	11	10	3	9

	P	W	D	L	F	A	W	D	L	F	A	Pts
1 Everton	42	18	1	2	76	31	10	4	7	45	35	61
2 West Bromwich Alb.	42	14	3	4	40	16	8	7	6	43	33	54
3 Tottenham Hotspur	42	15	5	1	64	20	7	2	12	24	35	51
4 Wolverhampton Wan.	42	15	2	4	56	25	6	3	12	28	42	47
5 Port Vale	42	15	3	3	39	16	6	2	13	28	45	47
6 Bradford Park Ave.	42	15	4	2	71	24	3	6	12	26	42	46
7 Preston North End	42	12	5	4	55	31	5	6	10	28	33	45
8 Burnley	42	13	5	3	55	30	4	6	11	26	47	45
9 Southampton	42	13	4	4	46	22	6	2	13	28	40	44
10 Bradford City	42	12	5	4	39	26	5	5	11	22	37	44
11 Stoke City	42	11	6	4	34	17	6	4	11	30	54	44
12 Oldham Athletic	42	13	5	3	45	28	3	5	13	16	44	42
13 Bury	42	14	3	4	44	20	5	0	16	31	62	41
14 Millwall	42	12	4	5	47	25	4	3	14	24	55	39
15 Charlton Athletic	42	11	4	6	35	33	4	5	12	24	53	39
16 Bristol City	42	11	5	5	29	23	4	3	14	25	59	38
17 Nottingham Forest	42	12	6	3	54	35	2	3	16	26	50	37
18 Plymouth Argyle	42	10	3	8	47	33	4	5	12	29	51	36
19 BARNSLEY	42	13	3	5	42	23	0	6	15	17	56	35
20 Swansea Town	42	11	5	5	40	29	1	5	15	11	45	34
21 Reading	42	11	2	8	47	33	1	4	16	25	63	30
22 Cardiff City	42	7	6	8	32	31	1	3	17	15	56	25

1931/32   21st in Division 2: Relegated

#	Date		Opponent	Score	Scorers	Att	Higgs FJ	Dixon C	Richards A	Smith JW	Henderson GB	Caddick GFR	Curran J	Proudfoot J	Wallbanks John	Chivers FC	Ashton E	Capstick W	Green F	Happs R	Harvey WA	Hill J	Kerry E	Lampard AJ	Lax G	Maskill T	Murfin C	Ridyard A	Suddick G
1	Aug	29	BRADFORD CITY	1-2	Wallbanks	9556	1	2	3	4	5	6	7	8	9	10	11												
2		31	OLDHAM ATHLETIC	3-1	Proudfoot, Harvey, Ashton	5728	1		2	4	5	6		8	9		7				10							11	3
3	Sep	5	Leeds United	1-0	Wallbanks	13078	1	2	3	4	5	6		8	9		7				10							11	
4		7	BURY	0-1		7785	1	2	3	4	5	6		8	9		7				10							11	
5		12	SWANSEA TOWN	2-3	Kerry, Wallbanks	5213	1	2	3	4	5	6		8	9		7						10					11	
6		14	Bury	1-7	Curran	7366	1	2	3		5		7	8	9	10										6		11	
7		19	Tottenham Hotspur	2-4	Wallbanks 2	28585		2	3	4	5	6	7	8	9	10								1				11	
8		26	Notts County	3-2	Wallbanks 3	11700	1	2	3	4	5	6	7	8	9	10												11	
9	Oct	3	PLYMOUTH ARGYLE	0-0		6182	1	2	3	4		6	7	8	9	10												11	5
10		10	Bristol City	0-4		8056	1	2	3	4	5	6	7	8	9	10												11	
11		17	MANCHESTER UNITED	0-0		4052	1	2	3	4	5	6	7	8	9			10										11	
12		24	Bradford Park Avenue	0-1		10857	1	2	3	4	5	6		8	9		7	10										11	
13		31	WOLVERHAMPTON W.	2-2	Wallbanks, Ashton	4986	1	2		4	5	6		8	9		7				10				3			11	
14	Nov	7	Nottingham Forest	2-1	Henderson, Ashton	8573	1	2	3	4	5	6		8	9		7				10							11	
15		14	STOKE CITY	1-0	Wallbanks	6839	1	2	3	4	5	6		8	9		7				10							11	
16		21	Southampton	0-2		11782	1	2	3	4	5	6		8	9		7				10							11	
17		28	PRESTON NORTH END	4-2	Wallbanks, Proudfoot, Murfin, Maskill	5549	1	2	3	4	5			8	9		7				10						6	11	
18	Dec	5	Burnley	3-5	Wallbanks, Proudfoot 2	5333	1	2	3	4	5	6		8	9		7				10							11	
19		12	CHESTERFIELD	3-1	Wallbanks, Kerry, Ashton	6455	1	2	3	4	5			8	9		7				10						6	11	
20		25	Millwall	0-2		18245	1	2	3	4	5			8	9		7				10						6	11	
21		26	MILLWALL	2-1	Wallbanks, Curran	11427	1	2	3	4	5		7	8	9		11				10						6		
22	Jan	2	Bradford City	1-9	Helsby (og)	12140	1	2	3	4	5		7	8	9		11				10						6		
23		16	LEEDS UNITED	0-2		9136	1	2	3	4		5	7		9	8	11	10									6		
24		23	Swansea Town	0-3		7998	1	2	3	4			7		9		11	10		8							6		5
25		30	TOTTENHAM HOTSPUR	3-2	Wallbanks, Curran, Maskill (pen)	5852	1	2	3	4			7		9	8	11				10						6		5
26	Feb	6	NOTTS COUNTY	1-1	Wallbanks	5188	1	2	3	4			7		9	8	11	10									6		5
27		13	Plymouth Argyle	0-3		16251	1	2	3	4			7	8	9		11	10									6		5
28		20	BRISTOL CITY	1-1	Proudfoot	4015	1	2	3	4			7	8	9		11	10									6		5
29		27	Manchester United	0-3		18223	1	3	2	8	6		7	10	9		11									4			5
30	Mar	5	BRADFORD PARK AVE.	2-2	Wallbanks, Curran	5727	1	3	2	8	6		7	10	9		11									4			5
31		7	Charlton Athletic	1-3	Maskill	5183	1	3	2	4	5		7	8	9		11									6	10		
32		12	Wolverhampton Wan.	0-2		17641		2	4	5	3		7	8	9		11	1									6	10		
33		19	NOTTM. FOREST	3-1	Proudfoot 2, Wallbanks	4206		2	4	5	3		7	8	9		11	1									6	10		
34		25	Port Vale	0-3		9983		3	2	4	5		7	8	9		11	1									6	10		
35		26	Stoke City	0-2		9779		3	2			6	7		9		11					8	10				4			5
36		28	PORT VALE	3-0	Wallbanks, Ashton, Henderson	5881		2		5	3		7	8	9		11	1					10				4			6
37	Apr	2	SOUTHAMPTON	3-3	Wallbanks, Curran, Ridyard	5032		2	3	5			7	8	9		11	1					10				4		6	
38		9	Preston North End	2-1	Hill 2	7034	1		3	5			7	8	9		11		2			10					4		6	
39		16	BURNLEY	0-1		6991	1		3	5			7	8	9		11		2			10					4		6	
40		23	Chesterfield	2-2	Wallbanks, Proudfoot	8928	1		3	5				8	9		7		2			10					4		11	6
41		30	CHARLTON ATHLETIC	1-4	Wallbanks	5594	1		3	5				8	9		7		2			10					4		11	6
42	May	7	Oldham Athletic	2-2	Hill, Curran	6369	1		3	5			7	8	9		11		2			10					4			6

	Higgs	Dixon	Richards	Smith	Henderson	Caddick	Curran	Proudfoot	Wallbanks	Chivers	Ashton	Capstick	Green	Happs	Harvey	Hill	Kerry	Lampard	Lax	Maskill	Murfin	Ridyard	Suddick
Apps	35	33	41	34	34	21	27	37	41	10	36	6	4	5	7	8	13	1	14	17	21	16	1
Goals				2			6	8	22		5				1	3	2			3	1	1	

One own goal

F.A. Cup

Rd	Date		Opponent	Score	Scorers	Att																							
R3	Jan	9	SOUTHPORT	0-0		14850	1	2	3	4	5		7		9	8	11				10					6			
rep		12	Southport	1-4	Ashton	12500	1	2	3	4			7		9	8	11				10					6			

Played in replay: A Shears (at 5)

	P	W	D	L	F	A	W	D	L	F	A	Pts
1 Wolverhampton Wan.	42	17	3	1	71	11	7	5	9	44	38	56
2 Leeds United	42	12	5	4	36	22	10	5	6	42	32	54
3 Stoke City	42	14	6	1	47	19	5	8	8	22	29	52
4 Plymouth Argyle	42	14	4	3	69	29	6	5	10	31	37	49
5 Bury	42	13	4	4	44	21	8	3	10	26	37	49
6 Bradford Park Ave.	42	17	2	2	44	18	4	5	12	28	45	49
7 Bradford City	42	10	7	4	53	26	6	6	9	27	35	45
8 Tottenham Hotspur	42	11	6	4	58	37	5	5	11	29	41	43
9 Millwall	42	13	3	5	43	21	4	6	11	18	40	43
10 Charlton Athletic	42	11	5	5	38	28	6	4	11	23	38	43
11 Nottingham Forest	42	13	4	4	49	27	3	6	12	28	45	42
12 Manchester United	42	12	3	6	44	31	5	5	11	27	41	42
13 Preston North End	42	11	6	4	37	25	5	4	12	38	52	42
14 Southampton	42	10	5	6	39	30	7	2	12	27	47	41
15 Swansea Town	42	12	4	5	45	22	4	3	14	28	53	39
16 Notts County	42	10	4	7	43	30	3	8	10	32	45	38
17 Chesterfield	42	11	3	7	43	33	2	8	11	21	53	37
18 Oldham Athletic	42	10	4	7	41	34	3	6	12	21	50	36
19 Burnley	42	7	8	6	36	36	6	1	14	23	51	35
20 Port Vale	42	8	4	9	30	33	5	3	13	28	56	33
21 BARNSLEY	42	8	7	6	35	30	4	2	15	20	61	33
22 Bristol City	42	4	7	10	22	37	2	4	15	17	41	23

1932/33   8th in Division 3(N)

#		Date	Opponent	Score	Scorers	Att	Lynch TJ	Happs R	Shotton R	Lax G	Henderson GB	Swaby HN	Wadsworth W	Cunningham P	Wallbanks, John	Andrews H	Ashton E	Archibald RF	Chivers FC	Ellis T	Fleetwood ED	Grainger J	Harper B	Lockie T	Owencroft GE	Richards A	Robinson EG	Smith J	Spence R	Turnbull JM	Whitworth E
1	Aug	27	Wrexham	0-3		11013	1	2	3	4	5	6	7	8	9	10	11														
2		29	TRANMERE ROVERS	2-1	Ashton, Wadsworth	4608	1	2	3	4	5	6	7	8	9	10	11														
3	Sep	3	WALSALL	2-1	Wallbanks 2	5136	1		3	4	5	6	7		9	10	11		8						2						
4		5	Tranmere Rovers	0-3		4028	1		3	4		5	7		9	10	11		8						2						6
5		10	Gateshead	1-1	Fleetwood	7328	1		3	4	5	6	7		9	10	11				8				2						
6		17	STOCKPORT COUNTY	2-2	Andrews, Wadsworth	6662	1		3	4	5	6	7		9	10	11				8				2						
7		24	Darlington	1-1	Andrews	3447	1			4	5	6	7		9	10	11				8				2	3					
8	Oct	1	DONCASTER ROVERS	2-3	Ashton, Owencroft	6333	1		3	4	5	6	9			10	7								11	2		8			
9		8	Hull City	1-5	Andrews	7857	1		3	4	5	6	7			10	11		9							2		8			
10		15	MANSFIELD TOWN	6-2	Wallbanks 3, Ashton 2, Andrews	5145	1		3	4		6	7		9	10	11							5		2		8			
11		22	Rotherham United	0-0		7347	1		3	4		6	7		9	10	11							5		2		8			
12		29	ACCRINGTON STANLEY	4-0	Andrews 2, Smith 2	4023	1		3	4		6	7		9	10	11							5		2		8			
13	Nov	5	New Brighton	5-3	Wadsworth 2, Andrews 2, Wallbanks	3143	1		3	4		6	7		9	10	11					2		5				8			
14		12	CHESTER	0-3		6975	1		3	4		6	7		9	10	11							5		2		8			
15		19	Barrow	3-2	Smith, Wallbanks, Andrews	5445	1		3	4		6	7		9	10	11							5		2		8			
16	Dec	3	York City	2-3	Wallbanks, Johnson (og)	3480	1		3	4		6	7		9	10	11							5		2		8			
17		10	NEW BRIGHTON	1-2	Wallbanks	3353	1	4	3			6	7		9	10	11							5		2		8			
18		12	CREWE ALEXANDRA	7-1	Andrews 3, Wallbanks 3, Whitworth	1451	1		3	4	5				9	10	7								11	2		8			6
19		17	Rochdale	3-2	Andrews 2, Owencroft	4071	1		3	4	5				9	10	7								11	2		8			6
20		24	SOUTHPORT	2-0	Andrews, Wallbanks	5766			3	4	5				9	10	7			1					11	2		8			6
21		26	HARTLEPOOLS UNITED	3-2	Smith 2, Wallbanks	9138			3	4	5				9	10	7	11		1						2		8			6
22		27	Hartlepools United	4-6	Ashton, Andrews, Cunningham 2	4996			3	4	5			9		10	7	11		1						2		8			6
23		31	WREXHAM	5-3	Wallbanks, Andrews, Ashton 2, Archibald	5137			3	4	5				9	10	7	11		1						2		8			6
24	Jan	2	CARLISLE UNITED	4-1	Smith, Wallbanks, Andrews, Lockie	5663			3	4					9	10	7	11		1				5		2		8			6
25		7	Walsall	1-1	Cunningham	6393			3				4	9		10	7	11		1			5			2		8			6
26		21	GATESHEAD	2-4	Cunningham, Smith	4927			3	4				9		10	7	11		1			5			2		8			6
27		28	Stockport County	4-5	Cunningham 2, Smith, Ashton	3414			3	4				9		10	7			1			5		11	2		8			6
28	Feb	4	DARLINGTON	6-2	Cunningham 5, Spence	4714			3	4	5			9		10	11			1						2		8	7		6
29		11	Doncaster Rovers	1-3	Ashton	8247			3	4	5			9		10	11			1						2		8	7		
30		18	HULL CITY	1-0	Cunningham	7360			3	4	5			9		10	11			1				6		2		8	7		
31	Mar	4	ROTHERHAM UNITED	3-1	Smith, Cunningham 2	6243			3	4	5			9		10	11			1				6		2		8	7		
32		11	Accrington Stanley	0-2		3122			3	4	5			9		10	11			1				6		2		8	7		
33		25	Chester	1-3	Cunningham	6508			3	4	5			9		10	11			1				6		2		8	7		
34	Apr	1	BARROW	3-0	Cunningham, Smith, Spence	3763			3	4	5			9		10	11			1				6		2		8	7		
35		8	Carlisle United	1-0	Smith	5145			3		5				9	10	11	6		1		4				2		8	7		
36		14	Mansfield Town	1-0	Lax	5994			3	9	5					10	11	6		1		4				2		8	7		
37		15	YORK CITY	1-1	Cunningham	4667			3	8	5			9		10	11	6		1		4				2			7		
38		17	HALIFAX TOWN	1-1	Wallbanks	4413			3		5				9	10	11	4		1	8					2			7		6
39		18	Halifax Town	1-2	Fleetwood	5183			3		5					10	11	4		1	8					2			7	9	6
40		22	Crewe Alexandra	2-2	Wallbanks 2	3291			3						9	10	11	4		1	8	5				2			7		6
41		29	ROCHDALE	3-1	Fleetwood 2, Wallbanks	1931			3		5				9		11	4		1	10			2				8	7		6
42	May	6	Southport	0-2		1450			3		5				9		11	4		1	10	6				2		8	7		
					Apps		19	3	41	34	28	18	17	14	26	41	41	6	11	23	8	1	8	14	5	17	23	31	15	1	17
					Goals					1			4	17	20	18	9	1			4				1	2		11	2		1

One own goal

F.A. Cup

		Date	Opponent	Score		Att																								
R3	Jan	14	LUTON TOWN	0-0		15106			3	4	5				9	10	7	11		1						2		8			6
rep		18	Luton Town	0-2		10047			3	4					9	10	7	11		1			5			2		8			6

		P	W	D	L	F	A	W	D	L	F	A	Pts
1	Hull City	42	18	3	0	69	14	8	4	9	31	31	59
2	Wrexham	42	18	2	1	75	15	6	7	8	31	36	57
3	Stockport County	42	16	2	3	69	30	5	10	6	30	28	54
4	Chester	42	15	4	2	57	25	7	4	10	37	41	52
5	Walsall	42	16	4	1	53	15	3	6	12	22	43	48
6	Doncaster Rovers	42	13	8	0	52	26	4	6	11	25	53	48
7	Gateshead	42	12	5	4	45	25	7	4	10	33	42	47
8	BARNSLEY	42	14	3	4	60	31	5	5	11	32	49	46
9	Barrow	42	12	3	6	41	24	6	4	11	19	36	43
10	Crewe Alexandra	42	16	3	2	57	16	4	0	17	23	68	43
11	Tranmere Rovers	42	11	4	6	49	31	6	4	11	21	35	42
12	Southport	42	15	3	3	54	20	2	4	15	16	47	41
13	Accrington Stanley	42	12	4	5	55	29	3	6	12	23	47	40
14	Hartlepools United	42	15	3	3	56	29	1	4	16	31	87	39
15	Halifax Town	42	12	4	5	39	23	4	4	13	32	87	38
16	Mansfield Town	42	13	4	4	57	22	1	3	17	27	78	35
17	Rotherham United	42	14	3	4	42	21	0	3	18	18	63	34
18	Rochdale	42	9	4	8	32	33	4	3	14	26	47	33
19	Carlisle United	42	8	7	6	34	25	5	0	16	17	50	33
20	York City	42	10	4	7	51	38	3	2	16	21	54	32
21	New Brighton	42	8	6	7	42	36	3	4	14	21	52	32
22	Darlington	42	9	6	6	42	32	1	2	18	24	77	28

1933/34 Champions of Div. 3(N)

#	Date		Opponent	Score	Scorers	Att	Ellis T	Richards A	Shotton R	Chivers FC	Henderson GB	Whitworth E	Spence R	Smith J	Blight AB	Andrews H	Ashton E	Cookson S	Coxon LW	Fisher FW	Fleetwood ED	Happs R	Harper B	Holley T	Johnson JC	McPherson PC
1	Aug	26	WREXHAM	3-0	Andrews, Spence 2	5444	1	2	3	4	5	6	7	8	9	10	11									
2		28	Rotherham United	2-0	Blight, Andrews	6691	1	2	3	4	5	6	7	8	9	10	11									
3	Sep	2	Southport	2-2	Blight, Henderson	3894	1	2	3	4	5	6	7	8	9	10	11									
4		9	DARLINGTON	4-0	Henderson, Smith, Blight, Spence	7163	1	2	3	4	5	6	7	8	9	10	11									
5		16	Gateshead	4-1	Ashton 2, Blight, Smith	5986	1	2	3	4	5	6	7	8	9	10	11									
6		23	ACCRINGTON STANLEY	6-0	Blight 2, Andrews, Ashton 2, Smith	9671	1	2	3	4	5	6	7	8	9	10	11									
7		30	Chesterfield	0-3		20592	1	2	3	4	5	6	7	8	9	10	11									
8	Oct	7	ROCHDALE	4-1	Andrews 2, Blight, Spence	8970	1	2	3	4	5	6	7	8	9	10	11									
9		14	Tranmere Rovers	2-5	Smith, Blight	5608	1	2	3	4	5	6	7	8	9	10	11									
10		21	Walsall	1-5	Spence	6108	1		3	4	5	6	7	8	9	10		2	11							
11		28	YORK CITY	1-0	Andrews	5300	1		3	4	5	6	7	8	9	10		2								11
12	Nov	4	Chester	2-4	Blight 2	6501	1		3	4	5	6	7	8	9	10	11	2								
13		11	DONCASTER ROVERS	2-2	Blight, Ashton	8642	1		3	4	5	6		7	9	10	11	2		8					2	
14		18	Barrow	4-3	Fleetwood 2, Andrews, Blight	4362	1		3			6	7		9	10	11	2		8	4	5				
15	Dec	2	Stockport County	1-1	Fleetwood	8359	1		3			6	7	8		10	11	2		9	4	5				
16		9	Rochdale	1-3	Ashton	2641	1		3			6	7	8	9	10	11	2			4	5				
17		16	Crewe Alexandra	2-4	Andrews, Shotton (pen)	2452	1		3	9		6	7	8		10	11	2			4	5				
18		23	NEW BRIGHTON	2-0	Fisher, Smith	4111	1		3	4		6	7	8		10	11	2		9		5				
19		25	Hartlepools United	2-0	Fisher, Spence	5461	1		3			6	7	8		10	11	2		9		5			4	
20		26	HARTLEPOOLS UNITED	5-4	Shotton (pen), Ashton 2, Fisher, Whitworth	8559	1		3			6	7	8		10	11	2		9		5			4	
21		30	Wrexham	2-4	Ashton 2	4183	1		3			6	7	8		10	11			9		5			4	
22	Jan	1	ROTHERHAM UNITED	5-1	Ashton 3, Blight, Whitworth	9036	1		3			6	7	8	9	10	11				2	5			4	
23		6	SOUTHPORT	3-2	Ashton, Spence, Blight	5893	1		3			6	7	8	9	10	11				2	5			4	
24		13	CARLISLE UNITED	1-0	Smith	7045	1		3			6	7	8	9	10	11				2	5			4	
25		20	Darlington	4-0	Andrews 2, Smith, Spence	4621	1		3			6	7	8		10	11	2		9		5			4	
26		27	GATESHEAD	0-0		7974	1		3			6	7	8		10	11	2		9		5			4	
27	Feb	3	Accrington Stanley	9-0	Blight 4, Spence 2, Andrews, Smith, Ashton	2814	1		3		5	6	7	8	9	10	11	2				4				
28		10	CHESTERFIELD	3-2	Blight 3	23960	1		3		5	6	7	8	9	10	11	2				4				
29		19	HALIFAX TOWN	1-0	Blight	7028	1		3		5	6	7	8	9	10	11	2				4				
30		24	TRANMERE ROVERS	5-1	Blight 2, Andrews, Shotton (pen), Spence	11108	1		3		5	6	7	8	9	10	11	2				4				
31	Mar	3	WALSALL	1-1	Smith	11819	1		3		5	6	7	8	9	10	11	2				4				
32		10	York City	1-1	Blight	2851	1		3		5	6	7	8	9	10	11	2				4				
33		17	CHESTER	2-0	Smith, Blight	8195	1		3		5	6	7	8	9	10	11	2				4				
34		24	Doncaster Rovers	4-4	Spence, Blight, Henderson, Smith	11231	1		3		5	6	7	8	9	10	11	2				4				
35		30	Mansfield Town	5-1	Spence 2, Andrews, Ashton, Blight	8422	1		3		5	6	7	8	9	10	11	2				4				
36		31	BARROW	3-1	Spence, Andrews, Blight	10081	1		3		5	6	7	8	9	10	11	2				4				
37	Apr	2	MANSFIELD TOWN	6-1	Ashton 3, Spence 2, Blight	10814	1		3		5	6	7	8	9	10	11	2				4				
38		7	Carlisle United	4-1	Andrews 3, Blight	4696	1		3		5	6	7	8	9	10	11	2				4				
39		14	STOCKPORT COUNTY	2-0	Spence, Shotton (pen)	26366	1		3		5	6	7	8	9	10	11	2				4				
40		21	Halifax Town	1-1	Smith	13880	1		3		5	6	7	8	9	10	11	2				4				
41		26	CREWE ALEXANDRA	5-2	Fleetwood, Shotton 2(2p), Andrews, Whitworth	7797	1		3		5	6	7		9	10	11	2			8	4				
42	May	5	New Brighton	1-0	Spence	8508	1		3		5	6	7		9	10	11	2			8	4				
			Apps				42	9	42	15	29	42	41	39	34	42	40	28	1	6	5	4	29	4	9	1
			Goals						6		3	3	19	12	31	18	19			3	4					

F.A. Cup

| R1 | Nov | 25 | Halifax Town | 2-3 | Andrews 2 | | 1 | | 3 | | 5 | 6 | 7 | 8 | | 10 | 11 | 2 | | | | 4 | 9 | | | |

Third Division (North) Cup

| R1 | Jan | 29 | Rotherham United | 1-2 | Shotton (p) | 1845 | 1 | | 3 | | 5 | 6 | 7 | | 9 | 10 | 11 | 2 | | 8 | | 4 | | | | |

		P	W	D	L	F	A	W	D	L	F	A	Pts
1	BARNSLEY	42	18	3	0	64	18	9	5	7	54	43	62
2	Chesterfield	42	18	1	2	56	17	9	6	6	30	26	61
3	Stockport County	42	18	3	0	84	23	6	8	7	31	29	59
4	Walsall	42	18	2	1	66	18	5	5	11	31	42	53
5	Doncaster Rovers	42	17	1	3	58	24	5	8	8	25	37	53
6	Wrexham	42	14	1	6	68	35	9	4	8	34	38	51
7	Tranmere Rovers	42	16	2	3	57	21	4	5	12	27	42	47
8	Barrow	42	12	5	4	78	45	7	4	10	38	49	47
9	Halifax Town	42	15	2	4	57	30	5	2	14	23	61	44
10	Chester	42	11	6	4	59	26	6	0	15	30	60	40
11	Hartlepools United	42	14	3	4	54	24	2	4	15	35	69	39
12	York City	42	11	5	5	44	28	4	3	14	27	46	38
13	Carlisle United	42	11	6	4	43	23	4	2	15	23	58	38
14	Crewe Alexandra	42	12	3	6	54	38	3	3	15	27	59	36
15	New Brighton	42	13	3	5	41	25	1	5	15	21	62	36
16	Darlington	42	11	4	6	47	35	2	5	14	23	66	35
17	Mansfield Town	42	9	7	5	49	29	2	5	14	32	59	34
18	Southport	42	6	11	4	35	29	2	6	13	28	61	33
19	Gateshead	42	10	3	8	46	40	2	6	13	30	70	33
20	Accrington Stanley	42	10	6	5	44	38	3	1	17	21	63	33
21	Rotherham United	42	5	7	9	31	35	5	1	15	22	56	28
22	Rochdale	42	7	5	9	34	30	2	1	18	19	73	24

1934/35 16th in Division 2

#	Date		Opponent	Score	Scorers	Att	Ellis T	Cookson S	Shotton R	Harper B	Henderson GB	Whitworth E	Spence R	Smith J	Blight AB	Andrews H	Ashton E	Asquith B	Adey W	Beedles N	Brannan MK	Chivers FC	Cliffe JW	Diamond JJ	Finnigan T	Fisher FW	Fleetwood ED	Greaves A	Hine EW	Holley T	Jones L	McLauchlan R	Pedwell R	Sampy T	Thomas RS
1	Aug	25	Bradford Park Avenue	2-3	Andrews, Shotton (pen)	14960	1	2	3	4	5	6	7	8	9	10	11																		
2		27	NOTTS COUNTY	1-1	Spence	10338	1		3	4	5	6	7	8	9	10	11		2																
3	Sep	1	PORT VALE	2-0	Blight 2	9370	1		3	4	5	6	7	8	9	10	11		2																
4		3	Notts County	4-1	Spence, Blight, Ashton, Andrews	8662	1		3	4	5	6	7	8	9	10	11		2																
5		8	Manchester United	1-4	Spence	22315	1		3	4			6	7	8		9	11	10	2										5					
6		15	SWANSEA TOWN	1-0	Blight	10186	1		3	4	5	6	7	8	9	10	11		2																
7		22	Burnley	1-4	Shotton (pen)	9424	1		3	4	5	6	7	8	9	10	11		2																
8		29	OLDHAM ATHLETIC	4-0	Smith, Ashton 2, Spence	5600	1		3	4	5	6	7	8	9	10	11		2																
9	Oct	6	Bolton Wanderers	0-8		15009	1		3	4	5	6		8		10	7		2						9								11		
10		13	SOUTHAMPTON	1-1	Finnigan	7242	1		3	4		6		8		10	7		2						9					5			11		
11		20	Plymouth Argyle	1-3	Blight	7609	1		3	4				8	9	10	7		2			6								5			11		
12		27	NORWICH CITY	2-1	Andrews, Ashton	5674	1		3	4	5			8	9	10	11		2			6												7	
13	Nov	3	Newcastle United	1-4	Ashton	7959	1	2	3	4	5	6		8		10	11								9									7	
14		10	WEST HAM UNITED	1-1	Diamond	7878	1		3	4	5			8		10	11		2					9						6				7	
15		17	Blackpool	0-3		11428	1		3	4	5			8		10	11		2				7	9						6					
16		24	Bury	3-0	Ashton 2, Thomas	7048	1		3	4	5			8		10	11		2					9						6					7
17	Dec	1	Hull City	1-1	Andrews	10311	1		3	4	5			8	9	10	11		2											6					7
18		8	NOTTM. FOREST	1-2	Pedwell	9784	1		3	4	5				9	10			2										8	6			11		7
19		15	Brentford	1-8	Hine	11843	1		3	4	5			8			11									10			9	6		2			7
20		22	FULHAM	2-0	Ashton, Andrews	2992	1		3		5			8		10	11		2			4							9	6					7
21		26	Sheffield United	1-2	Hine	38860	1		3		5					10	11		2			4		8					9	6					7
22		29	BRADFORD PARK AVE.	1-1	Pedwell	7783	1		3		5					10			2			4		8					9	6			11		7
23	Jan	1	SHEFFIELD UNITED	0-0		13263	1		3			6				10			2						9	8				5	4		11		
24		5	Port Vale	0-4		6074	1		3			6							2						9	8			10	5	4		11		7
25		19	MANCHESTER UNITED	0-2		10177	1		3		5	6					10	2					7	9					8		4		11		
26		31	Swansea Town	1-1	Andrews	4295	1		3		5	6				10			2			9							8		4		11		7
27	Feb	2	BURNLEY	0-0		5924	1		3		5	6				10			2			9	7						8		4		11		
28		9	Oldham Athletic	4-1	Hine 2, Chivers 2	6257	1		3		5	6		7		10		11	2			9							8		4				
29		23	Southampton	1-0	Holley	5625	1		3		5	6		7		10		11	2			9							8	4					
30	Mar	2	PLYMOUTH ARGYLE	1-4	Holley	7609	1		3		5	6		7		10		11	2			9							8	4					
31		9	Norwich City	1-0	Smith	9128			3		5			8			11		2	1		9						6	10	4					7
32		16	NEWCASTLE UNITED	2-1	Ashton, Chivers	14511			3		5			8			11		2	1		9						6	10	4					7
33		23	West Ham United	3-4	Ashton, Hine, Chivers	27338			3		5			8			11		2	1		9						6	10	4					7
34		30	BLACKPOOL	2-2	Chivers, Hine (pen)	11369	1		3		5			8			11		2			9							10	4				6	7
35	Apr	6	Bury	1-4	Chivers	5383	1		3	6	5			8			11		2			9							10	4					7
36		10	BOLTON WANDERERS	1-1	Ashton	13171	1		3	4	5			8			11		2			9							10	6					7
37		13	HULL CITY	2-2	Chivers 2	9120	1		3	4	5			8			11		2			9							10	6					7
38		20	Nottingham Forest	1-4	Hine	5924	1		3	6	5			8			11		2			9							10	4					7
39		22	BRADFORD CITY	2-0	Chivers, Hine	10184	1		3	6	5			8			11		2			9							10	4					7
40		23	Bradford City	0-1		7009	1			6	5			8			11		2			9							10	4		3			7
41		27	BRENTFORD	3-3	Smith, Chivers, Thomas	7021	1		2	6	5			8			11					9							10	4		3			7
42	May	4	Fulham	3-1	Chivers 2, Hine	9624	1		3	6	5			8			11		2			9							10	4					7
					Apps		39	2	41	27	37	19	8	34	11	27	32	5	37	1	3	22	3	4	4	5	1	3	24	31	6	3	10	1	22
					Goals				2				4	3	5	6	11					12		1	1				9	2			2		2

F.A. Cup

R3	Jan	12	PRESTON NORTH END	0-0		21508	1		3		5	6				10			2						9	8				4			11		7
rep		16	Preston North End	0-1		22000	1		3		5	6				10			2						9	8				4			11		7

		P	W	D	L	F	A	W	D	L	F	A	Pts
1	Brentford	42	19	2	0	59	14	7	7	7	34	34	61
2	Bolton Wanderers	42	17	1	3	63	15	9	3	9	33	33	56
3	West Ham United	42	18	1	2	46	17	8	3	10	34	46	56
4	Blackpool	42	16	4	1	46	18	5	7	9	33	39	53
5	Manchester United	42	16	2	3	50	21	7	2	12	26	34	50
6	Newcastle United	42	14	2	5	55	25	8	2	11	34	43	48
7	Fulham	42	15	3	3	62	26	2	9	10	14	30	46
8	Plymouth Argyle	42	13	3	5	48	26	6	5	10	27	38	46
9	Nottingham Forest	42	12	5	4	46	23	5	3	13	30	47	42
10	Bury	42	14	1	6	38	26	5	3	13	24	47	42
11	Sheffield United	42	11	4	6	51	30	5	5	11	28	40	41
12	Burnley	42	11	2	8	43	32	5	7	9	20	41	41
13	Hull City	42	9	6	6	32	22	7	2	12	31	52	40
14	Norwich City	42	11	6	4	51	23	3	5	13	20	38	39
15	Bradford Park Ave.	42	7	8	6	32	28	4	8	9	23	35	38
16	BARNSLEY	42	8	10	3	32	22	5	2	14	28	61	38
17	Swansea Town	42	13	5	3	41	22	1	3	17	15	45	36
18	Port Vale	42	10	7	4	42	28	1	5	15	13	46	34
19	Southampton	42	9	8	4	28	19	2	4	15	18	56	34
20	Bradford City	42	10	7	4	34	20	2	1	18	16	48	32
21	Oldham Athletic	42	10	3	8	44	40	0	3	18	12	55	26
22	Notts County	42	8	3	10	29	33	1	4	16	17	64	25

1935/36   20th in Division 2

						Ellis T	Adey W	Anderson W	Holley T	Henderson GB	Harper B	Thomas RS	Hine EW	Chivers FC	Asquith B	Ashton E	Barlow H	Brannan MK	Bray E	Fisher FW	Foster J	Gallacher F	Hallows J	Hinsley G	Ives AE	Jones L	Kelly J	Mackay DM	Nicholson S	Shotton R	Topping HW	Waring T	Warrilow F	Wilson J
1	Aug	31	PORT VALE	4-2	Asquith, Chivers 2, Hine	10145	1	2	3	4	5	6	7	8	9	10	11																
2	Sep	4	Newcastle United	0-3		21150	1	2	3	4	5	6	7	10	9		11					8											
3		7	Fulham	1-1	Hine	22575	1	2	3	4	5	6	7	10	9							8											11
4		9	NEWCASTLE UNITED	3-2	Hine (pen), Gallacher 2	12796	1	2	3	4	5	6	7	10	9				11			8											
5		14	BURNLEY	3-1	Hine, Holley, Bray	10921	1	2	3	4	5	6	7	10	9				11			8											
6		16	Tottenham Hotspur	0-3		14930	1	2	3	4	5	6	7	10	9				11			8											
7		21	Charlton Athletic	0-3		17635	1	2	3	4	5	6	7	10	9				11			8											
8		28	HULL CITY	5-1	Holley, Ashton, Hine, Bray, Chivers	9718	1	2	3	4	5	6		10	9	7			11			8											
9	Oct	5	West Ham United	0-2		21584	1	2	3	4	5	6		10	9	7			11			8											
10		12	Plymouth Argyle	1-7	Warrilow	16301	1	2	3	4	5	6		10		7						8			9							11	
11		19	BURY	1-1	Hine	4846	1	2	3		5	6		8	9	10	7									4							11	
12		26	Doncaster Rovers	1-1	Warrilow	19875	1		3	6	5			8	4	10	7								9				2				11	
13	Nov	2	BLACKPOOL	1-2	Warrilow	9075			3					8	4	10	7				1				6	9		5	2				11	
14		9	Nottingham Forest	0-6		8978			3					8	4		7			9	1			5		6	10			2				11	
15		16	NORWICH CITY	2-3	Chivers, Harper	6957		2			5	6		10	9		7				1	8				4				3				11	
16		23	Swansea Town	0-0		8170		2		4	5	6		10	9					8	1									3				11	7
17		30	SHEFFIELD UNITED	3-2	Waring, Harper, Warrilow	13070		2		4	5	6		10							1	8								3			9	11	7
18	Dec	7	Bradford Park Avenue	0-3		9774		2		4	5	6	7	10							1	8								3			9	11	
19		14	LEICESTER CITY	3-3	Hine 3	9783		2		4	5	6	7	10					1			8								3			9	11	
20		21	Southampton	1-0	Gallacher	6622	1	2		4	5	6	7	10			11					8								3			9		
21		26	Manchester United	1-1	Waring	20993	1	2		4	5	6	7	10			11					8								3			9		
22		28	Port Vale	4-0	Hine, Waring 2, Ashton	7381	1	2		4	5		7	10	6		11					8								3			9		
23	Jan	1	MANCHESTER UNITED	0-3		20957	1	2		4	5	6	7	10			11					8								3			9		
24		4	FULHAM	2-0	Gallacher 2	8857	1	2		4	5	6	7	10			11					8								3			9		
25		18	Burnley	0-3		6757	1			4	5	6					11			7		8								2		3	9		
26		27	CHARLTON ATHLETIC	1-2	Topping	7771	1			4	5	6				10	11			7		8								2		3	9		
27	Feb	1	Hull City	3-1	Waring 2, Ashton	4804	1			4	5	6		10			11			7		8								2		3	9		
28		8	WEST HAM UNITED	1-2	Hine (pen)	13458	1			4	5	6		10			11			7		8								2		3	9		
29		19	PLYMOUTH ARGYLE	1-2	Gallacher	5849	1			4	5	6	7	10			11					8								2		3	9		
30		22	Bury	0-3		8589	1			4		6		10			11			7		8		9				5	2	3					
31	Mar	4	BRADFORD PARK AVE.	5-1	Fisher 4, Hine	5929	1	2		4	5	6		10			11			7		8								3			9		
32		7	Norwich City	1-3	Topping	12652		2		4	5	6		10			11		1	7		8								3			9		
33		14	NOTTM. FOREST	0-2		8981	1	2		4	5	6		10						8										3			9		7
34		21	Blackpool	0-3		10123	1			4	5	6		10			11			7		8	9							3					
35		28	SWANSEA TOWN	0-0		8714	1			4	5	6		10						7		8							9	2		3		11	
36	Apr	4	Sheffield United	0-2		20591	1			4	5	6		10			11					7	8	3						2			9		
37		11	DONCASTER ROVERS	2-1	Hine (pen), Waring	13323	1			4	5	6		10			11			7		8								2		3	9		
38		13	BRADFORD CITY	0-1		12196	1			4	5	6		10			11			7		8								2		3	9	11	
39		14	Bradford City	1-1	Barlow	9975	1			4	5	6	7	10				8		11										2		3	9		
40		18	Leicester City	0-2		11109	1			4	5	3	7	10		6		8		11										2			9		
41		25	SOUTHAMPTON	3-1	Barlow, Ashton, Hine	5102	1	2		6	5			10			7	8		11		9				4				3					
42	May	2	TOTTENHAM HOTSPUR	0-0		9271	1	2			5	6		10			7	8		11		9				4				3					
					Apps		34	26	14	37	39	37	17	41	16	6	29	4	2	10	16	6	30	3	2	1	5	3	1	4	31	14	18	13	3
					Goals					2		2		14	4	1	4	2		2		4	6										2	7	4	

F.A. Cup

R3	Jan	11	BIRMINGHAM	3-3	Hine 2, Ashton	29330	1			4	5	6	7	10			11					8								2		3	9		
rep		15	Birmingham	2-0	Waring, Hine	34000	1			4	5	6		10			11			7		8								2		3	9		
R4		25	Tranmere Rovers	4-2	Waring, Hine, Ashton, Fisher	22222	1			4	5	6		10			11			7		8								2		3	9		
R5	Feb	15	STOKE CITY	2-1	Gallacher, Hine	40255	1			4	5	6		10			11			7		8								2		3	9		
R6		29	Arsenal	1-4	Gallacher	60420	1			4	5	6		10			11			7		8	9							2		3				

		P	W	D	L	F	A	W	D	L	F	A	Pts
1	Manchester United	42	16	3	2	55	16	6	9	6	30	27	56
2	Charlton Athletic	42	15	6	0	53	17	7	5	9	32	41	55
3	Sheffield United	42	15	4	2	51	15	5	8	8	28	35	52
4	West Ham United	42	13	5	3	51	23	9	3	9	39	45	52
5	Tottenham Hotspur	42	12	6	3	60	25	6	7	8	31	30	49
6	Leicester City	42	14	5	2	53	19	5	5	11	26	38	48
7	Plymouth Argyle	42	15	2	4	50	20	5	6	10	21	37	48
8	Newcastle United	42	13	5	3	56	27	7	1	13	32	52	46
9	Fulham	42	11	6	4	58	24	4	8	9	18	28	44
10	Blackpool	42	14	3	4	64	34	4	4	13	29	38	43
11	Norwich City	42	14	2	5	47	24	3	7	11	25	41	43
12	Bradford City	42	12	7	2	32	18	3	6	12	23	47	43
13	Swansea Town	42	11	3	7	42	26	4	6	11	25	50	39
14	Bury	42	10	6	5	41	27	3	6	12	25	57	38
15	Burnley	42	9	8	4	35	21	3	5	13	15	38	37
16	Bradford Park Ave.	42	13	6	2	43	26	1	3	17	19	58	37
17	Southampton	42	11	3	7	32	24	3	6	12	15	41	37
18	Doncaster Rovers	42	10	7	4	28	17	4	2	15	23	54	37
19	Nottingham Forest	42	8	8	5	43	22	4	3	14	26	54	35
20	BARNSLEY	42	9	4	8	40	32	3	5	13	14	48	33
21	Port Vale	42	10	5	6	34	30	2	3	16	22	76	32
22	Hull City	42	4	7	10	33	45	1	3	17	14	66	20

1936/37   14th in Division 2

#	Date		Opponent	Score	Scorers	Att	Ellis T	Young NJ	Shotton R	Jones L	Harper B	Bokas F	Harris A	Barlow H	Hallows J	Hine EW	Roberts NE	Adey W	Ashton E	Asquith B	Binns CH	Bray E	Bullock GF	Clark J	Fisher FW	Gallacher F	Hamill A	Henderson GB	Hunt DA	Hinsley G	Ives AE	Logan JW	McArdle P	Nicholson S	Oram DG	Williams E
1	Aug	29	Newcastle United	1-0	Hallows	30097	1	2	3	4	5	6	7	8	9	10	11																			
2		31	BURY	2-2	Barlow, Hallows	12990	1		3	4		6	7	8	9	10	11	2												5						
3	Sep	5	BRADFORD PARK AVE.	2-1	Fisher, Barlow	10387	1	2	3	4		6		8	9	10				11					7			5								
4		9	Bury	1-2	Gallacher	9814	1	2		4		6								11				9	7	8		5			3					
5		12	Swansea Town	1-3	Fisher	8072	1		2		4	6		8	9					11					7	10		5			3					
6		14	NORWICH CITY	2-1	Fisher, Hine	7388	1			4		6	7	8		10		2		11				9				5			3					
7		19	Sheffield United	0-2		28793	1		3	4		6	7	8		10		2		11				9				5								
8		26	TOTTENHAM HOTSPUR	1-0	Hine	12024	1	2	3	4	5	6		8		10			7			11		9												
9	Oct	3	Blackpool	1-1	Fisher	22839	1	2	3	4	5	6	7	8		10				11				9												
10		10	BLACKBURN ROVERS	3-2	Fisher, Harris, Ashton	13826	1	2	3	4	5	6	7	8		10				11				9												
11		17	BRADFORD CITY	1-1	Hine (pen)	10475	1	2	3	4	5	6	7	8		10				11				9												
12		24	Aston Villa	2-4	Hine, Barlow	37951	1	2	3	4	5	6	7	8		10				11				9												
13		31	CHESTERFIELD	1-1	Oram	14537	1	2	3	4	5		7	8		10						6		9											11	
14	Nov	7	Nottingham Forest	1-4	Fisher	12669	1	2	3	4	5			8		10						6		9	7										11	
15		14	PLYMOUTH ARGYLE	1-3	Hine (pen)	10555	1	2	3	4	5			8		10						6			7	9									11	
16		21	Coventry City	0-3		25733	1	2	3	4		6				10				11				7	8	9	5									
17		28	DONCASTER ROVERS	4-1	Hammill 2, Hine 2	11707	1	2	3	4	5	6				10								11	7	8	9									
18	Dec	5	Fulham	0-1		11951	1	2	3	4	5	6	7			10									8	9									11	
19		12	BURNLEY	1-1	Hamill	7086	1	2	3	4	5	6	7			10									8	9									11	
20		19	Southampton	3-1	Hine, Bokas, Hallows	10675	1	2	3	4	5	6	11	8	9	10									7											
21		25	Leicester City	1-5	Hallows	35610	1	2	3	4	5	6	11	8	9	10									7											
22		26	NEWCASTLE UNITED	1-0	Hine	22760			3	4	5	6	11	8	9	10					1				7								2			
23		28	LEICESTER CITY	1-2	Hine (pen)	10639			3	4	5	6	11	8	9	10					1				7								2			
24	Jan	2	Bradford Park Avenue	1-2	Barlow	6636			3	4	5	6		8	9	10					1				7										11	2
25		9	SWANSEA TOWN	0-1		7690		2	3	4	5	6		8	9	10					1				7										11	
26		23	SHEFFIELD UNITED	1-1	Bokas	7110			3	4	5	6		8		10					1			7		9									11	2
27	Feb	3	Tottenham Hotspur	0-3		11097			3	4	5	6		8		10					1			7		9									11	2
28		13	Blackburn Rovers	1-1	Hamill	14294		2	3	4	6			8			11			10	1			7	9		5									
29		20	Bradford City	2-3	Clark (og), Asquith	10126		2	3	4	5	6		8			11			10	1				7	9										
30		26	BLACKPOOL	2-1	Hine, Bokas	14013		2	3	4	5	6		8			11			10	1			7		9										
31		27	ASTON VILLA	0-4		16485		2	3		4		8			10	11		6		1		9		7	5										
32	Mar	6	Chesterfield	1-2	Asquith	10958			3		5	6		8			11			10	1			7					9			4				2
33		13	NOTTM. FOREST	1-0	Hunt	8199			3		5	6		8						10	1			7					9			4		11		2
34		20	Plymouth Argyle	2-1	Asquith, McArdle	15152			3		5	6		8						10	1				7				9			4	11			2
35		26	West Ham United	0-0		28967			3		5	6		8						10	1				7				9			4	11			2
36		27	COVENTRY CITY	3-0	Hunt 2, Hine (pen)	15921			3		5	6		8						10	1				7				9			4	11			2
37		29	WEST HAM UNITED	0-0		21718			3		5	6		8						10	1				7				9			4	11			2
38	Apr	3	Doncaster Rovers	1-0	McArdle	12716			3		5	6		8						10	1				7				9			4	11			2
39		10	FULHAM	1-0	Gallacher	9127			3		5	6								10	1				8	7			9			4	11			2
40		17	Burnley	0-3		4919			3		5	6		8						10	1			7					9			4	11			2
41		24	SOUTHAMPTON	2-1	McArdle, Hine	8184			3		5	6		8						10	1				7				9			4	11			2
42	May	1	Norwich City	1-0	Hunt	7305			3	6	5			8						10	1			7					9			4	11			2

Played in game 4: W McGuinness (at 10).

| | Apps | 21 | 22 | 40 | 30 | 36 | 36 | 15 | 23 | 10 | 39 | 7 | 3 | 10 | 18 | 21 | 3 | 1 | 11 | 25 | 4 | 17 | 8 | 11 | 1 | 3 | 11 | 9 | 2 | 10 | 14 |
| | Goals | | | | | | 3 | 1 | 4 | 4 | 13 | | | 1 | 3 | | | | | 6 | 2 | 4 | | 4 | | | | 3 | | 1 | | |

One own goal

F.A. Cup

| R3 | Jan | 16 | Walsall | 1-3 | Hamill | 13329 | | 2 | 3 | 4 | 5 | 6 | | 8 | 10 | | | | | | 1 | | | | 7 | 9 | | | | | | | | 11 | |

		P	W	D	L	F	A	W	D	L	F	A	Pts
1	Leicester City	42	14	4	3	56	26	10	4	7	33	31	56
2	Blackpool	42	13	4	4	49	19	11	3	7	39	34	55
3	Bury	42	13	4	4	46	26	9	4	8	28	29	52
4	Newcastle United	42	11	3	7	45	23	11	2	8	35	33	49
5	Plymouth Argyle	42	11	6	4	42	22	7	7	7	29	31	49
6	West Ham United	42	14	5	2	47	18	5	6	10	26	37	49
7	Sheffield United	42	16	4	1	48	14	2	6	13	18	40	46
8	Coventry City	42	11	5	5	35	19	6	6	9	31	35	45
9	Aston Villa	42	10	6	5	47	30	6	6	9	35	40	44
10	Tottenham Hotspur	42	13	3	5	57	26	4	6	11	31	40	43
11	Fulham	42	11	5	5	43	24	4	8	9	28	37	43
12	Blackburn Rovers	42	11	3	7	49	32	5	7	9	21	30	42
13	Burnley	42	11	5	5	37	20	5	5	11	20	41	42
14	BARNSLEY	42	11	6	4	30	23	5	3	13	20	41	41
15	Chesterfield	42	12	3	6	54	34	4	5	12	30	55	40
16	Swansea Town	42	14	2	5	40	16	1	5	15	10	49	37
17	Norwich City	42	8	6	7	38	29	6	2	13	25	42	36
18	Nottingham Forest	42	10	6	5	42	30	2	4	15	26	60	34
19	Southampton	42	10	8	3	38	25	1	4	16	15	52	34
20	Bradford Park Ave.	42	10	4	7	33	33	2	5	14	19	55	33
21	Bradford City	42	8	8	5	36	31	1	4	16	18	63	30
22	Doncaster Rovers	42	6	6	9	18	29	1	4	16	12	55	24

1937/38 21st in Division 2: Relegated

							Binns CH	Williams E	Bokas F	Logan JW	Harper B	Jones L	Fisher FW	Hine EW	Hunt DA	Asquith B	McArdle P	Barlow H	Bullock GF	Bray E	Ellis T	Gallacher F	Glover A	Everest J	Hamill A	Hinsley G	Ives AE	Lang J	Nicholson S	Watson PR	Shotton R
1	Aug	28	Bradford Park Avenue	3-4	Hunt, Asquith, Hine	12802	1	2	3	4	5	6	7	8	9	10	11														
2	Sep	1	Newcastle United	1-0	Bullock	19065	1	2	6	4	5		9	8		10	11		7								3				
3		4	STOCKPORT COUNTY	2-0	Fisher, Asquith	13408	1	2	6	4	5		9	8		10	11		7								3				
4		6	NEWCASTLE UNITED	3-0	Bullock, Richards (og), Hine (p)	13117	1	2	6	4	5			8	9	10	11		7								3				
5		11	Manchester United	1-4	Hine (pen)	22394	1	2	6	4	5			8	9		11		7			10					3				
6		15	Nottingham Forest	1-2	Hine	9218		2	6	4	5		11	8	9			10	7		1								3		
7		18	SHEFFIELD UNITED	1-1	Hunt	16820		2	6	4	5			8	9	10	11		7		1										3
8		25	Tottenham Hotspur	0-3		26417		2	6	4	5		9	8		10	11		7		1										3
9	Oct	2	BURNLEY	2-2	Hine, Logan	15358	1	2	6	4	5			8	9	10			7									11			3
10		9	Bury	2-0	Hunt, Asquith	9717	1	2	4	6	5			8	9	10			7									11			3
11		16	West Ham United	1-4	Hunt	27291	1	2	6	4	5			8	9	10			7									11			3
12		23	SOUTHAMPTON	0-2		8041	1	2	6	4	5			8	9	10			7									11			3
13		30	Blackburn Rovers	3-5	Hunt 2, Asquith	12353	1	2		6	5	4			9	10		8	7									11			3
14	Nov	6	SHEFFIELD WEDNESDAY	4-1	Hunt 2, Bray 2	11709	1	2		6	5	4			9	10		8	7	11											3
15		13	Fulham	0-0		13207	1		2	6	5	4			9	10		8		11		7									3
16		20	SWANSEA TOWN	2-0	Barlow, Asquith	8836	1		2	6	5	4	7		9	10		8		11											3
17		27	Chesterfield	0-0		13753	1		2	6	5	4	7		9	10		8		11											3
18	Dec	4	PLYMOUTH ARGYLE	3-2	Hunt 2, Gallacher	5817	1		2	6	5	4	7		9			8		11		10									3
19		11	Norwich City	0-1		8243	1		2	6	5	4	7					8		11		10			9						3
20		18	ASTON VILLA	0-1		15500	1		2	6	5	4	7	10				8							9			11			3
21		25	Luton Town	0-4		15829	1		2	6		4	7			10		8							9			11		5	3
22		27	LUTON TOWN	3-1	Fisher 2, Barlow	8242	1		2	6		4	7		9	10		8										11		5	3
23		28	Aston Villa	0-3		40360	1	2	5	6		4		7	9	10		8										11			3
24	Jan	1	BRADFORD PARK AVE.	0-1		16654	1	2	6		5	4			9	10		8							7			11			3
25		15	Stockport County	2-1	Bray, Hunt	7772	1	2		6	5		7		9	10		8		11			4								3
26		29	Sheffield United	3-6	Bray 2, Asquith	20251	1	2		6	5		7		9	10		8		11						4				3	
27	Feb	2	MANCHESTER UNITED	2-2	Hunt, Barlow	7859	1	2	3	6	5				9	10		8	7	11						4					
28		5	TOTTENHAM HOTSPUR	1-1	Barlow	13327	1	2	4		5				9	10		8	7				6				3	11			
29		12	Burnley	0-1		12178	1	2	6		5	4			9	11		8	7			10		3							
30		19	BURY	2-2	Hunt 2	9639	1		6		5	4			9			8	7			10		3				11		2	
31		26	WEST HAM UNITED	1-0	Barlow	10613	1	2	4	6	5				9	10		8	7	11				3							
32	Mar	5	Southampton	0-2		14769	1	2	4	6	5			10		9		8	7	11				3							
33		12	BLACKBURN ROVERS	0-0		11136	1	2	4	6	5					10		8	7	11				3	9						
34		19	Sheffield Wednesday	1-0	Asquith	24629		2	4	6	5					10		8	7	11	1			3	9						
35		26	FULHAM	0-0		9385		2	4	6	5			10				8	7	11	1			3	9						
36	Apr	2	Swansea Town	0-1		8733		2	4	6	5	7		9		10		8		11	1			3							
37		9	CHESTERFIELD	1-1	Bray	10310		2	4	6	5			9		10		8	7	11	1			3							
38		16	Plymouth Argyle	2-2	Hine, Bray	21406	1	2	4	6	5			9		10		8	7	11				3							
39		18	COVENTRY CITY	1-1	Bray	16228	1	2	4	6	5			9		10		8	7	11				3							
40		19	Coventry City	0-1		30104	1	3	4	6	5			9		10		8	7	11						2					
41		23	NORWICH CITY	0-0		9350	1	3	4	6	5			9		10		8	7	11						2					
42	May	7	NOTTM. FOREST	2-2	Asquith, Barlow	16539	1	3	4	6	5			9		10		8	7	11						2					
						Apps	35	33	38	38	39	16	14	23	25	35	7	31	28	21	7	6	2	11	7	5	5	12	1	4	19
						Goals				1			3	6	14	8		6	2	8		1									

One own goal

F.A. Cup

							Binns CH	Williams E	Bokas F	Logan JW	Harper B	Jones L	Fisher FW	Hine EW	Hunt DA	Asquith B	McArdle P	Barlow H	Bullock GF	Bray E	Ellis T	Gallacher F	Glover A	Everest J	Hamill A	Hinsley G	Ives AE	Lang J	Nicholson S	Watson PR	Shotton R
R3	Jan	8	Southend United	2-2	Asquith, Barlow	15236	1	2	4	6	5		7		9	10		8										11			3
rep		11	SOUTHEND UNITED	2-1	Barlow, Hunt	18960	1	2	4	6	5		7		9	10		8		11											3
R4		22	MANCHESTER UTD.	2-2	Bokas, Fisher	35549	1	2	4	6	5		7		9	10		8		11											3
rep		26	Manchester United	0-1		33601	1	2	4	6	5		7		9	10		8		11											3

		P	W	D	L	F	A	W	D	L	F	A	Pts
1	Aston Villa	42	17	2	2	50	12	8	5	8	23	23	57
2	Manchester United	42	15	3	3	50	18	7	6	8	32	32	53
3	Sheffield United	42	15	4	2	46	19	7	5	9	27	37	53
4	Coventry City	42	12	5	4	31	15	8	7	6	35	30	52
5	Tottenham Hotspur	42	14	3	4	46	16	5	3	13	30	38	44
6	Burnley	42	15	4	2	35	11	2	6	13	19	43	44
7	Bradford Park Ave.	42	13	4	4	51	22	4	5	12	18	34	43
8	Fulham	42	10	7	4	44	23	6	4	11	17	34	43
9	West Ham United	42	13	5	3	34	16	1	9	11	19	36	42
10	Bury	42	12	3	6	43	26	6	2	13	20	34	41
11	Chesterfield	42	12	2	7	39	24	4	7	10	24	39	41
12	Luton Town	42	10	6	5	53	36	5	4	12	36	50	40
13	Plymouth Argyle	42	10	7	4	40	30	4	5	12	17	35	40
14	Norwich City	42	11	5	5	35	28	3	6	12	21	47	39
15	Southampton	42	12	6	3	42	26	3	3	15	13	51	39
16	Blackburn Rovers	42	13	6	2	51	30	1	4	16	20	50	38
17	Sheffield Wed.	42	10	5	6	27	21	4	5	12	22	35	38
18	Swansea Town	42	12	6	3	31	21	1	6	14	14	52	38
19	Newcastle United	42	12	4	5	38	18	2	4	15	13	40	36
20	Nottingham Forest	42	12	3	6	29	21	2	5	14	18	39	36
21	BARNSLEY	42	7	11	3	30	20	4	3	14	20	44	36
22	Stockport County	42	8	6	7	24	24	3	3	15	19	46	31

1938/39 Champions of Division 3(N): Promoted

#	Date		Opponent	Score	Scorers	Att	Binns CH	Williams E	Everest J	Hinsley G	Harper B	Bokas F	McGarry D	Steele J	Calder J	Asquith B	Bray E	Baxter AG	Baines RE	Brunskill NH	Bullock GF	Ellis T	Glover A	Lang J	Logan JW	Pallister G	Shotton R	Woffinden RS
1	Aug	27	Oldham Athletic	2-4	Asquith (pen), Steele	6802	1	2	3	4	5	6	7	8	9	10	11											
2		29	Lincoln City	4-2	Bray 2, Calder, Steele	8501	1	2	3		5	4	7	8	9	10	11								6			
3	Sep	3	HALIFAX TOWN	1-0	Bokas	8216	1	2	3		5	4	7	8	9	10	11								6			
4		5	ROTHERHAM UNITED	2-0	Lang, McGarry	17613	1	2	3		5	4	11	8	9						7				10	6			
5		10	New Brighton	2-1	McGarry, Steele	7574	1	2	3		5	4	11	8	9						7				10	6			
6		12	Rotherham United	1-0	Steele	20144	1	2			5	4	11	8	9						7				10	6	3		
7		17	BARROW	4-0	Asquith(pen),Steele,McGarry,Bullock	11682	1	2			5	4	11	8	9						7				10	6	3		
8		24	Chester	1-2	Steele	9479	1	2			5	4	11	8	9						7				10	6	3		
9	Oct	1	BRADFORD CITY	5-2	Asquith(pen),Steele 2,Lang,Bullock	12949	1	2			5	4	11	8	9						7				10	6	3		
10		8	Hull City	1-0	Asquith	10382	1	2	3		5	4	11	8	9						7				10	6			
11		15	DONCASTER ROVERS	1-1	Bullock	20253	1	2	3		5	4	11	8	9						7				10	6			
12		22	Southport	0-0		9399	1	2	3		5		11	8	9						7				10	6			4
13		29	CREWE ALEXANDRA	5-2	Asquith 2, Lang 2, Steele	17683	1		2		5	4	11	8	9						7				10	6	3		
14	Nov	5	Carlisle United	1-3	Asquith	6770	1	2	3		5		11	8	9						7				10	6			4
15		12	DARLINGTON	7-1	Asquith 5 (1 pen), Lang, Steele	11914	1	2	3		5		11	8	9			4			7				10	6			
16		19	Hartlepools United	1-0	Steele	8582	1	2			5		11	8	9			4			7				10	6	3		
17		26	YORK CITY	1-0	Asquith	10708	1	2			5		11	8	9			4			7				10	6	3		
18	Dec	3	Wrexham	1-1	Bullock	6268	1	2			5		11	8	9			4			7				10	6	3		
19		10	GATESHEAD	2-0	Asquith, McGarry	11423	1	2			5		11	8	9			4			7				10	6	3		
20		17	Rochdale	1-2	Asquith (pen)	5466	1	2			5		11	8	9			4			7				10	6	3		
21		24	OLDHAM ATHLETIC	3-0	Bullock, Asquith 2 (1 pen)	12409	1	2			5		11	8	9			4			7				10	6	3		
22		26	ACCRINGTON STANLEY	4-1	Bullock, McGarry, Asquith (2 pens)	19062	1	2				5	11	8	9			4	10		7					6	3		
23		27	Accrington Stanley	2-0	Steele, Bullock	5094	1	2			5			8				10		9	4	7				11	6	3		
24		31	Halifax Town	4-1	McGarry 2, Asquith 2	12636		2			5		11	8	9			10			4	7	1			6	3		
25	Jan	14	NEW BRIGHTON	1-1	Baxter	11342		2	3		5		11	8	9			10			4	7	1			6			
26		21	Barrow	2-1	Bullock, Steele	6593		2	3		5		11	8	9			10			4	7	1			6			
27		28	CHESTER	3-0	Logan, Bullock, Baxter	13161	1	2	3		5		11	8	9			10			4	7				6			
28	Feb	4	Bradford City	2-0	Lang, Asquith	22560	1	2	3		5		11	8	9						4	7			10	6			
29		11	HULL CITY	5-1	Lang 3, Asquith, Logan	16839	1	2	3		5		11	8	9						4	7			10	6			
30		18	Doncaster Rovers	3-1	Potts (og), Asquith 2 (1 pen)	34046	1	2	3		5		11	8	9						4	7			10	6			
31		25	SOUTHPORT	3-1	Logan, Asquith, McGarry	21569	1	2	3		5		11	8	9						4	7			10	6			
32	Mar	4	Crewe Alexandra	0-0		10036	1	2	3		5		11	8	9						4	7			10	6			
33		11	CARLISLE UNITED	3-0	Brunskill, McGarry, Logan	13104	1	2	3		5		11	8	9						4	7			10	6			
34		18	Darlington	1-0	Steele	6573	1	2	3		5		11	8	9						4	7			10	6			
35		25	HARTLEPOOLS UNITED	2-0	Steele, Brunskill	11611	1	2	3		5		11	8	9						4	7			10	6			
36	Apr	1	Gateshead	1-1	Calder	8701	1	2			5		11	8	9	10					4	7				6	3		
37		7	Stockport County	1-1	Calder, Asquith	17860	1	2	3		5		11		9	10					4	7			8	6			
38		8	WREXHAM	2-1	Asquith	14988	1	2			5		11		9	10					4	7				6	3		
39		10	STOCKPORT COUNTY	0-1		19146	1	2			5		11		9	10					4	7		6	8		3		
40		15	York City	3-2	Calder 2, McGarry	6454	1	2	3		5		11		9	10		8			4	7		6					
41		22	ROCHDALE	2-0	McGarry 2	8403	1	2	3		5	6	11	8	9						4	7			10				
42		29	LINCOLN CITY	4-0	Lang, Bullock, Steele 2	5234	1	2	3		5		11	8	9						4	7			10	6			
					Apps		39	41	26	1	41	14	41	39	41	9	3	28	1	2	39	31	3	2	38	31	10	7	2
					Goals						1		12	17	5	28	2	2		2	10				10	4			

One own goal

F.A. Cup

R3	Jan	7	STOCKPORT COUNTY	1-2	McGarry	19281	1	2			5		11	8	9			4			7				10	6	3		

		P	W	D	L	F	A	W	D	L	F	A	Pts
1	BARNSLEY	42	18	2	1	60	12	12	5	4	34	22	67
2	Doncaster Rovers	42	12	5	4	47	21	9	9	3	40	26	56
3	Bradford City	42	16	2	3	59	21	6	6	9	30	35	52
4	Southport	42	14	5	2	47	16	6	5	10	28	38	50
5	Oldham Athletic	42	16	1	4	51	21	6	4	11	25	38	49
6	Chester	42	12	5	4	54	31	8	4	9	34	39	49
7	Hull City	42	13	5	3	57	25	5	5	11	26	49	46
8	Crewe Alexandra	42	12	5	4	54	23	7	1	13	28	47	44
9	Stockport County	42	13	6	2	57	24	4	3	14	34	53	43
10	Gateshead	42	11	6	4	45	24	3	8	10	29	43	42
11	Rotherham United	42	12	4	5	45	21	5	4	12	19	43	42
12	Halifax Town	42	9	10	2	33	22	4	6	11	19	32	42
13	Barrow	42	11	5	5	46	22	5	4	12	20	43	41
14	Wrexham	42	15	2	4	46	28	2	5	14	20	51	41
15	Rochdale	42	10	5	6	58	29	5	4	12	34	53	39
16	New Brighton	42	11	2	8	46	32	4	7	10	22	41	39
17	Lincoln City	42	9	6	6	40	33	3	3	15	26	59	33
18	Darlington	42	12	2	7	43	30	1	5	15	19	62	33
19	Carlisle United	42	10	5	6	44	33	3	2	16	22	78	33
20	York City	42	8	5	8	37	34	4	3	14	27	58	32
21	Hartlepools United	42	10	4	7	36	33	2	3	16	19	61	31
22	Accrington Stanley	42	6	5	10	30	39	1	1	19	19	64	20

1946/47 10th in Division 2

	Date	Opponent	Score	Scorers	Att	Rymer GH	Cunningham L	Pallister G	Logan JW	Wilson JW	Asquith B	Smith G	Gray H	Robledo GO	Baxter JC	Kelly JC	Bennett WH	Bonnell A	Charlesworth SF	Cooling R	Davie J	Fisher S	Glover A	Harston JC	Kelly PM	Kitchen J	Malcolm AM	Mansley VC	Morris FA	Rimmington N	Steele J	Whyte JA
1	Aug 31	NOTTM. FOREST	3-2	Robledo 3	17317	1	2	3	4	5	6	7	8	9	10	11																
2	Sep 2	Sheffield Wednesday	4-2	Baxter, Robledo 2, Kelly	29745	1	2	3	4	5	6	7	8	9	10	11																
3	7	Coventry City	1-1	Baxter	23409		2	3		5	6	7	8	9	10	11												4		1		
4	9	SHEFFIELD WEDNESDAY	4-1	Baxter, Gray, Robledo, Smith	26726		2	3	4	5	6	7	8	9	10	11														1		
5	14	BIRMINGHAM CITY	3-1	Baxter 2, Smith	28219		2	3	4	5	6	7	8	9	10	11														1		
6	16	BURNLEY	1-0	Bennett	26247		2	3	4	5	6	7		9	10	11	8													1		
7	21	West Bromwich Albion	5-2	Bennett 2, Baxter, Kelly, Robledo	38925		2	3	4	5	6	7		9	10	11	8													1		
8	28	NEWCASTLE UNITED	1-1	Graham (og)	34262		2	3	4	5	6	7		9	10	11	8													1		
9	30	Burnley	2-2	Robledo, Brown (og)	24959		2	3		5	6	7		9	10	11	8											4		1		
10	Oct 5	Swansea Town	2-2	Kelly, Robledo	26217		2		4	5	6	7		9	10	11	8						3							1		
11	12	TOTTENHAM HOTSPUR	1-3	Robledo	24494		2	3	4	5	6	7	8	9	10	11														1		
12	19	Fulham	1-6	Robledo	37224	1	2	3	4	5	6	7		9	10	11				8												
13	26	BURY	4-0	Asquith,Cunningham,Robledo,Smith	20827		2	3		5	6	8		9	10	7											11	4		1		
14	Nov 2	Luton Town	1-3	Asquith	21723		2	3		5	6	8		9	10	7									1		11	4				
15	9	PLYMOUTH ARGYLE	1-3	Robledo	18471		8	3	2	5	10	7		9	4	11									1							6
16	16	Leicester City	0-6		28524			3	4		6	7	8	9	10	11								2	1	5						
17	23	CHESTERFIELD	1-2	Steele	16666		2	3			6	7		9	10	11							5		1			4			8	
18	30	Millwall	1-3	Smith	19672		2	3			6	7		9	10	11							5		1			4			8	
19	Dec 7	BRADFORD PARK AVE.	3-1	Bennett, Pallister (pen), Smith	13448		2	3				7		9		11	10		5				6		1			4			8	
20	14	Manchester City	1-5	Bennett	24000		2	3				7		9		11	10		5				6		1			4			8	
21	21	WEST HAM UNITED	1-2	Bennett	11109		2	3			6	7		8			10		5			9	4						11	1		
22	25	SOUTHAMPTON	4-4	Bennett, Morris, Pallister, Robledo	16331		2	3			6	7		8			10		5		9		4						11	1		
23	26	Southampton	1-1	Morris	21556		2	3		5	6	7		8	10						9		4						11	1		
24	28	Nottingham Forest	1-2	Robledo	27239		2	3		5	6	7		8			10				9		4						11	1		
25	Jan 4	COVENTRY CITY	0-2		16945		2	3		5	6	7		8	10	11					9		4							1		
26	18	Birmingham City	2-1	Bennett, Trigg (og)	41409		2	3		5	6	7		9	10		8						4						11	1		
27	Feb 1	Newcastle United	2-4	Asquith, Bennett	40182		2	3		5	6	7		9	10	11	8						4							1		
28	Mar 1	Bury	4-4	Asquith, Bennett, Robledo, Smith	17571			3			10	7		9	4	11	8		5				6	2						1		
29	15	Plymouth Argyle	2-3	Baxter (pen), Bennett	8249			3			10	7		9	4	11	8		5				6	2						1		
30	22	LEICESTER CITY	1-0	Kelly	13936			3			10	7		9	4	11	8		5				6	2						1		
31	29	Chesterfield	1-2	Bennett	10436			3			10	7		9	4	11	8						6	2						1		5
32	Apr 4	NEWPORT COUNTY	3-1	Asquith, Cooling, Robledo	14999			3			10	7		9	4	11				8			6	2						1		5
33	5	MILLWALL	4-1	Bennett 2, Glover, Kelly	13558			3				7		8	4	11	10				9		6	2						1		5
34	7	Newport County	1-2	Kelly	11013			3				7		8	4	11	10				9		6	2						1		5
35	12	Bradford Park Avenue	3-1	Bennett, Kelly, Robledo	18412			3			10	7		9	4	11	8	2					6							1		5
36	19	MANCHESTER CITY	0-2		26346			3			10	7		9	4	11	8	2					6							1		5
37	26	West Ham United	0-4		16275			3				7		9	4	11	8	2		10			6							1		5
38	May 3	FULHAM	4-1	Cooling, Kelly, Robledo, Smith	12327			3				7		9	10	11		2		8			6		1			4				5
39	10	LUTON TOWN	4-0	Robledo 2, Cooling, Kelly	15264			3			6	7		9		11	8			10			2		1			4				5
40	17	SWANSEA TOWN	3-1	Bennett, Robledo, Smith	19417			3			6	7		9	10	11	8						2		1			4				5
41	26	WEST BROMWICH ALB.	2-1	Kelly, Vernon (og)	16426			3			6	7		9	10	11	8						2		1			4				5
42	Jun 7	Tottenham Hotspur	1-1	Robledo	17575			3			6	7		9		11				10			2		1			4			8	5
					Apps	3	26	41	12	20	36	42	7	42	35	37	24	4	7	6	6	1	27	8	12	1	2	13	5	27	5	13
					Goals		1	2			5	8	1	23	7	10	16			3			1						2		1	

Four own goals

F.A. Cup

	Date	Opponent	Score	Scorers	Att	Rymer GH	Cunningham L	Pallister G	Logan JW	Wilson JW	Asquith B	Smith G	Gray H	Robledo GO	Baxter JC	Kelly JC	Bennett WH	Bonnell A	Charlesworth SF	Cooling R	Davie J	Fisher S	Glover A	Harston JC	Kelly PM	Kitchen J	Malcolm AM	Mansley VC	Morris FA	Rimmington N	Steele J	Whyte JA
R3	Jan 11	Huddersfield Town	4-3	Asquith, Baxter, Bennett, Smith	39944		2	3		5	6	7		9	10	11	8						4							1		
R4	25	Preston North End	0-6		39800		2	3		5	6	7		9	10		8						4						11	1		

		P	W	D	L	F	A	W	D	L	F	A	Pts
1	Manchester City	42	17	3	1	49	14	9	7	5	29	21	62
2	Burnley	42	11	8	2	30	14	11	6	4	35	15	58
3	Birmingham City	42	17	2	2	51	11	8	3	10	23	22	55
4	Chesterfield	42	12	6	3	37	17	6	8	7	21	27	50
5	Newcastle United	42	11	4	6	60	32	8	6	7	35	30	48
6	Tottenham Hotspur	42	11	8	2	35	21	6	6	9	30	32	48
7	West Bromwich Alb.	42	12	4	5	53	37	8	4	9	35	38	48
8	Coventry City	42	12	8	1	40	17	4	5	12	26	42	45
9	Leicester City	42	11	4	6	42	25	7	3	11	27	39	43
10	BARNSLEY	42	13	2	6	48	29	4	6	11	36	57	42
11	Nottingham Forest	42	13	5	3	47	20	2	5	14	22	54	40
12	West Ham United	42	12	4	5	46	31	4	4	13	24	45	40
13	Luton Town	42	13	4	4	50	29	3	3	15	21	44	39
14	Southampton	42	11	5	5	45	24	4	4	13	24	52	39
15	Fulham	42	12	4	5	40	25	3	5	13	23	49	39
16	Bradford Park Ave.	42	7	6	8	29	28	7	5	9	36	49	39
17	Bury	42	11	6	4	62	34	1	6	14	18	44	36
18	Millwall	42	7	7	7	30	30	7	1	13	26	49	36
19	Plymouth Argyle	42	11	3	7	45	34	3	2	16	34	62	33
20	Sheffield Wed.	42	10	5	6	39	28	2	3	16	28	60	32
21	Swansea Town	42	9	1	11	36	40	2	6	13	19	43	29
22	Newport County	42	9	1	11	41	52	1	2	18	20	81	23

1947/48   12th in Division 2

						Kelly PM	Glover A	Pallister G	Mansley VC	Whyte JA	Baxter JC	Smith G	Wright AM	Robledo GO	Morris FA	Kelly JC	Asquith B	Bennett WH	Bonnell A	Cunningham L	Griffiths JS	Harston JC	Hough H	Kitchen J	Malcolm AM	Normanton S	Robledo EO	Steele J	Swallow E	Williams E
1	Aug	23	Birmingham City	3-2	Morris, Smith, Wright	37917	1	2	3	4	5	6	7	8	9	10	11													
2		27	LEEDS UNITED	3-0	Morris 2, Smith	23440	1	2	3	4	5	6	7	8	9	10	11													
3		30	WEST BROMWICH ALB.	0-1		23796	1	2	3	4	5	6	7	8	9	10	11													
4	Sep	3	Leeds United	1-4	Kelly	36501	1	2	3	4	5	6	7	8	9	10	11													
5		6	Sheffield Wednesday	2-5	Baxter (pen), Morris	33835	1	2	3	4	5	6	7	8	9	10	11													
6		10	FULHAM	1-2	Wright	18016	1		3	4	5	6	7	8	9	10	11		2											
7		13	Plymouth Argyle	0-1		19608	1		3	4		6	7	8	9	10	11		2					5						
8		17	Fulham	1-0	Wright	18094	1	6	3	4		10	7	8	9		11		2					5						
9		20	LUTON TOWN	3-0	Baxter, Kelly, Smith	17670	1	6	3	4		10	7	8	9		11		2					5						
10		27	Brentford	3-3	Bennett 3	22137	1	6	3	4		10	7		8		11	9	2											
11	Oct	4	LEICESTER CITY	2-0	Smith, Frame (og)	20765	1	6	3	4	5	10	7		8		11	9	2											
12		11	TOTTENHAM HOTSPUR	2-1	Baxter, Bennett	24715	1	6	3	4	5	10	7		8		11	9	2											
13		18	Millwall	3-3	Baxter (pen), Smith, Bennett	23627	1	6	3	4	5	10	7		8		11	9	2											
14		25	CHESTERFIELD	0-3		22823	1	6		4	5	10	7		8		11	9	3	2										
15	Nov	1	West Ham United	1-2	Smith	27877	1	2	3	4			7	8	10		11	9					5			6				
16		8	BURY	2-1	Baxter, Glover	18874	1	6	3	4	5	10	7	8			11	9	2											
17		15	Southampton	1-4	Robledo	21563		6	3	4	5	10			9		7		2	8		1			11					
18		22	DONCASTER ROVERS	2-0	Bennett, Robledo	24017	1	6	3		5	10	7		9		11	8	2							4				
19		29	Nottingham Forest	1-1	Robledo	18108		6	3		5	10	7		9		11	8	2			1				4				
20	Dec	6	BRADFORD PARK AVE.	2-2	Bennett, Robledo	17327	1	6	3		5	10	7		9		11	8	2	4										
21		13	Cardiff City	0-1		33538	1		4	3	5	10	7		9		11	6	8	2										
22		20	BIRMINGHAM CITY	0-1		18880	1	6	3		5	10	7		9		11	6	8	2										
23		25	Coventry City	2-3	Robledo, Smith	27600	1	5	3			4	7		10		11	6	9	2								8		
24		26	COVENTRY CITY	0-1		19166	1	5	3			4	7		10		11	6	9	2								8		
25	Jan	3	West Bromwich Albion	2-0	Griffiths, Wright	25045	1	6	3		5		7	9		10	11		2	8					4					
26		17	SHEFFIELD WEDNESDAY	3-1	Morris, Smith, Griffiths (pen)	33131	1	6			5		7	9		10	11		3	2	8				4					
27		24	Bury	1-1	Glover	14960	1	6			5		7	9		10	11		3	2	8				4					
28		31	PLYMOUTH ARGYLE	2-1	Griffiths, Wright	21317	1	6			5		7	9		10	11		3	2	8				4					
29	Feb	14	BRENTFORD	1-1	Griffiths	21399	1	6			5			9	7	10	11			2	8				4				3	
30	Mar	6	MILLWALL	1-0	Smith	17503	1	6	3		5		7	9		10	11			2	8				4					
31		13	Chesterfield	1-1	Griffiths (pen)	13133	1	6			5		7		9	10	11		2	8					4				3	
32		15	Tottenham Hotspur	3-0	Baxter, Griffiths, Robledo	18905	1	6	3		5	10	7		9		11			8					4			2		
33		20	WEST HAM UNITED	1-1	Whyte	27877	1	6	3		5	10	7		9		11			8					4			2		
34		26	Newcastle United	0-1		64757	1	6	3		5		7	9	10		11		8	2					4					
35		29	NEWCASTLE UNITED	1-1	Griffiths	30702	1	6	3		5		7	9	10		11		8	2					4					
36	Apr	3	SOUTHAMPTON	2-1	Griffiths, Harston	20126	1	4	3		5	10	7		9		11		8	2							6			
37		5	Leicester City	1-4	Griffiths	21274	1	6	3		5	10	7		9				8	2				11	4					
38		10	Doncaster Rovers	2-1	Baxter, Glover	24011	1	6	3		5	10	7		9				8					11	4				2	
39		14	Luton Town	1-2	Robledo	13594		6	3		5	10	7		9		11		8	2	1				4					
40		17	NOTTM. FOREST	2-2	Steele 2	18958		6	3		5	10	7		9		11			2	1				4			8		
41		24	Bradford Park Avenue	2-3	Robledo, Steele	10440		6	3		5	10	7		9		11				1				4			8		2
42	May	1	CARDIFF CITY	1-2	Robledo	14979		6	3		5	10	7	8	9		11				1				4					2
					Apps	36	40	36	17	36	32	40	20	36	14	40	4	14	3	25	16	8	6	4	3	19	2	4	5	2
					Goals		3			1	7	9	5	9	5	2		7			9	1						3		

One own goal

F.A. Cup

R3	Jan	10	Manchester City	1-2	Wright	54747	1	6	3		5		7	9		10	11			2	8					4					

		P	W	D	L	F	A	W	D	L	F	A	Pts
1	Birmingham City	42	12	7	2	34	13	10	8	3	21	11	59
2	Newcastle United	42	18	1	2	46	13	6	7	8	26	28	56
3	Southampton	42	15	3	3	53	23	6	7	8	18	30	52
4	Sheffield Wed.	42	13	6	2	39	21	7	5	9	27	32	51
5	Cardiff City	42	12	6	3	36	18	6	5	10	25	40	47
6	West Ham United	42	10	7	4	29	19	6	7	8	26	34	46
7	West Bromwich Alb.	42	11	4	6	37	29	7	5	9	26	29	45
8	Tottenham Hotspur	42	10	6	5	36	24	5	8	8	20	19	44
9	Leicester City	42	10	5	6	36	29	6	6	9	24	28	43
10	Coventry City	42	10	5	6	33	16	4	8	9	26	36	41
11	Fulham	42	6	9	6	24	19	9	1	11	23	27	40
12	BARNSLEY	42	10	5	6	31	22	5	5	11	31	42	40
13	Luton Town	42	8	8	5	31	25	6	4	11	25	34	40
14	Bradford Park Ave.	42	11	3	7	45	30	5	5	11	23	42	40
15	Brentford	42	10	6	5	31	26	3	8	10	13	35	40
16	Chesterfield	42	8	4	9	32	26	8	3	10	22	29	39
17	Plymouth Argyle	42	8	9	4	27	22	1	11	9	13	36	38
18	Leeds United	42	12	5	4	44	20	2	3	16	18	52	36
19	Nottingham Forest	42	10	5	6	32	23	2	6	13	22	37	35
20	Bury	42	6	8	7	27	28	3	8	10	31	40	34
21	Doncaster Rovers	42	7	8	6	23	20	2	3	16	17	46	29
22	Millwall	42	7	7	7	27	28	2	4	15	17	46	29

1948/49   9th in Division 2

League

#	Date	Opponent	Score	Scorers	Att	Kelly PM	Williams E	Pallister G	Normanton S	Whyte JA	Baxter JC	Smith G	Wright AM	Robledo GO	Steele J	Kelly JC	Blanchflower RD	Clayton L	Glover A	Griffiths JS	Harston JC	Hough H	Kitchen J	Lindsay D	Morris FA	Richardson F	Robledo EO	Swallow E	Troops H
1	Aug 21	PLYMOUTH ARGYLE	0-0		15593	1	2	3	4	5	6	7	8	9	10	11													
2	25	Fulham	1-1	Baxter (pen)	21005	1	2	3		5	6	7	8	9		11		4							10				
3	28	Blackburn Rovers	3-5	Morris, Smith, Robledo	24781	1	2	3		5	6	7	8	9		11		4							10				
4	Sep 1	FULHAM	1-1	Griffiths	17847	1	2	3			6	7		9		11		4		8			5		10				
5	4	CARDIFF CITY	1-1	Robledo	18527	1	2	3			10	7	8	9		11		6	4				5						
6	8	NOTTM. FOREST	4-0	Griffiths, Baxter 2, Robledo	14667	1			4	5	10	7		9		11		6	8	2							3		
7	11	Queen's Park Rangers	2-2	Robledo, Kelly	20791	1		3	4	5	10	7		9		11		6	8	2									
8	15	Nottingham Forest	1-0	Baxter	12988	1		3	4	5	10	7		9		11		6	8	2									
9	18	LUTON TOWN	1-2	Kelly	20922	1		3	4	5	10	7		9		11		6	8	2									
10	25	Bradford Park Avenue	2-0	Griffiths, Baxter	23145	1	2	3	4	5	10	7		9		11		6	8										
11	Oct 2	SOUTHAMPTON	3-0	Baxter, Webber (og), Robledo	23236	1	2	3	4	5	10	7		9		11		6	8										
12	9	SHEFFIELD WEDNESDAY	4-0	Baxter 2, Griffiths, Robledo	35308	1	2	3	4	5	10	7		9		11		6	8										
13	16	Coventry City	0-4		15710	1	2	3	4	5	10	7		9		11		6	8										
14	23	LEEDS UNITED	1-1	Morris	26010	1	2	3		5	10	7		9				4	6	8					11				
15	30	Leicester City	1-1	Troops	29214	1	2	3	4	5	10			9		11		6	8										7
16	Nov 6	BRENTFORD	1-2	Robledo	20883	1	2	3	4	5	10			9		11		6	8										7
17	13	Tottenham Hotspur	1-4	Robledo	48989	1	2		4	5	10			9		11		6	8		3								7
18	20	WEST HAM UNITED	2-3	Normanton, Baxter	20359	1	2		4	5	10	7		8		11		6			3						9		
19	27	Bury	2-4	Robledo, Richardson	13313	1	2		4	5	10	7		8		11		6			3						9		
20	Dec 4	WEST BROMWICH ALB.	2-0	Robledo, Richardson	20936					5	10	7		8		11		4				1		2			9	6	3
21	11	Chesterfield	2-3	Richardson, Kelly	13318					5	10	7		8		11		4				1		2			9	6	3
22	18	Plymouth Argyle	1-3	Baxter	21267				4	5	10	7		8		11						1		2			9	6	3
23	25	Grimsby Town	0-3		18369	1		3	4	5	10	7		8		11		6									9		2
24	27	GRIMSBY TOWN	2-1	Robledo, Richardson	19848	1		3	4	5	10	7		8		11		6									9		2
25	Jan 1	BLACKBURN ROVERS	1-1	Richardson	18708	1		3	4		10	7		8		11		6					5				9		2
26	15	Cardiff City	3-0	Richardson, Robledo, Kelly	29116	1		3	4		10	7		8		11		6					5				9		2
27	22	QUEEN'S PARK RANGERS	4-0	Robledo, Kelly, Richardson, Baxter	20596	1		3	4		10	7		8		11		6					5				9		2
28	Feb 5	Luton Town	0-1		16386	1		3	4	5	10	7	8			11		6									9		2
29	19	BRADFORD PARK AVE.	0-0		21535	1		3		5	10	7	4			11		6	8								9		2
30	26	Southampton	0-3		25892	1		3	4		10	7				11		6	8				5				9		2
31	Mar 5	Sheffield Wednesday	1-1	Richardson	28085	1		3	4	5	10	7				11		6	8								9		2
32	12	COVENTRY CITY	1-1	Simpson (og)	15269	1		3	4	5	10					11		6	8								9		2
33	19	Leeds United	1-4	Wright	29701	1		3	4	5			7	10		11		6	8								9		2
34	Apr 2	Brentford	0-0		18485	1		3	4		10	7	8			11		6					5				9		2
35	6	LEICESTER CITY	3-1	Wright 2, Baxter (pen)	12068	1		3	4		10	7	8			11		6					5				9		2
36	9	TOTTENHAM HOTSPUR	4-1	Kelly, Smith, Baxter 2	16796	1		3	4		10	7	8			11		6					5				9		2
37	15	Lincoln City	1-0	Smith	15551	1		3	4	5	10	7	8			11		6									9		2
38	16	West Ham United	0-2		20482	1		3	4		10	7	11					6	8				5				9		2
39	18	LINCOLN CITY	2-0	Richardson 2	17346	1		3	4		10	7	8			11		6					5				9		2
40	23	BURY	3-2	Wright 2, Baxter	15408	1		3	4		10	7	8			11		6					5				9		2
41	30	West Bromwich Albion	0-2		31966	1		3	4	5	10	7	8			11		6									9		2
42	May 7	CHESTERFIELD	0-1		13527	1		3		5	10	7	8			11	4	6									9		2
				Apps		39	15	35	33	30	41	39	16	27	1	40	1	38	19	4	3	12	6	4	25	3	24	3
				Goals					1		15	3	5	13		6			4						2	10			1

Two own goals

F.A. Cup

#	Date	Opponent	Score		Att	Kelly PM	Williams E	Pallister G	Normanton S	Whyte JA	Baxter JC	Smith G	Wright AM	Robledo GO	Steele J	Kelly JC	Blanchflower RD	Clayton L	Glover A	Griffiths JS	Harston JC	Hough H	Kitchen J	Lindsay D	Morris FA	Richardson F	Robledo EO	Swallow E	Troops H
R3	Jan 8	BLACKPOOL	0-1		38000	1		3	4		10	7		8		11		6					5				9		2

Division 2 Final Table

		P	W	D	L	F	A	W	D	L	F	A	Pts
1	Fulham	42	16	4	1	52	14	8	5	8	25	23	57
2	West Bromwich Alb.	42	16	3	2	47	16	8	5	8	22	23	56
3	Southampton	42	16	4	1	48	10	7	5	9	21	26	55
4	Cardiff City	42	14	4	3	45	21	5	9	7	17	28	51
5	Tottenham Hotspur	42	14	4	3	50	18	3	12	6	22	26	50
6	Chesterfield	42	9	7	5	24	18	6	10	5	27	27	47
7	West Ham United	42	13	5	3	38	23	5	5	11	18	35	46
8	Sheffield Wed.	42	12	6	3	36	17	3	7	11	27	39	43
9	BARNSLEY	42	10	7	4	40	18	4	5	12	22	43	40
10	Luton Town	42	11	6	4	32	16	3	6	12	23	41	40
11	Grimsby Town	42	10	5	6	44	28	5	5	11	28	48	40
12	Bury	42	12	5	4	41	23	5	1	15	26	53	40
13	Queen's Park Rgs.	42	11	4	6	31	26	3	7	11	13	36	39
14	Blackburn Rovers	42	12	5	4	41	23	3	3	15	12	40	38
15	Leeds United	42	11	6	4	36	21	1	7	13	19	42	37
16	Coventry City	42	12	3	6	35	20	3	4	14	20	44	37
17	Bradford Park Ave.	42	8	8	5	37	26	5	3	13	28	52	37
18	Brentford	42	7	10	4	28	21	4	4	13	14	32	36
19	Leicester City	42	6	10	5	41	38	4	6	11	21	41	36
20	Plymouth Argyle	42	11	4	6	33	25	1	8	12	16	39	36
21	Nottingham Forest	42	9	6	6	22	14	5	1	15	28	40	35
22	Lincoln City	42	6	7	8	31	35	2	5	14	22	56	28

1949/50 13th in Division 2

#	Date		Opponent	Score	Scorers	Att	Kelly PM	Swallow E	Pallister G	Blanchflower RD	Whyte JA	Glover A	Smith G	Griffiths JS	Wright AM	Baxter JC	Kelly JC	Bonner P	Clayton L	Deakin WE	Hamilton E	Kitchen J	Lindsay D	Scattergood E	Hough H	Jackson M	Richardson F
1	Aug	20	CHESTERFIELD	1-2	Kelly	18428	1	2	3	4	5	6	7		8	10	11										9
2		24	SOUTHAMPTON	2-1	Griffiths, Baxter	17762	1	2	3	4	5	6	7	8	9	10	11										
3		27	West Ham United	1-2	Whyte	27541	1	2	3	4	5	6	7	8	9	10	11										
4		31	Southampton	0-0		22319	1	2	3	4	5	6	7	8	9	10	11										
5	Sep	3	SHEFFIELD UNITED	2-2	Griffiths 2	23287	1	2	3	4	5	6	7	8	9	10	11										
6		7	COVENTRY CITY	4-3	Griffiths 2 (1 pen), Baxter, Wright	15577	1	2	3	4	5	6	7	8	9	10	11										
7		10	Grimsby Town	2-2	Baxter, Wright	17523	1	2	3	4		6	7	8	9	10	11						5				
8		17	QUEEN'S PARK RANGERS	3-1	Wright 2, Griffiths	19787	1		3	4	5	6	7	8	9	10	11							2			
9		24	Preston North End	1-1	Baxter	31633	1		3	4		6	7	8	9	10	11						5	2			
10	Oct	1	SWANSEA TOWN	5-2	Smith,Wright,Baxter,Griffiths 2(1p)	19662			3			6	7	8	9	10	11		4				5	2	1		
11		8	BRADFORD PARK AVE.	3-2	Smith, Baxter, Griffiths	21642	1		3	4		6	7	8		10	11						5	2			9
12		15	Leicester City	2-2	Wright, Griffiths	27966	1		3	4		6	7	8	9	10	11						5	2			
13		22	BURY	1-0	Griffiths (pen)	20284	1		3			6	7	8	9	10	11		4				5	2			
14		29	Tottenham Hotspur	0-2		54856	1		3		5	6	7	8	9	10	11		4					2			
15	Nov	5	CARDIFF CITY	1-0	Wright	18564			3		5	6	7	8	9	10	11		4					2	1		
16		12	Blackburn Rovers	0-4		10948			3		5	6	7	8	9	10	11		4					2	1		
17		19	BRENTFORD	0-1		14942			3		5	6	7	8	9	10	11		4					2	1		
18		26	Hull City	0-2		31521			3	4		6	7	8			11			5	10			2	1		
19	Dec	3	SHEFFIELD WEDNESDAY	3-4	Richardson, Baxter, Wright	24995			3	4		6	7		8	10	11		5					2	1		9
20		10	Plymouth Argyle	2-2	Wright, Baxter	17001			3	4		6			8	10	11	7					5	2	1		9
21		17	Chesterfield	0-1		8968			3	4		6			8	10	11	7					5	2	1		9
22		24	WEST HAM UNITED	1-1	Bonner	17377			3	4		6			8	10	11	7					5	2	1		9
23		26	LEEDS UNITED	1-1	Lindsay (pen)	27017			3	4		6	7		8	10	11						5	2	1		9
24		27	Leeds United	0-1		47817			3	4			7		8	10	11						5	2	6	1	9
25		31	Sheffield United	1-1	Wright	35283			3	4			7		8	10	11						5	2	6	1	9
26	Jan	14	GRIMSBY TOWN	7-2	Griffiths 3(1p),Kelly 2,Smith,Baxter	13615	1		3	4		6	7	8	9	10	11						5	2			
27		21	Queen's Park Rangers	5-0	Smith 2, Baxter 2, Wright	16597	1		3	4			7	8	9	10	11						5	2	6		
28	Feb	4	PRESTON NORTH END	0-1		23800	1		3	4			7	8	9	10				11			5	2	6		
29		18	Swansea Town	0-4		20694	1		3	4			7	8	9	10						11	5	2	6		
30		25	Bradford Park Avenue	3-1	Wright 3	11134	1		3	4				8	9	10		7				11	5	2	6		
31	Mar	4	LEICESTER CITY	2-2	Wright 2	16637	1		3	4			7	8	9	10	11						5	2	6	1	
32		11	Bury	0-2		12729	1		3	4			7	8	9	10	11						5	2	6		
33		18	TOTTENHAM HOTSPUR	2-0	Richardson, Deakin	22346	1		3	4		6	7		10			8				11	5	2			9
34		25	Cardiff City	0-3		19987	1		3	4		6	7		10	8						11	5	2			9
35	Apr	1	HULL CITY	1-1	Blanchflower	22045	1		3	4		6	7		10	8	11						5	2			9
36		7	Luton Town	1-3	Wright	15149	1		3	4		6	7		10	8	11						5	2			9
37		8	Sheffield Wednesday	0-2		48119	1		3	4			7		10	8	11		6				5	2			9
38		10	LUTON TOWN	1-0	Smith	9476	1		3	4			7		10	8	11		6				5	2			9
39		15	BLACKBURN ROVERS	1-1	Baxter	12323	1		3	4			7		8	10	11		6				5	2			9
40		22	Brentford	0-3		16514	1		3	4			7	8	9	10	11						5	2		6	
41		29	PLYMOUTH ARGYLE	4-1	Baxter 3, Kelly	4438	1		3	4			7	8	9	10	11						5	2		6	
42	May	6	Coventry City	1-1	Griffiths (pen)	16121	1		3	4	5		7	8	9	10						11		2		6	
			Apps				29	7	42	36	12	28	38	27	41	40	37	5	11	5	1	28	35	8	13	3	16
			Goals							1	1		6	15	17	15	4	1		1				1			2

F.A. Cup

	Date		Opponent	Score	Scorers	Att			Pallister G	Blanchflower RD		Glover A	Smith G	Griffiths JS	Wright AM	Baxter JC	Kelly JC						Lindsay D	Scattergood E	Hough H		
R3	Jan	7	Stockport County	2-4	Griffiths, Wright	23800			3	4		6	7	8	9	10	11						5	2	1		

	P	W	D	L	F	A	W	D	L	F	A	Pts
1 Tottenham Hotspur	42	15	3	3	51	15	12	4	5	30	20	61
2 Sheffield Wed.	42	12	7	2	46	23	6	9	6	21	25	52
3 Sheffield United	42	9	10	2	36	19	10	4	7	32	30	52
4 Southampton	42	13	4	4	44	25	6	10	5	20	23	52
5 Leeds United	42	11	8	2	33	16	6	5	10	21	29	47
6 Preston North End	42	12	5	4	37	21	6	4	11	23	28	45
7 Hull City	42	11	8	2	39	25	6	3	12	25	47	45
8 Swansea Town	42	11	3	7	34	18	6	6	9	19	31	43
9 Brentford	42	11	5	5	21	12	4	8	9	23	37	43
10 Cardiff City	42	13	3	5	28	14	3	7	11	13	30	42
11 Grimsby Town	42	13	5	3	53	25	3	3	15	21	48	40
12 Coventry City	42	8	6	7	32	24	5	7	9	23	31	39
13 BARNSLEY	42	11	6	4	45	28	2	7	12	19	39	39
14 Chesterfield	42	12	3	6	28	16	3	6	12	15	31	39
15 Leicester City	42	8	4	9	30	25	4	6	11	25	40	39
16 Blackburn Rovers	42	10	5	6	30	15	4	5	12	25	45	38
17 Luton Town	42	8	9	4	28	22	2	9	10	13	29	38
18 Bury	42	10	8	3	37	19	4	1	16	23	46	37
19 West Ham United	42	8	7	6	30	25	4	5	12	23	36	36
20 Queen's Park Rgs.	42	6	5	10	21	30	5	7	9	19	27	34
21 Plymouth Argyle	42	6	6	9	19	24	2	10	9	25	41	32
22 Bradford Park Ave.	42	7	6	8	34	34	3	5	13	17	43	31

1950/51 15th in Division 2

#	Date		Opponent	Score	Scorers	Att.	Kelly PM	Lindsay D	Pallister G	Blanchflower RD	Kitchen J	Baxter JC	Smith G	McMorran EJ	Wright AM	McCormack JC	Kelly JC	Bannister E	Deakin WE	Glover A	Griffiths JS	Hough H	Hudson M	Jones GH	Kaye A	Lambert K	Ledger R	Murphy E	Normanton S	Scattergood E	Taylor T	Ward TV
1	Aug	19	SOUTHAMPTON	1-2	Wright	19909	1	2	3	4	5	6	7	8	9	10	11															
2		24	Hull City	3-3	McCormack 2, Wright	41949	1		3	4	5	6	7	8	10	9	11	2														
3		26	Chesterfield	2-1	McCormack 2	14828	1		3	4	5	6	7	8	10	9	11	2														
4		30	HULL CITY	4-2	McCormack 2, Wright, McMorran	24583	1		3	4	5	6	7	8	10	9	11	2														
5	Sep	2	Sheffield United	2-0	McCormack, McMorran	41626	1		3	4	5	6	7	8	10	9	11	2														
6		6	BRENTFORD	2-3	Pallister, McCormack (pen)	15505	1		3	4	5	6	7	8	10	9	11	2														
7		9	LUTON TOWN	6-1	McCormack 5, Wright	22052	1		3	4		6	7	8	10	9	11	2														
8		13	Brentford	2-0	Griffiths, Baxter	18448	1	5	3	4		10	7			9	11	2		6	8											
9		16	Leeds United	2-2	Baxter, McCormack	37633	1	5	3	4		10	7	8		9	11	2		6												
10		23	WEST HAM UNITED	1-2	McCormack	25679	1		3	4	5	10	7	8		9	11	2		6												
11		30	Swansea Town	0-1		19091	1		3	4		6	7	8		9	11	2	5	10												
12	Oct	7	GRIMSBY TOWN	3-1	McCormack 3	18417	1		3			10	7			9	11	2	5										4	6	8	
13		14	Birmingham City	0-2		26617	1		3	4		10	7	8		9	11	2	5										6			
14		21	PRESTON NORTH END	4-1	McCormack, McMorran, Smith, Blanchflower	30081	1		3	4		10	7	8		9	11	2	5										6			
15		28	Notts County	1-2	McCormack	39435	1		3	4		10	7	8		9	11	2	5										6			
16	Nov	4	QUEEN'S PARK RANGERS	7-0	Taylor 3, McCormack 2, Kelly, McMorran	17927	1		3	4			7	8		9	11	2	5										6		10	
17		11	Bury	3-0	McCormack 2, McMorran	17662	1		3	4		6	7	8		9	11	2	5												10	
18		18	CARDIFF CITY	0-0		21818	1		3	4		6	7	8		9	11	2	5							10						
19		25	Coventry City	3-3	Taylor, Kelly, McCormack	28680	1		3	4		6	7	8		9	11	2	5												10	
20	Dec	2	MANCHESTER CITY	1-1	McCormack (pen)	29681	1		3	4		6	7	8		9	11	2	5	10												
21		9	Leicester City	2-1	McMorran, Taylor	25869	1		3	4			7	8		9	11	2	5										6		10	
22		16	Southampton	0-1		17207	1		3	4			7	9			11	2	5								8		6		10	
23		23	CHESTERFIELD	0-0		16573	1		3	4			7	8		9		2	11	5									6		10	
24		25	Doncaster Rovers	2-3	McCormack (pen), McMorran	28995	1			4			7	8		9		2	11	5		3							6		10	
25		26	DONCASTER ROVERS	0-1		33867	1			4			7	8		9	11	2	5			3							6		10	
26	Jan	13	Luton Town	1-1	Deakin	15032	1	2	3	4		10		8		9			11	5					7				6			
27		20	LEEDS UNITED	1-2	McCormack	21967	1		3	4		10		8		9		2	11	5					7				6			
28	Feb	3	West Ham United	2-4	Baxter, McCormack	16781	1	2	3	4		6		8		9			11	5					7	10						
29		17	SWANSEA TOWN	1-0	Smith	8371		2	3	4		6	7	8		9			11	5			1						10			
30		24	Grimsby Town	1-3	Jones	14862		2	3	4		6	7	8		9				5			1	11					10			
31	Mar	3	BIRMINGHAM CITY	0-2		15450		2	3	4		10	7	8		9				5			1	11					6			
32		10	Preston North End	0-7		31187		2	3	4		6	7	8		9			11	5			1								10	
33		17	NOTTS COUNTY	2-0	Lindsay, Deakin	12932		2	3			6	7	8		9			11	5			1						10			4
34		23	Blackburn Rovers	4-3	McCormack 2, McMorran, Jones	31060		2	3			6	7	8		9				5			1	11					10			4
35		24	Queen's Park Rangers	1-2	McCormack	15868		2	3			6	7	8		9				5			1	11					10			4
36		26	BLACKBURN ROVERS	3-0	Murphy, Smith, McMorran	15125			3			6	7	8			2			5			1	11				9	10			4
37		31	BURY	2-3	McMorran, Baxter	11967			3			6	7	8			2			5			1	11				9	10			4
38	Apr	7	Cardiff City	1-1	Smith	27631			3			6	7	8			2	11	5	1									10		9	4
39		14	COVENTRY CITY	3-0	Taylor 2, Lindsay (pen)	12434			3			6	7	8			2	11	5	1									10		9	4
40		18	SHEFFIELD UNITED	1-1	McCormack (pen)	18120		5	3			6	7	8	9		2	11		1									10			4
41		21	Manchester City	0-6		39838		5	3			6	7	8	9		2			1				11					10			4
42		28	LEICESTER CITY	0-0		9882		5	3			6	7	8	9		2			1				11					10			4
						Apps	28	19	36	31	7	36	39	40	7	37	23	32	11	33	3	14	2	8	3	4	1	10	15	1	12	10
						Goals		2	1	1		4	4	10	4	33	2		2					1				2			1		7	

F.A. Cup

R3	Jan	6	Northampton Town	1-3	McCormack		1	3		4		10	7	8		9		2	11	5									6			

		P	W	D	L	F	A	W	D	L	F	A	Pts
1	Preston North End	42	16	3	2	53	18	10	2	9	38	31	57
2	Manchester City	42	12	6	3	53	25	7	8	6	36	36	52
3	Cardiff City	42	13	7	1	36	20	4	9	8	17	25	50
4	Birmingham City	42	12	6	3	37	20	8	3	10	27	33	49
5	Leeds United	42	14	4	3	36	17	6	4	11	27	38	48
6	Blackburn Rovers	42	13	3	5	39	27	6	5	10	26	39	46
7	Coventry City	42	15	3	3	51	25	4	4	13	24	34	45
8	Sheffield United	42	11	4	6	44	27	5	8	8	28	35	44
9	Brentford	42	13	3	5	44	25	5	5	11	31	49	44
10	Hull City	42	12	5	4	47	28	4	6	11	27	42	43
11	Doncaster Rovers	42	9	6	6	37	32	6	7	8	27	36	43
12	Southampton	42	10	9	2	38	27	5	4	12	28	46	43
13	West Ham United	42	10	5	6	44	33	6	5	10	24	36	42
14	Leicester City	42	10	4	7	42	28	5	7	9	26	30	41
15	BARNSLEY	42	9	5	7	42	22	6	5	10	32	46	40
16	Queen's Park Rgs.	42	13	5	3	47	25	5	1	14	24	57	40
17	Notts County	42	7	7	7	37	34	6	6	9	24	26	39
18	Swansea Town	42	14	1	6	34	25	2	3	16	20	52	36
19	Luton Town	42	9	5	7	34	23	2	5	14	23	47	32
20	Bury	42	9	4	8	33	27	3	4	14	27	59	32
21	Chesterfield	42	7	7	7	30	28	2	5	14	14	41	30
22	Grimsby Town	42	6	8	7	37	38	2	4	15	24	57	28

1951/52 20th in Division 2

							Hough H	Lindsay D	Pallister G	Ward TV	McNeil MA	Baxter JC	Smith G	McMorran EJ	McCormack JC	Wood R	Jones GH	Allan J	Deakin WE	Farrell A	Glover A	Hudson M	Jackson M	Jarman JE	Kaye A	Kelly JC	Lambert K	Lumley IT	March W	Normanton S	Pattison FM	Smillie RD	Scattergood E	Taylor T	Murphy E
1	Aug	18	Hull City	0-0		37057	1	2	3	4	5	6	7		9	10	11																		8
2		25	SOUTHAMPTON	3-1	Jones, McCormack, McMorran	17274	1	2	3	4	5	6	7	8	9		11																		10
3		30	Notts County	0-4		15507	1	2	3	4	5	6	7	8			11																	9	10
4	Sep	1	SHEFFIELD UNITED	3-4	McMorran, Jones, Murphy	25645	1	2	3	4	5	6	7	8	9		11																		10
5		5	LUTON TOWN	1-2	Jones	13109	1		3	4	5		7	9		8	11												2	6					10
6		8	West Ham United	1-2	Wood	20235	1	2	3	4	5	10	7	9		8	11				6														
7		12	NOTTS COUNTY	2-1	McMorran 2	16148	1	2		6	5	10	7	9		8	11					3		4											
8		15	COVENTRY CITY	1-0	McMorran	13451	1	2		4	5	6	7	8	9	10	11			3															
9		22	Swansea Town	1-2	McCormack	22335	1	2		4	5	6	7	8	9	10	11			3															
10		29	BURY	3-3	McCormack, McMorran 2	15531	1	2		4	5	6		8	9		11				3				7										10
11	Oct	6	Sheffield Wednesday	1-2	Baxter (pen)	34191	1		3	4	5	10	7		9						6	2				11								8	
12		13	LEEDS UNITED	3-1	McCormack, McMorran, Smith	15565	1		3	4	5		7	8	9					2			6			11	10								
13		20	Rotherham United	0-4		22320	1		3	4	5	6	7	8	9					2						11	10								
14		27	CARDIFF CITY	2-0	McCormack, McMorran	11168	1	2				6	7	8	9		11				5	3		4										10	
15	Nov	3	Birmingham City	1-2	McCormack	19186	1	2				6	7	8	9		11				5	3		4										10	
16		10	LEICESTER CITY	3-3	Webb (og), McCormack, Baxter	11133	1	3			5	10	7	8	9				11					4					2	6					
17		17	Nottingham Forest	3-3	McCormack 2, Jones	23151	1	2	3		5	8	7		9		11							4						6					10
18		24	BRENTFORD	0-0		10149	1		3	8	5	10	7	9						2				4						6					11
19	Dec	1	Doncaster Rovers	2-1	McMorran, Wood	20902	1		3		5	10	7	9		8			11	2				4						6					
20		8	EVERTON	1-0	McMorran	8003	1		3		5	10	7	9		8			11	2				4						6					
21		15	HULL CITY	2-2	Smith, Baxter	12821	1		3		5	10	7	9		8			11	2				4						6					
22		22	Southampton	1-1	Smith	15735	1		3		5	10	7	9		8				2				4						6	11				
23		25	QUEEN'S PARK RANGERS	3-1	Baxter, McMorran, Wood	15067	1		3	4	5	10	7	9		8				2										6	11				
24		26	Queen's Park Rangers	1-1	Pattison	13862	1	2		4	5	10	7	9		8					3									6	11				
25		29	Sheffield United	2-1	Pattison, McMorran	37237	1		3		5	10	7	9		8					2			4						6	11				
26	Jan	5	WEST HAM UNITED	1-1	Wood	16267	1	2			5	10	7	9		8					3			4						6	11				
27		19	Coventry City	0-0		17577	1	3			5	10	7	9		8					2			4						6	11				
28		26	SWANSEA TOWN	2-3	Smith, Glover	13870	1	3			5		7	8			9		10		2			4						6	11				
29	Feb	9	Bury	0-3		12585	1	9	3	8		10	7							2			6	4							11				
30		16	SHEFFIELD WEDNESDAY	5-4	Lambert 2, Baxter 2, McNeil	29795	1		3	4	5	10	7	9						2							8				11		6		
31	Mar	1	Leeds United	0-1		32221			3	6		10	7	9				1		2				4			8				11				
32		8	ROTHERHAM UNITED	0-1		26922				4	5	10	7	9				1		2		3				11	8						6		
33		15	Cardiff City	0-3		24542				4	5		7	9				1		2		3					8	10			11		6		
34		22	BIRMINGHAM CITY	1-2	Ferris (og)	14377					5	6	7	9				1		2		3		4			8	10			11				
35		29	Leicester City	2-1	Lumley 2	17446					5	6		9				1	10	2		3		4	7			8			11				
36	Apr	5	NOTTM. FOREST	1-1	Lumley	11341					5	6		9				1	10	2		3		4	7			8			11				
37		11	Blackburn Rovers	1-2	Lumley	25183	1				5	6		9					10		2	3			7			8		4	11				
38		12	Brentford	1-1	Normanton	19912	1				5	6		9		10			11		2	3			7			8		4					
39		14	BLACKBURN ROVERS	1-2	McMorran	18251	1				5	6		9		10					2	3			7			8		4	11				
40		19	DONCASTER ROVERS	1-1	Lumley	17327	1				5	6		9		10					2	3			7			8		4		11			
41		26	Everton	1-1	Lumley	26566	1			6	5	10				9					2	3			7			8		4		11			
42	May	3	Luton Town	2-4	McMorran, Lumley	8789	1				5	6		9		10						3	2		7			8		4		11			
						Apps	36	18	20	22	38	38	33	37	13	20	14	6	9	18	15	15	3	19	9	4	7	10	2	20	16	3	3	4	8
						Goals					1	6	4	15	9	4	4				1						2	7		1	2				1

Played in game 29: J Kitchen (at 5). In game 31: R Archer (at 5).

Two own goals

F.A. Cup

							Hough H	Lindsay D	Pallister G	Ward TV	McNeil MA	Baxter JC	Smith G	McMorran EJ	McCormack JC	Wood R	Jones GH	Allan J	Deakin WE	Farrell A	Glover A	Hudson M	Jackson M	Jarman JE	Kaye A	Kelly JC	Lambert K	Lumley IT	March W	Normanton S	Pattison FM	Smillie RD	Scattergood E	Taylor T	Murphy E
R3	Jan	12	COLCHESTER UTD.	3-0	Jarman, McMorran, Wood	24429	1		3		5	10	7	9		8					2			4						6	11				
R4	Feb	2	Arsenal	0-4		65000	1	2	3		5	10	7	9										4						6	11				8

		P	W	D	L	F	A	W	D	L	F	A	Pts
1	Sheffield Wed.	42	14	4	3	54	23	7	7	7	46	43	53
2	Cardiff City	42	18	2	1	52	15	2	9	10	20	39	51
3	Birmingham City	42	11	6	4	36	21	10	3	8	31	35	51
4	Nottingham Forest	42	12	6	3	41	22	6	7	8	36	40	49
5	Leicester City	42	12	6	3	48	24	7	3	11	30	40	47
6	Leeds United	42	13	7	1	35	15	5	4	12	24	42	47
7	Everton	42	12	5	4	42	25	5	5	11	22	33	44
8	Luton Town	42	9	7	5	46	35	7	5	9	31	43	44
9	Rotherham United	42	11	4	6	40	25	6	4	11	33	46	42
10	Brentford	42	11	7	3	34	20	4	5	12	20	35	42
11	Sheffield United	42	13	2	6	57	28	5	3	13	33	48	41
12	West Ham United	42	13	5	3	48	29	2	6	13	19	48	41
13	Southampton	42	11	6	4	40	25	4	5	12	21	48	41
14	Blackburn Rovers	42	11	3	7	35	30	6	3	12	19	33	40
15	Notts County	42	11	5	5	45	27	5	2	14	26	41	39
16	Doncaster Rovers	42	9	4	8	29	28	4	8	9	26	32	38
17	Bury	42	13	2	6	43	22	2	5	14	24	47	37
18	Hull City	42	11	5	5	44	23	2	6	13	16	47	37
19	Swansea Town	42	10	4	7	45	26	2	8	11	27	50	36
20	BARNSLEY	42	8	7	6	39	33	3	7	11	20	39	36
21	Coventry City	42	9	5	7	36	33	5	1	15	23	49	34
22	Queen's Park Rgs.	42	8	8	5	35	35	3	4	14	17	46	34

1952/53 22nd in Division 2: Relegated

						Hough H	Youell JH	May H	Jarman JE	McNeil MA	Normanton S	Smith G	Lumley IT	McMorran EJ	Taylor T	Kelly JC	Allan J	Archer R	Bartlett F	Betts JB	Blenkinsop TW	Chappell L	Dougal W	Glover A	Hudson M	Jackson M	Kaye A	Kelly DC	Smillie RD	Smith N	Spruce GD	Thomas JC	Walls J	Wood R
1	Aug 23	Doncaster Rovers	1-1	G. Smith	19662	1	2	3	4	5	6	7	8	9	10	11																		
2	27	NOTTM. FOREST	0-2		14186	1	2	3		5	6	7	10	9	8	11								4										
3	30	SWANSEA TOWN	3-1	Lumley, Taylor, McMorran	11797	1	2	3		5	6	7	10	8	9	11										4								
4	Sep 3	Nottingham Forest	0-3		19009	1	2	3		5		7	10	8	9	11										6					4			
5	6	Huddersfield Town	0-6		33175	1	2			5	6		7	8	9	11									3									10
6	10	EVERTON	2-3	Taylor, D.Kelly	10835					5				8	10	11	1	4		2			6					9	7			3		
7	13	SHEFFIELD UNITED	1-3	McMorran	16307	1				5				8	10	11		4		2			6				7	9				3		
8	20	Rotherham United	1-3	Taylor	16327			2		5			8	10	9	11	1	4					6						7			3		
9	27	Lincoln City	1-1	Taylor	15293		2	3			4		8		9	11	1						6				7				5			10
10	Oct 4	HULL CITY	5-1	Taylor 2(1p),Lumley,Kaye,D.Kelly	12347	1	2	3			4		8		10	11							6				7	9			5			
11	11	PLYMOUTH ARGYLE	0-3		14855		2	3			4	7	8		10	11	1						6					9			5			
12	18	Leeds United	1-4	Taylor	22155			3			4			9	8	11	1			2			6				7				5			10
13	25	LUTON TOWN	2-3	D.Kelly, Taylor	11423	1		2		5		7		8	10	11							6		3			9		4				
14	Nov 1	Birmingham City	1-3	Chappell	19927	1		3		5				10	9	11				2		8	6				7			4				
15	8	BURY	3-2	Taylor 2, Lumley	11594	1	2			5			8	9	10	11					3		6				7			4				
16	15	Southampton	2-1	Taylor, Lumley	10447	1	2			5			8	10	9	11					3		6				7			4				
17	22	NOTTS COUNTY	1-2	McMorran	11626	1	2			5			8	9	10	11					3		6				7			4				
18	29	Leicester City	2-2	Taylor, McMorran	20497	1	2			5			8	9	10	11					3		6				7			4				
19	Dec 6	WEST HAM UNITED	2-0	Kaye, McMorran	8977	1				5			8	9	10	11				2			6		3		7			4				
20	13	Fulham	1-3	Lumley	13651	1				5			8		9	11				2			6		3		7			4				10
21	20	DONCASTER ROVERS	2-2	J.Kelly (pen), Taylor	9747	1				5			8	9	10	11				2			6		3		7			4				
22	25	Brentford	0-4		15976	1		2		5		11	10	9								8			3	6	7			4				
23	26	BRENTFORD	0-2		13725	1				5	6	7		9		11				2			10		3		8			4				
24	Jan 1	Everton	1-2	Taylor	25485					5	6	7		10	9	11					2		8		3					4			1	
25	3	Swansea Town	0-3		19607						4	7		10		11		5			2		6		3		8	9					1	
26	17	HUDDERSFIELD T	2-4	Taylor (2 pens)	28789					5	4		8	10	9	11							6		3		7			2			1	
27	24	Sheffield United	0-3		33495	1	2				6			8	10	11					5				3		7	9		4				
28	Feb 7	ROTHERHAM UNITED	2-3	Taylor 2	16542	1	2				6			8	10	11					5				3		7	9		4				
29	14	LINCOLN CITY	1-1	McMorran	7867	1	2			5	6	7	10	8	9										3				11	4				
30	21	Hull City	2-2	Taylor, McMorran	25015	1	2			5	6	7	10	8	9										3				11	4				
31	28	Plymouth Argyle	0-4		19005	1	2			5	6	7	10	8	9														11	4		3		
32	Mar 7	LEEDS UNITED	2-2	Bartlett, Kaye	11536	1	2			5			10					6	8								7		11	4		3		9
33	14	Luton Town	0-6		15315	1	2			5			10					6	8			9					7		11	4		3		
34	21	BIRMINGHAM CITY	1-3	Bartlett	7465	1				5	2					11		6	8			9					7			4		3		10
35	28	Bury	2-5	Chappell, N.Smith	7201						3	7	10			11		5	8			9				6				4		2	1	
36	Apr 3	Blackburn Rovers	0-2		18467			3			4		10			11		5				9	6				7			8		2	1	
37	4	SOUTHAMPTON	0-1		6524			3			6		10			11			8			9					7			4	5	2	1	
38	6	BLACKBURN ROVERS	1-4	Bartlett	4483	1		3			6		10			11		5	8			9					7			4		2		
39	11	Notts County	0-1		13855	1		3		5	6					11			8			10					7	9		4		2		
40	18	LEICESTER CITY	0-3		4697	1		3		5	6					11			8			10					7	9		4		2		
41	25	West Ham United	1-3	Chappell	13038	1		3		5	6		8			11			10			9							7	4		2		
42	29	FULHAM	1-1	Lumley	3204			3			6		8			11		5	10			9					7			4		2	1	

Played in game 5: T Ward (at 4).

	Hough H	Youell JH	May H	Jarman JE	McNeil MA	Normanton S	Smith G	Lumley IT	McMorran EJ	Taylor T	Kelly JC	Allan J	Archer R	Bartlett F	Betts JB	Blenkinsop TW	Chappell L	Dougal W	Glover A	Hudson M	Jackson M	Kaye A	Kelly DC	Smillie RD	Smith N	Spruce GD	Thomas JC	Walls J	Wood R
Apps	30	19	19	1	30	26	14	29	27	28	36	5	11	10	8	8	12	21	1	14	4	27	10	8	29	6	15	7	6
Goals							1	6	7	19	1			3			3					3	3		1				

F.A. Cup

						Hough H	Youell JH	May H	Jarman JE	McNeil MA	Normanton S	Smith G	Lumley IT	McMorran EJ	Taylor T	Kelly JC	Allan J	Archer R	Bartlett F	Betts JB	Blenkinsop TW	Chappell L	Dougal W	Glover A	Hudson M	Jackson M	Kaye A	Kelly DC	Smillie RD	Smith N	Spruce GD	Thomas JC	Walls J	Wood R
R3	Jan 10	BRIGHTON & HOVE ALB.	4-3	Taylor 2, Kaye, McMorran	17244						6		8	10	9	11		5			2				3		7			4			1	
R4	31	Plymouth Argyle	0-1		27800	1	2				6			8	10	11					5				3		7	9		4				

		P	W	D	L	F	A	W	D	L	F	A	Pts
1	Sheffield United	42	15	3	3	60	27	10	7	4	37	28	60
2	Huddersfield Town	42	14	4	3	51	14	10	6	5	33	19	58
3	Luton Town	42	15	1	5	53	17	7	7	7	31	32	52
4	Plymouth Argyle	42	12	5	4	37	24	8	4	9	28	36	49
5	Leicester City	42	13	6	2	55	29	5	6	10	34	45	48
6	Birmingham City	42	11	3	7	44	38	8	7	6	27	28	48
7	Nottingham Forest	42	11	5	5	46	32	7	3	11	31	35	44
8	Fulham	42	14	1	6	52	28	3	9	9	29	43	44
9	Blackburn Rovers	42	12	4	5	40	20	6	4	11	28	45	44
10	Leeds United	42	13	4	4	42	24	1	11	9	29	39	43
11	Swansea Town	42	10	9	2	45	26	5	3	13	33	55	42
12	Rotherham United	42	9	7	5	41	30	7	2	12	34	44	41
13	Doncaster Rovers	42	9	9	3	26	17	3	7	11	32	47	40
14	West Ham United	42	9	5	7	38	28	4	8	9	20	32	39
15	Lincoln City	42	9	9	3	41	26	2	8	11	23	45	39
16	Everton	42	9	8	4	38	23	3	6	12	33	52	38
17	Brentford	42	8	8	5	38	29	5	3	13	21	47	37
18	Hull City	42	11	6	4	36	19	3	2	16	21	50	36
19	Notts County	42	11	5	5	41	31	3	3	15	19	57	36
20	Bury	42	10	6	5	33	30	3	3	15	20	51	35
21	Southampton	42	5	7	9	45	44	5	6	10	23	41	33
22	BARNSLEY	42	4	4	13	31	46	1	4	16	16	62	18

1953/54 2nd in Division 3(N)

#	Date		Opponent	Score	Scorers	Att	Hough H	Thomas JC	May H	Smith N	Spruce GD	Normanton S	Kaye A	Lumley IT	Wood R	Brown R	Pattison FM	Kelly DC	Smith G	Hudson M	Walters H	Chappell L	Smillie RD	Archer R	Bartlett F	Wardle W	Jackson M	Sharp D
1	Aug	19	Bradford City	0-1		15630	1	2	3	4	5	6	7	8	9	10	11											
2		22	Port Vale	0-0		14223	1	2	3	4	5	6	7	8		10	11	9										
3		26	Chester	1-1	Brown	7117	1	2	3	4	5	6	7	8		10	11	9										
4		29	BRADFORD PARK AVE.	2-1	Smith N, Brown	7480	1	2	3	4	5	6		8		10	11	9	7									
5	Sep	2	CHESTER	3-0	Lumley, Kelly, Pattison	9969	1	2	3	4	5	6		8		10	11	9	7									
6		5	CHESTERFIELD	4-1	Lumley 3, Pattison	12640	1	2	3	4	5	6		8		10	11	9	7									
7		7	Crewe Alexandra	2-3	Lumley, Kelly	8895	1	2		4	5	6		8		10	11	9	7	3								
8		12	Darlington	1-1	Chappell	6912	1	2		4	5	6		8		10	11		7		3	9						
9		16	CREWE ALEXANDRA	1-1	Chappell	10866	1	2			5	6		8		10			7	3	4	9	11					
10		19	HARTLEPOOLS UNITED	3-2	Smillie, Chappell, Brown	10757	1	2	3		5	6		8		10	11				4	9	7					
11		23	SOUTHPORT	2-1	Brown, Lumley (pen)	9198	1	2	3		5			8		10			7		4	9	11	6				
12		26	Gateshead	0-0		10417	1	2	3		5			8		10			7		4	9	11	6				
13	Oct	3	WORKINGTON	4-2	Lumley 2, Chappell, Brown	10985	1	2	3	4	5			8		10			7		6	9	11					
14		10	Halifax Town	2-1	Lumley, Chappell	9354	1	2	3	4	5			8		10			7		6	9	11					
15		17	CARLISLE UNITED	1-1	Brown	11369	1	2	3	4	5			8		10			7		6	9	11					
16		24	Accrington Stanley	0-3		8891	1	2	3	4	5			8		10			7		6	9			11			
17		31	GRIMSBY TOWN	0-0		8438	1	2	3	4	5		7		8	10					6	9			11			
18	Nov	7	Stockport County	0-3		6530	1	2	3	4	5		7		8	10					6	9			11			
19		14	ROCHDALE	2-1	Kaye, Brown	8146	1	2	3	4	5		7	8		10					6	9				11		
20		28	MANSFIELD TOWN	2-1	Kaye, Brown	9241	1	2	3	4			7	8		10					6	9				11		5
21	Dec	5	Barrow	1-0	Brown	6311	1	2	3		5		7	8		10					6	9				11		
22		19	PORT VALE	0-1		11426	1	2	3	4	5		7	8		10						9			11		6	
23		25	York City	2-0	Chappell 2	5160	1	2	3	4	5		7	8		10					6	9			11			
24		26	YORK CITY	2-1	Chappell, Brown	9631	1	2	3	4	5		7		8	10					6	9			11			
25	Jan	1	Southport	2-5	Chappell 2	5483	1	2	3	4	5		7	8		10					6	9			11			
26		2	Bradford Park Avenue	2-0	Brown 2	11141	1	2	3	4	5		7	8		10					6	9				11		
27		9	BRADFORD CITY	4-2	Chappell 2, Brown, Wardle	8719	1	2	3	4	5		7	8		10					6	9				11		
28		16	Chesterfield	1-1	Walters	8399	1	2	3	4	5		7	8		10					6	9				11		
29		23	DARLINGTON	5-1	Kaye, Brown 4 (1 pen)	7956	1	2	3	4	5		7	8		10					6	9				11		
30	Feb	6	Hartlepools United	1-0	Chappell	7276	1	2	3	4			7	8		10					6	9				11		5
31		20	Workington	0-2		12172	1	2	3	4	5		7	8		10					6	9				11		
32		27	HALIFAX TOWN	1-2	Lumley	9123	1	2	3	4	5		7	8		10					6	9				11		
33	Mar	3	Tranmere Rovers	1-0	Lumley	3168	1	2	3	4	5		7	8		10					6	9				11		
34		6	Carlisle United	4-2	Chappell 3, Brown	4954	1	2	3	4	5		7	8		10					6	9				11		
35		13	ACCRINGTON STANLEY	5-0	Kaye 2, Chappell 2, Brown	8131	1	2	3	4	5		7	8		10					6	9				11		
36		20	Grimsby Town	1-0	Brown	6616	1	2	3	4	5		7	8		10					6	9				11		
37		27	STOCKPORT COUNTY	4-1	Walters, Chappell, Brown 2	9367	1	2	3	4	5		7	8		10					6	9				11		
38		31	GATESHEAD	0-2		12960	1	2	3	4	5		7	8		10					6	9				11		
39	Apr	3	Rochdale	1-1	Lumley	5785	1	2	3		5		7	8		10					6	9	4			11		
40		10	WREXHAM	3-0	Kelly 2, Brown	8763	1	2	3		5		7	8		10		9			6		4	11				
41		16	Scunthorpe United	0-6		10302	1	2	3		5		7	8		10					6	9	4	11				
42		17	Mansfield Town	0-2		10031	1	2			5		7	8		10				3	6	9				11	4	
43		19	SCUNTHORPE UNITED	0-1		10867	1	2			5		7	8		10				3	6	9				11	4	
44		21	TRANMERE ROVERS	3-0	Kaye, Chappell, Brown	5860	1	2			5		7	8		10				3	6	9				11	4	
45		24	BARROW	3-2	Lumley 2, Chappell	6889	1	2	3		5		7	8		10						9	6			11	4	
46		28	Wrexham	1-1	Chappell	6585	1	2	3		5		7	8		10					6	9				11	4	
					Apps		46	46	40	34	44	10	33	43	4	46	9	7	12	5	37	38	7	6	9	22	6	2
					Goals					1			6	14		24	2	4			2	22	1		1			

F.A. Cup

	Date		Opponent	Score	Scorers	Att	Hough H	Thomas JC	May H	Smith N	Spruce GD	Normanton S	Kaye A	Lumley IT	Wood R	Brown R	Pattison FM	Kelly DC	Smith G	Hudson M	Walters H	Chappell L	Smillie RD	Archer R	Bartlett F	Wardle W	Jackson M	Sharp D
R1	Nov	21	YORK CITY	5-2	Kaye, Lumley, Bartlett 2, Chappell	14755	1	2	3	4			7	8		10					6	9			5	11		
R2	Dec	12	Norwich City	1-2	Brown	20655	1	2	3	4	5		7	8		10					6	9				11		

		P	W	D	L	F	A	W	D	L	F	A	Pts
1	Port Vale	46	16	7	0	48	5	10	10	3	26	16	69
2	BARNSLEY	46	16	3	4	54	24	8	7	8	23	33	58
3	Scunthorpe United	46	14	7	2	49	24	7	8	8	28	32	57
4	Gateshead	46	15	4	4	49	22	6	9	8	25	33	55
5	Bradford City	46	15	6	2	40	14	7	3	13	20	41	53
6	Chesterfield	46	13	6	4	41	19	6	8	9	35	45	52
7	Mansfield Town	46	15	5	3	59	22	5	6	12	29	45	51
8	Wrexham	46	16	4	3	59	19	5	5	13	22	49	51
9	Bradford Park Ave.	46	13	6	4	57	31	5	8	10	20	37	50
10	Stockport County	46	14	6	3	57	20	4	5	14	20	47	47
11	Southport	46	12	5	6	41	26	5	7	11	22	34	46
12	Barrow	46	12	7	4	46	26	4	5	14	26	45	44
13	Carlisle United	46	10	8	5	53	27	4	7	12	30	44	43
14	Tranmere Rovers	46	11	4	8	40	34	7	3	13	19	36	43
15	Accrington Stanley	46	12	7	4	41	22	4	3	16	25	52	42
16	Crewe Alexandra	46	9	8	6	30	26	5	5	13	19	41	41
17	Grimsby Town	46	14	5	4	31	15	2	4	17	20	62	41
18	Hartlepools United	46	10	8	5	40	21	3	6	14	19	44	40
19	Rochdale	46	12	5	6	40	20	3	5	15	19	57	40
20	Workington	46	10	9	4	36	22	3	5	15	23	58	40
21	Darlington	46	11	3	9	31	27	1	11	11	19	44	38
22	York City	46	8	7	8	39	32	4	6	13	25	54	37
23	Halifax Town	46	9	6	8	26	21	3	4	16	18	52	34
24	Chester	46	10	7	6	39	22	1	3	19	9	45	32

1954/55 Champions of Division 3(N)

#	Date		Opponent	Score	Scorers	Att	Hough H	Thomas JC	May H	Smith N	Spruce GD	Walters H	Kaye A	Lumley IT	Chappell L	Brown R	Wardle W	Kelly DC	Betts JB	Wood R	Jackson M	Archer R	Jarman JE	Holmes T	Smillie RD	Graham M	Pattison FM	Bartlett F
1	Aug	21	OLDHAM ATHLETIC	2-2	Lumley, Brown	11386	1	2	3	4	5	6	7	8	9	10	11											
2		23	Bradford Park Avenue	0-1		12744	1	2	3	4	5	6	7	8		10	11	9										
3		28	Halifax Town	1-1	Brown	10247	1	2	3	4	5	6	7	8	9	10	11											
4	Sep	1	BRADFORD PARK AVE.	2-1	Brown, Pattison	12679	1	2	3	4	5	6	7		9	10				8							11	
5		4	YORK CITY	1-0	Smith	11446	1	2	3	4	5	6	7		9	10				8							11	
6		9	Scunthorpe United	0-1		12158	1	2	3		5	6	7	8	9	10	11			4								
7		11	Southport	2-0	Kaye, Brown	3996	1	2	3		5	6	7		9	10			8	4					11			
8		15	SCUNTHORPE UNITED	1-0	Brown	16431	1	2	3		5	6	7		9	10			8	4							11	
9		18	BARROW	3-0	Wood, Chappell 2	12175	1	2	3		5	6	7		9	10			8	4							11	
10		22	ACCRINGTON STANLEY	1-2	Chappell	14095	1	2	3		5	6			9	10	11		8		4							
11		25	Workington	0-1		7831	1	2	3		5	6	7		9	10					4	8			11			
12		27	Accrington Stanley	3-2	Lumley, Brown, Holliday (og)	12735	1	2	3		5	6	7	8	9	10					4							11
13	Oct	2	MANSFIELD TOWN	1-0	Bartlett	14234	1	2	3		5	6	7	8	9	10					4							11
14		9	Rochdale	0-3		11552	1	2	3		5	6	7	8	9	10					4							11
15		16	TRANMERE ROVERS	4-1	Lumley, Chappell 3	11001	1	2	3		5	6	7	8	9	10	11				4							
16		23	Stockport County	0-1		7325	1	2	3		5	6		8	9	10					4				11			
17		30	HARTLEPOOLS UNITED	0-0		10377	1	2	3		5	6			8	9	10				4			7				11
18	Nov	6	Gateshead	4-0	Wood, Bartlett 3	5290	1	2	3	4	5				8	9				10	6			7				11
19		13	DARLINGTON	4-1	Chappell 3, Wood	8679	1	2	3	4	5		7		8	9				10	6							11
20		27	CREWE ALEXANDRA	3-1	Chappell 3	9102	1	2	3	4	5		7		8	9				10								11
21	Dec	4	Carlisle United	4-2	Lumley, Chappell, Wood, Bartlett	5153	1	2	3	4	5		7	8	9					10								11
22		18	Oldham Athletic	1-4	Chappell	8815	1	2	3	4	5	6			8	9				10					11			
23		25	Grimsby Town	3-1	Chappell, Bartlett 2	10400	1		3	4	5		7	8	9			2		10	6							11
24		27	GRIMSBY TOWN	1-3	Bartlett	16887	1		3	4	5	6	7	8	9			2		10								11
25	Jan	1	HALIFAX TOWN	3-0	Smith, Brown, Bartlett	13128	1	2	3	4	5		7	8		9				6						10		11
26		8	WREXHAM	4-2	Wood, Lumley, Brown, Graham	10694	1	2	3	4	5		7			9				6						10		11
27		15	York City	3-1	Chappell, Brown, Bartlett	7810	1	2	3	4	5		7	8	9	10				6								11
28		29	Wrexham	0-3		6675	1	2	3	4	5		7	8	9	10				6								11
29	Feb	5	Barrow	1-3	Brown	4809	1	2	3	4	5		7	8		9				6						10		11
30		12	WORKINGTON	3-1	Bartlett 3	6192	1	2	3	4	5		7	8		9				10		6						11
31		19	Mansfield Town	1-1	Brown	4020	1	2	3	4	5		7	8		9				10		6						11
32	Mar	5	Tranmere Rovers	1-0	Wood	5788	1	2	3	4	5			8		9				10		6		7				11
33		12	STOCKPORT COUNTY	2-0	Brown 2	9485	1	2	3	4	5		7	8		9				10		6						11
34		19	Hartlepools United	3-0	Kaye, Wood, Bartlett	8411	1	2	3	4	5		7	8		9				10		6						11
35		26	GATESHEAD	3-0	Kaye 2, Wood	6253	1	2	3	4	5		7	8	9					10		6						11
36	Apr	2	Darlington	1-0	Lumley	6760	1	2	3	4	5		7	8	9					10		6						11
37		9	CHESTERFIELD	3-0	Chappell 2, Wood	17248	1	2	3	4	5		7	8	9					10		6						11
38		11	BRADFORD CITY	1-0	Chappell	18929	1	2	3	4	5		7	8	9					10		6						11
39		12	Bradford City	2-0	Kaye, Wood	18514	1	2	3	4	5		7	8	9					10	6							11
40		16	Crewe Alexandra	2-1	Brown, Bartlett	5450	1	2	3	4	5		7	8	9	10				6								11
41		23	CARLISLE UNITED	3-1	Chappell 2, Milton (og)	13581	1	2	3	4	5		7	8	9					10		6						11
42		25	Chesterfield	1-3	Jarman	13148	1	2	3	4	5		7	8	9					10		6						11
43		27	SOUTHPORT	0-0		13951	1	2	3	4	5		7	8		9				10		6						11
44		30	Chester	2-0	Lumley, Brown	6566	1	2	3	4	5	6	7	8		9				10								11
45	May	3	ROCHDALE	2-0	Wood 2	11682	1	2	3	4		5	7	8	9	11		6		10								
46		4	CHESTER	4-2	Lumley, Brown 3	10044	1	2	3	4			7	8	9	10		5							6	11		
					Apps		46	44	46	34	44	23	43	39	34	33	6	1	4	35	14	2	12	1	8	3	4	30
					Goals					2			5	8	21	18				12			1			1	1	15

Two own goals

F.A. Cup

	Date		Opponent	Score	Scorers	Att	Hough H	Thomas JC	May H	Smith N	Spruce GD	Walters H	Kaye A	Lumley IT	Chappell L	Brown R	Wardle W	Kelly DC	Betts JB	Wood R	Jackson M	Archer R	Jarman JE	Holmes T	Smillie RD	Graham M	Pattison FM	Bartlett F
R1	Nov	20	WIGAN ATHLETIC	3-2	Bartlett, Lumley 2	17767	1	2	3	4	5			8	9					10	6			7				11
R2	Dec	11	Gateshead	3-3	Wood, Kaye, Bartlett	11394	1	2	3	4	5	6	7	8	9					10								11
rep		16	GATESHEAD	0-1		13531	1	2	3	4	5	6	7	8	9					10								11

		P	W	D	L	F	A	W	D	L	F	A	Pts
1	BARNSLEY	46	18	3	2	51	17	12	2	9	35	29	65
2	Accrington Stanley	46	18	2	3	65	32	7	9	7	31	35	61
3	Scunthorpe United	46	14	6	3	45	18	9	6	8	36	35	58
4	York City	46	13	5	5	43	27	11	5	7	49	36	58
5	Hartlepools United	46	16	3	4	39	20	9	2	12	25	29	55
6	Chesterfield	46	17	1	5	54	33	7	5	11	27	37	54
7	Gateshead	46	11	7	5	38	26	9	5	9	27	43	52
8	Workington	46	11	7	5	39	23	7	7	9	29	32	50
9	Stockport County	46	13	4	6	50	27	5	8	10	34	43	48
10	Oldham Athletic	46	14	5	4	47	22	5	5	13	27	46	48
11	Southport	46	10	9	4	28	18	6	7	10	19	26	48
12	Rochdale	46	13	7	3	39	20	4	7	12	30	46	48
13	Mansfield Town	46	14	4	5	40	28	4	5	14	25	43	45
14	Halifax Town	46	9	9	5	41	27	6	4	13	22	40	43
15	Darlington	46	10	7	6	41	28	4	7	12	21	45	42
16	Bradford Park Ave.	46	11	7	5	29	21	4	4	15	27	49	41
17	Barrow	46	12	4	7	39	34	5	2	16	31	55	40
18	Wrexham	46	9	6	8	40	35	4	6	13	25	42	38
19	Tranmere Rovers	46	9	6	8	37	30	4	5	14	18	40	37
20	Carlisle United	46	12	1	10	53	39	3	5	15	25	50	36
21	Bradford City	46	9	5	9	30	26	4	5	14	17	29	36
22	Crewe Alexandra	46	8	10	5	45	35	2	4	17	23	56	34
23	Grimsby Town	46	10	4	9	28	32	3	4	16	19	46	34
24	Chester	46	10	3	10	23	25	2	6	15	21	52	33

1955/56 18th in Division 2

#	Date		Opponent	Score	Scorers	Att	Hough H	Thomas JC	Betts JB	Smith N	Spruce GD	Jaman JE	Kaye A	Wood R	Chappell L	Lumley IT	Brown R	Graham M	Swift C	Bartlett F	Jackson M	Walters H	Gillott P	Holmes T	Anderson WB	Sharp D	Archer R	Smillie RD	Duggins G	Edgar J	McCann J
1	Aug	20	LEEDS UNITED	2-1	Kaye, Wood	19341	1	2	3	4	5	6	7	10	9	8	11														
2		25	Notts County	2-2	Graham, Brown	15517	1	2	3		5	6	7	4	9	8	11	10													
3		27	Fulham	1-5	Graham	21645	1		3		5	6	7	4	9	8	11	10	2												
4		31	NOTTS COUNTY	3-1	Kaye, Graham 2	16636	1		3		5	6	7	4	9	8	11	10	2												
5	Sep	3	BURY	3-3	Brown, Graham 2	17149	1		3		5	6	7	4		8	9	10	2	11											
6		5	Rotherham United	0-0		18847	1		3		5	6	7	4		8	9	10	2	11											
7		10	Leicester City	0-0		22856	1		3		5	6	7	4		8	9	10	2	11											
8		14	ROTHERHAM UNITED	3-2	Brown, Graham, Bartlett	19446	1		3		5	6	7	4		8	9	10	2	11											
9		17	Middlesbrough	1-1	Brown	24960	1		3		5	6	7	4		8	9	10	2	11											
10		24	BRISTOL CITY	0-0		19545	1		3		5	6	7	10		8	9		2	11	4										
11	Oct	1	West Ham United	0-4		20863	1		3		5	6	7	10		8	9		2	11	4										
12		8	LINCOLN CITY	1-0	Lumley	14819	1		3				7	6	9	8	10		2	11	4	5									
13		15	Blackburn Rovers	1-5	Brown	22288	1		3				7	6	9		10		2	11	4	5	8								
14		22	PLYMOUTH ARGYLE	1-2	Wood	11306	1		3			6	7	10		8	9		2	11		5		4							
15		29	Nottingham Forest	0-1		11412	1					6	7	10		8	9		2	11	3			4	5						
16	Nov	5	SHEFFIELD WEDNESDAY	0-3		21669	1						7	6		8	9		2	11	3			4	5				10		
17		12	Doncaster Rovers	1-1	Brown	12517	1		3				7	10		8	9		2	11				4	5						
18		19	BRISTOL ROVERS	4-3	Brown 2, Wood, Bartlett	11707	1		3				7	10		8	9		2	11			6	4	5						
19		26	Stoke City	1-2	Wood	17729	1		3				7	10		8	9		2	11			6	4	5						
20	Dec	3	HULL CITY	2-1	Kaye, Brown	14050	1		3				7	4	9	8	10		2	11			6		5						
21		10	Liverpool	1-1	Brown	26241	1		3				7	4	9	8	10		2	11			6		5						
22		17	Leeds United	1-3	Bartlett	23493	1		3				7	4	9	8	10		2	11			6		5						
23		24	FULHAM	3-0	Chappell 2, Greenwood (og)	15018	1		3				7	4	9	8	10		2	11			6		5						
24		26	Port Vale	2-1	Wood, Bartlett	19130	1		3				7	4	9	8	10		2	11			6		5						
25		27	PORT VALE	1-2	Brown	22067	1		3				7	4	9	8	10		2	11			6		5						
26		31	Bury	0-3		12972	1		3				7	4	9	8	10		2	11			6		5						
27	Jan	14	LEICESTER CITY	0-1		13282	1		3				7	4			10	8	2	11			6		5		9				
28		21	MIDDLESBROUGH	0-4		15934	1		3				7	4	9		10	8	2	11			6		5						
29	Feb	4	Bristol City	0-2		19581	1		3				7			8	10		2	11			6		5		4	9			
30		11	WEST HAM UNITED	1-1	Graham	8432	1		3				7	10	9	8	11	2					6		5	4					
31		18	Bristol Rovers	1-1	Wood	20979	1		3				7	10	9		11	2	8				6		5	4					
32		25	BLACKBURN ROVERS	2-1	Chappell 2	11683	1		3				7	10	9		11	2	8				6		5	4					
33	Mar	3	Plymouth Argyle	0-3		12600	1		3				7	10	9		11	2	8				6		5	4					
34		10	LIVERPOOL	0-5		13778	1		3				7	10	9		11	2	8				6		5	4					
35		21	Sheffield Wednesday	0-3		30873	1	2					7	10	9		11	3	8				6		5	4					
36		24	DONCASTER ROVERS	2-2	Kaye 2	9892	1	2					7		9		10	11	8			3	6		5	4					
37		31	Lincoln City	0-4		11787	1	2	3		5			7			10	11	8				6			4	9				
38	Apr	2	SWANSEA TOWN	3-2	Wood, Chappell 2	12208	1	2	3		5			8	9		10		11				6	4			7				
39		7	STOKE CITY	1-0	Bartlett	9754	1	2	3		5			8	9		10		11				6	4			7				
40		14	Hull City	1-4	Kaye	8931	1	2	3		5		8	10	9				11				6	4			7				
41		21	NOTTM. FOREST	1-1	Wood	11429	1	2	3		5		7	8	9		10						6	4							11
42		28	Swansea Town	1-3	Kaye	11502	1	2	3	4	5		7		9		10		8	6											11
					Apps		42	10	38	2	17	13	39	38	27	25	36	19	33	36	4	31	1	5	6	22	9	3	3	1	2
					Goals								7	8	6	1	11	8		5											

One own goal

F.A. Cup

R3	Jan	7	Aldershot	2-1	Brown 2	12285	1		3				7	4	9		10	8	2	11			6		5						
R4		28	BLACKBURN ROVERS	0-1		38163	1		3				7	4		10	9	8	2	11			6		5						

	P	W	D	L	F	A	W	D	L	F	A	Pts
1 Sheffield Wed.	42	13	5	3	60	28	8	8	5	41	34	55
2 Leeds United	42	17	3	1	51	18	6	3	12	29	42	52
3 Liverpool	42	14	3	4	52	25	7	3	11	33	38	48
4 Blackburn Rovers	42	13	4	4	55	29	8	2	11	29	36	48
5 Leicester City	42	15	3	3	63	23	6	3	12	31	55	48
6 Bristol Rovers	42	13	3	5	53	33	8	3	10	31	37	48
7 Nottingham Forest	42	9	5	7	30	26	10	4	7	38	37	47
8 Lincoln City	42	14	5	2	49	17	4	5	12	30	48	46
9 Fulham	42	15	2	4	59	27	5	4	12	30	52	46
10 Swansea Town	42	14	4	3	49	23	6	2	13	34	58	46
11 Bristol City	42	14	4	3	49	20	5	3	13	31	44	45
12 Port Vale	42	12	4	5	38	21	4	9	8	22	37	45
13 Stoke City	42	13	2	6	47	27	7	2	12	24	35	44
14 Middlesbrough	42	11	4	6	46	31	5	4	12	30	47	40
15 Bury	42	9	5	7	44	39	7	3	11	42	51	40
16 West Ham United	42	12	4	5	52	27	2	7	12	22	42	39
17 Doncaster Rovers	42	11	5	5	45	30	1	6	14	24	66	35
18 BARNSLEY	42	10	5	6	33	35	1	7	13	14	49	34
19 Rotherham United	42	7	5	9	29	34	5	4	12	27	41	33
20 Notts County	42	8	5	8	39	37	3	4	14	16	45	31
21 Plymouth Argyle	42	7	6	8	33	25	3	2	16	21	62	28
22 Hull City	42	6	4	11	32	45	4	2	15	21	52	26

1956/57 — 19th in Division 2

#	Date		Opponent	Score	Scorers	Att	Hough H	Betts JB	Thomas JC	Smith N	Spruce GD	Walters H	Kaye A	Wood R	Chappell L	Graham M	Brown R	McCann J	Swift C	Bartlett F	Storey S	Short J	Holmes T	Duggins G	Edgar J	Sharp D	Hirst MW	Leeson D	Hooley JW	Price B	Gillott P	Lunn J
1	Aug	18	Port Vale	0-0		14336	1	2	3	4	5	6	7	8	9	10	11														
2		22	SWANSEA TOWN	2-3	Kaye, Brown	13610	1	2	3	4	5	6	7	8	9	10	11														
3		25	MIDDLESBROUGH	1-3	Chappell	11651	1	2	3	4	5	6	7	8	9	10	11														
4		30	Swansea Town	3-2	Walters 2, Kaye	19342	1	2	3	4	5	6	7	8	9	10				11											
5	Sep	1	SHEFFIELD UNITED	1-6	Kaye	21189	1	2	3	4	5	6	7	8	9	10				11											
6		5	LINCOLN CITY	5-2	Smith, Storey, Chappell, Graham, McCann	9377	1		2	4	5	6	7		9	10		11	3		8										
7		8	Bristol City	2-1	Brown, McCann	19863	1		2	4	5	6	7			10	9	11	3		8										
8		15	BLACKBURN ROVERS	3-3	Kaye 2, Graham	14605	1		2	4	5	6	7			10	9	11	3		8										
9		22	West Ham United	0-2		19412	1		2	4	5	6	7			10		11	3		8					9					
10		29	NOTTM. FOREST	1-1	McCann	15666	1		2		5	6	7			10		11	3	4	8			9							
11	Oct	6	Leicester City	2-5	Duggins, Kaye (pen)	27360	1		2		5	6	7			10		11	3	4	8			9							
12		13	BRISTOL ROVERS	0-2		15052	1		2		5	6	7			10		11	3	4	8			9							
13		20	Doncaster Rovers	2-5	Chappell, Graham	14971	1		2		5	6	7		9	10		11	3	4	8										
14		27	LIVERPOOL	4-1	Storey, McCann 2, Kaye (pen)	14035	1				5		7		9	10		11	3	4	8	2	6								
15	Nov	3	Leyton Orient	0-2		17441	1				5		7		9	10		11	3	4	8	2	6								
16		10	HUDDERSFIELD T	0-5		15234	1				5		7		9	10		11	3	4	8	2	6								
17		17	Bury	2-1	Duggins 2	9713	1				5	6	7			10		11	3	4	8	2		9							
18		24	GRIMSBY TOWN	2-0	Kaye 2	11371	1				5	6	7					11	3	4	8	2	10	9							
19	Dec	1	Notts County	2-3	Duggins 2	11133	1				5	6	7					11	3	4	8	2		9	10						
20		8	STOKE CITY	2-2	Kaye, McCann	11710	1				5	6	7					11	3	4	8	2		9	10						
21		15	PORT VALE	2-0	Kaye, Storey	9683	1				5	6	7					11	3	4	8	2		9	10						
22		22	Middlesbrough	2-1	Edgar, McCann	11147	1				5	6	7					11	3	4	8	2		9	10						
23		25	Rotherham United	0-0		14332	1				5	6	7					11	3	4	8	2		9	10						
24		26	ROTHERHAM UNITED	1-1	Duggins	11031					5	6	7	10				11	3	4	8	2		9				1			
25		29	Sheffield United	0-5		25893	1				5	6	7	10				11	3	4	8	2		9							
26	Jan	12	BRISTOL CITY	3-0	Bartlett, Kaye, Edgar	13517	1					6	7		9			11	3	4		2	8		10	5					
27		19	Blackburn Rovers	0-2		21075	1					6	7	8	9			11	3	4		2			10	5					
28	Feb	2	WEST HAM UNITED	1-2	Edgar	15931	1					6	7					11	3	4		2	8	9	10	5					
29		9	Nottingham Forest	1-7	Edgar	25994	1				5	6			9			11	3	4		2			10		8				7
30		23	Bristol Rovers	1-1	Holmes	13918	1					6	7		9			11	3	4	8	2	10			5					
31		27	LEICESTER CITY	2-0	Storey, Chappell	11240	1				5	6	7		9			11	3	4	8	2	10								
32	Mar	2	DONCASTER ROVERS	3-1	Graham 2, Kaye (pen)	16928	1				5	6	7		9	10		11	3	4		2		8							
33		9	Liverpool	1-2	McCann	30672	1				5	6	7		9			11	3	4	8	2	10								
34		16	LEYTON ORIENT	3-0	Holmes, Kaye (pen), Chappell	13000	1		3		5	6	7		9			11		4	8	2	10								
35		23	Huddersfield Town	0-2		16772	1				5	6	7		9			11	3	4	8	2	10								
36		30	BURY	1-1	Chappell	10196	1				5	6	7		9	10		11	3	4	8	2									
37	Apr	6	Grimsby Town	1-4	Kaye	10413	1				5	6	7	4	9	10		11	3			2		8							
38		13	NOTTS COUNTY	1-1	Graham	7652	1				5	6	7	4	9	10		11	3			2		8							
39		19	Fulham	0-2		16993	1		3		5	6	7	4	9			11			8	2	10								
40		20	Stoke City	0-3		11504	1		3		5	6	7	4	9	10		11			8	2									
41		22	FULHAM	1-1	Wood	8531	1	2			5	6	7	8	9			11					10						4	3	
42		27	Lincoln City	1-4	Holmes	7282	1	2			5	6	7	4	9			11	3		8		10								
			Apps				41	5	18	9	38	39	41	14	26	22	5	37	33	29	29	27	14	13	12	4	1	1	1	1	1
			Goals							1		2	15	1	6	6	2	8		1	4		3	6	4						

F.A. Cup

	Date		Opponent	Score	Scorers	Att	Hough H				Spruce GD	Walters H	Kaye A	Wood R	Chappell L			McCann J	Swift C	Bartlett F	Storey S	Short J	Holmes T	Duggins G	Edgar J	Sharp D					
R3	Jan	5	PORT VALE	3-3	Kaye 2, Bartlett	17951	1				5	6	7	10				11	3	4	8	2		9							
rep		7	Port Vale	1-0	Hayward og	15623	1					6	7		9			11	3	4		2	8		10	5					
R4		26	Cardiff CITY	1-0	Bartlett	31919	1					6	7		9			11	3	4		2	8		10	5					
R5	Feb	16	NOTTM. FOREST	1-2	Kaye	40626	1					6	7		9			11	3	4	8	2			10	5					

		P	W	D	L	F	A	W	D	L	F	A	Pts
1	Leicester City	42	14	5	2	68	36	11	6	4	41	31	61
2	Nottingham Forest	42	13	4	4	50	29	9	6	6	44	26	54
3	Liverpool	42	16	1	4	53	26	5	10	6	29	28	53
4	Blackburn Rovers	42	12	6	3	49	32	9	4	8	34	43	52
5	Stoke City	42	16	2	3	64	18	4	6	11	19	40	48
6	Middlesbrough	42	12	5	4	51	29	7	5	9	33	31	48
7	Sheffield United	42	11	6	4	45	28	8	2	11	42	48	46
8	West Ham United	42	12	4	5	31	24	7	4	10	28	39	46
9	Bristol Rovers	42	12	5	4	47	19	6	4	11	34	48	45
10	Swansea Town	42	12	3	6	53	34	7	4	10	37	56	45
11	Fulham	42	13	1	7	53	32	6	3	12	31	44	42
12	Huddersfield Town	42	10	3	8	33	27	8	3	10	35	47	42
13	Bristol City	42	13	2	6	49	32	3	7	11	25	47	41
14	Doncaster Rovers	42	12	5	4	51	21	3	5	13	26	56	40
15	Leyton Orient	42	7	8	6	34	38	8	2	11	32	46	40
16	Grimsby Town	42	12	4	5	41	26	5	1	15	20	36	39
17	Rotherham United	42	9	7	5	37	26	4	4	13	37	49	37
18	Lincoln City	42	9	4	8	34	27	5	2	14	20	53	34
19	BARNSLEY	42	8	7	6	39	35	4	3	14	20	54	34
20	Notts County	42	7	6	8	34	32	2	6	13	24	54	30
21	Bury	42	5	3	13	37	47	3	6	12	23	49	25
22	Port Vale	42	7	4	10	31	42	1	2	18	26	59	22

1957/58 — 14th in Division 2

#	Date	Opponent	Score	Scorers	Att	Hough H	Short J	Swift C	Bartlett F	Sharp D	Wood R	Kaye A	Anderson E	Chappell L	Beaumont F	McCann J	Smith N	Graham M	Edgar J	Houghton WG	Jones B	Barber DE	Lunn J	Gillott P	Whyke P	Duggins G	Hopkins OT	Thomas JC	Price B	Leeson D
1	Aug 24	BRISTOL ROVERS	2-2	Chappell, Beaumont	12725	1	2	3	4	5	6	7	8	9	10	11														
2	28	Ipswich Town	0-3		20468	1	2	3	4	5	6	7	8	9	10	11														
3	31	Derby County	4-1	Kaye, Chappell 3	22376	1	2	3	4	5	6	7	8	9		11	10													
4	Sep 4	IPSWICH TOWN	5-1	Kaye 3 (2 pens), Wood, Anderson	12272	1	2	3	4	5	6	7	8	9		11	10													
5	7	SWANSEA TOWN	1-0	Kaye (pen)	15844	1	2	3	4	5	6	7	8	9		11	10													
6	9	Blackburn Rovers	1-3	Smith	13006	1	2	3	4	5	6	7	8	9		11	10													
7	14	Fulham	1-1	Chappell	24440	1	2	3	4	5	6	7	8	9		11		10												
8	18	BLACKBURN ROVERS	0-2		12814	1	2	3	4			7	8	9		11		10		6										
9	21	MIDDLESBROUGH	1-1	Beaumont	11577	1	2	3	4	5		7			10			8	11	6					9					
10	28	WEST HAM UNITED	1-0	Smith	12182	1	2	3	4	5		7		9		11	8		10	6										
11	Oct 5	Sheffield United	0-0		25416	1	2	3	4	5		7		9			8	11	10	6										
12	12	Leyton Orient	1-2	Chappell	15149	1	2	3	4	5		7		9		11	8		10	6										
13	19	CHARLTON ATHLETIC	4-1	Bartlett, Wood, Smith, Graham	15124	1	2	3	4		6	7		9		11	8	10									5			
14	28	Doncaster Rovers	1-1	Graham	18971	1	2	3	4	5	6	7		9		11	8	10												
15	Nov 2	ROTHERHAM UNITED	3-0	Smith 2, Graham	18943	1	2	3	4	5	6	7		9		11	8	10												
16	9	Huddersfield Town	5-0	Wood, Smith, Graham 2, McCann	21662	1	2	3	4	5	6	7		9		11	8	10												
17	16	GRIMSBY TOWN	3-3	Chappell 2, Graham	16190	1	2	3	4	5	6	7		9		11	8	10												
18	23	Stoke City	1-3	Kaye (pen)	17555	1	2		4	5	6	7		9			8	10					11					3		
19	30	BRISTOL CITY	4-1	Graham 2, McCann, Kaye (pen)	13508	1	2		4	5	6	7		9		11	8	10			3									
20	Dec 7	Cardiff City	0-7		8941	1	2		4	5	6	7		9		11	8	10			3									
21	14	LIVERPOOL	2-1	Kaye, Chappell	15296	1	2	3	4	5	6	7		9		11	8	10												
22	21	Bristol Rovers	1-1	Kaye	13215	1	2	3	4	5	6	7		9		11	8	10												
23	25	Notts County	3-2	Wood, Kaye, Beaumont	11343	1	2	3	4	5	6	7		9	8	11		10												
24	26	NOTTS COUNTY	1-1	Smith	20307	1	2	3	4	5	6	7		9		11	8	10												
25	28	DERBY COUNTY	3-0	Wood, Chappell, Beaumont	21787	1	2	3	4	5	6	7		9	10	11	8													
26	Jan 11	Swansea Town	2-4	Chappell 2	9750	1	2	3	4	5	6			9		11	8	10						7						
27	18	FULHAM	1-0	Bartlett	14338	1	2	3	4	5	6		10	9		11	8							7						
28	Feb 1	Middlesbrough	1-3	Graham	19498	1	2	3		5	6			9		11	8	10	7										4	
29	8	West Ham United	1-1	McCann	27182	1	2	3	4	5	6			9		11	8	10	7											
30	22	STOKE CITY	1-2	Chappell	14270	1	2	3	4	5	6			9		11	8	10	7											
31	Mar 1	Charlton Athletic	2-4	Chappell, Graham	25760	1	2	3	4	5	6			9		11	8	10	7											
32	8	DONCASTER ROVERS	1-1	Chappell	11569	1		3	4	5	6	7		9		11	8	10			2									
33	15	Rotherham United	1-4	Bartlett	11572	1		3	4	5	6	7		9		11	8	10			2									
34	22	HUDDERSFIELD T	2-3	Kaye, Graham	16549	1		3	4	5	6	7		9		11	8	10			2									
35	29	Grimsby Town	1-2	Edgar	10103			3	4	5	6	7		9		11		10	8		2									1
36	Apr 5	LEYTON ORIENT	3-0	Smith, Chappell 2	8801	1	2	3	4	5	6	7		9		11	8	10												
37	7	Lincoln City	3-1	Edgar, Chappell 2	7004	1	2	3	4	5	6	7		9		11		10	8											
38	8	LINCOLN CITY	1-3	Smith	11501	1	2	3	4	5	6	7		9		11	8	10												
39	12	Bristol City	0-5		18249	1	2	3	4	5	6	7		9		11	8	10												
40	19	CARDIFF CITY	1-1	Wood	8948	1	2	3		5	6	7		9	8	11		10			4									
41	23	SHEFFIELD UNITED	0-2		8810	1	2	3	4	5				9		11	8	10			6	7								
42	26	Liverpool	1-1	McCann	26440	1	2	3	4	5				9		11	8	10			6	7								
				Apps		41	38	39	40	41	35	34	9	41	6	39	34	32	9	5	4	3	3	2	2	1	1	1	1	1
				Goals					3		6	11	1	19	4	4	9	11	2											

F.A. Cup

Round	Date	Opponent	Score	Scorers	Att	Hough H	Short J	Swift C	Bartlett F	Sharp D	Wood R	Kaye A	Anderson E	Chappell L	Beaumont F	McCann J	Smith N
R3	Jan 4	Hull City	1-1	Smith	21868	1	2	3	4	5	6	7		9		11	8	10
rep	8	HULL CITY	0-2		20890	1	2	3	4	5	6	7		9	10	11	8

Division 2 Final Table

Pos	Team	P	W	D	L	F	A	W	D	L	F	A	Pts
1	West Ham United	42	12	8	1	56	25	11	3	7	45	29	57
2	Blackburn Rovers	42	13	7	1	50	18	9	5	7	43	39	56
3	Charlton Athletic	42	15	3	3	65	33	9	4	8	42	36	55
4	Liverpool	42	17	3	1	50	13	5	7	9	29	41	54
5	Fulham	42	13	5	3	53	24	7	7	7	44	35	52
6	Sheffield United	42	12	5	4	38	22	9	5	7	37	28	52
7	Middlesbrough	42	13	3	5	52	29	6	4	11	31	45	45
8	Ipswich Town	42	13	4	4	45	29	3	8	10	23	40	44
9	Huddersfield Town	42	9	8	4	28	24	5	8	8	35	42	44
10	Bristol Rovers	42	12	5	4	52	31	5	3	13	33	49	42
11	Stoke City	42	9	4	8	49	36	9	2	10	26	37	42
12	Leyton Orient	42	14	2	5	53	27	4	3	14	24	52	41
13	Grimsby Town	42	13	4	4	54	30	4	2	15	32	53	40
14	BARNSLEY	42	10	6	5	40	25	4	6	11	30	49	40
15	Cardiff City	42	10	5	6	44	31	4	4	13	19	46	37
16	Derby County	42	11	3	7	37	36	3	5	13	23	45	36
17	Bristol City	42	9	5	7	35	31	4	4	13	28	57	35
18	Rotherham United	42	8	3	10	38	44	6	2	13	27	57	33
19	Swansea Town	42	8	3	10	48	45	3	6	12	24	54	31
20	Lincoln City	42	6	6	9	33	35	5	3	13	22	47	31
21	Notts County	42	9	3	9	24	31	3	3	15	20	49	30
22	Doncaster Rovers	42	7	5	9	34	40	1	6	14	22	48	27

1958/59 — 22nd in Division 2: Relegated

#		Date	Opponent	Result	Scorers	Att	Hough H	Short J	Swift C	Bartlett F	Sharp D	Wood R	Kaye A	Smith N	Chappell L	Graham M	McCann J	Houghton WG	Holmes T	Leeson D	Beaumont F	Jones B	Barber DE	Whyke P	Lunn J	Gillott P	Hopkins OT	McDonald RR	Walters H
1	Aug	23	Cardiff City	1-0	Graham	23731	1	2	3	4	5	6	7	8	9	10	11												
2		27	BRISTOL CITY	4-7	Chappell 4	14283	1	2	3	4	5		7	8	9	10	11				6								
3		30	HUDDERSFIELD T	1-0	Chappell	17684	1	2	3	4	5		7	8	9	10	11	6											
4	Sep	2	Bristol City	1-3	Holmes	28530	1	2	3	4	5				9	10	11	6	8					7					
5		6	Leyton Orient	1-5	Chappell	13288	1	2	3	4	5		7		9	10	11	6	8										
6		10	CHARLTON ATHLETIC	7-1	Graham 4, Lunn 2(2p), Chappell	11834	1	2	3	4	5	6		8	9	10	11								7				
7		13	Rotherham United	0-3		12747	1	2	3	4	5	6		8	9	10	11								7				
8		18	Charlton Athletic	0-4		10364	1	2		4	5	6	7		9	10	11			8						3			
9		20	SHEFFIELD UNITED	1-3	Wood	16881	1	2	3	4	5	10	7	8	9		11	6											
10		27	Brighton & Hove Albion	1-1	McCann	24566	1	2	3	4	5	10	7		9	8	11	6											
11	Oct	4	GRIMSBY TOWN	3-1	Kaye, Chappell 2	10267	1	2	3	4	5	10	7		9	8	11	6											
12		11	DERBY COUNTY	0-0		11971	1	2	3	4	5	10	7		9	8	11	6											
13		18	Bristol Rovers	2-0	Kaye, Wood	20186	1	2	3	4	5	10	7		9	8	11	6											
14		25	IPSWICH TOWN	3-0	Beaumont, Chappell, Kaye (pen)	11736	1	2	3	4	5	8	7		9	10		6		11									
15	Nov	1	Scunthorpe United	0-1		12956	1	2	3	4	5	10	7		9	8	11	6											
16		8	STOKE CITY	2-1	Kaye, Wood	12164	1	2	3	4	5	10	7		9	8	11	6											
17		15	Sunderland	2-2	Kaye, Graham	24390	1	2	3	4	5	10	7		9	8	11	6											
18		22	LINCOLN CITY	2-2	Graham, McCann	10277	1	2	3	4	5	10	7		9	8	11	6											
19		29	Fulham	2-5	Kaye, Graham	18523	1	2		4		10	7		9	8	11	6			3						5		
20	Dec	6	SHEFFIELD WEDNESDAY	0-1		23184	1	2		4	5	10	7		9	8	11	6			3								
21		13	Swansea Town	1-2	Wood	10238	1	2	3	4	5	10	7		9	8	11	6											
22		20	CARDIFF CITY	3-2	Graham, Chappell 2	7798	1	2	3	4	5	10	7		9	8	11	6											
23		26	Middlesbrough	1-3	Kaye	31720	1	2		4	5	10	7		9	8	11	6			3								
24		27	MIDDLESBROUGH	1-0	Chappell	14917	1	2		4	5	10			9	8	11	6			3			7					
25	Jan	3	Huddersfield Town	1-2	Wood	17933	1	2		4	5	10	7		9	8	11	6			3								
26		31	ROTHERHAM UNITED	1-1	Chappell	13475	1	2			5	10	7		9			6	11	6	4		8	3					
27	Feb	7	Sheffield United	0-5		17962	1	2		4	5		7		9	10	11	6			8	3							
28		14	BRIGHTON & HOVE ALB	0-2		8500		2		4	5	6	7	8		10	11			1		3						9	
29		21	Grimsby Town	3-3	Holmes, McCann 2	8616	1	2	3	4	5		7	8	9	10	11		6										
30		28	Stoke City	1-2	Chappell	13015			3	4	5		7	8	9	10	11		6	1		2							
31	Mar	7	BRISTOL ROVERS	0-0		5579		2	3	4	5		7	8	9	10	11		6	1									
32		14	Ipswich Town	1-3	Holmes	11122			3	4	5		7	8	9	10	11		6	1		2							
33		21	SCUNTHORPE UNITED	0-1		6082			3	4	5			8	9	10	11			1			6	7					2
34		27	Liverpool	2-3	Holmes, Beaumont	52546		2	3	4	5		7		9		11		8	1	10		6						
35		28	Derby County	0-3		18523		2	3	4	5		7	8	9		11	6	10	1									
36		30	LIVERPOOL	0-2		7611		2	3	4	5		7	11	9				8	1	10		6						
37	Apr	4	SUNDERLAND	0-2		10274		2	3	4	5		7		9		11		8	1	10		6						
38		11	Lincoln City	1-2	Beaumont	9394		2	3	4	5		7			10	11		8	1	9		6						
39		18	FULHAM	2-4	Beaumont, McCann	8068		2	3	4	5		7			10	11			1	8		6						
40		20	SWANSEA TOWN	3-1	Bartlett, Chappell 2	4976		2	3	4	5		7		9		11		10	1	8		6						
41		25	Sheffield Wednesday	0-5		17017		2	3	4	5		7		9		11		10	1	8		6						
42		29	LEYTON ORIENT	1-3	Bartlett	7883		2	3	4	5				9		11		10	1	8		6		7				
			Apps				28	39	33	41	41	23	36	14	40	33	40	23	15	14	12	10	10	3	3	1	1	1	1
			Goals							2		5	7		17	9	5		4		4				2				

F.A. Cup

		Date	Opponent	Result		Att																							
R3	Jan	10	Brentford	0-2		16890	1	2		4	5	10	7		9	8	11	6				3							

		P	W	D	L	F	A	W	D	L	F	A	Pts
1	Sheffield Wed.	42	18	2	1	68	13	10	4	7	38	35	62
2	Fulham	42	18	1	2	65	26	9	5	7	31	35	60
3	Sheffield United	42	16	2	3	54	15	7	5	9	28	33	53
4	Liverpool	42	15	3	3	57	25	9	2	10	30	37	53
5	Stoke City	42	16	2	3	48	19	5	5	11	24	39	49
6	Bristol Rovers	42	13	5	3	46	23	5	7	9	34	41	48
7	Derby County	42	15	1	5	46	29	5	7	9	28	42	48
8	Charlton Athletic	42	13	3	5	53	33	5	4	12	39	57	43
9	Cardiff City	42	12	2	7	37	26	6	5	10	28	39	43
10	Bristol City	42	11	3	7	43	27	6	4	11	31	43	41
11	Swansea Town	42	12	5	4	52	30	4	4	13	27	51	41
12	Brighton & Hove A.	42	10	9	2	46	29	5	2	14	28	61	41
13	Middlesbrough	42	9	7	5	51	26	6	3	12	36	45	40
14	Huddersfield Town	42	12	3	6	39	20	4	5	12	23	35	40
15	Sunderland	42	13	4	4	42	23	3	4	14	22	52	40
16	Ipswich Town	42	12	4	5	37	27	5	2	14	25	50	40
17	Leyton Orient	42	9	4	8	43	30	5	4	12	28	48	36
18	Scunthorpe United	42	7	6	8	32	37	5	3	13	23	47	33
19	Lincoln City	42	10	5	6	45	37	1	2	18	18	56	29
20	Rotherham United	42	9	5	7	32	28	1	4	16	10	54	29
21	Grimsby Town	42	7	7	7	41	36	2	3	16	21	54	28
22	BARNSLEY	42	8	8	4	34	34	2	3	16	21	57	27

1959/60   17th in Division 3

#	Date		Opponent	Score	Scorers	Att.	Leeson D	Short J	Swift C	Bartlett F	Hopkins OT	Barber DE	Lunn J	Baxter JC	Tindill H	Beaumont F	Brookes C	Walters H	Mulligan PG	Whyke P	Bennett GF	Houghton WG	Oliver K	Sharp D	Stainsby J	Wood R
1	Aug	22	BRENTFORD	1-2	Lunn	7553	1	2	3	4	5	6	7	8	9	10	11									
2		26	Swindon Town	1-1	Lunn	14144	1	2		4	5	6	9	8		10	11	3		7						
3		29	Colchester United	2-2	Lunn, Tindill	8246	1	2		4	5	6	7	8	9	10	11	3								
4	Sep	2	SWINDON TOWN	0-3		7088	1	2		4	5	6	7	8	9	10	11	3								
5		5	SOUTHEND UNITED	4-1	Beaumont 2, Lunn, Tindill	5457	1	2		4	5	6	7	8	9	10		3		11						
6		9	Norwich City	0-0		36479	1		3	4	5	6	7	8	9	10		2		11						
7		12	Mansfield Town	4-1	Beaumont,Lunn,Tindill,Whyke	8408	1		3	4	5	6	7	8	9	10		2		11						
8		16	NORWICH CITY	2-0	Lunn 2	9155	1		3	4	5	6	7	8	9	10		2		11						
9		19	HALIFAX TOWN	1-2	Tindill	13677	1		3	4	5	6	7	8	9	10		2		11						
10		21	Port Vale	0-1		10886	1		3	4	5	6	7	8	9	10		2		11						
11		26	Bury	2-0	Beaumont, Conroy (og)	10587	1		3	4	5	6	7	8	9	10		2		11						
12		30	PORT VALE	1-0	Tindill	7870	1		3	4	5	6	7	8	9	10		2		11						
13	Oct	3	Chesterfield	1-4	Beaumont	7976	1		3	4	5	6	7	8	9	10		2		11						
14		7	SOUTHAMPTON	1-0	Baxter	4638	1		3	4	5		7	8	9	10		2		11	6					
15		10	YORK CITY	1-1	Lunn	9411	1		3	4	5	6	11	8	9	10		2	7							
16		14	Southampton	1-2	Stainsby	16937	1		3	4	5	6	11	8		10		2	7						9	
17		17	Coventry City	1-2	Bartlett	17350	1		3	4	5	6	11	8		10		2	7						9	
18		24	BRADFORD CITY	2-0	Baxter, Stainsby	6371	1		3	4	5	6	11	8		10		2	7						9	
19		31	Newport County	0-4		7440	1		3	4	5	6	11	8		10		2	7						9	
20	Nov	7	GRIMSBY TOWN	3-3	Bartlett, Beaumont, Lunn	6627	1		3	4	5	6	11	8	9	10		2	7							
21		21	TRANMERE ROVERS	2-0	Lunn 2	5420	1		3	4	5	6	11	8	9	10		2	7							
22		28	Bournemouth	1-1	Stainsby	9709	1		3	4	5	6	11	8	7	10		2							9	
23	Dec	12	QUEEN'S PARK RANGERS	2-1	Barber, Stainsby	4450	1		3	4	5	6	11	8	7	10		2							9	
24		19	Brentford	0-3		6527	1		3		5	6	11	8	7	10		2			4				9	
25		26	READING	3-3	Bartlett, Lunn, Stainsby	5151	1		3	8	5	6	11		7	10		2			4				9	
26		30	Reading	2-3	Beaumont, Tindill	10702	1		3		5	6	11		7	10		2			4				9	8
27	Jan	2	COLCHESTER UNITED	2-1	Stainsby, Wood	5596	1		3		5	6	11		7	10		2			4				9	8
28		9	Accrington Stanley	1-2	Barber	4920	1		3		5	6	11		7	10		2			4				9	8
29		23	MANSFIELD TOWN	2-2	Bartlett, Wood	4989	1		3	10	5	6	11		7	9		2			4					8
30	Feb	6	Halifax Town	0-5		5157	1		3	4	5	6	7		9	10	11	2								8
31		13	BURY	2-2	Stainsby, Tindill	3583	1		2	4			7		8		10	11				3			5	9	6
32		20	CHESTERFIELD	3-1	Brookes, Lunn, Tindill	5200	1		2	4			7		8		10	11				3			5	9	6
33		27	York City	0-0		6920	1		2	4			7		8		10	11				3			5	9	6
34		29	Southend United	2-2	Stainsby, Tindill	10921	1		2	4			7		8		10	11				3			5	9	6
35	Mar	5	COVENTRY CITY	1-0	Beaumont	7301	1		2			4	7		8	10	11					3			5	9	6
36		9	Wrexham	0-1		4734	1		2			4	7		8	10	11					3			5	9	6
37		12	Bradford City	0-0		11329	1		2	4			7		8	10	11					3			5	9	6
38		19	BOURNEMOUTH	1-0	Stainsby	5621	1		2	4			7		8	10	11					3			5	9	6
39		26	Grimsby Town	0-2		4858	1		2	4					8	10	11		7			3	6		5	9	
40	Apr	2	WREXHAM	6-1	Bartlett,Beaumont,Stainsby 2,Tindill,Styles(og)	5027	1		2	4					8	10	11		7			3			5	9	6
41		9	Tranmere Rovers	0-2		6274	1		2	4						10	11		7			3		8	5	9	6
42		16	NEWPORT COUNTY	0-2		5671	1		2	4					8	10	11		7			3			5	9	6
43		18	Shrewsbury Town	2-2	Brookes, Oliver	8500	1		2	4						10	11		7			3	6	9	5		8
44		19	SHREWSBURY TOWN	0-0		5271	1		2	4						10	11		7			3	6		5	9	8
45		23	ACCRINGTON STANLEY	5-0	Hopkins 2,Brookes(p),Baxter,Beaumont	4129	1		2	4	9			8			7	11				3	6		5		10
46		30	Queen's Park Rangers	0-1		5700	1		2	4	9			8			7	11				3	6		5		10
					Apps		46	5	42	40	32	31	38	26	36	46	21	29	7	17	16	12	2	16	24	20
					Goals					5	2	2	13	3	10	10	3			1			1		11	2

Two own goals

F.A. Cup

							Leeson D	Short J	Swift C	Bartlett F	Hopkins OT	Barber DE	Lunn J	Baxter JC	Tindill H	Beaumont F	Brookes C	Walters H
R1	Nov	14	BRADFORD CITY	3-3	Bartlett, Beaumont (pen), Barber	8397	1		3	4	5	6	11	8	9	10		2	7
rep		18	Bradford City	1-2	Beaumont	13496	1		3	4	5	6	11	8	9	10		2	7

		P	W	D	L	F	A	W	D	L	F	A	Pts
1	Southampton	46	19	3	1	68	30	7	6	10	38	45	61
2	Norwich City	46	16	4	3	53	24	8	7	8	29	30	59
3	Shrewsbury Town	46	12	7	4	58	34	6	9	8	39	41	52
4	Grimsby Town	46	12	7	4	48	27	6	9	8	39	43	52
5	Coventry City	46	14	6	3	44	22	7	4	12	34	41	52
6	Brentford	46	13	6	4	46	24	8	3	12	32	37	51
7	Bury	46	13	4	6	36	23	8	5	10	28	28	51
8	Queen's Park Rgs.	46	14	7	2	45	16	4	6	13	28	38	49
9	Colchester United	46	15	6	2	51	22	3	5	15	32	52	47
10	Bournemouth	46	12	8	3	47	27	5	5	13	25	45	47
11	Reading	46	13	3	7	49	34	5	7	11	35	43	46
12	Southend United	46	15	3	5	49	28	4	5	14	27	46	46
13	Newport County	46	15	2	6	59	36	5	4	14	21	43	46
14	Port Vale	46	16	4	3	51	19	3	4	16	29	60	46
15	Halifax Town	46	13	3	7	42	27	5	7	11	28	45	46
16	Swindon Town	46	12	6	5	39	30	7	2	14	30	48	46
17	BARNSLEY	46	13	6	4	45	25	2	8	13	20	41	44
18	Chesterfield	46	13	3	7	41	31	5	4	14	30	53	43
19	Bradford City	46	10	7	6	39	28	5	5	13	27	46	42
20	Tranmere Rovers	46	11	8	4	50	29	3	5	15	22	46	41
21	York City	46	11	5	7	38	26	2	7	14	19	47	38
22	Mansfield Town	46	11	4	8	55	48	4	2	17	26	64	36
23	Wrexham	46	12	5	6	39	30	2	3	18	29	71	36
24	Accrington Stanley	46	4	5	14	31	53	7	0	16	26	70	27

1960/61 — 8th in Division 3

#	Date	Opponent	Result	Scorers	Att	Leeson D	Swift C	Bennett GF	Barber DE	Sharp D	Wood R	Smillie RD	Tindill H	Hopkins OT	Beaumont F	Lunn J	Brookes E	Houghton WG	Bartlett F	Stainsby J	Brookes C	Whyke P	Oliver K	Green A	Williams C	Hill A	Jagger GN	Sawyer R	Wood BW
1	Aug 20	COVENTRY CITY	4-1	Hopkins, Tindill 2, Lunn	6109	1	2	3	4	5	6	7	8	9	10	11													
2	24	Reading	1-0	Lunn (pen)	11286	1	2	3	4	5	6	7	8	9	10	11													
3	27	Bristol City	0-4		8495	1	2	3	4	5	6	7	8	9	10	11													
4	31	READING	1-1	Tindill	6640	1	2	3	4	5	6	7	8	9	10	11													
5	Sep 3	QUEEN'S PARK RANGERS	3-3	Hopkins 2, Smillie	6162	1	2		4	5		7	8	9		11	6							10	3					
6	5	Colchester United	2-4	Barber, Hopkins	6034	1	2		4	5		7	8	9			6				11			10	3					
7	10	Notts County	1-5	Hopkins	13936	1	2		4	5		7	8	9			6				11			10	3					
8	14	COLCHESTER UNITED	3-0	Barber, Houghton, Smillie	3210	1	2	3	4	5		7		9	10		6	8			11									
9	17	BOURNEMOUTH	2-3	Bartlett, Brookes C (pen)	6004	1	2	3	4	5		7		9	10		6	8			11									
10	19	Hull City	0-2		10527	1	2	3	4	5		7	8	9	10		6				11									
11	24	Bradford City	4-1	Bartlett 2, Beaumont, Tindill	7146	1	2		4	5		7	9		10		3	6	8		11									
12	28	HULL CITY	1-0	Stainsby	4840	1	2		4	5					10		3	6	8	9	11	7								
13	Oct 1	Shrewsbury Town	2-1	Bartlett, Smillie	5574	1	2		4	5		7	9		10		3	6	8		11									
14	8	TRANMERE ROVERS	2-1	Houghton, Harrop (og)	5152	1	2		4	5		7	9		10		3	6	8		11									
15	15	Watford	2-1	Beaumont, Smillie	14045	1	2		4	5		7	8		10		3	6		9	11									
16	22	BRENTFORD	1-1	Beaumont	7268	1	2		4	5		7	9		10		3	6	8		11									
17	Nov 12	Port Vale	0-2		10760	1	2		4	5		7			10		3	6	8	9	11									
18	19	SOUTHEND UNITED	2-1	Beaumont, Oliver	4597	1	2		4	5			9		10		3	6			11	7	8							
19	Dec 3	BURY	3-1	Beaumont, Bartlett, Brookes C(p)	6870	1	2		4	5		7	9		10		3	6	8		11									
20	10	Walsall	0-1		6707	1	2		4	5		7	9		10	11	3	6	8											
21	17	Coventry City	2-5	Bartlett 2	10260	1	2		4			7		5	10	11	3	6	8	9										
22	20	Grimsby Town	2-3	Bartlett, Tindill	5915	1	2		4	5		7	9		10		3	6	8		11									
23	26	GRIMSBY TOWN	3-2	Oliver 2, Bartlett	10725	1	2		4	5		7	9				3	6	8		11		10							
24	31	BRISTOL CITY	2-0	Houghton, Oliver	8043	1	2		4	5		7	9				3	6	8		11		10							
25	Jan 14	Queen's Park Rangers	2-4	Oliver, Smillie	8859	1	2		4	5		7	9			11	3	6	8				10							
26	21	NOTTS COUNTY	5-2	Bartlett 3, Lunn, Oliver	5522	1	2		4	5		7	9			11	3	6	8				10							
27	Feb 4	Bournemouth	2-1	Beaumont, Lunn	6425	1		3						9	8	11		4					7	10	2			6	5
28	11	BRADFORD CITY	5-2	Oliver 2, Tindill 2, Beaumont	15461		2			5	4	7	9		8	11	3	6					10		1				
29	25	Bury	1-2	Bartlett	9004		2			5	4	7			9			6	8		11		10		3	1			
30	Mar 11	Brentford	0-0		7041	1	2			5	4	7			9	10		6			11		8		3				
31	13	Newport County	3-2	Hopkins 3	6198	1	2		4	5				9	10			6	8		11	7			3				
32	18	SWINDON TOWN	2-1	Beaumont, Oliver	7628	1	2		4	5		7			9	10		6			11		8		3				
33	22	Watford	0-1		3691	1	2		4	5		7			9	10		6			11		8		3				
34	25	Torquay United	1-1	Beaumont	5709	1	2		4	5		7			10			6	8	9	11				3				
35	27	Chesterfield	1-5	Beaumont	6200	1	2		4	5		7			10			6		9	11		8		3				
36	Apr 1	PORT VALE	5-1	Bartlett 2, Beaumont 2, Tindill	5680		2		4	5		7	9		10			6	8						3	1	11		
37	3	HALIFAX TOWN	1-1		8995		2			5	4	7	9					6	8						3	1	11		10
38	8	Southend United	0-2		7167	1	2		4	5		7					3	6	8	9	11		10						
39	10	Halifax Town	0-1	Bartlett	4683	1	2		4	5		7			10			6	8	9					3	1	11		
40	12	TORQUAY UNITED	1-0	Tindill	5712		2		4	5		7	9		10		3				8		11			1			
41	15	CHESTERFIELD	3-1	Beaumont, Smillie, Wood B	6493		2		4	5	6	7	9		10		8	3								1	11		10
42	19	Swindon Town	0-1		9776		2			5	4	7			10		3	6	8	9						1	11		
43	22	Tranmere Rovers	1-2	Bartlett	9748		2			5	4	7	9		10		3	6	8							1	11		
44	24	NEWPORT COUNTY	1-3	Wood B	4091		2		4	5		7	9		8		3	6								1	11		10
45	29	WALSALL	2-2	Oliver, Smillie	6977		2		4	5		7	9		10		3	6					8			1	11		
46	May 3	SHREWSBURY TOWN	4-2	Beaumont 2, Oliver, Smillie	3378	1	2		4	5		7			10		3	6		9			8				11		
				Apps		35	45	8	39	44	12	42	29	16	37	11	25	40	26	10	26	4	18	14	9	2	10	1	3
				Goals					2			8	9	8	15	4		3	17	1	2		11						2

One own goal

F.A. Cup

Rd	Date	Opponent	Result	Scorers	Att																								
R1	Nov 5	Gateshead	0-0		5552	1	2		4	5		7	9		10		3	6	8		11								
rep	9	GATESHEAD	2-0	Bartlett, Beaumont	5099	1	2		4	5		7	9		10		3	6	8		11								
R2	26	Bradford City	2-1	Bartlett 2	6278	1	2		4	5		7	9		10		3	6	8		11								
R3	Jan 7	Reading	1-1	Tindill	11426	1	2		4	5		7	9				3	6	8		11		10						
rep	11	READING	3-1	Oliver, Tindill, Bartlett	11093	1	2		4	5		7	9			11	3	6	8				10						
R4	28	Huddersfield Town	1-1	Oliver	44761	1				5	4	7	9		8	11	3	6					10	2					
rep	Feb 6	HUDDERSFIELD T	1-0	Wood	29149					5	4	7	9		8	11	3	6					10	2	1				
R5	18	LUTON TOWN	1-0	Lunn	32923		2			5	4	7	9			11	3	6	8				10		1				
R6	Mar 4	Leicester City	0-0		38744	1	2			5	4	7	9			11	3	6	8				10						
rep	8	LEICESTER CITY	1-2	Oliver	39250	1	2			5	4	7	9			11	3	6	8				10						

R6 replay a.e.t.

F.L. Cup

Rd	Date	Opponent	Result	Scorers	Att																								
R1	Oct 11	Ipswich Town	2-0	Beaumont, Bartlett	11175	1	2		4	5		7			10		3	6	8	9	11								
R2	19	Derby County	0-3		11114	1	2		4	5			8		10		3	6		9	11	7							

Division 3 Final Table

		P	W	D	L	F	A	W	D	L	F	A	Pts
1	Bury	46	18	3	2	62	17	12	5	6	46	28	68
2	Walsall	46	19	4	0	62	20	9	2	12	36	40	62
3	Queen's Park Rgs.	46	18	4	1	58	23	7	6	10	35	37	60
4	Watford	46	12	7	4	52	27	8	5	10	33	45	52
5	Notts County	46	16	3	4	52	24	5	6	12	30	53	51
6	Grimsby Town	46	14	4	5	48	32	6	6	11	29	37	50
7	Port Vale	46	15	3	5	63	30	2	12	9	33	49	49
8	BARNSLEY	46	15	5	3	56	30	6	2	15	27	50	49
9	Halifax Town	46	14	7	2	42	22	2	10	11	29	56	49
10	Shrewsbury Town	46	13	7	3	54	26	2	9	12	29	49	46
11	Hull City	46	13	6	4	51	28	4	6	13	22	45	46
12	Torquay United	46	8	12	3	37	26	6	5	12	38	57	45
13	Newport County	46	12	7	4	51	30	5	4	14	30	60	45
14	Bristol City	46	15	4	4	50	19	2	6	15	20	49	44
15	Coventry City	46	14	6	3	54	25	2	6	15	26	58	44
16	Swindon Town	46	13	6	4	41	16	1	9	13	21	39	43
17	Brentford	46	10	9	4	43	24	3	7	13	13	37	42
18	Reading	46	13	5	5	48	29	1	7	15	24	54	40
19	Bournemouth	46	8	7	8	34	39	7	3	13	24	37	40
20	Southend United	46	10	8	5	38	26	4	3	16	22	50	39
21	Tranmere Rovers	46	11	5	7	53	50	4	3	16	26	65	38
22	Bradford City	46	8	8	7	37	36	3	6	14	28	51	36
23	Colchester United	46	8	5	10	40	44	3	6	14	28	57	33
24	Chesterfield	46	9	6	8	42	29	1	6	16	25	58	32

1961/62 20th in Division 3

			Opponent	Res	Scorers	Att	Williams C	Swift C	Brookes E	Houghton WG	Sharp D	Wood R	Smillie RD	Bartlett F	Swindells J	Beaumont F	Jagger GN	Green A	Hill A	Hopper A	Kerr GAM	McCarthy RS	Oliver K	Ring T	Sawyer R	Swann G	Taylor AM	Tindill H	Turner J	Watson D	Winstanley E	Wood BW
1	Aug	19	Halifax Town	1-3	Bartlett	6114	1	2	3	4	5	6	7	8	9	10	11															
2		21	Newport County	2-0	Swindells, Jagger	8727	1	2	3	6	5		7	4	8	10	11											9				
3		26	QUEEN'S PARK RANGERS	2-4	Beaumont, Tindill	7668	1	2	3	6	5		7	4	8	10	11											9				
4		30	NEWPORT COUNTY	1-1	Swindells	6998	1	2	3	6	5		7	4	8	10	11									9						
5	Sep	2	READING	2-3	Swindells, Bartlett	6676	1	2	3	6	5	4	11	8	9						10						7					
6		7	Torquay United	2-6	Beaumont 2 (1 pen)	6571		2	3	6	5	4	11	8	9	10			1								7					
7		9	Portsmouth	2-3	Oliver, Beaumont	16014		2	3	6			11	4	7	10			1				8		5			9				
8		16	CRYSTAL PALACE	0-3		6699		2	3	6	5	4	7	8					1		10		9					11				
9		19	Swindon Town	1-1	Bartlett	9858		2	3	6	5	4	7	8			11		1				10					9				
10		23	Bournemouth	0-5		10441		2	3	6	5	4	7	8			11		1				10					9				
11		27	SWINDON TOWN	6-2	Bartlett 2,Oliver,Smillie,Tindill,Wood R	3551		2	3	6	5	4	7	8			11		1				10					9				
12		30	WATFORD	3-0	Oliver, Tindill, McNeice (og)	5678		2	3	6	5	4	7	8			11		1				10					9				
13	Oct	3	Northampton Town	1-3	Bartlett	11448		2	3	6	5	4	7	8			11		1				10					9				
14		7	Southend United	2-1	Bartlett, Oliver	8892		2	3	6	5	4		8			11		1		7		9									10
15		11	NORTHAMPTON T	3-2	Bartlett 2, Wood R	2371		2	3	6	5	4	7	8			11		1				10					9				
16		14	NOTTS COUNTY	2-0	Bartlett, Oliver	7100			3	6	5	4	7	8			11		1	2			10					9				
17		20	Coventry City	1-1	Smillie	8208			3	6	5	4	7	8			11		1	2			10					9				
18		28	BRENTFORD	2-2	Oliver, Swindells	6561			3	6	5	4	7		8		11		1	2			10					9				
19	Nov	11	BRISTOL CITY	7-3	Oliver 3,Swindells 2,Smillie,Connor(og)	5618			3	6	5	4	7		9		11			2			10					8	1			
20		18	Bradford Park Avenue	2-3	Houghton (pen), Swindells	12104			3	6	5	4	7		9		11			2			10					8	1			
21	Dec	2	Shrewsbury Town	1-4	Smillie	5635			3	6	5	4	7	8			10			2			9	11					1			
22		9	PETERBOROUGH UTD.	0-3		8104			3	6	5	4	7	8			10			2			9	11					1			
23		26	LINCOLN CITY	0-1		5572			3	6	5	4	7	8	9					2			10	11					1			
24	Jan	12	Reading	0-0		8542			3	6	5	4	7		9		10			2			8	11					1			
25		20	PORTSMOUTH	2-2	Swindells, Houghton (pen)	6054			3	6	5	4			9		10			2		7	8	11					1			
26		27	GRIMSBY TOWN	0-3		8161			3	6	5	4			9				1	2		7	8	11						10		
27		31	Lincoln City	2-2	Smillie, Watson	5317				6	5	4	7				11	3	1	2			10					9		8		
28	Feb	3	Crystal Palace	3-1	Tindill 2, Smillie	14095			3	6	5	4	7				11		1	2			10					9		8		
29		9	BOURNEMOUTH	2-2	Oliver, Smillie	10818			3	6	5	4	7				11		1	2			10					9		8		
30		17	Watford	1-3	Oliver	7826		2	3	6	5	4	7				11		1				10					9		8		
31		24	SOUTHEND UNITED	1-1	Jagger	4737	1		3	6	5	4	7				11			2			10					9		8		
32	Mar	3	Notts County	2-0	Oliver, Ring	7379	1		3	6	5	4	7	8						2			10	11				9				
33		5	Port Vale	0-2		4958	1		3	6	5	4	7	8						2			10	11				9				
34		9	COVENTRY CITY	2-1	Tindill 2	6083	1		3	6	5	4	7	8						2			10	11				9				
35		17	Brentford	1-1	Oliver	6096	1		3	6		4	7							2			10	11				9		8	5	
36		19	Queen's Park Rangers	0-3		10310	1		3	6		4	7							2	8		10	11				9			5	
37		24	PORT VALE	2-1	Bartlett, Oliver	4670	1		3	6	5	4	7	8						2			10	11				9				
38		27	HALIFAX TOWN	1-2	Bartlett	5080	1		3	6	5	4	7	8						2			10	11				9				
39		31	Bristol City	0-0		8506	1			6	5	4	7	8				3		2			10	11				9				
40	Apr	7	BRADFORD PARK AVE.	1-2	Wood R	5367	1			6	5	4	7	8				3		2			10	11				9				
41		14	Grimsby Town	0-4		11262				6	5		7	8			11	3	1	2	10		4							9		
42		20	Hull City	0-4		6296				4	5	10	7				6	3	1	2	8			11		9						
43		21	SHREWSBURY TOWN	1-1	Houghton (pen)	3404			3	4	5		7	8			6		1	2			10	11				9				
44		23	HULL CITY	1-0	Tindill	4781			3	4	5		7	8			6		1	2			10	11				9				
45		28	Peterborough United	2-4	Bartlett 2	8210			3	4	5		7	8			6		1	2			10	11				9				
46	May	2	TORQUAY UNITED	4-2	Tindill 2, Bartlett, Smillie	8544			3	6	5	4	7	8					1	2			10	11				9				
						Apps	15	16	41	46	43	38	43	32	14	6	30	5	24	30	6	2	39	20	1	2	2	33	7	8	2	1
						Goals				3		3	8	15	8	4	2						14	1				10		1		

Two own goals

F.A. Cup

			Opponent	Res	Scorers	Att	Williams C	Swift C	Brookes E	Houghton WG	Sharp D	Wood R	Smillie RD	Bartlett F	Swindells J	Beaumont F	Jagger GN	Green A	Hill A	Hopper A	Kerr GAM	McCarthy RS	Oliver K	Ring T	Sawyer R	Swann G	Taylor AM	Tindill H	Turner J	Watson D	Winstanley E	Wood BW
R1	Nov	4	West Auckland Town	3-3	Oliver 2, Swindells	2876			3	6	5	4	7		9		11		1	2			10					8				
rep		8	WEST AUCKLAND T	2-0	Smillie, Swindells	5383			3	6	5	4	7		9		11		1	2			10					8				
R2		25	CARLISLE UNITED	1-2	Swindells	11489			3	6	5	4	7		9		11		1	2			10					8				

F.L. Cup

			Opponent	Res	Scorers	Att	Williams C	Swift C	Brookes E	Houghton WG	Sharp D	Wood R	Smillie RD	Bartlett F	Swindells J	Beaumont F	Jagger GN	Green A	Hill A	Hopper A	Kerr GAM	McCarthy RS	Oliver K	Ring T	Sawyer R	Swann G	Taylor AM	Tindill H	Turner J	Watson D	Winstanley E	Wood BW
R1	Sep	13	SOUTHPORT	3-2	Oliver 3	4489		2	3	6	5		11	4					1		7		10					9				
R2	Oct	9	WORKINGTON	1-3	Oliver	1977		2	3	6	5			8			11		1		7		9									10

Played in R1: S Mokone (at 8). Played in R2, R Smith (at 4)

		P	W	D	L	F	A	W	D	L	F	A	Pts
1	Portsmouth	46	15	6	2	48	23	12	5	6	39	24	65
2	Grimsby Town	46	18	3	2	49	18	10	3	10	31	38	62
3	Bournemouth	46	14	8	1	42	18	7	9	7	27	27	59
4	Queen's Park Rgs.	46	15	3	5	65	31	9	8	6	46	42	59
5	Peterborough Utd.	46	16	0	7	60	38	10	6	7	47	44	58
6	Bristol City	46	15	3	5	56	27	8	5	10	38	45	54
7	Reading	46	14	5	4	46	24	8	4	11	31	42	53
8	Northampton Town	46	12	6	5	52	24	8	5	10	33	33	51
9	Swindon Town	46	11	8	4	48	26	6	7	10	30	45	49
10	Hull City	46	15	2	6	43	20	5	6	12	24	34	48
11	Bradford Park Ave.	46	13	5	5	47	27	7	2	14	33	51	47
12	Port Vale	46	12	4	7	41	23	5	7	11	24	35	45
13	Notts County	46	14	5	4	44	23	3	4	16	23	51	43
14	Coventry City	46	11	6	6	38	26	5	5	13	26	45	43
15	Crystal Palace	46	8	8	7	50	41	6	6	11	33	39	42
16	Southend United	46	10	7	6	31	26	3	9	11	26	43	42
17	Watford	46	10	9	4	37	26	4	4	15	26	48	41
18	Halifax Town	46	9	5	9	34	35	6	5	12	28	49	40
19	Shrewsbury Town	46	8	7	8	46	37	5	5	13	27	47	38
20	BARNSLEY	46	9	6	8	45	41	4	6	13	26	54	38
21	Torquay United	46	9	4	10	48	44	6	2	15	28	56	36
22	Lincoln City	46	4	10	9	31	43	5	7	11	26	44	35
23	Brentford	46	11	3	9	34	29	2	5	16	19	64	34
24	Newport County	46	6	5	12	29	38	1	3	19	17	64	22

1962/63 18th in Division 3

	Date	Opponent	Score	Scorers	Att	Hill A	Hopper A	Brookes E	Wood R	Winstanley E	Houghton WG	Hosie J	Oliver K	Leighton A	Kerr GAM	O'Hara AE	Bartlett F	Burke T	Earnshaw RI	Edgley BK	Jagger GN	Lawton P	McCarthy RS	Murphy BL	Nicol RBM	Ogley A	Ring T	Smith R
1	Aug 18	SWINDON TOWN	1-1	O'Hara	7083	1	2	3	4	5	6	7	8	9	10	11												
2	21	Brighton & Hove Albion	0-2		15154	1	2	3	4	5	6	7		9	10		8										11	
3	25	Peterborough United	2-4	Kerr, O'Hara	12944	1	2	3	4	5	6	7	10	9	8	11												
4	28	BRIGHTON & HOVE ALB	2-0	Leighton, O'Hara	7426	1	2	3	4	5	6	7		9	8	11					10							
5	Sep 1	Notts County	0-2		6347	1	2	3	4	5	6	7		9	8	11					10							
6	4	HALIFAX TOWN	1-0	Leighton	7848	1	2	3	4	5	6	7		9	8	11					10							
7	8	NORTHAMPTON T	1-1	O'Hara	7674	1	2	3	6	5		7		9	8	11					10				4			
8	11	Halifax Town	0-2		3772	1		3	6	5		7		9	8	11					10			2	4			
9	15	Queen's Park Rangers	1-2	Bartlett	11246	1	2	3	6	5		7	10	9		11	8								4			
10	18	Bristol Rovers	2-3	Oliver, O'Hara	10285		2	3		5		7	10	9		11	8								4	1		6
11	22	HULL CITY	1-2	Leighton	6848	1		3		5	6	7	10	9	8	11								2	4			
12	29	Crystal Palace	2-1	Leighton, Evans (og)	14062	1		3		5		7	10	9	8	11								2	4			
13	Oct 2	WREXHAM	2-1	Leighton, Oliver	7484	1		3	6	5		7	10	9	8	11								2	4			
14	5	COVENTRY CITY	2-1	Kerr, Oliver	9025	1	2	3	6	5		7	10	9	8	11									4			
15	13	Bradford Park Avenue	1-1	Oliver	9325	1	2	3	6	5		7	10	9	8	11									4			
16	20	WATFORD	4-1	Leighton 2, Oliver 2	7868	1	2	3	6	5		7	10	9	8	11									4			
17	27	Bristol City	2-5	Kerr, Leighton	10034	1	2	3	6	5		7	10	9	8	11									4			
18	Nov 9	Port Vale	0-1		8798	1	2	3	6	5		7	10	9	8	11									4			
19	17	SHREWSBURY TOWN	1-0	Oliver	7111	1	2	3	6	5		7	10	9	8	11									4			
20	27	BRISTOL ROVERS	4-0	O'Hara 3, Oliver	8782	1	2	3		5	6	7	10	9	8	11									4			
21	Dec 1	SOUTHEND UNITED	2-2	Houghton, Oliver	9280	1	2	3		5	6	7	10	9	8	11									4			
22	8	Colchester United	1-1	Hopper	3547	1	2	3		5	6	7	10	9	8	11									4			
23	15	Swindon Town	1-2	Leighton	10387	1	2	3		5	6		10	9	8	11			7						4			
24	21	PETERBOROUGH UTD.	0-2		9645	1	2	3		5	6	7	10	9	8	11									4			
25	Jan 12	NOTTS COUNTY	3-1	Leighton 2, O'Hara	7719	1	2	3		5	6	7	8	9	10	11									4			
26	Feb 23	Coventry City	0-2		12649	1	2	3	4	5	6	7		9	10	11		8										
27	Mar 12	Watford	0-0		6717	1	2			5	6	7	8	9	10	11								3	4			
28	16	BRISTOL CITY	1-1	O'Hara	6131		2			5	6	7	8	9	10	11								3	4	1		
29	20	Bournemouth	1-1	Leighton	8038		2		4		6		8	9	10	11								3	5	1		7
30	22	Reading	1-4	O'Hara	6455		2			5	6		8	9	10	11								3	4	1		7
31	29	PORT VALE	2-1	Leighton 2	4368	1	2	3	4	5	6	7	8	9	10	11												
32	Apr 2	BOURNEMOUTH	2-2	Leighton, O'Hara	7117	1	2	3	4	5	6	7	8	9	10	11												
33	6	Shrewsbury Town	3-1	Leighton 2, O'Hara	4263	1		3	4	5	6	7	8	9	10	11								2				
34	12	Carlisle United	1-2	Leighton	5944	1		3	4	5	6	7	8	9	10	11								2				
35	13	MILLWALL	4-1	Kerr, Leighton, Oliver, O'Hara	5996			3	4	5	6	7	8	9	10	11								2		1		
36	16	CARLISLE UNITED	2-0	Oliver, Oliphant (og)	8146			3	4	5	6	7	8	9	10	11								2		1		
37	20	Southend United	0-0		6901			3	4	5	6	7	8	9	10	11								2		1		
38	23	Northampton Town	2-4	Leighton, O'Hara (pen)	15939			3	4	5	6	7	8	9	10	11								2		1		
39	27	COLCHESTER UNITED	2-3	Houghton, Rutter (og)	5351			3	4	5	6	7	8	9	10	11								2		1		
40	30	BRADFORD PARK AVE.	1-4	Bartlett	6556	1	2	3	4	5	6	7		9	10	11	8											
41	May 4	Hull City	2-0	Leighton, O'Hara	4923	1		3		5	6		10	9	8	11			7					2	4			
42	8	Wrexham	1-2	Leighton	5006	1		3		5	6		10	9	8	11			7					2	4			
43	10	QUEEN'S PARK RANGERS	0-0		4934	1		3		5	6			9	8	11			7	10				2	4			
44	13	READING	1-0	Earnshaw	5289	1		3		5	6			9	8	11			7	10				2	4			
45	18	Millwall	1-4	Oliver	8521	1		3		5	6		9		8	11			7	10				2	4			
46	22	CRYSTAL PALACE	0-4		3807	1				5	6				10	11			9	8		3	7	2	4			
					Apps	37	29	41	29	45	34	37	35	44	44	45	4	1	7	4	5	1	1	21	29	9	1	3
					Goals		1				2		12	22	4	16	2		1									

Three own goals

F.A. Cup

	Date	Opponent	Score	Scorers	Att	Hill A	Hopper A	Brookes E	Wood R	Winstanley E	Houghton WG	Hosie J	Oliver K	Leighton A	Kerr GAM	O'Hara AE	Bartlett F	Burke T	Earnshaw RI	Edgley BK	Jagger GN	Lawton P	McCarthy RS	Murphy BL	Nicol RBM	Ogley A	Ring T	Smith R
R1	Nov 3	RHYL	4-0	Kerr 2, Leighton, O'Hara (pen)	10755	1	2	3	6	5		7	10	9	8	11									4			
R2	24	CHESTERFIELD	2-1	Oliver 2	17328	1	2	3	6	5		7	10	9	8	11									4			
R3	Jan 15	EVERTON	0-3		30011	1	2	3		5	6	7	10	9	8	11									4			

F.L. Cup

	Date	Opponent	Score	Scorers	Att	Hill A	Hopper A	Brookes E	Wood R	Winstanley E	Houghton WG	Hosie J	Oliver K	Leighton A	Kerr GAM	O'Hara AE	Bartlett F	Burke T	Earnshaw RI	Edgley BK	Jagger GN	Lawton P	McCarthy RS	Murphy BL	Nicol RBM	Ogley A	Ring T	Smith R
R1	Sep 6	Hartlepools United	1-1	Oliver	2393	1	2	3		5	6	7	10	9		11	8								4			
rep	13	HARTLEPOOLS UTD.	2-1	Oliver 2	5130	1		3	6	5		7	10	9		11	8							2	4			
R2	25	GRIMSBY TOWN	3-2	Oliver 2, Hosie	5408	1		3	6	5		7	10	9	8	11								2	4			
R3	Oct 16	LUTON TOWN	1-2	Leighton	10335	1	2	3	6	5		7	10	9	8	11									4			

		P	W	D	L	F	A	W	D	L	F	A	Pts
1	Northampton Town	46	16	6	1	64	19	10	4	9	45	41	62
2	Swindon Town	46	18	2	3	60	22	4	12	7	27	34	58
3	Port Vale	46	16	4	3	47	25	7	4	12	25	33	54
4	Coventry City	46	14	6	3	54	28	4	11	8	29	41	53
5	Bournemouth	46	11	12	0	39	16	7	4	12	24	30	52
6	Peterborough Utd.	46	11	5	7	48	33	9	6	8	45	42	51
7	Notts County	46	15	3	5	46	29	4	10	9	27	45	51
8	Southend United	46	11	7	5	38	24	8	5	10	37	53	50
9	Wrexham	46	14	6	3	54	27	6	3	14	30	56	49
10	Hull City	46	12	6	5	40	22	7	4	12	34	47	48
11	Crystal Palace	46	10	7	6	38	22	7	6	10	30	36	47
12	Colchester United	46	11	6	6	41	35	7	5	11	32	58	47
13	Queen's Park Rgs.	46	9	6	8	44	36	8	5	10	41	40	45
14	Bristol City	46	10	9	4	54	38	6	4	13	46	54	45
15	Shrewsbury Town	46	13	4	6	57	41	3	8	12	26	40	44
16	Millwall	46	11	6	6	50	32	4	7	12	32	55	43
17	Watford	46	12	3	8	55	40	5	5	13	27	45	42
18	BARNSLEY	46	12	6	5	39	28	3	5	15	24	46	41
19	Bristol Rovers	46	11	8	4	45	29	4	3	16	25	59	41
20	Reading	46	13	4	6	51	30	3	4	16	23	48	40
21	Bradford Park Ave.	46	10	9	4	43	36	4	3	16	36	61	40
22	Brighton & Hove A.	46	7	6	10	28	38	5	6	12	30	46	36
23	Carlisle United	46	12	4	7	41	37	1	5	17	20	52	35
24	Halifax Town	46	8	3	12	41	51	1	9	13	23	55	30

1963/64 20th in Division 3

							Hill A	Hopper A	Brookes E	Nicol RBM	Winstanley E	Houghton WG	Provan AMH	Mulligan PG	Leighton A	Kerr GAM	O'Hara AE	Byrne J	Cochrane H	Earnshaw RI	Lawton P	Murphy BL	Murray A	Rutherford C	Sheavills JE	Sproates J	Wood R	Williamson R
1	Aug	24	Colchester United	1-4	O'Hara	3507	1	2	3	4	5	6	7	8	9	10	11											
2		27	SOUTHEND UNITED	0-1		6203		2		4	5	6		8	9	10	11			7		3						1
3		31	MILLWALL	1-1	Leighton	4717		2		4	5	6			9	8	11			7		3	10					1
4	Sep	6	LUTON TOWN	3-1	Leighton 2, Murray	5388		2			5	6			9	8	11					3	10		7		4	1
5		9	Southend United	1-4	Kerr	10441		2	3		5	6			9	8	11						10		7		4	1
6		14	Hull City	2-2	Leighton, O'Hara	8920		2	3		5	6			9	8	11						10		7		4	1
7		17	WATFORD	0-0		6536		2	3		5	6			9	8	11						10		7		4	1
8		21	BOURNEMOUTH	2-1	Leighton 2	5989		2	3		5	6			9	8	11						10		7		4	1
9		27	Wrexham	2-7	Leighton, O'Hara	7820		2	3		5	6			9	8	11						10		7		4	1
10	Oct	1	Watford	1-2	Leighton	5612	1	2	3		5	6			9	8	11						10		7		4	
11		4	QUEEN'S PARK RANGERS	3-1	Leighton 2, Kerr	5791	1	2	3		5	6			9	8	11						10		7		4	
12		8	OLDHAM ATHLETIC	2-2	Leighton, O'Hara	10433	1	2	3		5	6			9	10	11						8		7		4	
13		11	Walsall	4-4	Leighton 2, Kerr, O'Hara	9847	1	2	3		5	6			9	10	11						8		7		4	
14		16	Oldham Athletic	0-2		17114	1	2	3	4	5	6			9	10	11						8		7			
15		19	BRENTFORD	1-1	Leighton	6775	1	2	3	8	5	6			9	10	11								7		4	
16		22	Bristol Rovers	1-1	Winstanley	13539	1	2	3	8	5	6			9	10	11								7		4	
17		26	Shrewsbury Town	1-3	Nicol	6451	1	2	3	10	5	6			9		11						8		7		4	
18		29	BRISTOL ROVERS	1-2	Leighton	6542	1	2	3	10	5	6			9		11						8		7		4	
19	Nov	2	BRISTOL CITY	2-4	Leighton, Briggs (og)	6124	1	2	3		5	6			9	10	11	8							7		4	
20		9	Port Vale	0-1		9083	1	2	3		5	6			9	10	11	8							7		4	
21		23	Crewe Alexandra	2-1	Byrne, Leighton	4416	1	2	3		5	6			9	8	11	10							7		4	
22		30	CRYSTAL PALACE	2-0	Leighton, O'Hara	5539	1	2	3		5	6			9	8	11	10							7		4	
23	Dec	14	COLCHESTER UNITED	1-1	O'Hara	5145	1	2	3		5	6			9	8	11	10							7		4	
24		26	COVENTRY CITY	1-1	Byrne	12502	1	2	3		5	6			9	8	11	10							7		4	
25		28	Coventry City	1-3	Byrne	26922		2	3		5	6			9		11	10	8						7		4	1
26	Jan	11	Luton Town	3-2	Byrne 2, Kerr	4555		2	3		5	6				8	11	9	10						7		4	1
27		17	HULL CITY	2-2	Houghton, Sheavills	8193		2	3		5	6				8	11	9	10						7		4	1
28	Feb	1	Bournemouth	1-4	Kerr	8242		2	3		5	6				8	11	10						9	7		4	1
29		8	WREXHAM	3-0	Brookes, Hopper (pen), O'Hara	17186		2	3		5	6			9	8	11	10							7		4	1
30		22	WALSALL	1-3	Winstanley	4862		2	3		5	6	10			8	11	9							7		4	1
31		29	Reading	1-6	Kerr	7646		2	3		5	6	11			8	9	7	10							4		1
32	Mar	3	NOTTS COUNTY	2-1	Houghton, Winstanley	3709	1	2	3		5	6				7	11	9	10				10				4	
33		7	SHREWSBURY TOWN	2-1	Leighton, Kerr	3655	1	2	3		5	6			9	8	11						10		7		4	
34		9	Mansfield Town	1-2	O'Hara	8687	1	2	3		5	6			9	8	11	10							7		4	
35		14	Bristol City	2-5	Leighton, Sheavills	6950	1	2	3		5	6			9	8	11	10							7		4	
36		20	READING	0-3		3761	1	2	3		5	6				8	11	9					10		7		4	
37		28	Notts County	1-1	Hopper (pen)	3607	1	2	3		5	6			9	8		11					10		7		4	
38		30	Peterborough United	2-3	Earnshaw, Kerr	7220	1	2	3		5	6				8		9		7			10		11	4		
39		31	PETERBOROUGH UTD.	3-2	Byrne 3	4672	1	2	3		5	6			9			8		7			10		11		4	
40	Apr	4	CREWE ALEXANDRA	1-0	Sheavills	4621	1	2			5	6			9			8		7	3		10		11		4	
41		11	Crystal Palace	2-1	O'Hara 2	21205	1	2	3		5	6			9	8	11	10		7							4	
42		13	Millwall	2-4	Leighton 2	11826	1	2	3		5	6			9	8	11	10		7							4	
43		18	MANSFIELD TOWN	1-1	Leighton	5747	1	2	3		5	6			9	8	11	10							7		4	
44		20	PORT VALE	0-0		4918	1	2	3		5	6			9	8	11	10							7		4	
45		25	Brentford	1-1	Leighton	8351	1	2	3		5	6			9	7		10				8			11		4	
46		27	Queen's Park Rangers	2-2	Byrne, Sheavills	8434	1	2	3		5	6			9	8	11	10							7		4	
						Apps	31	46	42	8	46	46	3	2	38	41	41	27	5	7	1	4	21	1	39	2	40	15
						Goals		2	1	1	3	2			24	9	10	9		1			1		4			

One own goal

F.A. Cup

							Hill A	Hopper A	Brookes E	Nicol RBM	Winstanley E	Houghton WG	Provan AMH	Mulligan PG	Leighton A	Kerr GAM	O'Hara AE	Byrne J	Cochrane H	Earnshaw RI	Lawton P	Murphy BL	Murray A	Rutherford C	Sheavills JE	Sproates J	Wood R	Williamson R
R1	Nov	16	STOCKPORT COUNTY	1-0	Byrne	7577	1	2	3		5	6			9	10	11	8							7		4	
R2	Dec	7	ROCHDALE	3-1	Kerr 2, Leighton	9431	1	2	3		5	6			9	10	11	8							7		4	
R3	Jan	4	Scunthorpe United	2-2	Byrne, O'Hara	11060		2	3		5	6			9	10	11	8							7		4	1
rep		7	SCUNTHORPE UTD.	3-2	Byrne 2, O'Hara (aet)	21477		2	3		5	6			9	10	11	8							7		4	1
R4		25	BURY	2-1	Kerr, Gallagher (og)	21894		2	3		5	6				10	11	8						9	7		4	1
R5	Feb	15	MANCHESTER UTD.	0-4		38076		2	3		5	6			9	10	11	8							7		4	1

F.L. Cup

							Hill A	Hopper A	Brookes E	Nicol RBM	Winstanley E	Houghton WG	Provan AMH	Mulligan PG	Leighton A	Kerr GAM	O'Hara AE	Byrne J	Cochrane H	Earnshaw RI	Lawton P	Murphy BL	Murray A	Rutherford C	Sheavills JE	Sproates J	Wood R	Williamson R
R1	Sep	4	Darlington	2-2	Kerr, Murray	4690		2		4	5	6			9	8	11					3	10		7			1
rep		11	DARLINGTON	6-2	Leighton 2, Houghton, Kerr, Murray, Sheavills	4254		2	3		5	6			9	8	11						10		7		4	1
R2		25	Aston Villa	1-3	O'Hara	10679		2	3		5	6			9	8	11						10		7		4	1

		P	W	D	L	F	A	W	D	L	F	A	Pts
1	Coventry City	46	14	7	2	62	32	8	9	6	36	29	60
2	Crystal Palace	46	17	4	2	38	14	6	10	7	35	37	60
3	Watford	46	16	6	1	57	28	7	6	10	22	31	58
4	Bournemouth	46	17	4	2	47	15	7	4	12	32	43	56
5	Bristol City	46	13	7	3	52	24	7	8	8	32	40	55
6	Reading	46	15	5	3	49	26	6	5	12	30	36	52
7	Mansfield Town	46	15	8	0	51	20	5	3	15	25	42	51
8	Hull City	46	11	9	3	45	27	5	8	10	28	41	49
9	Oldham Athletic	46	13	3	7	44	35	7	5	11	29	35	48
10	Peterborough Utd.	46	13	6	4	52	27	5	5	13	23	43	47
11	Shrewsbury Town	46	13	6	4	43	19	5	5	13	30	61	47
12	Bristol Rovers	46	9	6	8	52	34	10	2	11	39	45	46
13	Port Vale	46	13	6	4	35	13	3	8	12	18	36	46
14	Southend United	46	9	10	4	42	26	6	5	12	35	52	45
15	Queen's Park Rgs.	46	13	4	6	47	34	5	5	13	29	44	45
16	Brentford	46	11	4	8	54	36	4	10	9	33	44	44
17	Colchester United	46	10	8	5	45	26	2	11	10	25	42	43
18	Luton Town	46	12	2	9	42	41	4	8	11	22	39	42
19	Walsall	46	7	9	7	34	35	6	5	12	25	41	40
20	BARNSLEY	46	9	9	5	34	29	3	6	14	34	65	39
21	Millwall	46	9	4	10	33	29	5	6	12	20	38	38
22	Crewe Alexandra	46	10	5	8	29	26	1	7	15	21	51	34
23	Wrexham	46	9	4	10	50	42	4	2	17	25	65	32
24	Notts County	46	7	8	8	29	26	2	1	20	16	66	27

1964/65 24th in Division 3: Relegated

							Hill A	Hopper A	Brookes E	Swallow BE	Winstanley E	Cunningham W	Sheavills JE	Kerr GAM	Leighton A	Byrne J	O'Hara AE	Addy M	Bettany JW	Bradbury A	Callaghan WA	Craven T	Earnshaw RI	Farnsworth PA	Graham M	Murphy BL	Senior RV	Shaw EL	Wilcox A	Williamson R	Wood R
1	Aug	22	QUEEN'S PARK RANGERS	0-0		5688	1	2	3	4	5	6	7	8	9	10	11														
2		25	Bristol City	1-5	Leighton	10491	1	2	3	4	5	6	7	8	9	10	11														
3		29	Shrewsbury Town	3-3	Byrne 2, Leighton	5260	1	2	3		5	6	7	8	9	10	11														4
4	Sep	4	READING	1-1	O'Hara	6103		2	3		5	6	7	8	9	10	11													1	4
5		9	Gillingham	0-1		13677		2	3		5	6	7	8	9	10	11													1	4
6		12	Southend United	0-2		6131		2	3		5	6	7	8	9	10	11													1	4
7		15	GILLINGHAM	1-0	Byrne	5025		2	3		5	6	7		9	8	11								10					1	4
8		19	Grimsby Town	2-3	Graham, Leighton	7613		2	3		5	6	7		9	8	11								10					1	4
9		25	SCUNTHORPE UNITED	2-0	Byrne, Leighton	6289		2			5	6		8	9	10					7				11	3				1	4
10		30	HULL CITY	1-1	Graham	6940		2			5	6		8	9	10					7				11	3				1	4
11	Oct	3	Walsall	1-1	Leighton	5047			3		5	6		10	9	8	11				7					2				1	4
12		7	Hull City	0-7		7830		2			5	6		8	9	10	11				7					3				1	4
13		10	BOURNEMOUTH	2-2	Kerr, Leighton (pen)	4804			3		5	6		8	9	10	11				7					2				1	4
14		17	Exeter City	0-3		6313			3	5		6		8	9	10	11				7					2			1		4
15		20	WATFORD	4-0	Leighton 2, Kerr, Mancini (og)	4998			3	5		6		8	9	4	11				7				10	2			1		
16		24	OLDHAM ATHLETIC	0-1		5611			3	5		6		8	9	4	11				7				10	2			1		
17		26	Mansfield Town	3-4	Leighton 2 (1 pen), Sheavills	8245			3	5		6	7	8	9	4	11								10	2			1		
18		31	Bristol Rovers	0-1		11773		2		5		6	7	8		9	11								10	3			1		4
19	Nov	3	BRISTOL CITY	1-2	Kerr	3982		2		5		6	7	8	9	4	11								10	3			1		
20		7	BRENTFORD	3-1	Graham 2, Kerr (pen)	4252	1	2	3	5		6	7	8	9		11								10						4
21		21	PORT VALE	0-2		5288	1	2	3	5		6		8	9	7	11								10						4
22		28	Carlisle United	0-4		6723	1	2	3	5	6	10	7	8	9												11				4
23	Dec	11	Queen's Park Rangers	2-3	O'Hara 2	3350	1	2	3	5			7	8	9	6	11										10				4
24		18	SHREWSBURY TOWN	6-2	O'Hara 2, Senior 2, Kerr, Leighton	2492	1	2	3	5			7	8	9	6	11										10				4
25		26	Peterborough United	1-4	O'Hara	8963	1	2	3	5			7	8	9	6	11										10				4
26		28	PETERBOROUGH UTD.	3-2	Leighton 2, O'Hara	3395		2	3	5			7	8	9	6	11										10			1	4
27	Jan	2	Reading	1-1	Sheavills	6620		2	3	5		9	7	8		6	11										10			1	4
28		9	Colchester United	1-4	O'Hara	2824		2	3	5		9	7	8		6	11										10			1	4
29		16	SOUTHEND UNITED	1-4	Graham	2898		2	3	5			7	8		6	11								9		10			1	4
30		30	LUTON TOWN	3-0	Kerr (pen), Senior, Graham	2989		2	3		5		7	8		4	11					6			9		10			1	
31	Feb	5	Scunthorpe United	3-2	Kerr 2, Senior	6516		2	3		5		7	8		4	11					6			9		10			1	
32		13	WALSALL	0-1		2953		2	3		5		7	8		4	11					6			9		10			1	
33		20	Bournemouth	0-1		5377		2	3		5			8		10		6			7				9		11	4		1	
34		27	EXETER CITY	0-0		3034		2	3		5			8		10		6			7				9		11	4		1	
35	Mar	13	BRISTOL ROVERS	0-2		3272		2	3		5		7	8		9	11	6			10									1	4
36		16	Watford	1-1	Kerr	6078			3	4	5			8			11	6	10						9	2	7			1	
37		20	Brentford	0-1		7954			3	4	5			8			11	6	10						9	2	7			1	
38		26	COLCHESTER UNITED	1-2	O'Hara	3330			3	4	5			8			11	6	10						9	2	7			1	
39		30	GRIMSBY TOWN	1-0	Swallow	2633			3	4	5					9	11	6	8		7					2	10			1	
40	Apr	3	Port Vale	0-2		6311			3	4	5					9	11	6	8		7					2	10			1	
41		7	Luton Town	1-5	Bettany	6112			3	4	5		7	10		9	11	6	8							2				1	
42		10	CARLISLE UNITED	1-2	Dean (og)	3164			3	5				8		4	9	6	10		7					2	11			1	
43		16	Workington	0-0		3751			3	5			7	8		4	9	6	10							2	11			1	
44		17	Oldham Athletic	1-1	Hopper	5731		9	3	5				8		4	11	6	10		7					2				1	
45		20	WORKINGTON	0-3		2297			3	5				10		9	11	4	7	8				6		2				1	
46		24	MANSFIELD TOWN	2-3	O'Hara, Kerr	6860			3	5				8		4	9	6	10				7			2	11			1	
						Apps	9	30	41	29	26	24	26	42	25	41	41	14	11	1	15	3	1	1	20	22	21	2	6	31	24
						Goals		1		1			2	10	13	4	10		2						5		4				

Two own goals

F.A. Cup

							Hill A	Hopper A	Brookes E	Swallow BE	Winstanley E	Cunningham W	Sheavills JE	Kerr GAM	Leighton A	Byrne J	O'Hara AE	Addy M	Bettany JW	Bradbury A	Callaghan WA	Craven T	Earnshaw RI	Farnsworth PA	Graham M	Murphy BL	Senior RV	Shaw EL	Wilcox A	Williamson R	Wood R
R1	Nov	14	Netherfield	3-1	Byrne, Graham, Kerr	4164	1	2	3	5		6		8	9	7	11								10						4
R2	Dec	5	CHESTER	2-5	Byrne, Senior	6674	1	2		5		6		8	9	10	11									3	7				4

F.L. Cup

							Hill A	Hopper A	Brookes E	Swallow BE	Winstanley E	Cunningham W	Sheavills JE	Kerr GAM	Leighton A	Byrne J	O'Hara AE	Addy M	Bettany JW	Bradbury A	Callaghan WA	Craven T	Earnshaw RI	Farnsworth PA	Graham M	Murphy BL	Senior RV	Shaw EL	Wilcox A	Williamson R	Wood R
R1	Sep	2	LINCOLN CITY	2-1	Byrne 2	4262	1	2	3		5	6	7	8	9	10	11														4
R2		23	Leyton Orient	0-3		5146		2			5	6	7		9	8	11								10	3				1	4

		P	W	D	L	F	A	W	D	L	F	A	Pts
1	Carlisle United	46	14	5	4	46	24	11	5	7	30	29	60
2	Bristol City	46	14	6	3	53	18	10	5	8	39	37	59
3	Mansfield Town	46	17	4	2	61	23	7	7	9	34	38	59
4	Hull City	46	14	6	3	51	25	9	6	8	40	32	58
5	Brentford	46	18	4	1	55	18	6	5	12	28	37	57
6	Bristol Rovers	46	14	7	2	52	21	6	8	9	30	37	55
7	Gillingham	46	16	5	2	45	13	7	4	12	25	37	55
8	Peterborough Utd.	46	16	3	4	61	33	6	4	13	24	41	51
9	Watford	46	13	8	2	45	21	4	8	11	26	43	50
10	Grimsby Town	46	11	10	2	37	21	5	7	11	31	46	49
11	Bournemouth	46	12	4	7	40	24	6	7	10	32	39	47
12	Southend United	46	14	4	5	48	24	5	4	14	30	47	46
13	Reading	46	12	8	3	45	26	4	6	13	25	44	46
14	Queen's Park Rgs.	46	15	5	3	48	23	2	7	14	24	57	46
15	Workington	46	11	7	5	30	22	6	5	12	28	47	46
16	Shrewsbury Town	46	10	6	7	42	38	5	6	12	34	46	42
17	Exeter City	46	8	7	8	33	27	4	10	9	18	25	41
18	Scunthorpe United	46	9	8	6	42	27	5	4	14	23	45	40
19	Walsall	46	9	4	10	34	36	6	3	14	21	44	37
20	Oldham Athletic	46	10	3	10	40	39	3	7	13	21	44	36
21	Luton Town	46	6	8	9	32	36	5	3	15	19	58	33
22	Port Vale	46	7	6	10	27	33	2	8	13	14	43	32
23	Colchester United	46	7	6	10	30	34	3	4	16	20	55	30
24	BARNSLEY	46	8	5	10	33	31	1	6	16	21	59	29

1965/66 16th in Division 4

							Ironside R	Murphy BL	Brookes E	Ferguson M	Swallow BE	Duerden H	Earnshaw RI	Hayes J	Kerr GAM	Bettany JW	Hewitt R	Adamson KB	Addy M	Hill A	Hobson J	Parker RW	Howard P	Jackson B	Lambert R	McColl D
1	Aug	21	Crewe Alexandra	1-0	Kerr	3645	1	2	3	4	5	6	7	10	9	8	11									
2		24	PORT VALE	1-0	Kerr	3016	1	2	3	4	5	6	7	10	9	8	11									
3		28	BRADFORD CITY	4-2	Kerr 2 (1 pen), Hewitt, Earnshaw	5261	1	2	3	4	5	6	7	10	9	8	11									
4	Sep	3	CHESTERFIELD	0-0		4894	1	2	3	4	5	6	7	10	9	8	11									
5		11	Colchester United	0-4		5083	1	2	3	4	5	6	7	10	9	8	11									
6		13	Port Vale	1-1	Kerr	6573	1	2	3	10	5	6	7		9	8	11							4		
7		17	TRANMERE ROVERS	4-0	Earnshaw, Ferguson, Hewitt, Kerr	6255	1		3	10	5	6	7		9	8	11					2		4		
8		24	Stockport County	0-1		15352	1		3	10	5	6	7		9	8	11					2		4		
9	Oct	1	DARLINGTON	3-1	Bettany, Keeble (og), Ferguson	6800	1		3	10	5	6	7		9	8	11					2		4		
10		6	Chester	3-3	Earnshaw, Ferguson, Kerr	8412	1		3	10	5	6	7		9	8	11					2		4		
11		9	Luton Town	4-5	Ferguson 2, Bettany, Kerr	5948	1		3	10	5	6	7		9	8	11					2		4		
12		15	BARROW	3-0	Earnshaw, Ferguson, Kerr	7922	1		3	10	5	6	7		9	8	11					2		4		
13		20	Torquay United	0-3		5762	1		3	10	5	6			9	8	11				7	2		4		
14		23	Hartlepools United	2-1	Duerden, Kerr	4194	1		3	10	5	6	7		9	8	11					2		4		
15		29	DONCASTER ROVERS	1-5	Hewitt	13358	1	12	3	10	5	6	7		9	8	11					2		4		
16	Nov	20	Bradford Park Avenue	2-7	Ferguson 2	5833	1		3	10	5	6	7		9	8	11		4			2				
17		23	CHESTER	0-2		2959			3	10		6		7	9	8	11			1		2	5		4	
18	Dec	11	TORQUAY UNITED	1-0	Ferguson	4646			3	10	5	6		7	9	8	11			1		2		4		
19		18	Barrow	5-1	Ferguson 2, Kerr 2, Hewitt	3943			3	10	5	6		7	9	8	11			1		2		4		
20		27	HALIFAX TOWN	1-2	Ferguson	8641			3	10	5	6		7	9	8	11			1		2		4		
21		28	Halifax Town	2-2	Bettany, Ferguson	5410			3	10	5	6		7	9	8	11			1		2		4		
22	Jan	1	LUTON TOWN	3-0	Hewitt, Kerr, Reid (og)	5053			3	10	5			7	9	8	11		6	1		2		4		
23		8	Wrexham	3-6	Kerr, Hewitt, Hayes	4149			3	10	5			7	9	8	11		6	1		2		4		
24		15	HARTLEPOOLS UNITED	2-2	Bettany, Kerr	3471			3	10	5	6		7	9	8	11		4	1		2				
25		29	CREWE ALEXANDRA	0-1		3556			3	10	5		7		9	8	11			1		2		4	6	
26	Feb	5	Bradford City	0-1		4976			3		5				9	8	11			1	7	2		4	6	10
27		12	NOTTS COUNTY	1-1	Ferguson	2516			3	6	5			7	9	8	11			1		2		4		10
28		19	Chesterfield	1-3	Kerr	4049			3	4	5	6	7	10	9	8	11			1		2				
29		26	COLCHESTER UNITED	1-1	Kerr	3323		3		6	5			10	9	8	11		4	1	7	2				
30	Mar	5	Notts County	1-0	Earnshaw	5894			3	6	5		7		9	8	11		4	1	10	2				
31		8	ROCHDALE	5-0	Earnshaw 2, Hayes 2, Bettany	3426			3	6	5		7	10	9	8	11		4	1		2				
32		11	Tranmere Rovers	0-1		6732			3	6	5		7	10	9	8	11		4	1		2				
33		15	ALDERSHOT	2-1	Bettany, Hewitt	4153			3	6	5		7	10	9	8	11		4	1		2				
34		18	STOCKPORT COUNTY	1-2	Hewitt (pen)	4944			3		5		7	10		8	11	9	4	1		2		6		
35		22	Lincoln City	1-4	Addy	2368			3		5		7	10		8	11	9	4	1		2		6		
36		26	Darlington	1-2	Hewitt	5071			3	4	5		7				11	9	6	1	8	2				10
37	Apr	4	Southport	1-3	Bettany	3591			3	6	5		7			8	11		4	1	9	2				10
38		9	Newport County	0-1		2328			3	6	5		7	8			11		4	1	9	2				10
39		11	Rochdale	1-2	Addy	3316			3	9	5		7	8			11		6	1	10	2		4		
40		15	BRADFORD PARK AVE.	1-1	Addy	2057			3	6	5			8			11	9	10	1	7	2		4		
41		23	Aldershot	1-1	Bettany	3657			3		5		7			4	11	9	8	1	10	2		6		
42		26	LINCOLN CITY	0-1		2287			3		5		7	8		4	11	9		1	10	2		6		
43		29	NEWPORT COUNTY	2-2	Ferguson, Hobson	1697			3	9	5		7			8	11		6	1	10	2		4		
44	May	3	Doncaster Rovers	1-2	Hewitt	16494			3	9	5		7			8	11		6	1	10	2		4		
45		10	WREXHAM	3-0	Ferguson 2, Earnshaw	1577			3	9	5		7			8	11		6	1	10	2		4		
46		13	SOUTHPORT	4-0	Addy 2, Hewitt, Hobson	1915			3		5		7	10		8	11		6	1	9	2		4		
						Apps	16	8	45	40	45	23	33	26	33	42	46	6	21	30	15	40	1	29	3	5
						Goals				17		1	8	3	17	8	11		5		2					

Two own goals

F.A. Cup

							Ironside R	Murphy BL	Brookes E	Ferguson M	Swallow BE	Duerden H	Earnshaw RI	Hayes J	Kerr GAM	Bettany JW	Hewitt R	Adamson KB	Addy M	Hill A	Hobson J	Parker RW	Howard P	Jackson B	Lambert R	McColl D
R1	Nov	13	Lincoln City	3-1	Bettany, Earnshaw, Kerr (pen)	6378	1		3	10	5	6	7		9	8	11		4			2				
R2	Dec	4	GRIMSBY TOWN	1-1	Kerr	8112			3	10	5	6		7	9	8	11			1		2			4	
rep		8	Grimsby Town	0-2		10664			3	10	5	6		7	9	8	11			1		2		4		

F.L. Cup

							Ironside R	Murphy BL	Brookes E	Ferguson M	Swallow BE	Duerden H	Earnshaw RI	Hayes J	Kerr GAM	Bettany JW	Hewitt R	Adamson KB	Addy M	Hill A	Hobson J	Parker RW	Howard P	Jackson B	Lambert R	McColl D
R1	Sep	1	Doncaster Rovers	2-2	Earnshaw, Kerr	14309	1	2	3	4	5	6	7	10	9	8	11									
rep		7	DONCASTER ROVERS	1-2	Kerr	11946	1	2	3	4	5	6	7	10	9	8	11									

		P	W	D	L	F	A	W	D	L	F	A	Pts
1	Doncaster Rovers	46	15	6	2	49	21	9	5	9	36	33	59
2	Darlington	46	16	3	4	41	17	9	6	8	31	36	59
3	Torquay United	46	17	2	4	43	20	7	8	8	29	29	58
4	Colchester United	46	13	7	3	45	21	10	3	10	25	26	56
5	Tranmere Rovers	46	15	1	7	56	32	9	7	7	37	34	56
6	Luton Town	46	19	2	2	65	27	5	6	12	25	43	56
7	Chester	46	15	5	3	52	27	5	7	11	27	43	52
8	Notts County	46	9	8	6	32	25	10	4	9	29	28	50
9	Newport County	46	14	6	3	46	24	4	6	13	29	51	48
10	Southport	46	15	6	2	47	20	3	6	14	21	49	48
11	Bradford Park Ave.	46	14	2	7	59	31	7	3	13	43	61	47
12	Barrow	46	12	8	3	48	31	4	7	12	24	45	47
13	Stockport County	46	12	4	7	42	29	6	2	15	29	41	42
14	Crewe Alexandra	46	12	4	7	42	23	4	5	14	19	40	41
15	Halifax Town	46	11	6	6	46	31	4	5	14	21	44	41
16	BARNSLEY	46	11	6	6	43	24	4	4	15	31	54	40
17	Aldershot	46	12	6	5	47	27	3	4	16	28	57	40
18	Hartlepools United	46	13	4	6	44	22	3	4	16	19	53	40
19	Port Vale	46	12	7	4	38	18	3	2	18	10	41	39
20	Chesterfield	46	8	9	6	37	35	5	4	14	25	43	39
21	Rochdale	46	12	1	10	46	27	4	4	15	25	60	37
22	Lincoln City	46	9	7	7	37	29	4	4	15	20	53	37
23	Bradford City	46	10	5	8	37	34	2	8	13	26	60	37
24	Wrexham	46	10	4	9	43	43	3	5	15	29	61	35

1966/67 16th in Division 4

	Date	Opponent	Score	Scorers	Att	Ironside R	Parker RW	Brookes E	Swallow BE	Winstanley E	Addy M	Earnshaw RI	Bettany JW	Barton DR	Bradbury A	Hewitt R	Adamson KB	Briscoe J	Burns EO	Cockburn K	Duerden H	Evans JD	Graham P	Hamstead GW	Hemstock B	Howard P	Moran BJ	Murphy BL	Raggett BC	Thomas BEB	Wood RE	Booker M
1	Aug 20	BRENTFORD	0-1		2564	1	2	3	4	5	6	7	8	9	10	11																
2	27	Newport County	0-2		2940	1	2	3	4	5	9		8		10	11			7		6											
3	30	BARROW	2-3	Briscoe, Hewitt	2227	1	2	3	4	5	6		8			10		9	7					11								
4	Sep 2	CHESTERFIELD	0-3		3560	1	2	3	4	5	6		8			10		9	7					11								
5	5	Stockport County	1-2	Briscoe	9068		2	3	5		4		8	7		10		9						11				3			1	
6	10	LUTON TOWN	2-1	Earnshaw, Murphy	2188		2	3	4	5	6	12	8			10		9						11				7			1	
7	17	Aldershot	2-3	Bettany 2	4292		2	3	4	5	6	9	8	7		10								11							1	
8	23	WREXHAM	2-2	Bettany, Hewitt	2900		2	3	4	5	6	7	8	10		9								11							1	
9	27	STOCKPORT COUNTY	1-2	Hamstead	4294		2	3	4	5	6	7	8	10		9								11							1	
10	30	Southend United	0-3		9576		2	3	4	5	6	7	8	10		9								11							1	
11	Oct 8	Rochdale	1-1	Barton	2784		2	3	4	5	6	7	8	10		9								11							1	12
12	15	SOUTHPORT	0-0		2719		2	3	4	5	6	8	9	10										11			7				1	12
13	22	Notts County	3-0	Hamstead 2, Briscoe	6373		2	3	4	5	6	7	8	10				9						11							1	
14	24	EXETER CITY	2-1	Bettany, Briscoe	3689		2	3	4	5	6	7	8	10				9						11							1	
15	29	CHESTER	1-2	Briscoe	4474		2	3	4	5	6	7	8	10				9			12			11							1	
16	Nov 5	Chesterfield	0-1		5260	1	2	3	6	5		7	4	8		10		9						11								
17	12	PORT VALE	1-0	Earnshaw	4823	1	2	3	6	5		7	4	10								8		11						9		
18	16	Exeter City	3-0	Thomas 2, Hamstead	2753	1	2	3		5		7	4	10		6						8		11						9		
19	19	Crewe Alexandra	2-2	Hamstead, Hewitt	3887	1	2	3		5		7	4	10		6						8		11						9		
20	Dec 3	York City	3-0	Earnshaw 2, Evans	3413	1	2	3		5		7	4	10		6						8		11						9		
21	10	LINCOLN CITY	2-1	Hamstead, Thomas	9394	1	2	3		5		7	4	10		6						8		11						9		
22	17	Brentford	1-3	Evans	4255	1	2	3		5		7	4	10		6						8		11						9		
23	26	BRADFORD CITY	1-1	Thomas	11192	1	2	3		5		7	4	10		6						8		11						9		
24	27	Bradford City	1-1	Hewitt (pen)	6828		2	3	5			7	4	10		6						8		11						9	1	
25	31	NEWPORT COUNTY	1-1	Evans	7765		2	3	5			7	4	10		6						8		11						9	1	
26	Jan 14	Luton Town	1-1	Thomas	8287		2	3		5		7	4	10		6						8		11						9	1	
27	21	ALDERSHOT	1-1	Walker (og)	10105		2	3	5			7	4	10		6		9				8		11							1	
28	Feb 4	Wrexham	2-2	Earnshaw, Graham	9368		2	3	9	5		7		10		6							8	11					4		1	
29	11	SOUTHEND UNITED	1-2	Hewitt	7856		2	3	9	5		7		10		6							8	11					4		1	
30	15	Bradford Park Avenue	3-1	Earnshaw, Hamstead, Thomas	4962		2	3		5		7		10		6						8		11					4	9	1	
31	18	Hartlepools United	1-1	Evans	6715		2	3		5		7		10		6	9					8		11					4		1	
32	25	ROCHDALE	3-1	Barton, Evans, Thomas	7585		2	3		5		7		10		6						8		11					4	9	1	
33	Mar 4	Southport	0-3		5347		2	3		5		7		10		6						8		11					4	9	1	
34	11	HARTLEPOOLS UNITED	1-2	Earnshaw	6479		2	3		5	12	7		10		6						8		11					4	9	1	
35	18	NOTTS COUNTY	0-0		5278		2			5		7			4	10				11					8			3	6	9	1	
36	25	Barrow	0-2		5342		2			5		7		10	8	6								11				3	4	9	1	
37	27	HALIFAX TOWN	4-1	Bradbury 2, Evans, Thomas	5354		2			5		7		10	4	6						8		11				3		9	1	
38	28	Halifax Town	1-1	Winstanley	4348		2			5		7		10	4	6						8		11				3		9	1	
39	Apr 1	BRADFORD PARK AVE.	2-0	Hamstead, Hewitt	5936		2			5		7		10	4	6						8		11				3		9	1	
40	8	Port Vale	1-3	Hewitt	3209		2			5		7		10	4	6						8		11				3		9	1	
41	11	TRANMERE ROVERS	2-2	Earnshaw, Evans	5186		2			5		7		10	4	6						8		11				3		9	1	
42	15	CREWE ALEXANDRA	1-0	Evans	5899	1	2			5		7		10	4	6						8		11				3		9		
43	22	Chester	0-1		2969	1	2			5		7			4	6		10				8		11				3		9		
44	24	Tranmere Rovers	3-3	Thomas 2, Barton	7362	1	2			5		7		10		6						8		11				3	4	9		
45	28	YORK CITY	0-1		5213	1	2			5		7		10		6						8		11				3	4	9		
46	May 6	Lincoln City	1-0	Evans	2860	1	2					7		10		6						8		11		5		3	4	9		
					Apps	17	46	34	22	41	16	42	27	40	11	41	1	10	3	1	2	26	2	43	1	1	1	14	12	26	29	2
					Goals					1		8	4	3	2	7		5				9	1	8				1		10		

One own goal

F.A. Cup

	Date	Opponent	Score	Scorers	Att	Ironside R	Parker RW	Brookes E	Swallow BE	Winstanley E	Addy M	Earnshaw RI	Bettany JW	Barton DR	Bradbury A	Hewitt R	Adamson KB	Briscoe J	Burns EO	Cockburn K	Duerden H	Evans JD	Graham P	Hamstead GW	Hemstock B	Howard P	Moran BJ	Murphy BL	Raggett BC	Thomas BEB	Wood RE	Booker M
R1	Nov 26	SOUTHPORT	3-1	Thomas 2, Evans	11560	1	2	3		5		7	4	10		6						8		11						9		
R2	Jan 7	PORT VALE	1-1	Hewitt	13343		2	3		5		7	4	10		6						8		11						9	1	
rep	16	Port Vale	3-1	Bettany, Hewitt, Parker	12784		2	3		5		7	4	10		6						8		11						9	1	
R3	28	CARDIFF CITY	1-1	Evans	21464		2	3		5		7	4	10		6						8		11						9	1	
rep	31	Cardiff City	1-2	Thomas	21020		2	3		5	4	7		10		6						8		11						9	1	

F.L. Cup

	Date	Opponent	Score	Scorers	Att	Ironside R	Parker RW	Brookes E	Swallow BE	Winstanley E	Addy M	Earnshaw RI	Bettany JW	Barton DR	Bradbury A	Hewitt R	Adamson KB	Briscoe J	Burns EO	Cockburn K	Duerden H	Evans JD	Graham P	Hamstead GW	Hemstock B	Howard P	Moran BJ	Murphy BL	Raggett BC	Thomas BEB	Wood RE	Booker M
R1	Aug 24	GRIMSBY TOWN	1-2	Hewitt	2495	1	2	3	4	5	6	7	8	9	10	11																

		P	W	D	L	F	A	W	D	L	F	A	Pts
1	Stockport County	46	16	5	2	41	18	10	7	6	28	24	64
2	Southport	46	19	2	2	47	15	4	11	8	22	27	59
3	Barrow	46	12	8	3	35	18	12	3	8	41	36	59
4	Tranmere Rovers	46	14	6	3	42	20	8	8	7	24	23	58
5	Crewe Alexandra	46	14	5	4	42	26	7	7	9	28	29	54
6	Southend United	46	15	5	3	44	12	7	4	12	26	37	53
7	Wrexham	46	11	12	0	46	20	5	8	10	30	42	52
8	Hartlepools United	46	15	3	5	44	29	7	4	12	22	35	51
9	Brentford	46	13	7	3	36	19	5	6	12	22	37	49
10	Aldershot	46	14	4	5	48	19	4	8	11	24	38	48
11	Bradford City	46	13	4	6	48	31	6	6	11	26	31	48
12	Halifax Town	46	10	11	2	37	27	5	3	15	22	41	44
13	Port Vale	46	9	7	7	33	27	5	8	10	22	31	43
14	Exeter City	46	11	6	6	30	24	3	9	11	20	36	43
15	Chesterfield	46	13	6	4	33	16	4	2	17	27	47	42
16	BARNSLEY	46	8	7	8	30	28	5	8	10	30	36	41
17	Luton Town	46	15	5	3	47	23	1	4	18	12	50	41
18	Newport County	46	9	9	5	35	23	3	7	13	21	40	40
19	Chester	46	8	5	10	24	32	7	5	11	30	46	40
20	Notts County	46	10	7	6	31	25	3	4	16	22	47	37
21	Rochdale	46	10	4	9	30	27	3	7	13	23	48	37
22	York City	46	11	5	7	45	31	1	6	16	20	48	35
23	Bradford Park Ave.	46	7	6	10	30	34	4	7	12	22	45	35
24	Lincoln City	46	7	8	8	39	39	2	5	16	19	43	31

1967/68 2nd in Division 4: Promoted

							Ironside R	Murphy BL	Brookes E	Bettany JW	Winstanley E	Howard P	Earnshaw RI	Evans JD	Thomas BEB	Barton DR	Taylor BJ	Arblaster BM	Bradbury A	Briscoe J	Graham P	Hamstead GW	Hewitt R	Hobson J	Humes J	Parker RW	Priestley RM	Raggett BC	Robson J	Wood RE
1	Aug	19	DONCASTER ROVERS	1-0	Thomas	11305	1	2	3	4	5	6	7	8	9	10	11													
2		26	Luton Town	0-2		7887		2	3	4	5	6	7	8	9	10	11											12		1
3	Sep	2	SOUTHEND UNITED	1-1	Thomas	6982	1	2	3	4	5	6	7	8	9	10	11													
4		4	Bradford Park Avenue	1-1	Evans	4428	1	2	3		5	6	7	8			10		4	9		11								
5		9	Wrexham	0-2		8426	1	2	3		5	6	7	8			10		4			11		12			9			
6		15	CHESTERFIELD	0-0		9094	1	2	3	4	5	6	7	8			10					11			9					
7		23	SWANSEA TOWN	3-0	Hamstead, Hobson, Winstanley	6599	1	2	3	4	5	6	7	8					10			11		12	9					
8		26	BRADFORD PARK AVE.	2-0	Hobson, Humes	7884	1	2	3	4	5	6	7		9				10			11		12	8					
9		29	Hartlepools United	1-2	Bettany	5002	1	3		4	5	6	7			12			10			11		8	9	2				
10	Oct	3	ROCHDALE	1-1	Bettany	4663	1	3		4	5	6	7	8	9				10			11				2				
11		7	Darlington	2-0	Evans, Thomas	4208	1	3		4	5	6	7	8	9	10						11				2				
12		14	ALDERSHOT	1-0	Earnshaw	7811	1	3		4	5	6	7	8	9	10						11				2				
13		21	Workington	1-0	Evans	2433	1	3		4	5	6	7	8	9				10			11				2				
14		23	Rochdale	0-1		3368	1	3	12	4	5	6	7	8	9				10			11				2				
15		28	LINCOLN CITY	2-1	Hewitt 2 (1 pen)	9290	1	2	3	4	5	6	7	8	9							11	10							
16	Nov	4	Halifax Town	1-1	Winstanley	6762	1	3		4	5	6	11	7	9								10	8		2				
17		11	BRADFORD CITY	1-0	Thomas	13732	1	3		4	5	6	7	11	9								10	8		2				
18		13	Southend United	1-4	Thomas	10513	1	3			5	6	7	11	9	4						12	10	8		2				
19		18	Crewe Alexandra	3-3	Evans 2, Thomas	6541	1	3		4	5	6		8	9	10						11			7	2				
20		25	NOTTS COUNTY	3-1	Thomas 2, Smith (og)	8361	1	2	3	4	5	6	7	8	9	10	11													
21	Dec	2	Port Vale	0-2		3724	1	2	3	4	5	6	7	8	9	12	10						11							
22		15	Doncaster Rovers	2-1	Taylor, Thomas (pen)	9364	1	2	3	4	5	6	7		9		10					11		8						
23		23	LUTON TOWN	2-2	Bettany, Hamstead	8704	1	2	3	4	5	6	7				10				9	11		8						
24		26	York City	1-1	Hamstead	8132	1	2	3	4	5	6	7				10				9	11		8						
25		30	YORK CITY	1-0	Bettany	10175	1	2	3	4	5	6	7	8			10					11			9					
26	Jan	6	Brentford	1-0	Taylor	5176	1	3	2	4	5	6	7	8			10					11		9						
27		20	Chesterfield	3-2	Evans 2 (1 pen), Howard	16091	1	3	2	4		6	7	8			10				5	11							9	
28		27	EXETER CITY	2-1	Earnshaw, Robson	11781	1	3	2	4	5	6	7	8			10					11							9	
29	Feb	3	Swansea Town	1-1	Evans	11069	1	3	2	4	5	6	7	8			10					11							9	
30		10	HARTLEPOOLS UNITED	4-0	Evans 2, Earnshaw, Robson	12896	1	3	2	4	5	6	7	8			10					11							9	
31		17	Newport County	0-3		4301	1	3	2	4	5	6	7	8			10				12	11							9	
32		24	CREWE ALEXANDRA	3-1	Evans, Earnshaw, Robson	15096	1	3	2	4	5	6	7	8			10					11							9	
33	Mar	2	Aldershot	1-1	Evans (pen)	6852	1	3	2	4	5	6	7	8			10					11							9	
34		5	WREXHAM	2-2	Evans, Winstanley	14555	1	3	2	4	5	6	7	8			10					11							9	
35		9	Exeter City	0-2		3840	1	3	2	4	5	6	7	8								11	10						9	
36		16	WORKINGTON	2-1	Bettany, Hamstead	11427	1	3		4	5	6	7	8								11		10		2			9	
37		23	Lincoln City	1-0	Hamstead	7772	1	3		4	5	6	7	8							10	11				2			9	
38		30	HALIFAX TOWN	0-0		11586	1	3		4	5	6	7									11	10		8	2			9	
39	Apr	6	Bradford City	0-1		12647	1	3		4	5	6	7				11		10				8			2			9	
40		13	DARLINGTON	1-0	Bradbury	11626	1	3		4	5	6	7	8			11		10							2			9	
41		15	BRENTFORD	3-0	Bradbury 2, Winstanley	12405		3		4	5	6	7					1	10			11		8		2			9	
42		20	Notts County	4-1	Bradbury,Earnshaw,Hobson,Robson	8674	1	3		4	5	6	7						10			11		8		2			9	
43		23	CHESTER	2-1	Bradbury, Hobson	14596	1	3		4	5	6	7						10			11		8		2			9	
44		26	PORT VALE	2-0	Robson, Winstanley	15913	1	3		4	5	6	7						10			11		8		2			9	
45	May	4	Chester	1-1	Winstanley	4402	1	3		4	5	6	7	12					10			11		8		2			9	
46		11	NEWPORT COUNTY	4-2	Robson 2, Evans, Rowlands (og)	12323	1	3		4	5	6	7	8					10			11				2			9	
						Apps	44	46	26	43	45	46	45	35	17	10	23	1	16	1	5	37	8	17	7	21	1	1	20	1
						Goals				5	6	1	5	14	9		2		5			5	2	4	1				7	

Two own goals

F.A. Cup

							Ironside R	Murphy BL	Brookes E	Bettany JW	Winstanley E	Howard P	Earnshaw RI	Evans JD	Thomas BEB	Barton DR	Taylor BJ	Arblaster BM	Bradbury A	Briscoe J	Graham P	Hamstead GW	Hewitt R	Hobson J	Humes J	Parker RW	Priestley RM	Raggett BC	Robson J	Wood RE
R1	Dec	9	Chesterfield	0-2		17161	1	2	3	4	5	6		8	9	10	11								7					

F.L. Cup

							Ironside R	Murphy BL	Brookes E	Bettany JW	Winstanley E	Howard P	Earnshaw RI	Evans JD	Thomas BEB	Barton DR	Taylor BJ	Arblaster BM	Bradbury A	Briscoe J	Graham P	Hamstead GW	Hewitt R	Hobson J	Humes J	Parker RW	Priestley RM	Raggett BC	Robson J	Wood RE
R1	Aug	22	Middlesbrough	1-4	Taylor	15966		2	3	4	5	6	7	8	9	10	11													1

		P	W	D	L	F	A	W	D	L	F	A	Pts
1	Luton Town	46	19	3	1	55	16	8	9	6	32	28	66
2	BARNSLEY	46	17	6	0	43	14	7	7	9	25	32	61
3	Hartlepools United	46	15	7	1	34	12	10	3	10	26	34	60
4	Crewe Alexandra	46	13	10	0	44	18	7	8	8	30	31	58
5	Bradford City	46	14	5	4	41	22	9	6	8	31	29	57
6	Southend United	46	12	8	3	45	21	8	6	9	32	37	54
7	Chesterfield	46	15	4	4	47	20	6	7	10	24	30	53
8	Wrexham	46	17	3	3	47	12	3	10	10	25	41	53
9	Aldershot	46	10	11	2	36	19	8	6	9	34	36	53
10	Doncaster Rovers	46	12	8	3	36	16	6	7	10	30	40	51
11	Halifax Town	46	10	6	7	34	24	5	10	8	18	25	46
12	Newport County	46	11	7	5	32	22	5	6	12	26	41	45
13	Lincoln City	46	11	3	9	41	31	6	6	11	30	37	43
14	Brentford	46	13	4	6	41	24	5	3	15	20	40	43
15	Swansea Town	46	11	8	4	38	25	5	2	16	25	52	42
16	Darlington	46	6	11	6	31	27	6	6	11	16	26	41
17	Notts County	46	10	7	6	27	27	5	4	14	26	52	41
18	Port Vale	46	10	5	8	41	31	2	10	11	20	41	39
19	Rochdale	46	9	8	6	35	32	3	6	14	16	40	38
20	Exeter City	46	9	7	7	30	30	2	9	12	15	35	38
21	York City	46	9	6	8	44	30	2	8	13	21	38	36
22	Chester	46	6	6	11	35	38	3	8	12	22	40	32
23	Workington	46	8	8	7	35	29	2	3	18	19	58	31
24	Bradford Park Ave.	46	3	7	13	18	35	1	8	14	12	47	23

1968/69 10th in Division 3

No	Month	Day	Opponent	Score	Scorers	Att	Ironside R	Parker RW	Murphy BL	Bettany JW	Howard P	Raggett BC	Earnshaw RI	Evans JD	Robson J	Bradbury A	Hamstead GW	Arblaster BM	Barton DR	Booth D	Brookes E	Dean N	Graham P	Hobson J	Loyden E	Ormond JL	Winstanley E	Hewitt R
1	Aug	10	BARROW	2-3	Bradbury, Evans	10054	1	2	3	4	5	6	7	8	9	10	11											
2		17	Oldham Athletic	1-1	Earnshaw	5197	1		2		5		7	8	10	4	11			3	6		9					
3		24	GILLINGHAM	0-1		8646	1		2		5		7	8	10	4	11			3	6		9					12
4		28	Luton Town	1-5	Earnshaw	15899			2	4	5		7	8	9	10	11	1		3	6							
5		31	Rotherham United	0-0		15058	1		2		6		7	8	4		11			10	3		9				5	
6	Sep	6	Tranmere Rovers	1-3	Howard	7756	1		2	4	6	5	11	8	9	7				10	3							
7		14	ORIENT	2-2	Dean, Winstanley	9877	1		2	4	6			8	9	7				11	3	10					5	
8		17	SOUTHPORT	2-1	Robson, Winstanley	9946	1		2	4	6		7	11	9	12				10	3	8					5	
9		21	Torquay United	1-3	Robson	8311	1		2	4	6		7	11	9	10					3	8					5	
10		23	Plymouth Argyle	0-0		12996	1		2	12	6		7	8	9	4	11			10	3						5	
11		28	BRIGHTON & HOVE ALB	4-0	Robson 2, Booth, Earnshaw	9383	1		2		6		7	8	9	4	11			10	3						5	
12	Oct	5	Shrewsbury Town	0-0		4540	1		2		6		7	8	9	4	11			10	3						5	
13		8	LUTON TOWN	3-1	Earnshaw, Evans, Hamstead	13019	1		2	4	6		7	8	9	10	11				3						5	
14		12	WALSALL	0-0		11488	1		2	4	6		7	8	9	10	11			3							5	
15		18	Hartlepool	1-2	Robson	4658	1		2	4	6		7	8	9	10	11				3						5	
16		26	READING	1-0	Winstanley	9029	1		2		6		7	8	9		11		4		3						5	10
17	Nov	2	Bournemouth	0-3		7569	1		2	4	6		7	11	9						3	8					5	10
18		4	Watford	2-1	Robson, Winstanley	10612	1		2		6		7		10		11		8	3	5	9					4	
19		9	CREWE ALEXANDRA	2-2	Dean, Winstanley	9130	1		2	12	6		7		10		11		8	3	5	9					4	
20		23	PLYMOUTH ARGYLE	0-0		7754	1		2		6		7		10	4	11				3	9	8				5	
21		30	Northampton Town	1-3	Ormand	6195	1		2		6		7		10	4					3	9	8			11	5	
22	Dec	14	Walsall	0-3		5159	1		2	4			7	8	9	10	11			3	6						5	
23		21	HARTLEPOOL	2-1	Winstanley 2	7701	1		2	4	6		7	8	9	10	11			3							5	
24		26	SHREWSBURY TOWN	1-0	Loyden (pen)	11733	1		2	4	6		7	8	11	10				3					9		5	
25	Jan	11	BOURNEMOUTH	1-0	Evans	10768	1		2	4	6		7	8	11	10				3					9		5	
26		18	Crewe Alexandra	4-1	Loyden 2, Earnshaw, Evans	5109	1		2	4	6		7	8	11	10				3					9		5	
27		29	Reading	2-3	Loyden, Winstanley	4775	1		2	4	6		7	8	11	10				3					9		5	
28	Feb	1	SWINDON TOWN	1-1	Bettany	14160	1		2	4	6		7	8	11	10				3					9		5	
29		18	Bristol Rovers	2-4	Evans, Loyden (pen)	6781			2		6		7	8	11	10		1	4	3				12	9		5	
30	Mar	1	Barrow	1-0	Howard	3553	1		2	4	6		7	8	11	10				3					9		5	
31		4	BRISTOL ROVERS	4-2	Loyden 2, Bettany, Earnshaw	7932	1		2	4	6	5	7	8	11	10				3					9			
32		8	OLDHAM ATHLETIC	0-1		10865	1		2	4	6	5	7	8	11	10				3					9			
33		14	Gillingham	1-1	Loyden	5961	1		2	4	6	5	7	8	10		11			3					9			
34		21	ROTHERHAM UNITED	0-1		13479	1		2	4	6	5	7	8	10		11			3				12	9			
35		25	Swindon Town	0-2		17401	1		2	4		5	7	12	10		11			3	6	8			9			
36		29	TRANMERE ROVERS	2-2	Earnshaw, King (og)	6529	1		2	4			7		10		11			3	6	8			9		5	
37		31	Stockport County	1-1	Hamstead	4261	1		2	4				7	10		11			3	6	8			9		5	
38	Apr	5	Brighton & Hove Albion	1-4	Dean	11410	1		2	4			7		10		11			3	6	8			9		5	
39		7	Southport	0-1		4325			2			10		7	8	4	11	1		3	6				9		5	
40		8	MANSFIELD TOWN	2-0	Evans, Loyden	8334			2	4				8	7	10	11	1		3	6				9		5	
41		12	TORQUAY UNITED	1-0	Evans	5631			2	4				8	7	10	11	1		3	6				9		5	
42		14	Mansfield Town	0-0		6190			2	4				8	7	10	11	1		3	6				9		5	
43		19	Orient	1-1	Robson	3914			2	4				8	7	10	11	1		3	6				9		5	
44		22	WATFORD	3-2	Winstanley 3	6726			2	4	12			8	9	10	11	1		3	6			7			5	
45		25	NORTHAMPTON T	2-1	Loyden, Winstanley	7640			2	4	6		7	8		10	11	1		3					9		5	
46		29	STOCKPORT COUNTY	2-0	Hamstead, Hobson	7739			2	8	4		7	10			11	1		3	6			12	9		5	
						Apps	36	1	46	35	36	8	38	40	44	34	31	10	4	38	31	12	5	4	22	1	36	3
						Goals				2	2		7	7	7	1	3			1		3		1	10	1	12	

One own goal

F.A. Cup

Rd	Month	Day	Opponent	Score	Scorers	Att	Ironside R	Parker RW	Murphy BL	Bettany JW	Howard P	Raggett BC	Earnshaw RI	Evans JD	Robson J	Bradbury A	Hamstead GW	Arblaster BM	Barton DR	Booth D	Brookes E	Dean N	Graham P	Hobson J	Loyden E	Ormond JL	Winstanley E	Hewitt R
R1	Nov	16	ROCHDALE	0-0		11414	1		2	4	6		7	8	10		11				3	9					5	
rep		18	Rochdale	1-0	Dean	7340	1		2		6		7		10	4	11				3	9	8				5	
R2	Dec	7	Darlington	0-0		7864	1		2	4	6		7	8	9	10	11			3							5	
rep		10	DARLINGTON	1-0	Winstanley	15062	1		2	4	6		7	8	9	10	11			3							5	
R3	Jan	4	LEICESTER CITY	1-1	Evans	25099	1		2	4	6		7	8	11	10				3					9		5	
rep		8	Leicester City	1-2	Loyden (pen)	31814	1		2	4	6		7	8	11	10				3					9		5	

F.L. Cup

Rd	Month	Day	Opponent	Score	Scorers	Att	Ironside R	Parker RW	Murphy BL	Bettany JW	Howard P	Raggett BC	Earnshaw RI	Evans JD	Robson J	Bradbury A	Hamstead GW	Arblaster BM	Barton DR	Booth D	Brookes E	Dean N	Graham P	Hobson J	Loyden E	Ormond JL	Winstanley E	Hewitt R
R1	Aug	14	York City	4-3	Graham 2, Evans, Robson	5280	1		2		5		7	8	10	4	11			3	6		9					
R2	Sep	3	MILLWALL	1-1	Bradbury	9282	1		2	4	6		11	8	9	7				10	3						5	
rep		9	Millwall	1-3	Winstanley	15034	1		2	4	6		11	8	9	7				10	3						5	

		P	W	D	L	F	A	W	D	L	F	A	Pts
1	Watford	46	16	5	2	35	7	11	5	7	39	27	64
2	Swindon Town	46	18	4	1	38	7	9	6	8	33	28	64
3	Luton Town	46	20	3	0	57	14	5	8	10	17	24	61
4	Bournemouth	46	16	2	5	41	17	5	7	11	19	28	51
5	Plymouth Argyle	46	10	8	5	34	25	7	7	9	19	24	49
6	Torquay United	46	13	4	6	35	18	5	8	10	19	28	48
7	Tranmere Rovers	46	12	3	8	36	31	7	7	9	34	37	48
8	Southport	46	14	8	1	52	20	3	5	15	19	44	47
9	Stockport County	46	14	5	4	49	25	2	9	12	18	43	46
10	BARNSLEY	46	13	6	4	37	21	3	8	12	21	42	46
11	Rotherham United	46	12	6	5	40	21	4	7	12	16	29	45
12	Brighton & Hove A.	46	12	7	4	49	21	4	6	13	23	44	45
13	Walsall	46	10	9	4	34	18	4	7	12	16	31	44
14	Reading	46	13	3	7	41	25	2	10	11	26	41	43
15	Mansfield Town	46	14	5	4	37	18	2	6	15	21	44	43
16	Bristol Rovers	46	12	6	5	41	27	4	5	14	22	44	43
17	Shrewsbury Town	46	11	8	4	28	17	5	3	15	23	50	43
18	Orient	46	10	8	5	31	19	4	6	13	20	39	42
19	Barrow	46	11	6	6	30	23	6	2	15	26	52	42
20	Gillingham	46	10	10	3	35	20	3	5	15	19	43	41
21	Northampton Town	46	9	8	6	37	30	5	4	14	17	31	40
22	Hartlepool	46	6	12	5	25	29	4	7	12	15	41	39
23	Crewe Alexandra	46	11	4	8	40	31	2	5	16	12	45	35
24	Oldham Athletic	46	9	6	8	33	27	4	3	16	17	56	35

1969/70 7th in Division 3

	Date	Opponent	Score	Scorers	Att	Arblaster BM	Murphy BL	Booth D	Bettany JW	Robson J	Howard P	Earnshaw RI	Bradbury A	Dean N	Boardman G	Hamstead GW	Evans JD	Winstanley E	Loyden E	Graham P	Raggett BC	Sherratt B	Brown KG	Barrowclough SJ
1	Aug 9	BOURNEMOUTH	1-0	Bradbury	10393	1	2	3	4	5	6	7	8	9	10	11								
2	16	Bristol Rovers	3-3	Murphy, Bettany, Evans	7548	1	2	3	4	6	5	7	8		10	11	9							
3	23	STOCKPORT COUNTY	1-0	Winstanley	7869	1	2	3	4	10	6	7			8	11	9	5						
4	26	READING	4-3	Earnshaw 2, Bettany, Evans	8234	1	2	3	4	10	6	7			8	11	9	5						
5	30	Doncaster Rovers	0-1		16671	1	2	3	4	10	6	7			8	11	9	5						
6	Sep 6	WALSALL	2-0	Evans 2	9724	1	2	3	4	11	6	7		9	8		10	5						
7	13	Bury	2-1	Evans, Boardman	4850	1	2	3	4	11	6	7		9	8		10	5						
8	15	Tranmere Rovers	1-0	Booth	4642	1	2	3		11	6	7	4	9	8		10	5						
9	20	ORIENT	1-2	Boardman	11684	1	2	3	12	11	6	7	4	9	8		10	5						
10	27	Gillingham	3-1	Loyden 2, Earnshaw	5446	1	2	3	4	11	6	7			8		10	5	9					
11	29	Plymouth Argyle	0-0		9909	1	2	3	4	11	6	7		12	8		10	5	9					
12	Oct 4	BARROW	2-1	Loyden, Boardman	11239	1	2	3	4	11	6	7			8		10	5	9					
13	7	BRISTOL ROVERS	2-0	Robson, Boardman	10235	1	2	3	4	11	6	7			8			5	9	10				
14	11	Bradford City	1-1	Boardman	16224	1	2	3	4	11	6	7			8		10	5	9					
15	18	SOUTHPORT	1-1	Evans	10940	1	2	3	4	11	6	7			8		10	5	9					
16	25	Fulham	0-0		10555	1	2	3	6	11	4	7			8		10	5	9					
17	Nov 1	HALIFAX TOWN	2-0	Pickering (og), Boardman	13453	1	2	3	4		6	7			8	11	10	5	9					
18	8	Luton Town	1-1	Howard	17422	1	2	3	4	5	6	7			8	11	10		9					
19	22	BRIGHTON & HOVE ALB	1-2	Dean (pen)	11460	1	2	3	4		6	7		9	8	11		5		10				
20	26	Torquay United	1-1	Evans	5805	1	2	3	4		6	7	10			11	8	5		9				
21	Dec 2	Rotherham United	0-2		12553	1	2	3	4		6	7			10	11	8	5		9				
22	13	BURY	3-3	Bettany, Evans, Hamstead	9342	1	2	3	4	5	6	7		9	10	11	8			12				
23	20	Walsall	2-3	Dean 2	4427	1	2	3		8	6		4	7	10	12	11	5	9					
24	26	Stockport County	0-1		4991	1	2	3		7	6	12	4	9	10	11	8	5						
25	27	DONCASTER ROVERS	2-1	Bettany, Dean	17395	1	2		4		6	7		9	10	11	8	5			3			
26	Jan 17	GILLINGHAM	5-1	Loyden 2, Evans 2, Boardman	9092	1	2		4		6	7		8	10		11	5	9		3			
27	24	Shrewsbury Town	1-1	Earnshaw	5360	1	2		4		6	7		8	10		11	5	9		3			
28	31	Barrow	1-1	Dean	2174	1	2		4		6	7		8	10		11	5	9		3			
29	Feb 7	BRADFORD CITY	3-2	Winstanley, Howard, Loyden	13843	1	2		4		6	7		8	10		11	5	9	12	3			
30	9	PLYMOUTH ARGYLE	0-1		10729		2	12	4		6	7		8	10		11	5	9		3	1		
31	14	Bournemouth	1-3	Winstanley	4202		2	12	4		6	7		8	10		11	5	9		3	1		
32	16	Orient	2-4	Loyden, Dean	10792		2		4					7	10	11	8	5	9	6	3	1		
33	21	FULHAM	3-3	Evans 3	9884		2	6	4					8	10	11	7	5	9		3	1		
34	28	Halifax Town	2-0	Loyden, Hamstead	6562		2	3						7	10	11	8	5	9		6	1	4	
35	Mar 3	ROCHDALE	1-0	Evans	9548		2	3		7					10	11	8	5	9		6	1	4	
36	7	Brighton & Hove Albion	0-2		15621		2	3		7					10	11	8	5	9		6	1	4	
37	9	Mansfield Town	0-2		7936		2	3	12	7	4				8		10	5	9		6	1		11
38	13	ROTHERHAM UNITED	1-0	Evans	11552		2		4		6				10	11	8	5	9		3	1		7
39	17	SHREWSBURY TOWN	1-1	Hamstead	7786		2		4		6				10	11	8	5	9		3	1		7
40	21	Rochdale	1-1	Hamstead	4887		2	3	4		6	12			10	11	8	5	9			1		7
41	27	Southport	1-0	Loyden	4516		2		4		6	7			10	8		5	9		3	1		11
42	28	MANSFIELD TOWN	1-1	Booth	8978		2	8	4		6	7			10	11		5	9		3	1		
43	31	LUTON TOWN	2-1	Dean, Hamstead	9988		2		4		6			7	10	8		5	9		3	1		11
44	Apr 4	Reading	2-6	Dean, Hamstead	6924		2		4		6			7	8	11		5	9		3	1		10
45	7	TORQUAY UNITED	3-0	Dean, Loyden, Brown	5842	1	2	3	4		6			7		8		5	9				10	11
46	14	TRANMERE ROVERS	1-1	Dean	6174	1	2	3	4		6			7		8		5	9				10	11
					Apps	31	46	35	40	23	41	33	7	24	43	28	37	42	31	7	19	15	5	9
					Goals		1	2	4	1	2	4	1	10	7	6	15	3	10				1	

One own goal

F.A. Cup

	Date	Opponent	Score	Scorers	Att	Arblaster BM	Murphy BL	Booth D	Bettany JW	Robson J	Howard P	Earnshaw RI	Bradbury A	Dean N	Boardman G	Hamstead GW	Evans JD	Winstanley E	Loyden E	Graham P	Raggett BC	Sherratt B	Brown KG	Barrowclough SJ
R1	Nov 15	Darlington	0-0		5478	1	2	3	4		6				8	11	10	5	9					7
rep	18	DARLINGTON	2-0	Dean, Graham	13218	1	2	3	4		6			9	8	11	7	5		10				
R2	Dec 4	BARROW	3-0	Loyden 2, Robson	10289	1	2	3	4	7	6			8	10		11	5	9					
R3	Jan 3	Mansfield Town	2-3	Dean, Evans	14387	1	2		4		6	7		9	10	11	8	5	12		3			

F.L. Cup

	Date	Opponent	Score	Scorers	Att	Arblaster BM	Murphy BL	Booth D	Bettany JW	Robson J	Howard P	Earnshaw RI	Bradbury A	Dean N	Boardman G	Hamstead GW	Evans JD	Winstanley E	Loyden E	Graham P	Raggett BC	Sherratt B	Brown KG	Barrowclough SJ
R1	Aug 13	HALIFAX TOWN	0-1		9546	1	2	3	4	5	6	7	8	9	10	11								

		P	W	D	L	F	A	W	D	L	F	A	Pts
1	Orient	46	16	5	2	43	15	9	7	7	24	21	62
2	Luton Town	46	13	8	2	46	15	10	6	7	31	28	60
3	Bristol Rovers	46	15	5	3	51	26	5	11	7	29	33	56
4	Fulham	46	12	9	2	43	26	8	6	9	38	29	55
5	Brighton & Hove A.	46	16	4	3	37	16	7	5	11	20	27	55
6	Mansfield Town	46	14	4	5	46	22	7	7	9	24	27	53
7	BARNSLEY	46	14	6	3	43	24	5	9	9	25	35	53
8	Reading	46	16	3	4	52	29	5	8	10	35	48	53
9	Rochdale	46	11	6	6	39	24	7	4	12	30	36	46
10	Bradford City	46	11	6	6	37	22	6	6	11	20	28	46
11	Doncaster Rovers	46	13	4	6	31	19	4	8	11	21	35	46
12	Walsall	46	11	4	8	33	31	6	8	9	21	36	46
13	Torquay United	46	9	9	5	36	22	5	8	10	26	37	45
14	Rotherham United	46	10	8	5	36	19	5	6	12	26	35	44
15	Shrewsbury Town	46	10	12	1	35	17	3	6	14	27	46	44
16	Tranmere Rovers	46	10	8	5	38	29	4	8	11	18	43	44
17	Plymouth Argyle	46	10	7	6	32	23	6	4	13	24	41	43
18	Halifax Town	46	10	9	4	31	25	4	6	13	16	38	43
19	Bury	46	13	4	6	47	29	2	7	14	28	51	41
20	Gillingham	46	7	6	10	28	33	6	7	10	24	31	39
21	Bournemouth	46	8	9	6	28	27	4	6	13	20	44	39
22	Southport	46	11	5	7	31	22	3	5	15	17	44	38
23	Barrow	46	7	9	7	28	27	1	5	17	18	54	30
24	Stockport County	46	4	7	12	17	30	2	4	17	10	41	23

1970/71 12th in Division 3

	Date		Opponent	Score	Scorers	Att.	Arblaster BM	Murphy BL	Raggett BC	McPhee J	Winstanley E	Howard P	Booth D	Boardman G	Dean N	Hamstead GW	Kear MP	Lea L	Evans JD	Sharp F	Loyden E	Brown KG	Boughen P	Millar A	Hopkinson A	Earnshaw RI	Brindle W	Turner P	O'Connor D	Chambers PM
1	Aug	15	FULHAM	0-1		8929	1	2	3	4	5	6	7	8	10	11										9				
2		22	Bradford City	0-1		8912	1	2	3	4	5	6	12		10		7	8		11	9									
3		28	BURY	1-1	Evans	7149	1	2		4	5	6	3		10		7	8		11	9									
4	Sep	1	Walsall	2-1	Kear, Winstanley	6755	1	2		4	5	6	3	10		11	7	8	9											
5		4	Tranmere Rovers	2-2	Lea, Evans	5893	1	2		4	5	6	3	10			7	8	9	11										
6		12	ASTON VILLA	1-1	McPhee (pen)	13644	1	2		4	5	6	3	10			7	8	9	11										
7		19	Reading	0-2		6562	1	2		4	5	6	3	10			7	8	9	11	12									
8		21	Torquay United	1-0	Evans	5818	1	2		4	5	6	3					7	8	11	9	10								
9		26	HALIFAX TOWN	2-2	Evans 2	9667	1	2		4	5	6	3					7	8	11	9	10								
10		29	GILLINGHAM	3-1	Loyden (pen), McPhee, Dean	7585	1	2		4	5	6	3		10			7	8	11	9									
11	Oct	3	Port Vale	1-1	Dean	4490	1	2		4	5	6	3		10			7	8	11	9									
12		10	ROTHERHAM UNITED	2-1	Loyden 2	14563	1	2		4	5	6	3		10			7	8	11	9	12								
13		17	Fulham	1-1	Lea	12952	1	2	12	4	5	6	3		10			7	8	11	9									
14		21	Chesterfield	2-4	Winstanley 2	11893	1	2		4	5	6	3		10			7	8	11	9									
15		24	Rochdale	0-1		5462	1	2		4	5	6	3	8		10		7		11	9						12			
16		31	DONCASTER ROVERS	0-1		9480	1			4	5	6	3					7	8	11	9	10						2		
17	Nov	6	Shrewsbury Town	0-1		4499	1	2		4		6	3		9			8	7	11		10	5							
18		9	Preston North End	1-3	Dean	11053	1	2		4	9	6	3		10			7	8	11			5							
19		14	SWANSEA CITY	0-0		5364	1	2		4		6	3		8			7	9	11		10	5							
20		28	PLYMOUTH ARGYLE	2-0	Dean, Winstanley	4903	1	2		10	5	6	3	8	9			7		11		4								
21	Dec	5	Brighton & Hove Albion	2-1	McPhee, Winstanley	7685	1	2	10	4	5	6	3	8	9			7		11			12							
22		19	BRADFORD CITY	2-0	Lea, Howard	6173	1	2	12	8	5	6	3	10	9	11		7				4								
23		26	Mansfield Town	2-1	Brown, Dean	5939	1	2	5			6	3	8	9	10		7		11		4								
24	Jan	2	BRISTOL ROVERS	0-4		8773	1	2			5	6	3	8	9	10		7	12	11		4								
25		9	Gillingham	1-2	Dean	3169	1	2			5	6	3	8	9	10		7		11		4								
26		16	CHESTERFIELD	1-0	Lea	8291	1	2		4	5	6	3	10				7	9	11		8								
27		23	WREXHAM	3-1	Boardman, Sharp, Lea (pen)	5130	1	2	12	4	5	6	3	10				7	9	11		8								
28	Feb	1	Plymouth Argyle	1-2	Evans	5464	1	2	10	4	5	6	3	8				7	9	11			12							
29		6	BRIGHTON & HOVE ALB	1-0	Evans	5066	1	2			5	6	3	8	9			7	10	11		4								
30		13	Wrexham	0-1		5372	1	2			5	6	3	10				8	9	11		4				7				
31		20	PRESTON NORTH END	0-1		6848	1	2			5	6	3	8	9			7	12	11		4			10					
32		26	Doncaster Rovers	0-1		4792	1	2		4	5	6	3	10	8			7	12	11					9					
33	Mar	6	ROCHDALE	2-2	Lea 2	4872	1	2			5	4	3	8				7	9	11			12	6	10					
34		9	TORQUAY UNITED	2-0	Hopkinson, Boardman	3828	1	2			5	6	3	4				7	8	11				10	9					
35		12	Swansea City	2-0	Hopkinson, Sharp	7146	1	2			5	6	3	4				7	8	11				10	9					
36		16	Bristol Rovers	0-3		6832	1	2			5	6	3	4				7	8	11				10	9					
37		20	SHREWSBURY TOWN	2-1	Evans 2	5156	1	2			5	6	3	4				7	8	11				10	9					
38		26	TRANMERE ROVERS	0-0		4637	1	2			5	6	3	4				7	8	11			12	10	9					
39	Apr	3	Bury	0-0		3242	1	2			5	6	3	4				7	10	11				8	9					
40		10	MANSFIELD TOWN	1-0	Sharp	5292	1	2			5	6	3	4				7	9	11				8					10	
41		12	Aston Villa	0-0		20718	1	2			5	6	3	4		9		7	8	11				10						
42		13	PORT VALE	1-0	Lea	4837	1	2			5	6	3	4		9		7		11				10					8	
43		17	Rotherham United	0-1		7652	1	2	12		5	6	3	4		9		7		11				10					8	
44		24	READING	3-0	Winstanley, Booth 2	2975	1	2	5		9	6	8	4				7		11				10						3
45		27	WALSALL	1-2	Booth	3932	1	2	5		9	6	8	4				7		11				10						3
46	May	1	Halifax Town	1-4	Lea (pen)	6332	1	2	5		9	6	8	4				7		11			12	10						3
						Apps	46	45	12	26	43	46	46	33	20	10	6	45	32	43	12	16	8	14	9	2	1	1	3	3
						Goals				3	6	1	3	2	6		1	9	9	3	3	1			2					

F.A. Cup

	Date		Opponent	Score	Scorers	Att.	Arblaster BM	Murphy BL	Raggett BC	McPhee J	Winstanley E	Howard P	Booth D	Boardman G	Dean N	Hamstead GW	Kear MP	Lea L	Evans JD	Sharp F	Loyden E	Brown KG	Boughen P	Millar A	Hopkinson A	Earnshaw RI	Brindle W	Turner P	O'Connor D	Chambers PM
R1	Nov	21	BRADFORD PARK AVE.	1-0	Dean(pen)	7189	1	2		4	5	6	3	10	9			8		11		7								
R2	Dec	12	Rhyl	0-0		5000	1	2		4	5	6	3	8				7		11		10	9							
rep		15	RHYL	1-1	Lea (aet)	7466	1	2		4	5	6	3	8	9			7		11		10								
rep2		21	Rhyl	0-2		3296	1	2	5	4		6	3	8	9	11		7		12		10								

Replay 2 at Old Trafford.

F.L. Cup

	Date		Opponent	Score	Scorers	Att.	Arblaster BM	Murphy BL	Raggett BC	McPhee J	Winstanley E	Howard P	Booth D	Boardman G	Dean N	Hamstead GW	Kear MP	Lea L	Evans JD	Sharp F	Loyden E	Brown KG	Boughen P	Millar A	Hopkinson A	Earnshaw RI	Brindle W	Turner P	O'Connor D	Chambers PM
R1	Aug	19	ROTHERHAM UTD.	0-1		8260	1	2		4	5	6	3	8	10	11					9		12			7				

		P	W	D	L	F	A	W	D	L	F	A	Pts
1	Preston North End	46	15	8	0	42	16	7	9	7	21	23	61
2	Fulham	46	15	6	2	39	12	9	6	8	29	29	60
3	Halifax Town	46	16	2	5	46	22	6	10	7	28	33	56
4	Aston Villa	46	13	7	3	27	13	6	8	9	27	33	53
5	Chesterfield	46	13	8	2	45	12	4	9	10	21	26	51
6	Bristol Rovers	46	11	5	7	38	24	8	8	7	31	26	51
7	Mansfield Town	46	13	7	3	44	28	5	8	10	20	34	51
8	Rotherham United	46	12	10	1	38	19	5	6	12	26	41	50
9	Wrexham	46	12	8	3	43	25	6	5	12	29	40	49
10	Torquay United	46	12	6	5	37	26	7	5	11	17	31	49
11	Swansea City	46	11	5	7	41	25	4	11	8	18	31	46
12	BARNSLEY	46	12	6	5	30	19	5	5	13	19	33	45
13	Shrewsbury Town	46	11	6	6	37	28	5	7	11	21	34	45
14	Brighton & Hove A.	46	8	10	5	28	20	6	6	11	22	27	44
15	Plymouth Argyle	46	6	12	5	39	33	6	7	10	24	30	43
16	Rochdale	46	8	8	7	29	26	6	7	10	32	42	43
17	Port Vale	46	11	6	6	29	18	4	6	13	23	41	42
18	Tranmere Rovers	46	8	11	4	27	18	2	11	10	18	37	42
19	Bradford City	46	7	6	10	23	25	6	8	9	26	37	40
20	Walsall	46	10	1	12	30	27	4	10	9	21	30	39
21	Reading	46	10	7	6	32	33	4	4	15	16	52	39
22	Bury	46	7	9	7	30	23	5	4	14	22	37	37
23	Doncaster Rovers	46	8	5	10	28	27	5	4	14	17	39	35
24	Gillingham	46	6	9	8	22	29	4	4	15	20	38	33

1971/72 22nd in Division 3: Relegated

							Barker K	Murphy BL	Booth D	Boardman G	Raggett BC	Howard P	Lea L	Waddell W	Seal J	Millar A	Sharp F	Winstanley E	Chambers PM	Stewart G	Turner P	Brown KG	Martin P	Greenwood PG	Mahoney B	Hopkinson A	Earnshaw RI	Cole R	O'Connor D	Baker C
1	Aug	14	WALSALL	4-2	Booth 2, Seal 2	6181	1	2	3	4	5	6	7	8	9	10	11													
2		21	Rotherham United	0-3		7001	1	2	3	4	5	6	7	8	9	10	11													
3		28	SHREWSBURY TOWN	1-3	Hopkinson	5152	1	2	3	4		6	7	8	9	10	11	5								12				
4		31	TRANMERE ROVERS	0-0		4274	1	2	4			6	7		9	10	11	5	3							8				
5	Sep	4	Swansea City	0-2		6068	1	2	4			6	7		9	10	11	5	3							8				
6		11	HALIFAX TOWN	1-2	Lea	5992	1	2	3	4		6	8		9	10	11	5									7			
7		18	Bristol Rovers	0-3		9286	1	2	3	4	6		8		9	10	11	5	12								7			
8		25	ROCHDALE	3-3	Seal, Millar, Waddell	5805	1	2	3	7	4		11	10	9	6	8	5								12				
9		28	ASTON VILLA	0-4		8632	1	2	3	7	4		11	10	9	6	8	5								12				
10	Oct	2	Brighton & Hove Albion	0-0		12107		2	3	7	4			10		6	8	5	11	1								9	12	
11		9	CHESTERFIELD	1-4	O'Connor	6603		2	3	6	4			11		10	8	5		1							7	9	12	
12		16	Walsall	1-1	Waddell	3121		2	3	8				6	9	10	11	5	4	1							7		12	
13		18	Mansfield Town	0-0		3696		2		8				10	5	6	11		3	1	4						7	9		12
14		23	BRADFORD CITY	0-2		6101		2	5	4				9	6	10	11		3	1							7		8	
15		30	Torquay United	2-1	Waddell, Seal	4494		2	6	4				10	9	8	11	5		1	3	7								
16	Nov	6	OLDHAM ATHLETIC	2-1	Brown, Waddell	6126		2	3	11				9	10	8	7	5		1	4	6	12							
17		13	York City	1-1	Seal	6004		2	3	6				7	8	10	11	5		1	4	9								
18		27	BOURNEMOUTH	0-0		8548		2	3				7	8	9	10	11	5		1	4	6								
19	Dec	4	Notts County	0-3		12639		2	3	12			9		10	6	11	5		1	4	7		8						
20		18	SWANSEA CITY	0-1		4273		2	3				7	8	9	10	11	5		1	6			4						
21		27	Bolton Wanderers	0-0		7274		2	3				9		10	6	11	5		1	4	7		8						
22	Jan	1	BRISTOL ROVERS	0-0		4740		2	3				9		10	6	11	5		1	4	7		8						
23		7	Shrewsbury Town	0-1		3344		2	3	6			9		10		11	5		1	4	7	12	8						
24		15	PLYMOUTH ARGYLE	2-2	Lea, Boardman	3660		2	3	12			10		9		7	5		1	4	8	11	6						
25		22	Aston Villa	0-2		30531		2	3	8	6		10	12	9		7	5		1	4		11							
26		29	MANSFIELD TOWN	1-1	Seal	3924		2	3		6		7	8	9	12	11	5		1	10			4						
27	Feb	5	Blackburn Rovers	0-4		7678		2	3	7			10	8		11		5		1	4	12		6		9				
28		12	Bradford City	2-0	Lea, Seal	4254		2	3	8			10		9	6	11	5		1		7		4						
29		19	TORQUAY UNITED	0-0		4043		2	3	6			7		9	10	11	5		1		8		4						
30		26	Oldham Athletic	0-6		5784		2	3	8	12		9		7	10	11	5		1		6		4						
31	Mar	4	YORK CITY	2-1	Mahoney, Boardman	3479		2	3	7			8		10		11	5		1		6		4	9					
32		8	WREXHAM	2-1	Seal, Brown	2185		2	3	7			8		10		11	5		1		6		4	9					
33		11	Chesterfield	0-0		6543		2	3	10			8		9		11	5		1	12	6		4	7					
34		14	Plymouth Argyle	1-2	Seal	8660		2	3	7					10		11	5		1	8	6	12	4	9					
35		18	ROTHERHAM UNITED	1-1	Greenwood	7383		2	3	7			8		10	12	11	5		1		6		4	9					
36		21	PORT VALE	0-0		4048		2	3	7			8		10	12	11	5		1		6		4	9					
37		25	Halifax Town	0-2		2702		2	3	7			8		10	12	11	5		1		6		4	9					
38	Apr	1	BOLTON WANDERERS	1-0	Boardman	4146		2	3	8			12		10	6	11	5		1		7		4	9					
39		3	Rochdale	2-0	Seal, Mahoney	3838		2	3	8					10	6	11	5		1		7	12	4	9					
40		4	BRIGHTON & HOVE ALB	0-1		6772		2	3	8					10	6	11	5		1		7	12	4	9					
41		8	BLACKBURN ROVERS	0-0		4509		2	3	8					10	6	11	5		1		7	12	4	9					
42		15	Bournemouth	0-0		13976		2	3	8			6		10		11	5		1	12	7		4	9					
43		17	Wrexham	0-2		4285		2	3	8	12		6		10		11	5		1		7		4	9					
44		22	NOTTS COUNTY	2-1	Seal 2	6264		2	3	8			6		10			5		1		7		4	9		11			
45		24	Tranmere Rovers	0-0		3764		2	3	8			6		10			5		1		7		4	9		11			
46		29	Port Vale	0-1		2614		2	3	8	12		6		10			5		1		7		4	9		11			
						Apps	9	46	45	39	12	6	34	18	43	34	42	42	7	37	17	29	8	27	16	6	9	3	4	1
						Goals			2	3			3	4	12	1						2		1	2	1			1	

F.A. Cup

							Barker K	Murphy BL	Booth D	Boardman G	Raggett BC	Howard P	Lea L	Waddell W	Seal J	Millar A	Sharp F	Winstanley E	Chambers PM	Stewart G	Turner P	Brown KG	Martin P	Greenwood PG	Mahoney B	Hopkinson A	Earnshaw RI	Cole R	O'Connor D	Baker C
R1	Nov	20	Rochdale	3-1	Winstanley 2, Seal	5185		2	3				10	7	9	6	11	5		1	4	8								
R2	Dec	11	CHESTERFIELD	0-0		11537		2	3				8	12	9	10	11	5		1	6	7		4						
rep		15	Chesterfield	0-1		13954		2	3				9	12	10	6	11	5		1	4	7		8						

F.L. Cup

							Barker K	Murphy BL	Booth D	Boardman G	Raggett BC	Howard P	Lea L	Waddell W	Seal J	Millar A	Sharp F	Winstanley E	Chambers PM	Stewart G	Turner P	Brown KG	Martin P	Greenwood PG	Mahoney B	Hopkinson A	Earnshaw RI	Cole R	O'Connor D	Baker C
R1	Aug	18	HARTLEPOOL	0-0		5985	1	2	3	4	5	6	7	8	9	10											11			
rep		23	Hartlepool	1-0	Howard	9577	1	2	3	4		6	7	8	9	10	11	5												
R2	Sep	8	Arsenal	0-1		27284	1	2	3	4		6	8		9	10	11	5									7			

R1 replay a.e.t.

		P	W	D	L	F	A	W	D	L	F	A	Pts
1	Aston Villa	46	20	1	2	45	10	12	5	6	40	22	70
2	Brighton & Hove A.	46	15	5	3	39	18	12	6	5	43	29	65
3	Bournemouth	46	16	6	1	43	13	7	10	6	30	24	62
4	Notts County	46	16	3	4	42	19	9	9	5	32	25	62
5	Rotherham United	46	12	8	3	46	25	8	7	8	23	27	55
6	Bristol Rovers	46	17	2	4	54	26	4	10	9	21	30	54
7	Bolton Wanderers	46	11	8	4	25	13	6	8	9	26	28	50
8	Plymouth Argyle	46	13	6	4	43	26	7	4	12	31	38	50
9	Walsall	46	12	8	3	38	16	3	10	10	24	41	48
10	Blackburn Rovers	46	14	4	5	39	22	5	5	13	15	35	47
11	Oldham Athletic	46	11	4	8	37	35	6	7	10	22	28	45
12	Shrewsbury Town	46	13	5	5	50	29	4	5	14	23	36	44
13	Chesterfield	46	10	5	8	25	23	8	3	12	32	34	44
14	Swansea City	46	10	6	7	27	21	7	4	12	19	38	44
15	Port Vale	46	10	10	3	27	21	3	5	15	16	38	41
16	Wrexham	46	10	5	8	33	26	6	3	14	26	37	40
17	Halifax Town	46	11	6	6	31	22	2	6	15	17	39	38
18	Rochdale	46	11	7	5	35	26	1	6	16	22	57	37
19	York City	46	8	8	7	32	22	4	4	15	25	44	36
20	Tranmere Rovers	46	9	7	7	34	30	1	9	13	16	41	36
21	Mansfield Town	46	5	12	6	19	26	3	8	12	22	37	36
22	BARNSLEY	46	6	10	7	23	30	3	8	12	9	34	36
23	Torquay United	46	8	6	9	31	31	2	6	15	10	38	32
24	Bradford City	46	6	8	9	27	32	5	2	16	18	45	32

1972/73 — 14th in Division 4

#	Date	Opponent	Score	Scorers	Att	Stewart G	Murphy BL	Chambers PM	Greenwood PG	Winstanley E	Boardman G	Earnshaw RI	Brown KG	Lea L	Sharp F	Mahoney B	Hopkinson A	Butler MA	Pettit RJ	Millar A	Martin P	O'Connor D	Doyle R	Arblaster BM	McMahon K	Dean N	Boyle IR	Senior S	Yates D	Wood CC	Tingay P	Cole R
1	Aug 12	Bradford City	1-3	Lea	3928	1	2	3	4	5	6	7	8	10	11											9	12					
2	19	CAMBRIDGE UNITED	3-1	Sharp, Boardman, Lea	2808	1	2	3	4	5	6	7	8	10	11											9						
3	25	Stockport County	0-2		3923	1	2	3	4	5	6		8	7	11	12										10	9					
4	29	DONCASTER ROVERS	4-2	Sharp, Lea, Boardman, Hopkinson	3377	1	2	3	4	5	6			10	11	9	8									7						
5	Sep 2	GILLINGHAM	1-1	Sharp	3113	1	2	3		5	6			11	10	9										7	12					
6	9	Southport	0-1		2781	1	2	3	7	5	6		12	10	11	9	8		4													
7	16	COLCHESTER UNITED	4-0	Greenwood 2, Mahoney 2	2514	1	2	3	7	5	6			10	11	9	8		4	12												
8	19	Hereford United	2-1	Lea 2	6857	1		3	2	5	6		12	10	11	9	8		4	7												
9	23	Mansfield Town	1-3	Winstanley	5997	1		3	2	5	6		7	8	11	9			4	10						12						
10	26	CREWE ALEXANDRA	2-2	Winstanley, Lea	3082	1		3	6	5			8	10	11				4	7						9		12	2			
11	30	CHESTER	0-0		2998	1	2	3	6	9			8		11				4	10	12					5	7					
12	Oct 7	PETERBOROUGH UTD.	3-2	Martin, O'Connor 2	2689	1	2	3	4	5				9	7				6	10	11	8										
13	11	Workington	2-3	Lea 2	1347		2	3	6	5				10	8				4	7	11	9	1									
14	14	Northampton Town	2-2	Martin 2	3013		2	3	6					9	7				4	10	11	8	1				5	12				
15	21	DARLINGTON	0-2		2961		2	3	6		12			10	8				4	7	11	9	1			5						
16	24	TORQUAY UNITED	0-0		2460		2	3	6	5	7			10	8	12			4		11	9	1									
17	28	Aldershot	2-0	Martin, O'Connor	4761		2	3	4	5		6	9	7					8		11	10	1									
18	Nov 4	Crewe Alexandra	0-1		1913		2	3	6	5			10	8	7	12			4		11	9	1									
19	11	HEREFORD UNITED	0-0		3040		2	3	6	5				8	7	9			4		11	10	1									
20	25	NEWPORT COUNTY	2-1	Lea 2	2278		2	3	4	5				8	7				6	10	11	9	1									
21	Dec 2	Exeter City	1-2	Martin	3882		2	3	4	5				8	7				6	10	11	9	1									
22	8	HARTLEPOOL	2-1	Lea, Mahoney	1897	1	2	3	6	5				8	7	12			4	10	11	9										
23	16	READING	0-0		2393		2	3	6	5				8	7	9			4	10	11	12										
24	23	Lincoln City	2-1	Pettit, Earnshaw	4029		2	3	6	5		12	7		8	9			6	10	11											
25	26	MANSFIELD TOWN	1-1	Brown	5900	1	2	3	4	5			7	6		11	9	8		10												
26	30	Cambridge United	1-1	Winstanley	3864	1	2	3	6	5		11	8		7	4	9			10		12										
27	Jan 6	STOCKPORT COUNTY	1-3	Mahoney	2864	1	2	3	4	5		7	6			11	9	8		12	10											
28	13	Torquay United	0-0		1825	1	2	3	6	5				8		11	10		4	12		9	7									
29	20	Gillingham	1-5	Martin	2550	1		3	6					8	7	11	9		4	10	12						5		2			
30	27	SOUTHPORT	0-1		2867	1	2	3	6			12	4	8		11	9		5	10	7											
31	Feb 6	WORKINGTON	1-0	Winstanley	2096	1	2	3	6	5			10	8		11	9				7			4								
32	10	Colchester United	2-1	Lea, Mahoney	3148	1	2	3	6	5			7	9		11	10				8			4								
33	17	BRADFORD CITY	1-2	Butler	4949	1	2	3	6	5			7	8		11	9	10						4								
34	24	Reading	0-0		5560		2	3	10	5				8	7	11		9	6					4	1							
35	Mar 2	Peterborough United	3-6	Sharp, Butler, Brown	5253		2	3	10	5			7	8	11			9	6					4					1			
36	6	Bury	1-2	Butler	3283		2	3	10	5			7	8	11	12		9	6					4	1							
37	10	NORTHAMPTON T	2-0	Chambers, Butler	2244		2	3	10	5			7	8	11			9	6					4					1			
38	17	Darlington	0-0		1628		2	3	10	5			7	8	11			9	6					4					1			
39	24	ALDERSHOT	0-2		2100		2	3	10	5			7	8	11			9	6	12				4					1			
40	31	Newport County	1-1	Butler	4757		2	3	10	5			8	10	11			9	4					7					1			
41	Apr 6	EXETER CITY	1-1	Butler	1638		2	3	10	5			7	8				9	6					11	4				1			
42	14	Hartlepool	4-1	Butler 3, O'Connor	2448		2	3	6	5			8	10				9	4					11	7				1			
43	20	Chester	0-0		2284		2	3	6	5			8	10				9	4	12				11	7				1			
44	21	BURY	0-1		2741		2	3	6	5			8				9	10	4					11	7				1			
45	24	LINCOLN CITY	4-1	O'Connor, Hopkinson, Brown, Greenwood	2807		2	3	6	5			8				10	9						11	7	1						4
46	27	Doncaster Rovers	0-0		2721		2	3	6	5			8				10	9		12				11	7	1						4
		Apps				24	42	46	46	42	11	7	32	38	40	23	11	14	34	23	18	20	17	13	5	4	6	2	2	1	8	2
		Goals						1	3	4	2	1	3	12	4	5	2	9	1			6	5									

F.A. Cup

#	Date	Opponent	Score	Scorers	Att	Stewart G	Murphy BL	Chambers PM	Greenwood PG	Winstanley E	Boardman G	Earnshaw RI	Brown KG	Lea L	Sharp F	Mahoney B	Hopkinson A	Butler MA	Pettit RJ	Millar A	Martin P	O'Connor D	Doyle R
R1	Nov 18	HALIFAX TOWN	1-1	Lea	4330		2	3	4	5				8	7	9			6	10	11		1
rep	21	Halifax Town	1-2	Kemp (og)	2461		2	3	4	5			12	8	7	9			6	10	11		1

F.L. Cup

#	Date	Opponent	Score	Scorers	Att	Stewart G	Murphy BL	Chambers PM	Greenwood PG	Winstanley E	Boardman G	Earnshaw RI	Brown KG	Lea L	Sharp F	Mahoney B	Hopkinson A	Butler MA	Pettit RJ	Millar A	Martin P	O'Connor D	Doyle R	Arblaster BM	McMahon K	Dean N
R1	Aug 16	GRIMSBY TOWN	0-0		4292	1	2	3	4	5	6	7	8	10	11											9
rep	22	Grimsby Town	0-2		12383	1	2	3	4	5	6	7	8	10	11											9	12

		P	W	D	L	F	A	W	D	L	F	A	Pts
1	Southport	46	17	4	2	40	19	9	6	8	31	29	62
2	Hereford United	46	18	4	1	39	12	5	8	10	17	26	58
3	Cambridge United	46	15	6	2	40	23	5	11	7	27	34	57
4	Aldershot	46	14	6	3	33	14	8	6	9	27	24	56
5	Newport County	46	14	6	3	37	18	8	6	9	27	26	56
6	Mansfield Town	46	15	7	1	52	17	5	7	11	26	34	54
7	Reading	46	14	7	2	33	7	3	11	9	18	31	52
8	Exeter City	46	13	8	2	40	18	5	6	12	17	33	50
9	Gillingham	46	15	4	4	44	20	4	7	12	19	38	49
10	Lincoln City	46	12	7	4	38	27	4	9	10	26	30	48
11	Stockport County	46	14	7	2	38	18	4	5	14	15	35	48
12	Bury	46	11	5	7	37	19	3	11	9	21	32	46
13	Workington	46	15	7	1	44	20	2	5	16	15	41	46
14	BARNSLEY	46	9	8	6	32	26	5	8	10	26	36	44
15	Chester	46	11	6	6	40	19	3	9	11	21	33	43
16	Bradford City	46	12	6	5	42	25	4	5	14	19	40	43
17	Doncaster Rovers	46	10	8	5	28	19	5	4	14	21	39	42
18	Torquay United	46	8	10	5	23	17	4	7	12	21	30	41
19	Peterborough Utd.	46	10	8	5	42	29	4	5	14	29	47	41
20	Hartlepool	46	8	10	5	17	15	4	7	12	18	37	41
21	Crewe Alexandra	46	7	8	8	18	23	2	10	11	20	38	36
22	Colchester United	46	8	8	7	36	28	2	3	18	12	48	31
23	Northampton Town	46	7	6	10	24	30	5	5	13	15	16	43	31
24	Darlington	46	5	9	9	28	41	2	6	15	14	44	29

1973/74 13th in Division 4

	Date	Opponent	Score	Scorers	Att.	Arblaster BM	Murphy BL	Chambers PM	Pettit RJ	Cole R	Greenwood PG	Doyle R	Mahoney B	Butler MA	Millar A	Lea L	Boyle IR	Brown KG	Yates D	O'Connor D	Manning JJ	Hopkinson A	Stewart G	Turner P	Collingwood G	Parry S
1	Aug 25	COLCHESTER UNITED	0-1		2717	1	2	3	4	5	6	7	8	9	10	11										
2	Sep 1	Scunthorpe United	0-3		3612	1	2	3	4		6	7	8	9	10	11	5									
3	8	MANSFIELD TOWN	1-1	Brown	2487	1	2	3			6	4	8	9	10	11	5	7								
4	11	Doncaster Rovers	0-1		3070	1		3			6	7		9	10	11	5	4	2	8						
5	15	Torquay United	1-1	Millar	3583	1		3			6	4	10	9	8	11	5	7	2	12						
6	18	LINCOLN CITY	0-1		2778	1		3			6	7	8	9	10	11	5	4	2							
7	22	STOCKPORT COUNTY	4-0	Lea (pen), Butler, Millar, Manning	2552	1		3			6	4	8	7	10	11	5		2		9					
8	29	Brentford	1-5	Butler	5010	1		3			6	4	8	7	10	11	5		2		9					
9	Oct 3	Lincoln City	1-1	Butler	3841	1		3			6	4		7	10	11	5		2		9	8				
10	6	BRADFORD CITY	2-2	Butler, Manning	4082	1		3			6	4	8	7	10	11	5	12	2		9					
11	13	Workington	0-1		1026			3			6	4	12	8	10	11	5	7	2		9		1			
12	20	NEWPORT COUNTY	1-1	Manning	2274			3			6	4	8	7	10		5	12	2	11	9		1			
13	23	DONCASTER ROVERS	2-0	Manning, O'Connor	3301			3			6	4	8	7	10		5	12	2	11	9		1			
14	27	Swansea City	0-2		2669			3	12		6	4		7	11		5	8	2	9	10		1			
15	Nov 3	BURY	3-2	Butler 2, Greenwood	3265			3			6	4	8	9	11		5	7	2		10		1			
16	10	Exeter City	1-6	Butler	4697			3	9		6	4	8	7	10		5	11	2		12		1			
17	13	Northampton Town	1-2	Butler	4299			3	5		6	4		7	10	12		11	2	8	9		1			
18	17	CREWE ALEXANDRA	2-1	Greenwood, Manning	2483			3	5		6	4	9		11	10		7	2		8		1			
19	Dec 8	Hartlepool	2-1	Brown, Butler	1101			3	5		6	4		7	10	8		11	2		9		1			
20	22	BRENTFORD	2-1	Butler 2	2458			3			5	4	10	7	8	9		11	2		6		1			
21	26	Rotherham United	1-2	Mahoney	6243			3			6	4	9	7	10	8		11	2		5		1	12		
22	29	Mansfield Town	2-2	Lea 2	4141		5	3			6	4	9	7	10	8		11	2	12			1			
23	Jan 1	SCUNTHORPE UNITED	5-0	Butler 3, Mahoney, Brown	6158		5	3				4	9	7	10	8		11	2				1	6		
24	5	Gillingham	1-1	Mahoney	6825		4	6					9	7	10	8		11	2	12	5		1	3		
25	12	TORQUAY UNITED	1-0	Lea (pen)	5102			3			6	4	8	7	11	9		10	2		5		1			
26	19	Colchester United	0-2		5793		5	3			6	4	9	7	10	8		11	2	12			1			
27	27	CHESTER	1-1	Butler	8511		5	3			6	4	9	7	10	8		11	2				1			
28	Feb 3	READING	3-2	Butler, Doyle, Mahoney	6218		5	3			6	4	9	7	10	8		11	2		12		1			
29	10	Stockport County	1-1	Millar	2776		12	3			6	4	9	7	10	8		11	2		5		1			
30	17	WORKINGTON	4-0	Mahoney, Doyle, Butler, Lea	5697			3			6	4	9	7	10	8		11	2		5		1			
31	23	Bradford City	0-3		5716			3			6	4	10	9	11	8		7	2		5		1			
32	24	DARLINGTON	1-0	Doyle	6057			3			6	4	9	7	10	8		11	2		5		1			
33	Mar 3	ROTHERHAM UNITED	1-0	Butler	6490			3			6	4	9	7	10	8		11	2		5		1			
34	10	SWANSEA CITY	1-0	Butler	4757			3	6				9	7	10	8		11	2		5		1		4	
35	17	Newport County	0-1		1808		4	3					9	7	10	8		11	2		5		1	6	12	
36	20	Reading	0-1		7012			5	6			3	9	7	10	8		11	2		4		1			
37	23	EXETER CITY	3-0	Doyle, Lea, Mahoney	3284			3	6			4	8	7	11	9		10	2		5		1			
38	26	GILLINGHAM	3-1	Turner, Millar, Butler	5132			3	6			4	9	7	10	8		11	2		5		1	12		
39	30	Bury	0-2		4420			3	6		5	4	8	7	10	9		11	2				1	12		
40	Apr 3	Chester	1-3	Butler	2144			3	5		6	4	9	7	10	8		11	2				1	12		
41	6	NORTHAMPTON T	0-2		3646			3	5		6	4	8	7	10	9		11	2				1			
42	13	Crewe Alexandra	1-0	Brown	1491			3	6		12	4	8	7	11	9		10			5		1	2		
43	15	Peterborough United	0-3		10328			3	6		5	4	9	7	10	8		11					1	2		
44	16	PETERBOROUGH UTD.	0-0		4834			3			6	4	9	7	10	8		11	2		5		1			
45	20	HARTLEPOOL	2-0	Millar, Manning	3555			3			6	4	8	7	11	9		10	2		5		1			
46	27	Darlington	2-4	Chambers, Brown	2563			3	6			4	9	7	10	8		11	2		5			12		1
					Apps	10	11	46	17	1	38	43	41	45	46	41	15	41	41	9	32	1	35	10	2	1
					Goals			1			2	4	6	21	5	6		5		1	6			1		

F.A. Cup

	Date	Opponent	Score	Scorers	Att.	Arblaster BM	Murphy BL	Chambers PM	Pettit RJ	Cole R	Greenwood PG	Doyle R	Mahoney B	Butler MA	Millar A	Lea L	Boyle IR	Brown KG	Yates D	O'Connor D	Manning JJ	Hopkinson A	Stewart G	Turner P	Collingwood G	Parry S
R1	Nov 24	Chesterfield	0-0		5505			3	5		6	4		8	11	10		7	2		9		1			
rep	28	CHESTERFIELD	2-1	Manning 2	3421			3	5		6	4		7	10	8		11	2		9		1			
R2	Dec 15	BRADFORD CITY	1-1	Butler	6660			3	5		6	4		7	10	8		11	2		9		1			
rep	19	Bradford City	1-2	Brown	4954			3	5		6	4	12	7	10	8		11	2		9		1			

F.L. Cup

	Date	Opponent	Score	Scorers	Att.	Arblaster BM	Murphy BL	Chambers PM	Pettit RJ	Cole R	Greenwood PG	Doyle R	Mahoney B	Butler MA	Millar A	Lea L	Boyle IR	Brown KG	Yates D	O'Connor D	Manning JJ	Hopkinson A	Stewart G	Turner P	Collingwood G	Parry S
R1	Aug 28	Halifax Town	1-1	Mahoney	2768	1	2	3	4	5	6	7	8	9	10	11										
rep	Sep 4	HALIFAX TOWN	0-1		4168	1	2	3			6	7	9	8	10	11	5	4		12						

		P	W	D	L	F	A	W	D	L	F	A	Pts
1	Peterborough Utd.	46	19	4	0	49	10	8	7	8	26	28	65
2	Gillingham	46	16	5	2	51	16	9	7	7	39	33	62
3	Colchester United	46	16	5	2	46	14	8	7	8	27	22	60
4	Bury	46	18	3	2	51	14	6	8	9	30	35	59
5	Northampton Town	46	14	7	2	39	14	6	6	11	24	34	53
6	Reading	46	11	9	3	37	13	5	10	8	21	24	51
7	Chester	46	13	6	4	31	19	4	9	10	23	36	49
8	Bradford City	46	14	7	2	45	20	3	7	13	13	32	48
9	Newport County	46	13	6	4	39	23	3	8	12	17	42	45
10	Exeter City	45	12	5	6	37	20	6	3	13	21	35	44
11	Hartlepool	46	11	4	8	29	16	5	8	10	19	31	44
12	Lincoln City	46	10	8	5	40	30	6	4	13	23	37	44
13	BARNSLEY	46	15	5	3	42	16	2	5	16	16	48	44
14	Swansea City	46	11	6	6	28	15	5	5	13	17	31	43
15	Rotherham United	46	10	9	4	33	22	5	4	14	23	36	43
16	Torquay United	46	11	7	5	37	23	2	10	11	15	34	43
17	Mansfield Town	46	13	8	2	47	24	0	9	14	15	45	43
18	Scunthorpe United	45	12	7	3	33	17	2	5	16	14	47	42
19	Brentford	46	9	7	7	31	20	3	9	11	17	30	40
20	Darlington	46	9	8	6	29	24	4	5	14	11	38	39
21	Crewe Alexandra	46	11	5	7	28	30	3	5	15	15	41	38
22	Doncaster Rovers	46	10	7	6	32	22	2	4	17	15	58	35
23	Workington	46	10	8	5	33	26	1	5	17	10	48	35
24	Stockport County	46	4	12	7	22	25	3	8	12	22	44	34

1974/75 15th in Division 4

							Stewart G	Yates D	Chambers PM	Doyle R	Pickering J	Murphy BL	Butler MA	O'Riley P	Manning JJ	Millar A	Brown KG	Lea L	Mahoney B	Collingwood G	Turner P	Dungworth JH	Peachey JM	Price PW	Pickering MJ	Burke P	Sanderson P	Parry S	Riley G	Otulakowski A
1	Aug	17	EXETER CITY	1-0	Pickering	4979	1	2	3	4	5	6	7	8	9	10	11	12												
2		24	Swansea City	3-0	Doyle, Mahoney, O'Riley	2421	1	2	3	4	5	6		8	9			7	10	11										
3		31	CHESTER	0-1		6181	1	2	3	4	5	6	12	7	9	10		11	8											
4	Sep	3	SCUNTHORPE UNITED	2-2	Manning, Mahoney	5603	1	2	3	4	5		7		6	10	11	8	9											
5		7	Rochdale	1-3	Doyle	1376	1	2	3	4	5		7	12	6		11	8	9	10										
6		13	STOCKPORT COUNTY	2-0	Lea, Butler	5115	1	2	3	4	5	6	7		12		11	8	9	10										
7		17	CAMBRIDGE UNITED	1-1	Butler	6002	1	2	3	4	5	6	7		9		11	8	12	10										
8		20	Southport	0-1		2246	1		3	4	5	6	7	8	9		11		12	10	2									
9		25	Crewe Alexandra	1-1	Butler	4004	1		3	4	5	6	7	10	9		11	8		12	2									
10		28	NEWPORT COUNTY	2-1	Pickering, Butler	4728	1		3	4	5	6	7		9	10	11	8			2									
11	Oct	1	Scunthorpe United	0-1		2582	1		3	4	5	6	7	12	9	10	11	8			2									
12		5	WORKINGTON	0-1		4312	1		3	4	5	6	9		12	10	11	7	8		2									
13		12	Darlington	0-0		2246	1	2	3	4	5	6				10	11	7	9			8								
14		15	MANSFIELD TOWN	1-3	Mahoney	4923	1	2	3	4		6		12	5	10	7	11	9			8								
15		19	HARTLEPOOL	2-1	Shoulder (og), Butler	3135	1	2	3			6	7	9		10	11	8		5						4				
16		21	Mansfield Town	1-2	Butler	5291	1	2	3		12	6	8	9		10	11	7		4						5				
17		26	Reading	3-0	Butler, O'Riley, Dungworth	5973	1	2	3	7	5	6	8	9		10	11			4		12								
18	Nov	2	BRENTFORD	1-1	Doyle	4158	1	2	3	7	5	6	9	8		10	11			4										
19		9	Bradford City	0-2		4146	1	2	3	7	5	6	9	8		10	11	12		4										
20		16	LINCOLN CITY	0-2		4567	1	2	3	12	5	6	7	8		10	11	9		4										
21		30	Shrewsbury Town	1-3	Sanderson	3287		2	3	4	5	6				10	11						8	7			9	1		
22	Dec	7	TORQUAY UNITED	0-1		2861		2	3	4	5	6				10	7						9	8			11	1		
23		14	Exeter City	2-4	Price 2	2916		2	3	4	5	6				10	11	7					9	8				1		
24		21	NORTHAMPTON T	5-1	Brown, Peachey, Price, Yates, Millar	2666	1	2	3	4	5	6				10	11	7					9	8						
25		26	Stockport County	3-0	Price 2, Yates	2389	1	2	3	4	5	6				10	11	7					9	8						
26	Jan	4	SOUTHPORT	3-0	Price 3	4321	1	2	3	4	5	6				10	11	7					8	9						
27		11	Torquay United	1-1	Peachey	2401	1	2	3	4	5					10	11	7					9	8	6					
28		14	Cambridge United	0-2		2906	1	2	3	4	5					10	11	7					9	8	6					
29		18	SHREWSBURY TOWN	1-0	Price	5376	1	2	3	4	5	6				10	11	7					9	8						
30		24	Doncaster Rovers	1-1	Peachey	4153	1	2	3	4	5	6				10	11	7					9	8						
31	Feb	1	BRADFORD CITY	2-2	Butler 2	7492	1	2	3	4	5	6	12			10	11	7					9	8						
32		8	Brentford	0-3		5080	1	2	3	4	5	6	10				11				7		9	8						
33		15	DONCASTER ROVERS	0-1		6451	1	2	3	4	5	6	11				7	10					9	8						
34		22	Lincoln City	0-3		6464		2	3	4	5		7			10	11	12					9	8	6			1		
35		25	ROTHERHAM UNITED	1-1	Butler	7810	1	2	3	4	5		7			10	12	11					9	8	6					
36	Mar	1	Chester	1-2	Butler	5160	1	2	3		5		9			11	7	10					4	8	6					
37		8	CREWE ALEXANDRA	1-1	Chambers	3754	1	2	3	4		6	10				7	11			12		9	8	5					
38		15	Newport County	4-3	Doyle (pen), Butler 3	1773	1	2	3	4	5	10	9				8	7					11		6					
39		22	ROCHDALE	5-3	Doyle (pen), Butler 3, Peachey	3594	1	2	3	4	5	8	10				7	11					9		6					
40		28	Northampton Town	1-2	Price	2594	1	2	3	4	5	7	8				11	10					9	12	6					
41		31	Rotherham United	0-2		9889	1	2	3	4	5		8			10	11	7					9		6					
42	Apr	5	READING	2-0	Butler, Doyle (pen)	2772	1	2	3	4	5		9			10	7	11						8	6					
43		12	Workington	2-1	Price, Butler	1661	1	2	3	4	5		9			8	11	7					12	10	6					
44		19	DARLINGTON	1-1	Lea	3037	1	2	3	4	5					11	10	7					9	8	6					
45		22	SWANSEA CITY	1-0	Riley	3014	1	2	3	4	5	7				10	11						9	8	6				12	
46		26	Hartlepool	3-4	Brown, Price, Peachey	2159	1	2	3	4	5	6				12	7						11	10					9	8
						Apps	42	41	46	43	43	35	30	14	13	34	44	38	10	12	7	3	25	23	14	2	2	4	2	1
						Goals		2	1	6	2		19	2	1	1	2	2	3			1	5	12			1		1	

One own goal

F.A. Cup

							Stewart G	Yates D	Chambers PM	Doyle R	Pickering J	Murphy BL	Butler MA	O'Riley P	Manning JJ	Millar A	Brown KG	Lea L	Mahoney B	Collingwood G	Turner P	Dungworth JH	Peachey JM	Price PW	Pickering MJ	Burke P	Sanderson P	Parry S	Riley G	Otulakowski A
R1	Nov	23	HALIFAX TOWN	1-2	Brown	5314	1	2	3	4	5	6	7			10	11	8	9	12										

F.L. Cup

							Stewart G	Yates D	Chambers PM	Doyle R	Pickering J	Murphy BL	Butler MA	O'Riley P	Manning JJ	Millar A	Brown KG	Lea L	Mahoney B	Collingwood G	Turner P	Dungworth JH	Peachey JM	Price PW	Pickering MJ	Burke P	Sanderson P	Parry S	Riley G	Otulakowski A
R1	Aug	20	HALIFAX TOWN	0-1		5139	1	2	3	4	5	6	7	12	9	10	11	8												

		P	W	D	L	F	A	W	D	L	F	A	Pts
1	Mansfield Town	46	17	6	0	55	15	11	6	6	35	25	68
2	Shrewsbury Town	46	16	3	4	46	18	10	7	6	34	25	62
3	Rotherham United	46	13	7	3	40	19	9	8	6	31	22	59
4	Chester	46	17	5	1	48	9	6	6	11	16	29	57
5	Lincoln City	46	14	8	1	47	14	7	7	9	32	34	57
6	Cambridge United	46	15	5	3	43	16	5	9	9	19	28	54
7	Reading	46	13	6	4	38	20	8	4	11	25	27	52
8	Brentford	46	15	6	2	38	14	3	7	13	15	31	49
9	Exeter City	46	14	3	6	33	24	5	8	10	27	39	49
10	Bradford City	46	10	5	8	32	21	7	8	8	24	30	47
11	Southport	46	13	7	3	36	19	2	10	11	20	37	47
12	Newport County	46	13	5	5	43	30	6	4	13	25	45	47
13	Hartlepool	46	13	6	4	40	24	3	5	15	12	38	43
14	Torquay United	46	10	7	6	30	25	4	7	12	16	36	42
15	BARNSLEY	46	10	7	6	34	24	5	4	14	28	41	41
16	Northampton Town	46	12	6	5	43	22	3	5	15	24	51	41
17	Doncaster Rovers	46	10	9	4	41	29	4	3	16	24	50	40
18	Crewe Alexandra	46	9	9	5	22	16	2	9	12	12	31	40
19	Rochdale	46	9	9	5	35	22	4	4	15	24	53	39
20	Stockport County	46	10	8	5	26	27	2	6	15	17	43	38
21	Darlington	46	11	4	8	38	27	2	6	15	16	40	36
22	Swansea City	46	9	4	10	25	31	6	2	15	21	42	36
23	Workington	46	7	5	11	23	29	3	6	14	13	37	31
24	Scunthorpe United	46	7	8	8	27	29	0	7	16	14	49	29

1975/76 12th in Division 4

	Date	Opponents	Score	Scorers	Att.	Springett PJ	Yates D	Chambers PM	Doyle R	Burke P	Murphy BL	Millar A	Butler MA	Price PW	Walker PG	Brown KG	Peachey JM	Pickering MJ	Lea L	Harris LH	Gorry MC	Saunders JG	Felton GM	Otulakowski A	Riley G	Butler I	Deere SH
1	Aug 16	WATFORD	1-0	Butler M	3814	1	2	3	4	5	6	7	8	9	10	11	12										
2	23	Southport	0-0		1230	1		3	4	5	2	7	8	9	10	11	12	6									
3	30	NORTHAMPTON T	3-1	Butler M 2, Peachey	3649	1		3	4	5	2	11	9	10	8	7	12	6									
4	Sep 6	Brentford	0-1		5605	1		3	4	5	2	9	10	11	7	8	12	6									
5	12	CREWE ALEXANDRA	1-1	Butler M	4367	1	2	3	4	5	10	7	8			11	9	6							12		
6	19	Tranmere Rovers	0-1		2638	1		3	4	5	2	7	8			11	9	6	10								
7	24	DONCASTER ROVERS	0-1		6681	1		3	4	5	2	7	8		10	12	9	6	11								
8	27	WORKINGTON	0-0		2959	1		3	4	5	2	11	9		8	7		6	12	10							
9	Oct 4	Bournemouth	1-1	Chambers	4408	1	2	3	4	5	8	7	9	10				6	11								
10	11	Newport County	0-1		3043	1	2	3	4	5	11	10	7	8			12	6	9								
11	18	READING	4-2	Butler I, Peachey, Price 2	2938	1	2	3	4		6	7		8		10	9	5								11	
12	21	EXETER CITY	0-0		3741	1	2	3	4		5	7		8		10	9	6								11	
13	25	Hartlepool	0-1		2350	1	2	3	4		6	7		8		11	9			12						10	5
14	Nov 1	SWANSEA CITY	0-0		2833	1	2	3	4	5	10		11		8				12	9						7	6
15	5	Torquay United	0-2		1615	1	2	3	4	5	8		7		10	12			9							11	6
16	8	Darlington	0-2		2066	1	2	3	4	5		11	7					6	8					9			10
17	15	STOCKPORT COUNTY	2-2	Butler M, Otulakowski	2758	1	2	3	4	5		11	7				9	6	10					8			
18	29	HUDDERSFIELD T	2-3	Brown, Price	5131	1			4	5	2	11	7	8		10		6			3			9			
19	Dec 6	Bradford City	1-2	Otulakowski	3285	1		3	4	5	6		11	9	12	8					2			10	7		
20	20	Cambridge United	1-1	Harris	2180	1		3	4		12		8		10	11		6		9	2	5		7			
21	26	ROCHDALE	2-1	Brown, Millar	3486	1		3	4			12	8		10	11		6		9	2	5		7			
22	27	Lincoln City	1-2	Butler M	12074	1			4		2	10	8			11		6		9	3	5		7			
23	Jan 3	SCUNTHORPE UNITED	1-0	Doyle (pen)	2947	1		3	4			11	10	9		7		6			2	5		8			
24	10	Northampton Town	0-5		6132	1		3	4			11	7	9		10		6		12	2	5		8			
25	17	TRANMERE ROVERS	1-0	James (o.g.)	2813	1	2	3	4			11	8	10		6		9		12		5		7			
26	23	Crewe Alexandra	1-1	Price	2291	1	2	3	4			10	9	8		11		6				5		7			
27	31	Exeter City	0-2		2449	1	2	3	4			7	10	9		11		6		12		5		8			
28	Feb 7	TORQUAY UNITED	0-0		2353	1	2	3	4			11	7	9		10		6		12		5		8			
29	14	DARLINGTON	1-0	Price	2564	1			4	5	2		11	9		10		6			3		7	8			
30	20	Stockport County	1-1	Gorry	2707	1			4	5	2		8	9		11		6			3		7	10			
31	24	Doncaster Rovers	2-2	Felton, Butler M	8250	1			4	5	2		8	9		11		6			3		7	10			
32	28	HARTLEPOOL	3-1	Price, Doyle (pen), Gorry	2772	1			4	5	2		8	9		11		6		12	3		7	10			
33	Mar 5	Swansea City	1-3	Butler M	2533	1			4	5	2		8	9	12	11		6			3		7	10			
34	9	BOURNEMOUTH	2-0	Brown, Felton	2674	1			4	5	2		8	9		11		6			3		7	10			
35	13	NEWPORT COUNTY	3-1	Peachey 2, Doyle	2587	1			4	5	2			8		11	9	6			3		7	10			
36	17	Reading	0-0		6709	1		3	4	5	2			8		11	9	6					7	10			
37	20	Huddersfield Town	2-1	Burke, Brown	10049	1		3	4	5	2			8		11	9	6					7	10			
38	27	BRADFORD CITY	1-1	Peachey	5330	1		3	4	5	2			8		11	9	6					7	10			
39	30	CAMBRIDGE UNITED	4-0	Peachey,Price,Brown,Seddon(og)	3190	1			4		2			8		11	9	6			3	5	7	10			
40	Apr 3	Watford	0-1		4203	1			4		2			8		11	9	6		12	3	5	7	10			
41	7	Workington	7-1	Peachey 3,Price 2 (1p),Saunders,Doyle(p)	894	1			4		2			8		11	9	6		12	3	5		10	7		
42	10	BRENTFORD	1-1	Doyle (pen)	3877	1			4		2	12			8		9	6		11	3	5		10	7		
43	17	Rochdale	0-0		1386	1			4		2	11		8		7	9	6		12	3	5		10			
44	19	LINCOLN CITY	0-1		8697	1			4		2	7				11	9	6		8	3	5		10			
45	20	Scunthorpe United	0-1		4940	1			4		2	7				11	9	6		8	3	5		10			
46	24	SOUTHPORT	2-0	Peachey, Doyle	3119	1			4		2	8				11	9	6		7	3	5		10			
					Apps	46	15	29	46	26	37	29	31	31	13	40	24	41	9	18	22	17	12	31	4	5	4
					Goals			1	6	1		1	8	9		5	10			1	2	1	2	2		1	

Two own goals

F.A. Cup

	Date	Opponents	Score	Scorers	Att.	Springett PJ	Yates D	Chambers PM	Doyle R	Burke P	Murphy BL	Millar A	Butler MA	Price PW	Walker PG	Brown KG	Peachey JM	Pickering MJ	Lea L	Harris LH	Gorry MC	Saunders JG	Felton GM	Otulakowski A	Riley G	Butler I	Deere SH
R1	Nov 22	Marine	1-3	Butler	2400	1	2	3	4	5		7	9	8	10		12	6						11			

F.L. Cup

	Date	Opponents	Score	Scorers	Att.	Springett PJ	Yates D	Chambers PM	Doyle R	Burke P	Murphy BL	Millar A	Butler MA	Price PW	Walker PG	Brown KG	Peachey JM	Pickering MJ	Lea L	Harris LH	Gorry MC	Saunders JG	Felton GM	Otulakowski A	Riley G	Butler I	Deere SH
R1/1	Aug 19	Huddersfield Town	1-2	Butler	4200	1		3	4	5	2	7	8	9	10	11	12	6									
R1/2	27	HUDDERSFIELD T	1-1	Price	6045	1		3	4	5	2	7	8	9	10	11		6									

		P	W	D	L	F	A	W	D	L	F	A	Pts
1	Lincoln City	46	21	2	0	71	15	11	8	4	40	24	74
2	Northampton Town	46	18	5	0	62	20	11	5	7	25	20	68
3	Reading	46	19	3	1	42	9	5	9	9	28	42	60
4	Tranmere Rovers	46	18	3	2	61	16	6	7	10	28	39	58
5	Huddersfield Town	46	11	6	6	28	17	10	8	5	28	24	56
6	Bournemouth	46	15	5	3	39	16	5	7	11	18	32	52
7	Exeter City	46	13	7	3	37	17	5	7	11	19	30	50
8	Watford	46	16	4	3	38	18	6	2	15	24	44	50
9	Torquay United	46	12	6	5	31	24	6	8	9	24	39	50
10	Doncaster Rovers	46	10	6	7	42	31	9	5	9	33	38	49
11	Swansea City	46	14	8	1	51	21	2	7	14	15	36	47
12	BARNSLEY	46	12	8	3	34	16	2	8	13	18	32	44
13	Cambridge United	46	7	10	6	36	28	7	5	11	22	34	43
14	Hartlepool	46	10	6	7	37	29	6	4	13	25	49	42
15	Rochdale	46	7	11	5	27	23	5	7	11	13	31	42
16	Crewe Alexandra	46	10	7	6	36	21	3	8	12	22	36	41
17	Bradford City	46	9	7	7	35	26	3	10	10	28	39	41
18	Brentford	46	12	7	4	37	18	2	6	15	19	42	41
19	Scunthorpe United	46	11	3	9	31	24	3	7	13	19	35	38
20	Darlington	46	11	7	5	30	14	3	3	17	18	43	38
21	Stockport County	46	8	7	8	23	23	5	5	13	20	53	38
22	Newport County	46	8	7	8	35	33	5	2	16	22	57	35
23	Southport	46	6	6	11	27	31	2	4	17	14	46	26
24	Workington	46	5	4	14	19	43	2	3	18	11	44	21

1976/77 6th in Division 4

No	Date	Opponent	Result	Scorers	Att	Springett PJ	Murphy BL	Gorry MC	Otulakowski A	Burke P	Pickering MJ	Felton GM	Peachey JM	Joicey B	Brown KG	Millar A	Price PW	Harris LH	Saunders JG	Warnock N	Pugh JG	Chambers PM	Lathan JG	Collins JL	Mallender G	Yates D	Wigg RG
1	Aug 21	Brentford	1-0	Millar	3903	1	2	3	4	5	6	7	8	9	10	11											
2	28	NEWPORT COUNTY	2-0	Gorry, Felton	4318	1	2	3	4	5	6	7	8	9	10	11											
3	Sep 4	Swansea City	1-2	Felton (pen)	3132	1	2	3	4	5	6	7	8	9	10	11											
4	11	DARLINGTON	1-1	Joicey	3530	1	2	3	4	5	6	7	8	9	10	11	12										
5	17	Stockport County	1-2	Price	7923	1	2	3	4	5	6	9	10	11	8	7	12										
6	25	BRADFORD CITY	2-2	Joicey 2	6609	1	2	3	4	5	6	7	10	9	8	11		12									
7	Oct 2	HUDDERSFIELD T	2-1	Peachey, Joicey (pen)	7124	1	2	3	4		6		8	9	10	11			5	7							
8	9	Doncaster Rovers	1-2	Joicey	6707	1	2	3	4		6		8	9	10	11		12	5	7							
9	16	ALDERSHOT	1-0	Joicey (pen)	4012	1	2	3	4		6		8	9	10	11			5	7							
10	19	CREWE ALEXANDRA	2-2	Millar, Harris	4242	1	2	3	4		6		8	9	10	11		12	5	7							
11	22	Southport	0-1		2308	1	4	3		5	6		8	9	10	11		7	2	12							
12	26	SOUTHEND UNITED	3-1	Peachey, Joicey 2	4532	1	2	3			6		8	9	10	11			5	7	4				12		
13	30	Watford	0-1		5313	1	4				6	7	9	8	11	10			5			3				2	
14	Nov 3	Workington	1-0	Joicey	1229	1	4				6	7	9	8	11	10			5			3				2	
15	6	SCUNTHORPE UNITED	5-1	Letheran (og), Peachey 3, Joicey	4595	1	4				6		8	9	11	10			5	7	12	3				2	
16	9	TORQUAY UNITED	2-1	Pugh, Peachey	5564	1	4				6		9	8	11				5	7	10	3				2	
17	13	Cambridge United	0-0		5138	1	2				6		9	8	11	10			5	7	4	3					
18	27	COLCHESTER UNITED	0-1		5814	1	2				6	7	9	8	4	10	12		5	11		3					
19	Dec 18	HARTLEPOOL	3-0	Joicey 2, Brown	3667	1	2				6			8	11	10	9		5	7	4			3			
20	27	Crewe Alexandra	0-1		3724	1	2				6		7	9	11	10	8		5	12	4			3			
21	29	HALIFAX TOWN	1-0	Joicey	5893	1	2				6			9	11	10	8		5	7	4			3			
22	Jan 8	Exeter City	0-1		3784	1	2				6	7	9	8	11	10	12		5		4			3			
23	15	Torquay United	0-1		2141	1	2				6	7		8	4	10		9	5	11				3			
24	22	BRENTFORD	2-0	Pugh, Joicey	4095	1	2				6	7	12	8	11	10	9		5		4			3			
25	25	Rochdale	3-2	Joicey, Peachey, Mountford (og)	2474	1	2				6	7	9	8	11	10			5		4			3			
26	29	BOURNEMOUTH	3-1	Chambers, Joicey 2	5558	1	2				6	7	9	8	11	10			5		4	3					
27	Feb 8	Scunthorpe United	2-1	Joicey 2	4698	1	2				6	7	9	8	11	10		12	5		4			3			
28	12	SWANSEA CITY	1-0	Saunders	6750	1	2				6	7	9	8	11	10		12	5				4	3			
29	19	Darlington	1-2	Saunders	3137	1	2				6	7	9	8	11	10			5		4		12	3			
30	26	STOCKPORT COUNTY	1-0	Joicey	5828	1	2				6	7	9	8	11	10			5				4	3			
31	Mar 5	Bradford City	0-0		8834	1	2				6	7		8	11	10			5				4	3			9
32	9	WATFORD	1-1	Millar	7581	1	2				6	7		8	11	10			5				4	3			9
33	12	Huddersfield Town	0-1		11659	1	2				6	7	12	8	11	10			5				4	3			9
34	19	DONCASTER ROVERS	1-1	Saunders	10180	1	2				6		9	8	11	10			5		4	3	7				12
35	26	Aldershot	1-0	Warnock	2789	1	2				6		9	8	11	10			5	7	4			3			
36	28	Newport County	1-1	Peachey	2319	1	2				6		9	8	11	10			5	7	4			3			
37	Apr 2	SOUTHPORT	1-0	Joicey (pen)	4481	1	2				6		9	8	11	10			5	7	4			3			12
38	9	Halifax Town	1-0	Peachey	3529	1	2				6		9	8	11	10			5	7	4	3					
39	11	WORKINGTON	4-0	Joicey (2 pens), Peachey, Brown	5823	1	2				6		9	8	11	10			5	7	4			3			
40	15	Southend United	1-1	Joicey	4903	1	2				6		9	8	11	10			5	7	4			3			
41	19	Bournemouth	0-1		2247	1	2				6		9	8	11	10			5	7	4			3			
42	22	CAMBRIDGE UNITED	2-1	Peachey 2	9146	1	2				6	7	9	8	11	10			5		4			3			12
43	29	Colchester United	0-1		5802	1	2				6	7	9	8	11	10			5		4			3			
44	May 3	EXETER CITY	3-4	Felton, Pickering, Joicey	5293	1	2				6	7	9	8	11	10			5		4			3			
45	7	ROCHDALE	2-0	Joicey, Warnock	2531	1	2				6		9	8	11	10			5	7	4			3			
46	14	Hartlepool	2-0	Brown, Warnock	1274	1	2			6			9	8	11	10		12	5	7	4			3			
					Apps	46	46	12	10	8	45	24	41	46	46	45	8	8	40	23	26	9	7	25	1	4	6
					Goals			1			1	3	12	26	3	3	1	1	3	3	2	1					

Two own goals

F.A. Cup

Rd	Date	Opponent	Result	Scorers	Att	Springett PJ	Murphy BL	Gorry MC	Otulakowski A	Burke P	Pickering MJ	Felton GM	Peachey JM	Joicey B	Brown KG	Millar A	Price PW	Harris LH	Saunders JG	Warnock N	Pugh JG	Chambers PM	Lathan JG	Collins JL	Mallender G	Yates D	Wigg RG
R1	Nov 20	BOSTON UNITED	3-1	Joicey 3 (1 pen)	7294	1	2				6		9	8	11	10	12		5	7	4	3					
R2	Dec 11	Port Vale	0-3		5451	1	4				6	7	12	8	11	10	9		5			3				2	

F.L. Cup

Rd	Date	Opponent	Result	Scorers	Att	Springett PJ	Murphy BL	Gorry MC	Otulakowski A	Burke P	Pickering MJ	Felton GM	Peachey JM	Joicey B	Brown KG	Millar A	Price PW	Harris LH	Saunders JG	Warnock N	Pugh JG	Chambers PM	Lathan JG	Collins JL	Mallender G	Yates D	Wigg RG
R1/1	Aug 14	York City	0-0		2995	1	2	3	4	5	6	7	12	9	11	10	8										
R1/2	17	YORK CITY	0-0		4965	1	2	3	4	5	6	7	8	9	11	10											
rep	24	York City	2-1	Peachey 2	3542	1	2	3	4	5	6	7	8	9	11	10											
R2	Sep 1	West Ham United	0-3		17889	1	2	3	4	5	6	7	8	9	10	11	12										

R1 replay a.e.t.

		P	W	D	L	F	A	W	D	L	F	A	Pts
1	Cambridge United	46	16	5	2	57	18	10	8	5	30	22	65
2	Exeter City	46	17	5	1	40	13	8	7	8	30	33	62
3	Colchester United	46	19	2	2	51	14	6	7	10	26	29	59
4	Bradford City	46	16	7	0	51	18	7	6	10	27	33	59
5	Swansea City	46	18	3	2	60	30	7	5	11	32	38	58
6	BARNSLEY	46	16	5	2	45	18	7	4	12	17	21	55
7	Watford	46	15	7	1	46	13	3	8	12	21	37	51
8	Doncaster Rovers	46	16	2	5	47	25	5	7	11	24	40	51
9	Huddersfield Town	46	15	5	3	36	15	4	7	12	24	34	50
10	Southend United	46	11	9	3	35	19	4	10	9	17	26	49
11	Darlington	46	13	5	5	37	25	5	8	10	22	39	49
12	Crewe Alexandra	46	16	6	1	36	15	3	5	15	11	45	49
13	Bournemouth	46	13	8	2	39	13	2	10	11	15	31	48
14	Stockport County	46	10	10	3	29	19	3	9	11	24	38	45
15	Brentford	46	14	3	6	48	27	4	4	15	29	49	43
16	Torquay United	46	12	5	6	33	22	5	4	14	26	45	43
17	Aldershot	46	10	8	5	29	19	6	3	14	20	40	43
18	Rochdale	46	8	7	8	32	25	5	5	13	18	34	38
19	Newport County	46	11	6	6	33	21	3	4	16	9	37	38
20	Scunthorpe United	46	11	6	6	32	24	2	5	16	17	49	37
21	Halifax Town	46	11	6	6	36	18	0	8	15	11	40	36
22	Hartlepool	46	8	9	6	30	20	2	3	18	17	53	32
23	Southport	46	3	12	8	17	28	0	7	16	16	49	25
24	Workington	46	3	7	13	23	42	1	4	18	18	60	19

1977/78   7th in Division 4

						Springett PJ	Murphy BL	Collins JL	Pugh JG	Saunders JG	McCarthy MJ	Little A	Price PW	Peachey JM	Collier GR	Warnock N	Joicey B	Wigg RG	Chambers PM	Brown KG	Hinch JA	Riley G	Millar A	Prendergast MJ	Fox PD	Nixon JC	Yates D
1	Aug	20	ROCHDALE	4-0	Murphy (pen), Little, Joicey, Price	3901	1	2	3	4	5	6	7	8	9	10	11	12									
2		27	Swansea City	1-2	Wigg	6860	1	2	3	4	5	6	11	8	9	10	7	12									
3	Sep	3	NEWPORT COUNTY	1-0	Price	4172	1	2	3	4	5	6	11	8		10	7	9									
4		6	Darlington	2-0	Price, Wigg	2158	1	2	3	4	5	6	11	8	7	10		9									
5		10	Aldershot	0-0		3447	1	2	3	4	5	6	11	8		10	7	9									
6		13	SCUNTHORPE UNITED	3-0	Wigg 2, Price	5888	1	2	3	4	5	6	10	8		11	7	12	9									
7		17	WATFORD	1-0	Wigg	6662	1	2	3	4	5	6	10	8		11	7	12	9									
8		23	Stockport County	0-3		4743	1	2	3	4	5	6	10	8		11	7	12	9									
9		27	Halifax Town	1-1	Collier	2783	1	2	3	4	5	6	10	8		11	7	12	9									
10	Oct	1	YORK CITY	2-1	Price, Pugh	4760	1	2	3	4	5	6	10	8		11	7	12	9									
11		4	TORQUAY UNITED	2-0	Collier, Joicey	5634	1	2		4	5	6	10	8		11	7	12	9	3								
12		8	Doncaster Rovers	1-2	Owens (og)	7971	1	2		4	5	6	10	8		11	7	12	9	3								
13		14	GRIMSBY TOWN	1-2	Warnock	6314	1	2		4	5	6		8		11	7	12	9	3	10							
14		22	Huddersfield Town	0-2		7583	1	2	12	4	5	6		8	7	11		9		3	10							
15		29	HARTLEPOOL UNITED	3-2	Joicey 2 (1 pen), Warnock	4287	1	2	3	4	5	6	10	8	12	11	7	9										
16	Nov	4	Southend United	0-0		5612	1	2	3		5	6	10			9	11	7	8		4							
17		12	BRENTFORD	0-0		4209	1	2	3	4	5	6	10	12	9		11	7	8									
18		19	Northampton Town	1-1	Joicey	3131	1	2	3	4	5	6	10			9	12	7	8		11							
19	Dec	3	READING	4-1	Little 2, McCarthey, Peachey	4346	1	2	3		5	6	10		9		11	7	8		4							
20		10	Wimbledon	0-0		2406	1	2	3		5	6	10		9		11	7	8		4							
21		26	CREWE ALEXANDRA	4-0	Warnock 2, Peachey, Joicey	5730	1	2	3	4	5	6	10		9			7	8			11	12					
22		27	Southport	1-1	Higham (og)	2571	1	2	3	4	5	6	10					7	8			11	12					
23		31	SOUTHEND UNITED	1-1	Price	7609	1	2	3	4	5	6	8	12	10			7				11	9					
24	Jan	2	Bournemouth	2-2	Pugh, Hinch	3909	1	2	3	4	5	6	10		9			7				11	8					
25		7	DARLINGTON	2-1	Hinch, Brown	5791	1	2	3	4	5	6	10		9			7				11	8					
26		14	Rochdale	1-1	Hinch	2668	1	2	3	4	5	6	10		9			7				11	8					
27	Feb	7	ALDERSHOT	2-0	Brown, Joicey	5899	1	2	3	4	5	6	10		9			12				11	8	7				
28		11	Watford	0-0		13216		2	3	4	5	6	10		8			9				11		7	1			
29		18	STOCKPORT COUNTY	0-1		6928	1	2	3	4	5	6	10		8			9				11	12	7				
30		24	York City	2-1	Little, Hinch	3437	1	2	3	4	5	6	10		9		7					11	8					
31		28	Newport County	1-3	Warnock	3523	1	2	3	4	5	6	10		9		7	12				11	8					
32	Mar	4	DONCASTER ROVERS	0-0		7575	1	2	3	4	5	6	10				7	8				11	9	12				
33		7	Scunthorpe United	0-1		4987	1	2	3	4	5	6	10			12	7	9				8	11					
34		11	Grimsby Town	0-1		5243	1	2	3	4	5	6	10			11	12	8							9	7		
35		18	HUDDERSFIELD T	1-1	Joicey (pen)	8655	1	2	3	4	5	6	10				12	8			11				9	7		
36		24	Hartlepool United	2-1	Prendergast, Joicey (pen)	4315	1	2	3		5	6	10			4		8			11			12	9	7		
37		25	SOUTHPORT	2-1	Joicey 2	5215	1	2	3	4	5	6	10					8						11	9	7		
38		27	Crewe Alexandra	1-2	Little	3014	1	2	3	4	5	6	10		9			8						12	11	7		
39		31	BOURNEMOUTH	3-0	Warnock, Little, Joicey (pen)	5387	1	2	3	4	5	6	10				7	9						11	8	12		
40	Apr	4	HALIFAX TOWN	3-2	Prendergast, Joicey (p), Warnock	6313	1	2	3	4	5	6	10				7	9						11	8	12		
41		8	Brentford	0-2		12139	1			4	5	6	10				7	9		3	2			11	8	12		
42		11	SWANSEA CITY	0-2		8797	1	2		4	5	6	10				7	9		3				11	8	12		
43		15	NORTHAMPTON T	2-3	Saunders, Joicey	3434	1			4	5	6	10		12			8		3				11	9	7	2	
44		22	Reading	0-0		3914	1	2		4	5	6	10					8		3	11		7		9			
45		26	Torquay United	1-3	Little	1845	1	2		4	5	6	10					9		3	11		7	12	8			
46		29	WIMBLEDON	3-2	Millar 2 (1 pen), Riley	2642	1			2	5	6	10		8	4				3	11		7	9				

	Apps	45	43	37	42	46	46	44	17	24	24	34	36	12	10	24	12	10	9	11	1	10	1
	Goals		1		2	1	1	7	6	2	2	7	14	5		2	4	1	2	2			

Two own goals

F.A. Cup

							Springett PJ	Murphy BL	Collins JL	Pugh JG	Saunders JG	McCarthy MJ	Little A	Price PW	Peachey JM	Collier GR	Warnock N	Joicey B	Wigg RG	Chambers PM	Brown KG
R1	Nov	26	HUDDERSFIELD T	1-0	Warnock	9579	1	2	3		5	6	10	12	9		11	7	8		4
R2	Dec	17	Grimsby Town	0-2		6171		2	3		5	6	10			9	11	7	8		4

Played in R2: G Copley (at 1).

F.L. Cup

							Springett PJ	Murphy BL	Collins JL	Pugh JG	Saunders JG	McCarthy MJ	Little A	Price PW	Peachey JM	Collier GR	Warnock N	Joicey B	Wigg RG	Chambers PM	Brown KG	Hinch JA	Riley G
R1/1	Aug	13	Chesterfield	1-4	Pugh	4030	1	2	3	4	6		7		9	11	12	8				10	
R1/2		16	CHESTERFIELD	3-0	McCarthy, Price, Warnock	3677	1	2	3	4	5	6	10	8	9	11	7						
rep		23	CHESTERFIELD	0-2 (aet)		8230	1	2	3	4	5	6	10	8	9	11	7		12				

Played in R1/1: P Burke (at 5).

		P	W	D	L	F	A	W	D	L	F	A	Pts
1	Watford	46	18	4	1	44	14	12	7	4	41	24	71
2	Southend United	46	15	5	3	46	18	10	5	8	20	21	60
3	Swansea City	46	16	5	2	54	17	7	5	11	33	30	56
4	Brentford	46	15	6	2	50	17	6	8	9	36	37	56
5	Aldershot	46	15	8	0	45	16	4	8	11	22	31	54
6	Grimsby Town	46	14	6	3	30	15	7	5	11	27	36	53
7	BARNSLEY	46	15	4	4	44	20	3	10	10	17	29	50
8	Reading	46	12	7	4	33	23	6	7	10	22	29	50
9	Torquay United	46	12	6	5	43	25	4	9	10	14	31	47
10	Northampton Town	46	9	8	6	32	30	8	5	10	31	38	47
11	Huddersfield Town	46	13	5	5	41	21	2	10	11	22	34	45
12	Doncaster Rovers	46	11	8	4	37	26	3	9	11	15	39	45
13	Wimbledon	46	8	11	4	39	26	6	5	12	27	41	44
14	Scunthorpe United	46	12	6	5	31	14	2	10	11	19	41	44
15	Crewe Alexandra	46	11	8	4	34	25	4	6	13	16	44	44
16	Newport County	46	14	6	3	43	22	2	5	16	22	51	43
17	Bournemouth	46	12	6	5	28	20	2	9	12	13	31	43
18	Stockport County	46	14	4	5	41	19	2	6	15	15	37	42
19	Darlington	46	10	8	5	31	22	4	5	14	21	37	41
20	Halifax Town	46	7	10	6	28	23	3	11	9	24	39	41
21	Hartlepool United	46	12	4	7	34	29	3	3	17	17	55	37
22	York City	46	8	7	8	27	31	4	5	14	23	38	36
23	Southport	46	5	13	5	30	32	1	6	16	22	44	31
24	Rochdale	46	8	6	9	29	28	0	2	21	14	57	24

1978/79 4th in Division 4: Promoted

						Springett PJ	Collins JL	Chambers PM	Pugh JG	Saunders JG	McCarthy MJ	Little A	Clarke AJ	Joicey B	Peachey JM	Millar A	Riley G	Prendergast MJ	Speedie DR	Bell DM	Reed G	Graham T	Copley G	Banks IF	Mallender G
1	Aug	19	HALIFAX TOWN	4-2	Joicey 3, Little	5828	1	2	3	4	5	6	7	8	9	10	11	12							
2		23	Crewe Alexandra	2-0	Clarke, Peachey	2642	1	2	3	4	5	6	7	8		11	10	9								
3		26	Bradford City	2-1	Pugh, Peachey	8341	1	2	3	4	5	6	7	8	12	11	10	9								
4	Sep	2	YORK CITY	3-0	Millar, Clarke, Pugh	8839	1	2	3	4	5	6	7	8	12	11	10	9								
5		9	Scunthorpe United	1-0	Little	7767	1	2	3	4	5	6	7	8	12	11		9	10							
6		12	TORQUAY UNITED	1-2	Clarke	13088	1	2	3	4	5	6	7	8		11	10	9	12							
7		16	HUDDERSFIELD T	1-0	Clarke	11794	1	2	3	4	5	6	7		10	12	11	9								
8		23	Doncaster Rovers	2-2	Millar, Riley	9380	1	2	3	4	5	6	7	8		10	11	9								
9		26	Darlington	0-0		3475	1	2	3	4	5	6	7	8		11	10	9								
10		30	READING	3-1	Little, Saunders, Pugh	10282	1	2	3	4	5	6	7	8		10	11	9	12							
11	Oct	7	NORTHAMPTON T	1-1	Clarke	10336	1	2	3	4	5	6	7	8		11		9	12							
12		13	Stockport County	0-0		9054	1	2	3	4	5	6	7	8	12	11	10	9								
13		17	Aldershot	0-1		3622	1	2	3	4	5	6	7	8	12	11	10	9								
14		21	WIGAN ATHLETIC	0-0		9841	1	2	3	4	5	6		8	11		10	9	12	7						
15		28	Newport County	1-1	Bell	4571	1	2	3	4	5	6	7		10		11	9		12	8					
16	Nov	4	WIMBLEDON	3-1	Bell 2, Riley	11761	1	2	3	4	5	6		8	10		11	9		12	7					
17		11	York City	1-0	Bell	6900	1	2	3	4	5	6		8	9		10	7		12	11					
18		18	BRADFORD CITY	0-1		11695	1	2	3	4	5	6		8			10	9		12	11	7				
19	Dec	9	Rochdale	3-0	Bell, Millar, Clarke	3136	1	2	3	4	5	6		8			10	9	12		11		7			
20		23	Hartlepool United	1-1	Graham	5956	1	2	3	4	5	6	7				10	9			11		8			
21		26	PORT VALE	6-2	Clarke 3, Little, Graham, Millar	10532	1	2	3	4	5	6	7	8			10	12			11		9			
22	Jan	31	Torquay United	2-3	Bell, Graham	2654	1	3		2	5	6	7	8		10	4	12			11		9			
23	Feb	10	Reading	0-1		6915	1	2	3		5	6	4	8			10	7			11		9			12
24		24	STOCKPORT COUNTY	4-4	Graham 2, Bell 2	9153		2	3		5	6	4	8			10	7			11		9	1		
25		28	Hereford United	1-1	Collins	3120	1	2	3	4	5	6	7	8			10				11		9			
26	Mar	3	Wigan Athletic	1-1	Clarke (pen)	9427	1	2	3	4	5	6	7	8			10	9			11					12
27		6	BOURNEMOUTH	1-0	Graham	7599	1	2	3	4	5	6	7	8			10				11		9			
28		10	NEWPORT COUNTY	1-0	Clarke	9428	1	2	3	4	5	6	7	8			10				11		9			
29		13	SCUNTHORPE UNITED	4-1	Graham 3, McCarthy	9309	1	2	3	4	5	6	7	8			10				11		9			
30		24	CREWE ALEXANDRA	3-1	Bell (pen), Pugh, Little	8945	1	2	3	4	5	6	7	8			10				11		9			
31		27	Halifax Town	2-0	Graham, Bell (pen)	5654	1	2	3	4	5	6	7				10	8			11		9			
32		30	PORTSMOUTH	1-1	Graham	12928	1	2	3	4	5	6	7	8			10	12			11		9			
33	Apr	3	DONCASTER ROVERS	3-0	Clarke, McCarthy, Riley	12082	1	2	3	4	5	6	7	8			10	12			11		9			
34		7	Bournemouth	2-0	Little, Bell	3265	1	2	3	4	5	6	7	8			10	8			11		9			
35		12	HARTLEPOOL UNITED	1-0	Bell	11398	1	2	3		5	6	7	8			10	4			11		9			
36		14	Port Vale	2-3	Graham, Keenan (og)	5226	1	2	3	4	5	6	7				10	8			11		9			12
37		16	HEREFORD UNITED	2-1	Bell 2	12260	1	2	3	4	5	6	7	8			10	12			11		9			
38		21	Grimsby Town	0-2		16138	1	2	3	4	5	6	7	8			10	12			11		9			
39		24	ALDERSHOT	2-0	Bell (pen), Dungworth (og)	12718	1	2	3	4	5	6	7					8		10	11		9			
40		26	Northampton Town	1-0	Bell	3305	1	2	3	4	5	6					10	8	12	7	11		9			
41		28	ROCHDALE	0-3		12051	1	2	3	4	5	6	10					8	12	7	11		9			
42		30	DARLINGTON	1-1	Little	10974	1	2	3	4	5	6	7	8			10	12			11		9			
43	May	2	Huddersfield Town	0-1		9382	1	2	3	4	5	6	7				10	8			11		9			
44		5	Portsmouth	1-0	Bell	8767	1	2	3	4	5	6	7				10	8			11		9			
45		8	GRIMSBY TOWN	2-1	Saunders, Bell	21261	1	2	3	4	5	6	7				10	8		12	11		9			
46		14	Wimbledon	1-1	Chambers	5794	1	2	3		5	6	7				10	8		4	11		9			
					Apps	45	46	45	42	46	46	40	34	11	13	43	41	9	10	32	1	27	1	2	1
					Goals		1	1	4	2	2	7	12	3	2	4	3			18		12			

Two own goals

F.A. Cup

R1	Nov	25	WORKSOP TOWN	5-1	Clarke, Riley, Bell, Reed 2	10433	1	2	3	4	5	6		8			10	9			11	7				
R2	Dec	16	ROTHERHAM UTD.	1-1	Clarke	15491	1	2	3	4	5	6	7	8			10	9			11					
rep			Rotherham United	1-2	Forrest (og)	15535	1	2	3	4	5	6	7	8			10	9			11					

F.L. Cup

| R1/1 | Aug | 12 | CHESTERFIELD | 1-2 | Little | 8606 | 1 | | 3 | | 4 | | 6 | 11 | 8 | 5 | | | 12 | 7 | 10 | | | | | |
| R1/2 | | 16 | Chesterfield | 0-0 | | 6278 | 1 | 2 | 3 | 4 | 5 | 6 | 7 | 8 | 9 | 11 | 10 | | | | | | | | | |

Played in R1/1: D Markham (at 2), PW Price (at 9 - substituted).

		P	W	D	L	F	A	W	D	L	F	A	Pts
1	Reading	46	19	3	1	49	8	7	10	6	27	27	65
2	Grimsby Town	46	15	5	3	51	23	11	4	8	31	26	61
3	Wimbledon	46	18	3	2	50	20	7	8	8	28	26	61
4	BARNSLEY	46	15	5	3	47	23	9	8	6	26	19	61
5	Aldershot	46	16	5	2	38	14	4	12	7	25	33	57
6	Wigan Athletic	46	14	5	4	40	24	7	8	8	23	24	55
7	Portsmouth	46	13	7	3	35	12	7	5	11	27	36	52
8	Newport County	46	12	5	6	39	28	9	5	9	27	27	52
9	Huddersfield Town	46	13	8	2	32	15	5	3	15	25	38	47
10	York City	46	11	6	6	33	24	7	5	11	18	31	47
11	Torquay United	46	14	4	5	38	24	5	4	14	20	41	46
12	Scunthorpe United	46	12	3	8	33	30	5	8	10	21	30	45
13	Hartlepool United	46	7	12	4	35	28	6	6	11	22	38	44
14	Hereford United	46	12	8	3	35	18	3	5	15	18	35	43
15	Bradford City	46	11	5	7	38	26	6	4	13	24	42	43
16	Port Vale	46	8	10	5	29	28	6	4	13	28	42	42
17	Stockport County	46	11	5	7	33	21	3	7	13	25	39	40
18	Bournemouth	46	11	6	6	34	19	3	5	15	13	29	39
19	Northampton Town	46	12	4	7	40	30	3	5	15	24	46	39
20	Rochdale	46	11	6	6	25	21	5	4	14	22	38	39
21	Darlington	46	8	8	7	25	21	3	7	13	24	45	37
22	Doncaster Rovers	46	8	8	7	25	22	5	3	15	25	51	37
23	Halifax Town	46	7	5	11	24	32	2	3	18	15	40	26
24	Crewe Alexandra	46	3	7	13	24	41	3	7	13	19	49	26

78

1979/80 11th in Division 3

	Date		Opponent	Score	Scorers	Att	Pierce G	Flavell RW	Collins JL	Glavin RM	Pugh JG	McCarthy MJ	Little A	Clarke AJ	Graham T	Millar A	Bell DM	Banks IF	Dugdale A	Riley G	Reed G	Speedie DR	Chambers PM	Lester MJ	Wormley P	Hunter N	Springett PJ	Aylott TKC	Joyce JP	Evans IP	Cooper N	Parker HD	Downs RD	Campbell WR
1	Aug	18	SHEFFIELD WEDNESDAY	0-3		22360	1	2	3	4	5	6	7	8	9	10	11	12																
2		21	Chesterfield	0-2		7706	1	2	3	4	10	6	7			12	11		5	8	9													
3		25	READING	2-0	Bell, Glavin	10451	1	2	3	4	10	6	7			12	11		5	8	9													
4	Sep	1	Oxford United	0-1		5120	1	2	3	4	9	6	7			10	11		5	8		12												
5		8	MANSFIELD TOWN	1-0	Riley	10588	1	2	3	4	9	6	7				11	10	5	8		12												
6		15	Sheffield United	0-2		20507	1	2			4	6	7		9	10	11		5	8			3											
7		19	Blackburn Rovers	1-0	Glavin	7582	1	2		4	9	6				10	11	7	5	8			3											
8		22	MILLWALL	2-1	Bell, Glavin (pen)	11788	1	2		7	4	6			12	10	11	9	5	8			3											
9		29	Colchester United	0-0		3376	1	2	5	4	7	6				10	11	9		8			3											
10	Oct	2	BLACKBURN ROVERS	1-1	Glavin (pen)	12460	1	2	5	4	9	6			12	10	11	7		8			3											
11		6	Brentford	1-3	Glavin (pen)	7292	1	2	5	4		6			9	10		7		8		11	3											
12		9	CHESTERFIELD	0-1		12366	1	2	5	4		6		8			11	7		9		12	3	10										
13		13	GILLINGHAM	2-0	Lester, Clarke	9132	1	2	6	4		5		8			11	7		9			3	10										
14		20	Carlisle United	1-3	Lester	5156	1	2	4	6		5		10			11	7		9			3	8										
15		23	Bury	2-2	Glavin 2 (1 pen)	4341	1	2	5	4		6		8				7		11		12	3	10	9									
16		27	CHESTER	1-1	Glavin	9879	1	2		7	4	5		10			12	8		11			3	9		6								
17	Nov	3	Sheffield Wednesday	2-0	Riley, Lester	23544		2	3	4	11	6		8				7		9				10		5	1							
18		6	BURY	2-1	Lester, Glavin (pen)	11691		2	3	4	11	6		8				7		9		12		10		5	1							
19		10	EXETER CITY	2-2	Glavin 2 (1 pen)	11739		2	3	4	11	6	7					8		9		12		10		5	1							
20		17	Hull City	2-0	McCarthy, Hood (og)	8327		2	3	7	6	5		8				10						9		4	1	11						
21	Dec	1	SOUTHEND UNITED	1-2	Clarke	11602		2	3	4	7	6		8				10		12				9		5	1	11						
22		8	Plymouth Argyle	1-2	Graham	5311		2	3	4	11	6			8			7		5				10			1	9						
23		21	BLACKPOOL	2-1	Clarke, Aylott	8567		2	3	4	11	6		8	10			7								5	1	9						
24		26	Grimsby Town	0-3		14417		2	3	4	12	6		8	10			7						11		5	1	9						
25		29	Reading	0-7		5728		2	3	4	11	5		8	9			7					6	10			1		12					
26	Jan	12	SWINDON TOWN	1-2	Banks	10420	1		3	4					9	10		7					6	8				11	2	5				
27		26	OXFORD UNITED	2-0	Glavin, Aylott	9058	1			4					9	12		8					3	10		7		11	2	5	6			
28	Feb	9	Millwall	2-2	Parker, Aylott	5835	1			4		5						10					3	7		8		11	2		6	9		
29		16	COLCHESTER UNITED	1-2	Glavin (pen)	11309	1			4		6						11				12	3	10		5		9	2		7	8		
30		23	Gillingham	1-1	Glavin	5800	1			4		5						9					3	8		7		11	2		6	10		
31	Mar	1	CARLISLE UNITED	1-1	Glavin	10116	1			4		5						10					3	8		7		11	2		6	9		
32		4	ROTHERHAM UNITED	0-0		13186	1			4		6										11	3	10		5		9	2		7	8		
33		8	Chester	0-0		5227	1			4		6						11				12	3	10		5		9		7	2	8		
34		11	Wimbledon	2-1	Glavin, Cooper	2785	1			4		6						12					3	10		5		9		7	2	8	11	
35		15	BRENTFORD	1-0	Parker	9368	1					6						7				4	3	8				10		5	2	9	11	
36		22	Exeter City	1-2	Aylott	4700	1			4		6											3	10		5		9		7	2	8	11	
37		25	SHEFFIELD UNITED	0-0		19686	1			4		6											3	10		5		9		7	2	8	11	
38	Apr	4	Blackpool	1-1	Lester	10049	1			4		6						12					3	10		5		9		7	2	8	11	
39		5	GRIMSBY TOWN	0-1		16433	1			4		5						8				7	3	10		12				6	2	9	11	
40		7	Rotherham United	1-1	Glavin	9376	1			4		6								9			3	10		5				7	2	8	11	
41		11	WIMBLEDON	4-0	Glavin, Lester, Banks 2	10032	1			4		6						5		9			3	10						7	2	8	11	
42		14	Mansfield Town	4-1	Cooper, Parker, Evans, Riley	6789	1			4		6						5		9			3	10						7	2	8	11	
43		19	Southend United	1-2	Glavin	4740	1			4		5						10		9		7	3							6	2	8	11	
44		22	HULL CITY	3-1	Cooper, Glavin (pen), Parker	11016	1			4		6						5		9				10		3				7	2	8	11	
45		26	PLYMOUTH ARGYLE	0-0		10231	1					6						4		9			3	8		7				5	2	10	11	
46	May	3	Swindon Town	1-0	Riley	8506	1					6						7		9			3	8		4				5	2	10	11	12
						Apps	37	25	22	42	20	44	7	13	11	12	14	38	7	27	2	13	32	33	1	24	9	18	8	16	20	19	13	1
						Goals				20		1		3	1		2	3		4				6				4		1	3	4		

One own goal

F.A. Cup

	Date		Opponent	Score	Scorers	Att	Pierce G	Flavell RW	Collins JL	Glavin RM	Pugh JG	McCarthy MJ	Little A	Clarke AJ	Graham T	Millar A	Bell DM	Banks IF	Dugdale A	Riley G	Reed G	Speedie DR	Chambers PM	Lester MJ	Wormley P	Hunter N	Springett PJ	Aylott TKC	Joyce JP	Evans IP	Cooper N	Parker HD	Downs RD	Campbell WR
R1	Nov	24	HARTLEPOOL UTD.	5-2	Clarke, Glavin 2, Aylott, Lester	12548		2	3	7	6	5		8				10		12				9		4	1	11						
R2	Dec	18	Chester	0-1		4616		2	3	4		6		8	11			7						10		5	1	9						

F.L. Cup

	Date		Opponent	Score	Scorers	Att	Pierce G	Flavell RW	Collins JL	Glavin RM	Pugh JG	McCarthy MJ	Little A	Clarke AJ	Graham T	Millar A	Bell DM	Banks IF	Dugdale A	Riley G	Reed G	Speedie DR	Chambers PM	Lester MJ	Wormley P	Hunter N	Springett PJ	Aylott TKC	Joyce JP	Evans IP	Cooper N	Parker HD	Downs RD	Campbell WR
R1/1	Aug	1	Lincoln City	1-2	Riley	6733	1	2	3	4		5	7		9	10	11			8						6								
R1/2		14	LINCOLN CITY	2-1	Bell, Graham	11914	1	2	3	4	5	6	7	8	12	10	11			9														
R2/1		28	West Ham United	1-3	Glavin	12320	1	2	3	4	9	6	7			10	11		5	8														
R2/2	Sep	4	WEST HAM UTD.	0-2		15898	1	2	3	4	9	6	7			12	11	10	5	8														

R1/2 a.e.t. Barnsley won on the toss of a coin.

		P	W	D	L	F	A	W	D	L	F	A	Pts
1	Grimsby Town	46	18	2	3	46	16	8	8	7	27	26	62
2	Blackburn Rovers	46	13	5	5	34	17	12	4	7	24	19	59
3	Sheffield Wed.	46	12	6	5	44	20	9	10	4	37	27	58
4	Chesterfield	46	16	5	2	46	16	7	6	10	25	30	57
5	Colchester United	46	10	10	3	39	20	10	2	11	25	36	52
6	Carlisle United	46	13	6	4	45	26	5	6	12	21	30	48
7	Reading	46	14	6	3	43	19	2	10	11	23	46	48
8	Exeter City	46	14	5	4	38	22	5	5	13	22	46	48
9	Chester	46	14	6	3	29	18	3	7	13	20	39	47
10	Swindon Town	46	15	4	4	50	20	4	4	15	21	43	46
11	BARNSLEY	46	10	7	6	29	20	6	7	10	24	36	46
12	Sheffield United	46	13	5	5	35	21	5	5	13	25	45	46
13	Rotherham United	46	13	4	6	38	24	5	6	12	20	42	46
14	Millwall	46	14	6	3	49	23	2	7	14	16	36	45
15	Plymouth Argyle	46	13	7	3	39	17	3	5	15	20	38	44
16	Gillingham	46	8	9	6	26	18	6	5	12	23	33	42
17	Oxford United	46	10	4	9	34	24	4	9	10	23	38	41
18	Blackpool	46	10	7	6	39	34	5	4	14	23	40	41
19	Brentford	46	10	6	7	33	26	5	5	13	26	47	41
20	Hull City	46	11	7	5	29	21	1	9	13	22	48	40
21	Bury	46	10	4	9	30	23	6	3	14	15	36	39
22	Southend United	46	11	6	6	33	23	3	4	16	14	35	38
23	Mansfield Town	46	9	9	5	31	24	1	7	15	16	34	36
24	Wimbledon	46	6	8	9	34	38	4	6	13	18	43	34

1980/81

2nd in Division 3 - Promoted

No.	Month	Day	Opponent	Score	Scorers	Att.	New MP	Cooper N	Chambers PM	Glavin RM	Banks IF	McCarthy MJ	Evans IP	Parker HD	Aylott TKC	Lester MJ	Downes RD	Riley G	Boyd G	Hunter N	Joyce JP	Pierce G	Barrowclough SJ	Campbell WR	McHale R	Walker C
1	Aug	16	PORTSMOUTH	1-2	Parker	10253	1	2	3	4	5	6	7	8	9	10	11	12								
2		19	Hull City	2-1	Banks, Glavin	6978	1	2	3	4	5	6	7	8		10	11	9	12							
3		23	Gillingham	1-1	Banks (pen)	5222	1	2	3		5	6	7	8		10	11	9	4							
4		30	SHEFFIELD UNITED	2-1	Glavin, Evans	17478	1	2	3	4	5	6	7	8		10	11	9								
5	Sep	6	Rotherham United	0-2		10766	1	2	3	4	5		7	8		10	11	9		6						
6		13	HUDDERSFIELD T	1-0	Glavin	13819	1	2	3	4	5		7	8	12	10	11	9		6						
7		15	Brentford	1-1	Banks	6935	1	2	3	4	5		7	8		10	11	9		6						
8		20	SWINDON TOWN	2-0	Glavin (pen), Parker	9747	1	2	3	4	5	6	7	8		10	11	9								
9		27	Reading	2-3	Banks, Parker	6102	1	2	3	4	5	6	7	8	12	10	11	9								
10		30	BRENTFORD	0-1		11227	1	2	3	4	5	6	7	8	12	10	11	9								
11	Oct	4	CHARLTON ATHLETIC	0-0		9305	1	2	3	4	5	6	7	8	9	10		11								
12		7	Carlisle United	2-2	Lester, Riley	2828	1	2	3	4	5	6	7	8	9	10		11		12						
13		11	Colchester United	2-2	Parker, Glavin	2749	1	2	3	4	5	6	7	8	9	10		11		12						
14		18	MILLWALL	2-0	Aylott, Banks (pen)	8693	1		3		5	6	7	8	9	10	11			4	2					
15		21	OXFORD UNITED	1-1	Downes	8991	1		3	4	5	6	7	8	9	10	11				2					
16		25	Plymouth Argyle	3-1	Lester, Riley, Glavin	8911	1		3	4	5	6	7	8	9	10	11	12			2					
17	Nov	1	CHESTER	2-0	Aylott, Glavin	9330	1		3	4	5	6	7		9	10	11	8			2					
18		4	CARLISLE UNITED	3-1	Glavin, Aylott, Lester	9191	1		3	4	5	6	7		9	10	11	8			2					
19		8	Exeter City	1-0	Riley	4019	1		3	4	5	6	7		9	10	11	8			2					
20		11	HULL CITY	5-0	Aylott 3, Riley, Banks	11628	1	12	3	4	5	6	7		9	10	11	8			2					
21		15	Portsmouth	1-0	Riley	14732	1	4	3		5	6	7		9	10	11	8			2					
22		29	FULHAM	2-2	Lester, Banks	9940		4	3		5	6	7		9	10	11	8			2	1				
23	Dec	2	Burnley	1-0	Banks	9109		4	3		5	6	7	8	9	10	11				2	1				
24		6	Newport County	0-0		5537		4	3		5	6	7	8	9	10	11				2	1				
25		20	BLACKPOOL	2-0	Aylott, Parker	10862		10	3	4	5	6	7	8	9		11				2	1				
26		26	Chesterfield	0-0		17169		10	3	4	5	6	7	8	9		11				2	1				
27		27	WALSALL	3-0	Glavin 2, Aylott	14958		10	3	4	5	6	7	8	9		11				2	1				
28	Jan	10	PLYMOUTH ARGYLE	2-1	Lester, Aylott	12355			3	4	5	6	7	8	9	10	11				2	1				
29		16	Fulham	3-2	Aylott, Banks, Parker	5265			3	4	5	6	7	8	9	10	11	12			2	1				
30		31	GILLINGHAM	3-3	Banks, Parker, Riley	13703	1		3	4	5	6	7	8	9	10	11	12			2					
31	Feb	7	Huddersfield Town	0-1		28901	1	12	3	4	5	6	7	8		10	11	9			2					
32		21	READING	2-3	McCarthy, Aylott	13304	1	7	3	4	5	6			9	10	11	8			2					
33		28	Swindon Town	0-2		8066		4	3			6	7		9	10	11	8			2	1	5	12		
34	Mar	7	Charlton Athletic	1-1	Banks	9371			3	4	5	6	7	8	9						2	1	11		10	
35		21	Millwall	1-1	Glavin	4911			3	4	5	6	7	8	9						2	1	11		10	
36		24	Oxford United	1-1	Glavin	4943			3	4	5	6	7	8	9			12			2	1	11		10	
37		28	BURNLEY	3-2	Glavin, Banks 2 (1 pen)	13689			3	4	5	6	7	8	9			12			2	1	11		10	
38		31	Sheffield United	1-1	Riley	20369				4	5	6	7	8	9			3			2	1	11		10	
39	Apr	4	Chester	2-2	Parker, Glavin	4863		12		4	5	6	7	8	9			3			2	1	11		10	
40		7	COLCHESTER UNITED	3-0	McHale, Parker 2	13283		7		4	5	6		8	9	11		3			2	1			10	
41		10	EXETER CITY	1-0	Cooper	14038		4	3		5	6	7	8	9						2	1	11		10	
42		18	Walsall	1-1	Cooper	6026		4	3	12	5	6	7	8	9						2	1	11		10	
43		20	CHESTERFIELD	1-1	Banks	17019		4	3		5	6	7	8	9						2	1	11		10	12
44		25	Blackpool	0-1		7648		4	3	9	5	6	7	8							2	1	11		10	12
45		28	ROTHERHAM UNITED	1-0	Glavin	25935			3	4	5	6	7	8	9			12			2	1	11		10	
46	May	2	NEWPORT COUNTY	4-1	Parker, Glavin 3	15659			3	4	5	6	7	8				9			2	1	11		10	
						Apps	24	30	43	37	45	43	44	38	37	31	30	32	2	6	33	22	13	1	13	2
						Goals		2		18	14	1	1	11	11	5	1	7							1	

F.A. Cup

Rd	Month	Day	Opponent	Score	Scorers	Att.	New MP	Cooper N	Chambers PM	Glavin RM	Banks IF	McCarthy MJ	Evans IP	Parker HD	Aylott TKC	Lester MJ	Downes RD	Riley G	Boyd G	Hunter N	Joyce JP	Pierce G	Barrowclough SJ	Campbell WR	McHale R	Walker C
R1	Nov	22	Chester	2-1	Cooper, Banks	7135	1	4	3		5	6	7		9	10	11	8			2					
R2	Dec	13	Rotherham Uunied	1-0	Parker	15426		4	3		5	6	7	8	9	10	11				2	1				
R3	Jan	3	TORQUAY UNITED	2-1	Parker 2	14431			3	4	5	6	7	8	9	10	11				2	1				
R4		24	ENFIELD	1-1	Aylott	24251	1		3	4	5	6	7	8	9	10	11				2					
rep		28	Enfield	3-0	Aylott 2, Glavin	35244	1		3	4	5	6	7	8	9	10	11	12			2					
R5	Feb	14	Middlesborough	1-2	Lester	37557	1	7	3	4	5	6			9	10	11	8			2					

R4 replay at White Hart Lane.

F.L. Cup

Rd	Month	Day	Opponent	Score	Scorers	Att.	New MP	Cooper N	Chambers PM	Glavin RM	Banks IF	McCarthy MJ	Evans IP	Parker HD	Aylott TKC	Lester MJ	Downes RD	Riley G	Boyd G	Hunter N	Joyce JP	Pierce G	Barrowclough SJ	Campbell WR	McHale R	Walker C
R1/1	Aug	8	Scunthorpe United	1-0	Parker	4550	1	2	3	4	5	6	7	8	9	10	11				12					
R1/2		12	SCUNTHORPE UTD.	2-1	Banks, Glavin	8430	1	2	3	4	5	6	7	8	9		11		10							
R2/1		26	Mansfield Town	0-0		6294	1	6	3	4	5		7	8		10	11	9			2					
R2/2	Sep	2	MANSFIELD TOWN	4-2	Riley, Glavin 3 (1 pen)	10566	1	2	3	4	5	6	7	8		10	11	9								
R3		23	CARDIFF CITY	3-2	Glavin (pen), Parker, Banks	13135	1	2	3	4	5	6	7	8		10	11	9								
R4	Oct	28	West Ham United	1-2	Evans	21548	1		3	4	5	6	7		9	10	11	8			2					

R2/2 a.e.t.

1981/82 6th in Division 2

No	Month	Day	Opponent	Result	Scorers	Att	Horn RI	Joyce JP	Chambers PM	Glavin RM	Banks IF	McCarthy MJ	Evans IP	Parker HD	Aylott TKC	McHale R	Barrowclough SJ	Riley G	Campbell WR	Cooper N	Walker C	Law N	Wilkes DA	Birch A	Mann JA	Longden DP
1	Aug	29	SHREWSBURY TOWN	4-0	Aylott 2, Parker, Banks (pen)	13344	1	2	3	4	5	6	7	8	9	10	11									
2	Sep	5	Norwich City	1-1	Parker	12911	1	2	3	4	5	6	7	8	9	10	11									
3		8	Leicester City	0-1		15447	1	2	3	4	5	6	7	8	9	10	11	12								
4		12	BOLTON WANDERERS	3-0	Aylott 2, McCarthy	13844	1	2	3	4	5	6	7	8	9	10	11									
5		19	Cambridge United	1-2	Banks	5586	1	2	3	4	5	6	7	8	9	10	11	12								
6		22	SHEFFIELD WEDNESDAY	1-0	Banks	28870	1	2	3	4	5	6	7	8	9	10	11									
7		26	CARDIFF CITY	0-1		12114	1	2	3	4	5	6	7	8	9	10	11	12								
8	Oct	3	Watford	1-3	Aylott	10827	1	2	3	4	5	6	7	8	9	10	11	12								
9		10	Blackburn Rovers	1-2	Banks (pen)	10522	1	2	3	4	5	6	7	8		10	12	9	11							
10		17	NEWCASTLE UNITED	1-0	Aylott	18477	1	2	3	4	5	6	7	8	9	10			11							
11		24	Chelsea	2-1	Banks, Glavin	15236	1	2	3	4	5	6	7	8	9	10			11							
12		31	ORIENT	1-0	Aylott	13435	1	2	3		5	6	7	8	9	10			11	4						
13	Nov	7	OLDHAM ATHLETIC	3-1	Banks 2 (1 pen), Parker	14918	1	2	3		5	6	7	8	9	10			11	4						
14		14	Rotherham United	4-2	Banks 3 (1 pen), Glavin	18324	1	2	3	4	5	6	7	8	9	10	11									
15		21	WREXHAM	2-2	Parker 2	14544	1	2	3	4	5	6	7	8	9	10	11									
16		24	Sheffield Wednesday	2-2	Parker, Glavin	30861	1	2	3	4	5	6	7	8	9	10	11									
17		28	Charlton Athletic	1-2	Aylott	5553	1	2	3	4	5	6	7		9	10	11		8							
18	Dec	5	CRYSTAL PALACE	2-0	Glavin 2	14877	1	2	3	4	5	6	7		9	10	11	8								
19		12	Queen's Park Rangers	0-1		10972	1	2	3	4	5	6	7		9	10	11	8								
20	Jan	23	Orient	3-1	Walker, Banks, Aylott	3620	1	2	3		5	6	7		9	10	11			4	8					
21		30	CAMBRIDGE UNITED	0-0		13114	1		3	4	5	6	7		9	10	11			2	8					
22	Feb	2	Shrewsbury Town	2-0	Walker, Banks	4392	1		3		5	6	7		9	10				4	8	2	11			
23		6	Bolton Wanderers	1-2	Cooper	11680	1		3		5	6	7		9	10		12		4	8	2	11			
24		9	WATFORD	0-0		17070	1		3		5	6	7		9	10	11	12		4	8	2				
25		20	Cardiff City	0-0		4500	1		3		5	6	7	8	9	10		11		4		2				
26		24	NORWICH CITY	0-1		15360	1		3	12	5	6	7	8	9	10				4		2		11		
27		27	BLACKBURN ROVERS	0-1		13150	1		3	4	12	6	7		9	10		8		5		2		11		
28	Mar	6	Newcastle United	0-1		18784	1		3	4	5	6	7		9	10			11			2		8	12	
29		12	CHELSEA	2-1	Banks, Glavin	12706	1		3	4	5	6	7		9	10					8	2		11		
30		16	LUTON TOWN	4-3	Walker 2, Banks, Evans	14044	1		3	4	5	6	7		9						8	2		11	10	
31		23	GRIMSBY TOWN	3-2	Aylott, Walker, Banks	15383	1		3	4	5	6	7		9						8			11	10	2
32		27	Oldham Athletic	1-1	Glavin	8939	1		3	4	5	6	7		9	12					8			11	10	2
33	Apr	2	ROTHERHAM UNITED	3-0	Birch 2, Walker	23059	1		3		5	6			9	10					8	7		11	4	2
34		9	Grimsby Town	2-3	Walker 2	12158	1		3	4	5	6			9	10					8	7		11		2
35		10	DERBY COUNTY	0-0		13457	1		3	4	5	6	7		9	10		12			8	2		11		
36		17	Wrexham	0-0		4860	1		3		5	6	7		9	10					8	2		11	4	
37		24	CHARLTON ATHLETIC	1-0	Walker	9287	1		3		5	6	7		9	10					8	2		11	4	
38		28	Derby County	1-0	Walker	11296	1		3		5	6	7		9	10					8	2		11	4	
39	May	1	Crystal Palace	2-1	Walker, Birch	7955	1		3		5	6	7		9	10					8	2		11	4	
40		4	LEICESTER CITY	0-2		15418	1		3		5	6	7		9	10		12			8	2		11	4	
41		8	QUEEN'S PARK RANGERS	3-0	Birch, Aylott, Walker	10579	1		3		5	6	7		9	10		4			8	2		11		
42		15	Luton Town	1-1	Birch (pen)	14463	1		3		5	6	7		9	10		4			8	2		11		

	Horn RI	Joyce JP	Chambers PM	Glavin RM	Banks IF	McCarthy MJ	Evans IP	Parker HD	Aylott TKC	McHale R	Barrowclough SJ	Riley G	Campbell WR	Cooper N	Walker C	Law N	Wilkes DA	Birch A	Mann JA	Longden DP
Apps	42	20	42	27	42	42	40	18	41	40	18	15	7	10	19	19	2	17	10	4
Goals				7	15	1	1	6	11					1	12			5		

F.A. Cup

Round	Month	Day	Opponent	Result	Scorers	Att	Horn RI	Joyce JP	Chambers PM	Glavin RM	Banks IF	McCarthy MJ	Evans IP	Parker HD	Aylott TKC	McHale R	Barrowclough SJ	Riley G	Campbell WR	Cooper N	Walker C	Law N	Wilkes DA	Birch A	Mann JA	Longden DP
R3	Jan	5	BLACKPOOL	0-2		13429	1	2	3	4	5	6	7		9	10	11	8	12							

F.L. Cup (Milk Cup)

Round	Month	Day	Opponent	Result	Scorers	Att	Horn RI	Joyce JP	Chambers PM	Glavin RM	Banks IF	McCarthy MJ	Evans IP	Parker HD	Aylott TKC	McHale R	Barrowclough SJ	Riley G	Campbell WR	Cooper N	Walker C	Law N	Wilkes DA	Birch A	Mann JA	Longden DP
R1/1	Sep	2	Peterborough United	3-2	Glavin 2, Joyce	4608	1	2	3	4	5	6	7	8	9	10	11									
R1/2		15	PETERBOROUGH UTD.	6-0	Glavin 2,Parker 2,Aylott,Barrowclough	11198	1	2	3	4	5	6	7	8	9	10	11									
R2/1	Oct	6	SWANSEA CITY	2-0	Riley, Evans	12793	1	2	3	4	5	6	7	8		10	12	9	11							
R2/2		27	Swansea City	2-3	Glavin, Cooper (aet)	9800	1	2	3	4	5	6	7	8	9	10			11	12						
R3	Nov	10	BRIGHTON & HOVE A.	4-1	Glavin, McCarthy, Aylott 2	19534	1	2	3	4	5	6	7	8	9	10	11									
R4	Dec	2	MANCHESTER CITY	1-0	Aylott	33792	1	2	3	4	5	6	7		9	10	11	8								
R5	Jan	12	Liverpool	0-0		33707	1	2	3		5	6	7		9	10	11			4	8					
rep		19	LIVERPOOL	1-3	Walker	29639	1	2	3	12	5	6	7		9	10	11			4	8					

1982/83 10th in Division 2

#	Date		Opponent	Score	Scorers	Att	Hom RI	Joyce JP	Chambers PM	Ronson W	Banks IF	McCarthy MJ	Souter DD	Walker C	Airey C	Mann JA	Campbell WR	Parker HD	Law N	Barrowclough SJ	Evans IP	Birch A	Glavin RM	Cunningham AE	Ainscow A	Pierce G	Hunter N	Wilkes DA	Moores IR	McGuire MJ	Cross P	Goodison CW	Longden DP	Shutt SJ
1	Aug	28	Crystal Palace	1-1	Airey	7664	1	2	3	4	5	6	7	8	9	10	11	12															
2	Sep	4	OLDHAM ATHLETIC	1-1	Futcher (og)	11909	1	2	3	4	5	6	7		9	10	11	8															
3		7	Cambridge United	1-1	Parker	3314	1		3	4		6			9	10	12	8	2	5	7	11											
4		11	Wolverhampton Wan.	0-2		15065	1		3	4		6	12		9	10	7	8	2	5		11											
5		18	BURNLEY	3-0	Canpbell	11938	1		3	10	5	6	7	9			8	2	12			11	4											
6		25	Newcastle United	2-1	Glavin, Parker	24522	1		3	10	5	6	7				8	2				11	4	9										
7	Oct	2	FULHAM	4-3	Banks 2, Glavin, Cunningham	12959	1		3	10	5	6	7				8	2				11	4	9										
8		9	QUEEN'S PARK RANGERS	0-1		13270	1		3	10	5	6	7				8	2	12			11	4	9										
9		16	Rotherham United	0-1		13791	1		3	10	5	6	7				8	2	12			11	4	9										
10		19	DERBY COUNTY	1-1	Airey	10343	1	2	3	10	5	6	7		12		8					4		11	9									
11		23	Bolton Wanderers	2-0	Glavin (pen), Birch	7339	1	2	3	10	5	6	7				8					11	4	9										
12		30	SHREWSBURY TOWN	2-2	Glavin, Parker	11150	1	2	3	10	5	6	7				9	8				11	4	12										
13	Nov	6	Middlesbrough	0-2		11787	1	2	3	10	5	6	7				8	9				11	4	12										
14		13	CHELSEA	1-1	Glavin	13286	1	2	3	10	5	6	7				8	9				11	4											
15		20	Grimsby Town	2-1	Glavin, Cunningham	7219	1	2	3		5	6	7		10		8			11			4	9										
16		27	LEEDS UNITED	2-1	Campbell, Glavin (pen)	21530	1	2	3		5	6	7				8			11			4	9	10									
17	Dec	4	Blackburn Rovers	1-1	Canpbell	6769	1	2	3	10		6	7				8			11			4	9	5									
18		11	CARLISLE UNITED	2-2	Barrowclough, Banks	10229	1	2	3	10	5	6	7				8	12		11			4	9										
19		18	Charlton Athletic	2-3	Glavin, Cunningham	4942		2	3	9	5	6	7				8			11			4	10	1									
20		27	SHEFFIELD WEDNESDAY	0-0		23275		2	3	10	5	6					8	7		11			4	9	1									
21		28	Leicester City	0-1		14838		2	3	9	5	6					8	7		11			4	10	1									
22	Jan	1	GRIMSBY TOWN	4-0	Banks, Parker 2, Birch	12318		2	3	9	5						8	7	12	11		4	10		1	6								
23		3	Oldham Athletic	1-1	Parker	8382		2	3	9	5	6					8	7		11			4	10	1									
24		15	CRYSTAL PALACE	3-1	Glavin 2, Cunningham	10120		2	3	9	5	6					8	7		11			4	10	1									
25		22	Burnley	1-0	Joyce	10358		2	3	9	5	6		10			8	7		11		4			1		12							
26	Feb	5	WOLVERHAMPTON W.	2-1	Banks, Parker	13535		2	3	9	5	6					8	7	11			4			1			10						
27		19	Queen's Park Rangers	0-3		10271		2	3	9	5	6	12				8	7	11			4			1			10						
28		26	ROTHERHAM UNITED	2-1	Birch, Parker	13969		2	3	9	5	6				12	8	7		11		4			1			10						
29	Mar	5	BOLTON WANDERERS	3-1	Birch, McCarthy, Ronson	10400		2	3	9	5	6					10	8	7	11		4			1									
30		12	Shrewsbury Town	1-3	Parker	4024		2	3	9	5		12				10	8	7		6	11	4		1									
31		19	MIDDLESBROUGH	2-0	Birch, Campbell	10681		2	3	9	5		6				10	8	7	12		11	4		1									
32		26	Chelsea	3-0	Hales (og), Cunningham, Parker	7223		2	3	9	5	6					8	7		11				10	1				4					
33	Apr	2	LEICESTER CITY	1-2	McGuire	13278			3	9	5	6	2				8	7		11		12	10		1				4					
34		4	Sheffield Wednesday	2-2	Glavin	22667		2	3	9	5	6					8	7	11			12	10		1				4					
35		9	CAMBRIDGE UNITED	2-3	Cunningham, Glavin	9934		2		9	5	6					12	7	11		8		10		1				4	3				
36		16	Derby County	1-1	Cunningham	14861		2		9	5	6					8	7	11	12	4		10		1						3			
37		19	Fulham	0-1		9003			3	9	5	6					8		2		11		10		1							7		4
38		23	BLACKBURN ROVERS	2-2	Glavin 2	7617			3	9	5	6		8				7	11		4		10		1							2		
39		30	Leeds United	0-0		15346		2	3	9		6		8				7	11		4		10		1					5				
40	May	4	NEWCASTLE UNITED	0-5		10958		2	3	9		6		8				7	11		4		10		1			12		5				
41		7	CHARLTON ATHLETIC	0-0		6457	1	2	3		5	6		9							4		10						11	8		7		
42		14	Carlisle United	1-1	Glavin	5898	1	2	3	8	5	6		9				7			4		10						11					
					Apps		20	32	40	39	37	39	21	3	11	5	17	32	28	21	2	27	35	29	2	22	1	4	3	7	1	3	1	1
					Goals			1		1	5	1			2		3	11		1		5	17	7				1						

Two own goals

F.A. Cup

R3	Jan	8	Bradford City	1-0	Glavin	11012		2	3	9	5	6					8	7		11		4	10	1										
R4		29	Cambridge United	0-1		6612		2	3	9	5	6		10			8	7	12	11		4		1										

F.L. Cup (Milk Cup)

R2/1	Oct	12	CAMBRIDGE UTD.	2-1	Glavin, McCarthy	8794	1		3	10	5	6	7	9			8	2				11	4											
R2/2		26	Cambridge United	3-1	Donaldson (og), Birch, Banks	4500	1	2	3	10	5	6	7				8	9				11	4											
R3	Nov	9	Sheffield United	3-1	Glavin 2, Kenworthy (og)	25207	1	2	3	10	5	6	7		12		8	9				11	4											
R4		30	Sheffield Wednesday	0-1		33354	1	2	3	10	5	6	7				8	9		11			4											

1983/84 14th in Division 2

	Date	Opponent	Score	Scorers	Att	Hom RI	Joyce JP	Chambers PM	Glavin RM	Law N	McCarthy MJ	Wilkes DA	Campbell WR	Ronson W	Cunningham AE	Gray S	May LC	Airey C	McGuire MJ	Findlay JW	Geddis D	Rhodes AC	Fletcher MRJ	Whitehouse D	Semley A	Pickering MJ	Lowe SJ	Johnson DE	Jeffels S	Thomas DG	Futcher P	Plummer CA	Agnew SM
1	Aug 27	FULHAM	3-0	Wilkes 2, Gray	9851	1	2	3	4	5	6	7	8	9	10	11																	
2	Sep 3	Manchester City	2-3	Chambers, Gray	25105	1	2	3	4		6	7	8	9	10	11	5																
3	6	Portsmouth	1-2	Gray	12804	1	2	3	4		6	7	8	9	10	11	5																
4	10	MIDDLESBROUGH	0-2		10039	1	2	3	4		6	7	8	9	10	11	5	12															
5	17	Shrewsbury Town	2-3	Gray, Cunningham	3857	1	2	3			6	7		9	10	11	5	8	4														
6	24	NEWCASTLE UNITED	1-1	Cunningham	14085		2	3	4	6		7			10	11	5	9	8	1													
7	27	GRIMSBY TOWN	3-1	Gray, Geddis 2	10966		2	3	4	6		7			10	11	5	12	8	1	9												
8	Oct 1	Cardiff City	3-0	Glavin 2, Geddis	6378		2	3	4	6		7			10	11	5		8	1	9												
9	8	Derby County	2-0	Glavin, Cunningham	12611		2	3	4	6				7	10	11	5		8	1	9												
10	15	HUDDERSFIELD T	2-2	Geddis, Cunningham	14096		2	3	4	6				7	10	11	5		8	1	9												
11	22	LEEDS UNITED	0-2		18236		2	3		6		12	7	4	10	11	5		8	1	9												
12	29	Crystal Palace	1-0	May	6477		4	3		2	6	7	11		10		5		8		9	1											
13	Nov 5	Sheffield Wednesday	0-2		27758		4	3	12	2	6	7	11		10		5		8		9	1											
14	12	SWANSEA CITY	3-2	Glavin, Gray 2 (1 pen)	8161		7	3	4	2	6					11	5	10	8		9	1											
15	19	Charlton Athletic	2-3	Geddis, Glavin	4582		7	3	4	2	6					11	5	10	8		9	1											
16	26	BRIGHTON & HOVE ALB	3-1	Gray (pen), Airey 2	7705		4	3		2	6		7			11	5	10	8		9	1											
17	Dec 3	Oldham Athletic	0-1		5475		7	3	4	2	6			12		11	5	10	8		9	1											
18	10	CHELSEA	0-0		10300		2	3	4	12	6		7	8		11	5	10			9	1											
19	17	Carlisle United	2-4	Airey, Joyce	4412		7	3	4	6				8			5	10			9	1	2	11									
20	26	CAMBRIDGE UNITED	2-0	McGuire, Law	7486		2	3	4	6			11	8			5	10	7		9	1											
21	28	Blackburn Rovers	1-1	Glavin	8960		2	3	4	6			11	8			5	10	7		9	1			12								
22	31	MANCHESTER CITY	1-1	Geddis	17148		2	3	4				11	8			5	10	7		9	1			12	6							
23	Jan 2	Newcastle United	0-1		29842		2	3	4				11	8			5	10	7		9	1			12	6							
24	14	Fulham	0-1		5085		4	3		2			11	8			5		7		9	1		12		6	10						
25	Feb 4	CARDIFF CITY	2-3	McGuire, Geddis	7107		2	3	4	6			11	8			5		7		9	1						10					
26	11	Middlesbrough	1-2	Glavin	7480		2	3	4	6			11	8			5	12	7		10	1						9					
27	18	CRYSTAL PALACE	1-1	Geddis	6237			3	4	2			11	8			5	9	7		10	1							6				
28	25	Leeds United	2-1	Glavin, Johnson	19132			3	4	2			11	8			5	9	7			1						10	6				
29	Mar 3	SHEFFIELD WEDNESDAY	0-1		20322		12	3	4	2			11	8			5		7			1			9			10	6				
30	10	Swansea City	0-1		4864		2	3	4	6			11	8			5		7		10	1								9			
31	13	SHREWSBURY TOWN	3-0	Geddis, Glavin, Campbell	5576		2	3	4	6			11				5	10	7		9	1								8			
32	17	PORTSMOUTH	0-3		7030		2	3	4	6			11			12	5	9	7		10	1								8			
33	31	DERBY COUNTY	5-1	McGuire 2, Plummer, Ronson, Glavin	6500		2	3	4					7			5	12	8		10	1								9	6	11	
34	Apr 7	Huddersfield Town	1-0	Geddis	9657		2	3	4				11	7			5	12	8		9	1								10	6		
35	10	Grimsby Town	0-1		6769		2		4	3			11	7			5	12	8		10	1								9	6		
36	14	CHARLTON ATHLETIC	2-0	Glavin, McGuire (pen)	6321		2		4	3			11	7			5	9	8			1								10	6		12
37	21	Cambridge United	3-0	Geddis 2, Ronson	2486		2		4	3			11	7			5	12	8		10	1								9	6		
38	23	BLACKBURN ROVERS	0-0		7123		2		4	3			11	7			5	9	8			1								10	6	12	
39	28	Brighton & Hove Albion	0-1		8987		2	3	4				11	7			5	9	8			1								10	6		
40	May 5	OLDHAM ATHLETIC	0-1		5539		2	3	4				11	7			5		8		10	1								9	6		
41	7	Chelsea	1-3	Geddis	29541		2	3					11	7			5	4	8		10	1								9	6		
42	12	CARLISLE UNITED	2-1	Geddis, Campbell	4672		2			3			11	7			5		8		10	1					9			4	6		
					Apps	5	40	37	35	31	12	11	31	32	13	17	41	27	36	6	31	31	1	2	4	3	2	4	3	13	10	2	1
					Goals		1	1	11	1		2	2	2	4	8	1	3	5		14							1				1	

F.A. Cup

	Date	Opponent	Score	Scorers	Att	Hom RI	Joyce JP	Chambers PM	Glavin RM	Law N	McCarthy MJ	Wilkes DA	Campbell WR	Ronson W	Cunningham AE	Gray S	May LC	Airey C	McGuire MJ	Findlay JW	Geddis D	Rhodes AC	Fletcher MRJ	Whitehouse D	Semley A	Pickering MJ	Lowe SJ	Johnson DE	Jeffels S	Thomas DG	Futcher P	Plummer CA	Agnew SM
R1	Jan 7	Sheffield Wednesday	0-1		29638		2	3	4	6			11	8			5	10	7		9	1			12								

F.L. Cup (Milk Cup)

	Date	Opponent	Score	Scorers	Att	Hom RI	Joyce JP	Chambers PM	Glavin RM	Law N	McCarthy MJ	Wilkes DA	Campbell WR	Ronson W	Cunningham AE	Gray S	May LC	Airey C	McGuire MJ	Findlay JW	Geddis D	Rhodes AC	Fletcher MRJ	Whitehouse D	Semley A	Pickering MJ	Lowe SJ	Johnson DE	Jeffels S	Thomas DG	Futcher P	Plummer CA	Agnew SM
R2/1	Oct 4	Walsall	0-1		3681		2	3	4	6		7		12	10	11	5		8		9	1											
R2/2	25	WALSALL	0-2		7844		2			3	6	7	11		10		5		8		9	1		12									

Played in R2/2: SJ Shutt (at 4)

1984/85 — 11th in Division 2

#	Date		Opponent	Score	Scorers	Att	Rhodes AC	Joyce JP	Chambers PM	Ronson W	May LC	Futcher P	Owen G	Thomas DG	Walsh IP	Geddis D	Campbell WR	Plummer CA	Law N	Agnew SM	Baker CE	McGuire MJ	Jeffels S	Cross P	Wylde RJ	Futcher R	Goodison CW	Gray S
1	Aug	25	Grimsby Town	0-1		6190	1	2	3	4	5	6	7	8	9	10	11	12										
2		27	CARLISLE UNITED	1-3	Owen	5681	1	2	3	4	5	6	7	8	9	10		11										
3	Sep	1	OLDHAM ATHLETIC	0-1		5121	1	2		4	5	6	7	8		10	11	9	3	12								
4		4	Notts County	2-0	May, Plummer	4703		2		4	5	6	7	8	9		11	10	3	1								
5		8	Portsmouth	0-0		11509		2		4	5	6		8	9	7	11	10	3	1	12							
6		15	CARDIFF CITY	2-0	Geddis 2 (1 pen)	4692		2		4	5	6		8	9	7	11	10	3	1	12							
7		22	Huddersfield Town	1-1	Campbell	6864		2		4	5	6		8	12	10	11	9	3	1	7							
8		29	WOLVERHAMPTON W.	5-1	Agnew, Geddis 3 (2p), Owen	5566		2		4		6	7	8	12	10	11		3	9	1	5						
9	Oct	7	Crystal Palace	1-0	Geddis	6261		2		4		6		8	12	10		7	3	9	1	5	11					
10		13	LEEDS UNITED	1-0	Owen	16199		2		4		6	7	8	9	10	11	12	3	1		5						
11		20	Brighton & Hove Albion	0-0		10944		2		4		6	7	8	9		11	10	3	1		5						
12		27	CHARLTON ATHLETIC	1-0	Owen	6301		2		4		6	7	8			11	10	3	9	1	5						
13	Nov	10	Middlesbrough	0-0		5231		2		4		6	7	8		10	11	9	3	1		5						
14		13	SHEFFIELD UNITED	1-0	Thomas	13468		2		4		6	7	8			10	11	9	3	1		5						
15		17	SHREWSBURY TOWN	3-1	Geddis 2, Plummer (pen)	6257		2		4		6	7	8		10	11	9	3	1		5						
16		24	Birmingham City	0-0		9505		2		4		6	7	8		10	11	9	3	1	12	5						
17	Dec	1	FULHAM	1-0	Owen	6742		2		4		6	7	8	9		11	10	3	1		5						
18		8	Wimbledon	3-3	Geddis 2 (1 pen), Owen	2871		2		4		6	7	8		10	11		3	1		5			9			
19		23	Oldham Athletic	1-2	Owen (pen)	5687		2		4		6	7	8			11	12	3	1		5			10	9		
20		26	Manchester City	1-1	Wylde	27131		2		4	5	6		8	9		11	7	3	1					10			
21		29	NOTTS COUNTY	0-0		7447		2		4	5	6		8	12		11	9	3	1					10			
22	Jan	1	BLACKBURN ROVERS	1-1	Owen (pen)	10628		2		4	5	6	7	8			11	10	3	1								
23	Feb	2	Wolverhampton Wan.	1-0	Futcher R	6864		2	3	4			7	8			11	12	5	1					10	9	6	
24		9	PORTSMOUTH	2-2	Campbell, Wylde	7382		2		4		6	7	8			11		3	1					10	9	5	
25		23	Sheffield United	1-3	Owen	16343		2		4		6	7	8			11		3	1					9	10	5	
26		26	MIDDLESBROUGH	1-0	Wylde	6866		2		4			7	8			11		3	1		6			10	9	5	
27	Mar	2	Charlton Athletic	3-5	Futcher R 3	3832		2		4		6	7	8			11		3	10	1	5				9		
28		13	BRIGHTON & HOVE ALB	0-0		5342		2		4	5	6	7	8			11				1				9		3	10
29		16	Leeds United	0-2		13075		2		4	5	6	7	8	9		11		3	10	1					12		
30		23	CRYSTAL PALACE	3-1	Campbell, Owen 2	4174	1	2		4	5	6	7	8			11		3	9					10			
31		30	Carlisle United	0-2		2784	1	2		4	5	6	7	8			11		3						10	9		
32	Apr	2	OXFORD UNITED	3-0	Owen 3	6029		2		4	5	6	7	8			11		3	12	1				10	9		
33		6	MANCHESTER CITY	0-0		12930			3	4	5	6	7	8			11				1				10	9	2	
34		8	Blackburn Rovers	0-0		9322		2	3	4	5	6	7				11				1				10	9	8	
35		13	HUDDERSFIELD T	2-1	Futcher R, Wylde (pen)	7832		2	3		5	6					11			7	1				10	9	8	4
36		20	Shrewsbury Town	0-2		3148		2		4	5	6	7	8			11		3		1				10	9		12
37		23	Cardiff City	0-3		3044		2			5	6	7	8				9	3		1				10	12	4	11
38		27	BIRMINGHAM CITY	0-1		6757		2		4	5	6	7	8			11	10	3		1				12	9		
39		30	GRIMSBY TOWN	0-0		3261		2		4	5		7	8			11		3	10	1	6			9			12
40	May	4	Fulham	1-1	Plummer	3625		2	3	4			7	8			11	10	5		1	6			9			
41		6	WIMBLEDON	0-0		3053		2		4			7	8			11	10	5		1	6			9	12		3
42		11	Oxford United	0-4		13195		2		4	5		7	8	10		11				1	6			9	12		3
			Apps				5	41	7	40	23	36	36	40	16	14	38	26	35	10	37	4	18	1	17	19	12	7
			Goals							1		14	1			10	3	3		1					4	5		

F.A. Cup

	Date		Opponent	Score	Scorers	Att	Rhodes	Joyce	Chambers	Ronson	May	Futcher P	Owen	Thomas	Walsh	Geddis	Campbell	Plummer	Law	Agnew	Baker	McGuire	Jeffels	Cross	Wylde	Futcher R	Goodison	Gray
R3	Jan	5	READING	4-3	Futcher R, Owen 2 (1p), Joyce	7272		2		4	5	6	7	8			11		3		1				10	9		
R4		26	BRIGHTON & HOVE ALB.	2-1	Owen, Futcher R	8860		2		4			7	8			11		3		1	5			10	9	6	
R5	Mar	4	Southampton	2-1	Agnew, Owen (pen)	20971		2		4	5	6	7	8			11		3	10	1					9		
R6		10	LIVERPOOL	0-4		19838		2		4	5	6	7	8			11			10	1					9	3	12

F.L. Cup (Milk Cup)

	Date		Opponent	Score	Scorers	Att	Rhodes	Joyce	Chambers	Ronson	May	Futcher P	Owen	Thomas	Walsh	Geddis	Campbell	Plummer	Law	Agnew	Baker	McGuire	Jeffels	Cross	Wylde	Futcher R	Goodison	Gray
R2/1	Sep	25	Grimsby Town	0-3		3577		2	3	4		6		8	7	10	11	9	5		1		12					
R2/2	Oct	9	GRIMSBY TOWN	1-1	Campbell	5578		2	3	4		6		8	9	10	12	7	5		1			11				

1985/86 12th in Division 2

	Date	Opponent	Score	Scorers	Att	Baker CE	Joyce JP	Law N	Thomas DG	Burns K	Jeffels S	Goodison CW	Hirst DE	Walsh IP	Gray S	Campbell WR	Ronson W	Futcher P	Glavin RM	Owen G	Plummer CA	May LC	Cross P	Agnew SM	Ogley MA	McKenzie IE	Jonsson S	Aylott TKC	Kiwomya AD
1	Aug 17	Charlton Athletic	1-2	Gray (pen)	4178	1	2	3	4	5	6	7	8	9	10	11	12												
2	20	BRIGHTON & HOVE ALB	3-2	Thomas 2, Walsh	5051	1	2		4	5	7	3	8	9	10	11		6	12										
3	24	STOKE CITY	0-0		6588	1	2		4	5	10	3	8	9		11		6		7	12								
4	26	Norwich City	1-1	Owen	12376	1	2		8	5	10	3		9		11		6	4	7									
5	31	FULHAM	2-0	Owen, Walsh	5197	1	2			5	8	3	12	9	10	11		6	4	7									
6	Sep 3	Wimbledon	0-1		2351	1	2			5	8	3		9	10	11		6	4	7									
7	7	Carlisle United	1-1	Owen (pen)	2418	1	2			5	3			9	10	11		6	4	7	12	8							
8	14	SHREWSBURY TOWN	2-0	Campbell, Walsh	4516	1	2		8	5				9	3	11		6		7		4	10						
9	21	GRIMSBY TOWN	1-0	Walsh	5365	1	2		8	5				9	3	11		6		7		4	10						
10	28	Middlesbrough	0-0		2272	1	2		8	5				9	3	11		6		7		4	10						
11	Oct 5	PORTSMOUTH	0-1		7064	1	2		8	5			7	9	3	11		6				4	10						
12	12	Bradford City	0-2		5707	1	2		10	5			8		3	11		6	4		12	7		9					
13	19	Sheffield United	1-3	Owen (pen)	11167	1	2		10	5					3	11	8	6		7		4		9					
14	27	LEEDS UNITED	3-0	Owen, Hirst, Walsh	8444	1	2		8			4	10	9	3			6		7	11	5							
15	Nov 2	OLDHAM ATHLETIC	1-0	Donache (og)	7118	1	2		8			4	10	9	3			6		7	11	5							
16	9	Blackburn Rovers	3-0	Hirst 2, Walsh	5927	1	2		8			4	10	9	3			6		7	11	5							
17	16	SUNDERLAND	1-1	Hirst	9410	1	2		8			4	10	9	3			6		7	11	5							
18	23	Crystal Palace	0-1		5625	1	2		8	12		4	10	9	3			6		7		5			11				
19	30	MILLWALL	2-1	Owen (pen), Gray	4340	1	2		8			4	10	9	3	11		6		7		5							
20	Dec 7	Brighton & Hove Albion	1-0	Hirst	8829	1	2		8			4	10		3	9		6		7	11	5							
21	14	CHARLTON ATHLETIC	2-1	Hirst 2	6231	1	2		8			4	10	9	3			6		7	11	5							
22	21	Stoke City	0-0		9895	1	2		8			4	10	9	3			6		7	11	5							
23	26	Huddersfield Town	1-1	Hirst	10575	1	2		8			4	10	9	3			6		7	11	5							
24	28	WIMBLEDON	0-1		9067	1	2		8	12		4	10		3	9		6		7	11	5							
25	Jan 1	HULL CITY	1-4	Owen (pen)	8363	1	2		8	9		4	10		3			6		7	11	5							
26	11	Shrewsbury Town	0-3		2756	1	2		8				10	9	3	11		6		7		5				4			
27	18	Fulham	0-2		3803	1	2		8			12		9	3	11		6		7	10	5	4						
28	Feb 1	NORWICH CITY	2-2	Hirst, Thomas	5608	1			4	2			10	9	3			6		7		5	11				8		
29	15	Leeds United	2-0	Walsh 2	11738	1			4	2			10	9	3	12		6		7		5	11				8		
30	Mar 8	Portsmouth	1-1	Walsh	10426	1	2		4					9	3			6		7		5	11				8	10	
31	15	BRADFORD CITY	2-2	Thomas, Owen (pen)	7512	1	2		4					9	3			6		7	12	5	11				8	10	
32	22	CARLISLE UNITED	1-2	Walsh	4400	1	2		4					9	3			6		7	12	5	11				8	10	
33	25	MIDDLESBROUGH	0-0		3827	1	2		4				10		3	8		6		7		5	11					9	
34	29	Hull City	1-0	Plummer	7903	1	2		4		6		10		3	11					7	5	8					9	
35	31	HUDDERSFIELD T	1-3	Plummer	5746	1	2		4		3		10			11		6			7	5	8					9	
36	Apr 6	Oldham Athletic	1-1	Thomas	3974	1	2		4	8		12	10			11		6			7	5	3					9	
37	8	SHEFFIELD UNITED	2-1	Walsh 2	5451	1	2		4	8				10		11		6			7	5	3					9	
38	12	BLACKBURN ROVERS	1-1	Walsh	4256	1	2		4	8	12			10		11		6			7	5	3					9	
39	19	Sunderland	0-2		12349	1	2		4				9	10	8	11		6			7	5	3						
40	22	Grimsby Town	2-1	Walsh, Owen	4224	1	2		4		6		12	9	8	10				7		5	3						11
41	26	CRYSTAL PALACE	2-4	Owen, Walsh	3862	1	2		4	12		6	11	9	8	10				7		5	3						
42	May 3	Millwall	2-2	Plummer, Owen (pen)	4230	1	2		4					9	8	11				7	10	5	3		6				
					Apps	42	40	1	39	22	11	21	28	33	36	29	2	37	6	32	23	36	20	2	2	1	5	9	1
					Goals				5				9	15	2	1				11	3								

One own goal

F.A. Cup

	Date	Opponent	Score	Scorers	Att	Baker CE	Joyce JP	Law N	Thomas DG	Burns K	Jeffels S	Goodison CW	Hirst DE	Walsh IP	Gray S	Campbell WR	Ronson W	Futcher P	Glavin RM	Owen G	Plummer CA	May LC	Cross P	Agnew SM	Ogley MA	McKenzie IE	Jonsson S	Aylott TKC	Kiwomya AD
R3	Jan 13	Bury	0-2		3676	1	2		8	10		4		9	3			6		7	12	5	11						

F.L. Cup (Milk Cup)

	Date	Opponent	Score	Scorers	Att	Baker CE	Joyce JP	Law N	Thomas DG	Burns K	Jeffels S	Goodison CW	Hirst DE	Walsh IP	Gray S	Campbell WR	Ronson W	Futcher P	Glavin RM	Owen G	Plummer CA	May LC	Cross P	Agnew SM	Ogley MA	McKenzie IE	Jonsson S	Aylott TKC	Kiwomya AD
R2/1	Sep 25	Newcastle United	0-0		18544	1	2		8	5		3		9		11		6		7		4	10						
R2/2	Oct 7	NEWCASTLE UTD.	1-1	Gray (pen)	10084	1	2		10	5			8		3	11		6	4	12		7		9					

(Newcastle U won on away goals)

1986/87 11th in Division 2

	Date	Opponent	Score	Scorers	Att	Baker CE	Joyce JP	Cross P	Thomas DG	May LC	Futcher P	Lowndes SR	Bradshaw C	Campbell WR	Gray S	Beresford J	Plummer CA	Wylde RJ	Ogley MA	Agnew SM	Chandler I	Foreman D	Dobbin J	Malcolm PA	Hedworth C	Duggan AJ	Ferry W	Clarke MD	MacDonald J	Jeffels S
1	Aug 23	CRYSTAL PALACE	2-3	Bradshaw, Thomas	4629	1	2	3	4	5	6	7	8	9	10	11														
2	25	Oldham Athletic	0-2		5306	1	2	3	4	5	6	7	8	9	10	11	12													
3	30	Millwall	0-1		4028	1	2	3	4	5	6	7	8	12	10	11		9												
4	Sep 2	LEEDS UNITED	0-1		6843	1	2	3	4	5	6	7	8	12	10	11		9												
5	6	PORTSMOUTH	0-2		4341	1	2	3	4		6	7	8		10	11	12		5	9										
6	13	Shrewsbury Town	0-1		2435	1	2	3	4		6	7	8		10		12		5	11	9									
7	20	PLYMOUTH ARGYLE	1-1	May	4163	1	2		4	5	6	7			3	12				11	9	8	10							
8	27	Grimsby Town	1-0	Gray	4791	1	2	3	4	5	6				10	7				11		9	8							
9	Oct 4	Birmingham City	1-1	Foreman	6427	1	2	3	4	5	6				10	7				11	12	9	8							
10	11	BRADFORD CITY	2-0	Gray 2 (1 pen)	6978		2		4	5		7			3	10			6	11	12	9	8	1						
11	18	Brighton & Hove Albion	1-1	Dobbin	7924		2		4	5		7			3	10			6	11		9	8	1						
12	25	SHEFFIELD UNITED	2-2	Gray 2 (1 pen)	7613		2		4	5		7			10				6	11	12	9	8	1	3					
13	Nov 1	BLACKBURN ROVERS	1-1	Gray (pen)	4861	1	2		4	5		7			10				6	11	12	9	8		3					
14	8	Reading	0-0		5566	1	2		4	5	6	7			10					12	11	9	8		3					
15	15	DERBY COUNTY	0-1		8283	1	2		4	5	6	7			10					12	11	9	8		3					
16	22	Ipswich Town	0-1		10158	1		3	4	5		7			10	11			2			9	8			6	12			
17	29	WEST BROMWICH ALB.	2-2	Lowndes, Beresford	5750	1		3	4	5		7			6	11		8	2			9						12	10	
18	Dec 13	SUNDERLAND	1-0	Gray	5535	1			4	5	6				3	11			2			7	9				8		10	
19	20	Portsmouth	1-2	Ferry	9568	1			4	5	6				3	11			2	8		7					9		10	
20	26	STOKE CITY	0-2		7436	1		3	4	5	6				11				2	7		8			12		9		10	
21	27	Derby County	2-3	Chandler, Gray	17574	1			4	5	6				3				2	7	9				8			11	10	
22	Jan 1	Hull City	4-3	Chandler 3, Duggan	4879	1		3	4		6				5				2	8	9	7				12		11	10	
23	3	OLDHAM ATHLETIC	1-1	MacDonald	8101	1		3	4	5	6				7				2	8	9							11	10	
24	24	Crystal Palace	1-0	MacDonald	6011	1	2	3	4	5	6				7					8			9		12			11	10	
25	Feb 7	MILLWALL	1-0	Dobbin	5461	1	2	3	4	5	6				7					8			9		12			11	10	
26	14	Leeds United	2-2	Sheridan (og), Dobbin	14196	1	2	3	4		6								5	8			9		7			11	10	
27	24	GRIMSBY TOWN	1-0	MacDonald	5136	1	2	3	4		6				5					8			9		7			11	10	
28	28	Plymouth Argyle	0-2		9588	1	2	3			6				5	12			4	8			9		7			11	10	
29	Mar 3	SHREWSBURY TOWN	2-1	MacDonald, Gray	4718	1	2				6				5	12			4	8	7		9		3			11	10	
30	7	Sheffield United	0-1		8971	1	2		4		6				5	7				8			9		3			11	10	
31	14	BRIGHTON & HOVE ALB	3-1	MacDonald, Wylde, Gray	4733	1	2		4		6				5	3		7		8			9					11	10	
32	21	Bradford City	0-0		9648	1	2		4		6				5	3		7		8			9					11	10	
33	28	BIRMINGHAM CITY	2-2	Wylde 2	4688	1	2		4		6				5	3		7		8			9		12			11	10	
34	31	Huddersfield Town	2-2	MacDonald, Thomas	7569	1	2		4		6				5	3		7		8			9					11	10	
35	Apr 4	READING	2-0	Wylde, Gray	4285	1	2		4		6				5	3		7		8			9					11	10	
36	11	Blackburn Rovers	2-4	Clarke, MacDonald	7320	1	2		4		6				5	3		7		8			9		12			11	10	
37	18	HULL CITY	1-1	Wylde	5607	1	2		4		6				5			7		8			9		3			11	10	
38	20	Stoke City	2-1	Thomas, Clarke	7260	1	2		4		6				5			7		8			9		3			11	10	
39	25	IPSWICH TOWN	2-1	Thomas, Wylde	5536	1	2		4		6				5	12		7		8			9		3			11	10	
40	May 2	West Bromwich Albion	1-0	Clarke	6361	1	2		4		6					8		7					9		3			11	10	5
41	4	HUDDERSFIELD T	0-1		8564	1	2		4		6				10	8		7				12	9		3			11		5
42	9	Sunderland	3-2	Dobbin, Wylde, Thomas	19059	1	2		4		6				5	3		7		8			9					11	10	12
					Apps	39	34	18	40	22	36	15	6	4	40	27	3	15	17	33	12	16	30	3	20	2	4	23	25	3
					Goals				5	1		1	1		11	1		7			4	1	4			1	1	3	7	

One own goal

F.A. Cup

	Date	Opponent	Score	Scorers	Att	Baker CE	Joyce JP	Cross P	Thomas DG	May LC	Futcher P	Lowndes SR	Bradshaw C	Campbell WR	Gray S	Beresford J	Plummer CA	Wylde RJ	Ogley MA	Agnew SM	Chandler I	Foreman D	Dobbin J	Malcolm PA	Hedworth C	Duggan AJ	Ferry W	Clarke MD	MacDonald J	Jeffels S
R3	Jan 10	Caernarfon Town	0-0		2630	1		3	4	5	6				7				2	8	9							11	10	
rep	26	CAERNARFON TOWN	1-0	Wylde	8530	1		3	4	5	6				7			10		8			9		2			11		
R4	31	Aldershot	1-1	Agnew	4772	1	2	3	4	5	6				7			12		8			9					11	10	
rep	Feb 3	ALDERSHOT	3-0	May 2, Thomas	9784	1	2	3	4	5	6				7			12		8			9					11	10	
R5	21	Arsenal	0-2		28,302	1	2	3	4	5	6									8			9		7			11	10	

F.L. Cup (Littlewoods Challenge Cup)

	Date	Opponent	Score	Scorers	Att	Baker CE	Joyce JP	Cross P	Thomas DG	May LC	Futcher P	Lowndes SR	Bradshaw C	Campbell WR	Gray S	Beresford J	Plummer CA	Wylde RJ	Ogley MA	Agnew SM	Chandler I	Foreman D	Dobbin J	Malcolm PA	Hedworth C	Duggan AJ	Ferry W	Clarke MD	MacDonald J	Jeffels S
R2/1	Sep 23	TOTTENHAM HOTSPUR	2-3	Gray 2 (1 pen)	9979	1	2	3	4	5	6	7			10	12				11	9	8								
R2/1	Oct 8	Tottenham Hotspur	3-5	Beresford, May, Chandler	12299	1	2	3	4	5	6				10	8			12	11	7	9			14					

Full Members Cup

	Date	Opponent	Score	Scorers	Att	Baker CE	Joyce JP	Cross P	Thomas DG	May LC	Futcher P	Lowndes SR	Bradshaw C	Campbell WR	Gray S	Beresford J	Plummer CA	Wylde RJ	Ogley MA	Agnew SM	Chandler I	Foreman D	Dobbin J	Malcolm PA	Hedworth C	Duggan AJ	Ferry W	Clarke MD	MacDonald J	Jeffels S
R1	Sep 16	Sunderland	1-1	Gray	6904	1	2	3	4	5	6	7			10		12			11	9	8								

Lost 7-8 on penalties a.e.t.

1987/88 14th in Division 2

						Baker CE	Joyce JP	Beresford J	Thomas DG	Gray S	Futcher P	Wylde RJ	Agnew SM	Dobbin J	MacDonald J	Clarke MD	Lowndes SR	Jeffels S	Cross P	Robinson MJ	Broddle JR	McGugan PJ	Foreman D	Coatsworth G	Hedworth C	Currie DN	Rees AA	Blair A	Rolph DG	Tiler C
1	Aug	16	LEEDS UNITED	1-1	Wylde	9778	1	2	3	4	5	6	7	8	9	10	11	12												
2		18	Blackburn Rovers	1-0	MacDonald	6708	1	2		4	5	6	7	8		10	11	9	3	12										
3		22	Millwall	1-3	Lowndes	5918	1	2		4	5	6	7	8		10	11	9	3		12									
4		29	CRYSTAL PALACE	2-1	Wylde, MacDonald	4853	1	2	3	4	5	6	7	8		10	11	9			12	14								
5		31	Bournemouth	2-1	MacDonald, Lowndes	7486	1	2	3	4	5	6	7	8		10	11	9												
6	Sep	5	PLYMOUTH ARGYLE	2-1	Wylde 2 (1 pen)	6976	1	2		4	5	6	7	8		10	11	9	3											
7		12	Aston Villa	0-0		12621	1	2	12	4	5	6	7	8		10	11	9	3											
8		15	SWINDON TOWN	0-1		7773	1	2		4	5	6	7	8		10	11	9	3											
9		26	Oldham Athletic	0-1		5853	1	2	12	4	5	6	7	8		10	11	9	3		14									
10		29	SHEFFIELD UNITED	1-2	Agnew	10203	1	2	12	4	5	6	7	8		10	11	9	3		14									
11	Oct	3	Ipswich Town	0-1		10993	1	2	12	4	5	6	7	8		10		9	3		11									
12		10	Leicester City	0-0		8669	1	2	7	4	5	6		8		10		9	3		11									
13		17	HULL CITY	1-3	Lowndes	7310	1	2	7	4	5	6		8	14	10		9	3		11	12								
14		20	READING	5-2	MacDonald 2, Wylde, Joyce, Richardson (og)	4396	1	2	11	4	5	6	7	8		10		9	3											
15		24	Manchester City	1-1	Thomas	17063	1	2	11	4	5	6	7	8	12	10		9	3											
16		31	STOKE CITY	5-2	MacDonald, Wylde 2, Dobbin, Lowndes	5908	1	2		4	11	6	7		8	10		9	3			5	12							
17	Nov	3	Birmingham City	0-2		6622	1	2		4	11	6	7		8	10		9	3		14	5	12							
18		7	BRADFORD CITY	3-0	Gray, Lowndes, Wylde	11569	1	2		4	11	6	7		8	10		9	3			5								
19		14	Huddersfield Town	2-2	MacDonald, Gray	8629	1	2		4	11	6	7		8	10		9	3			5								
20		21	SHREWSBURY TOWN	2-1	Lowndes, Thomas	5364	1	2	11	4	5	6	7	8		10		9	3											
21		28	Middlesbrough	0-2		12732	1	2	11	4		6		8	7	10		9	3			5								
22	Dec	5	WEST BROMWICH ALB.	3-1	Agnew 2, Foreman	5395	1	2	11	4		6		8		10		9	3		12	5	7							
23		19	MILLWALL	4-1	Agnew 2 (1p), McGugan, Broddle	5011	1			4		6		8		10	12	9	3		11	5	7	2						
24		26	OLDHAM ATHLETIC	1-1	Thomas	8676	1		10	4		6	14	8			12	9	3		11	5	7	2						
25	Jan	1	Crystal Palace	2-3	Agnew, Lowndes	8563	1		10	4		6		8				9	3		11	5	7	2						
26		2	ASTON VILLA	1-3	Foreman	11542	1		10	4		6		8				9	3		11	5	7	2						
27		16	Leeds United	2-0	Foreman 2	19043	1	2	12	4		6		8	10			9	3		11	5	7							
28	Feb	13	BLACKBURN ROVERS	0-1		8972	1	2	11	4		6	7	8		10		9	3		12	5								
29		20	Sheffield United	0-1		11861	1	2	11	14		6		8	4	12		9	3		10	5	7							
30		27	IPSWICH TOWN	2-3	Currie 2	6512	1	2	11	4		6		8				9	3		12	5			7					
31	Mar	5	Hull City	2-1	Dobbin, Beresford	7622	1		4			6		8	10		9	12	3			5			2	7	11			
32		8	BOURNEMOUTH	2-1	Beresford, Lowndes	6140	1		4			6		8		10	9	2	3		12	5				7	11			
33		12	LEICESTER CITY	1-1	Rees	7447	1	2	4	14		6		8		10		9	3		12	5				7	11			
34		15	Swindon Town	0-3		7558	1	2		4		6		8		10		9	3		12	5				7	11			
35		19	Stoke City	1-3	Rees	7929	1	2	10	4		6						9	3			5				7	11	8		
36		26	MANCHESTER CITY	3-1	Joyce, Beresford, Hinchcliffe (og)	9061	1	2	10	4		6						9	3			5				7	11	8		
37	Apr	2	Bradford City	1-1	Thomas	15098	1	2	10	4		6						9	3			5		12		7	11	8		
38		4	HUDDERSFIELD T	1-0	Currie	7950	1	2	10	4		6						9	3			5		12		7	11	8		
39		9	Reading	1-2	Hicks (og)	5039	1	2	10	4		6						9	3			5			12	7	11	8		
40		15	Plymouth Argyle	0-0		8059	1	2	10	4								9	6	3		5		12		7	11	8		
41		23	BIRMINGHAM CITY	2-2	Currie 2	4949	1	2	10	4				8	12			9	6	3		5				7	11			
42		30	Shrewsbury Town	1-1	Lowndes	4712	1	2	3	4		6				10	11	9				5		8		7	12		14	
43	May	2	MIDDLESBROUGH	0-3		13240	1	2	3	4		6				10	11	9			14	5		8		7	12			
44		7	West Bromwich Albion	2-2	Currie 2	8473	1	2	10	4								9	6		8	5				7	11		3	12
					Apps	44	38	34	42	20	41	20	25	16	33	14	44	7	38	3	19	29	9	6	5	15	14	6	2	1			
					Goals			2	3	4	2		8	6	2	7		9				1	1	4			7	2				

Three own goals

F.A. Cup

R3	Jan	9	BOLTON WANDERERS	3-1	Broddle 2, Beresford	9667	1	2	10	4		6		8				9	3		11	5	7								
R4		30	BIRMINGHAM CITY	0-2		13219	1	2		4		6		8	10	12		9	3		11	5	7		14						

F.L. Cup (Littlewoods Challenge Cup)

R2/1	Sep	8	WEST HAM UNITED	0-0		10330	1	2	12	4	5	6	7	8		10	11	9	3												
R2/2	Oct	6	West Ham United	5-2	Agnew 2(1 p), Beresford, Lowndes, MacDonald	12403	1	2	7	4	5	6		8		10		9	3		11										
R3		27	SHEFFIELD WEDNESDAY	1-2	Agnew	19439	1	2	11	4	5	6	7	8	14	10		9	3		12										

R2/2 a.e.t.

Full Members Cup (Simod Cup)

R1	Nov	18	Chelsea	1-2	MacDonald	8501	1			4	11	6	7	9	8	10			3			5			2						

1988/89 7th in Division 2

							Baker CE	Joyce JP	Beresford J	Dobbin J	McGugan PJ	Futcher P	Lowndes SR	Agnew SM	Cooper SB	Currie DN	Thomas DG	MacDonald J	Clarke MD	Broddle JR	Shotton M	Foreman D	Marshall C	Rees AA	Robinson MJ	Tiler C
1	Aug	27	Oldham Athletic	1-1	Cooper	6551	1	2	3	4	5	6	7	8	9	10	11	12								
2		29	SWINDON TOWN	1-1	Lowndes	6034	1	2	3	4	5	6	7	8	9	10	11									
3	Sep	3	STOKE CITY	1-0	Agnew	5682	1	2	3	5		6	7	8	9	10	4	12	11	14						
4		10	Hull City	0-0		5654	1	2	3	11		6	7	8	9	10	4				5					
5		17	CHELSEA	1-1	Dobbin	6942	1	2	3	11		6	7	8	9		4	10			5	12				
6		21	Leeds United	0-2		17364	1	2	3	11		6	7	8	9	10	4				5					
7		24	MANCHESTER CITY	1-2	Shotton	9300	1	2	3	11		6	7	8	9	10	4				5		12			
8	Oct	1	Birmingham City	5-3	Beresford, Broddle, Currie, Rees, Lowndes	4892	1	2	3	12	6		7	8		10	4			11	5			9		
9		5	Brighton & Hove Albion	1-0	Currie (pen)	7327	1	2	3		6		7	8	12	10	4			11	5			9		
10		8	WEST BROMWICH ALB.	2-1	Currie, Thomas	5674	1	2	3	14	6		7	8	12	10	4			11	5			9		
11		15	Blackburn Rovers	1-2	Mail (og)	9316	1	2	3	14		6	7	8	12	10	4			11	5			9		
12		22	IPSWICH TOWN	2-0	Cooper 2	6325	1	2	3	8		6	12	14	9	10	4			11	5			7		
13		25	Watford	0-4		10356	1	2	3	8		6	7	12	9		4			11	5			10		
14		29	PLYMOUTH ARGYLE	3-1	Cooper, Thomas, Dobbin	5485	1	2	3	8		6			9		4	10		11	5			7		
15	Nov	5	Crystal Palace	1-1	Broddle	7768	1	2	3	8	12	6			9		4	10		11	5			7		
16		12	BRADFORD CITY	0-0		8838	1	2		8	3	6			9	10	4	12		11	5			7		
17		19	Portsmouth	0-3		10001	1	2		8	3	6	9			10	4			11	5			7		
18		26	BOURNEMOUTH	5-2	Currie 4 (1 pen), Dobbin	4937	1	2		8	3	6				10	4	7		11	5			9	12	
19	Dec	3	Oxford United	0-2		4449	1	2		8	3	6	12	14		10	4	7		11	5			9		
20		10	WALSALL	1-0	Broddle	5173	1	2	3	8	5	6		12	9	10	4			11				7	14	
21		17	LEICESTER CITY	3-0	Currie(pen), McGugan, Agnew	6477	1	2	3		5	6	7	8	9	10	4			11						
22		26	Sunderland	0-1		21994	1	2	3	12	5	6	7	8	9	10	4			11				14		
23		31	Shrewsbury Town	3-2	Currie (p), Lowndes, Moyes (og)	4401	1	2	8		5	6	7		9	10	4	12		11	3					
24	Jan	2	HULL CITY	0-2		9879	1	2	3	12	5	6			9	10	4	8		11				7		
25		14	Swindon Town	0-0		10201	1	2	3	8	5	6		7	9	10		11			4					
26		21	OLDHAM ATHLETIC	4-3	Lowndes, Skipper (og), Currie 2(1p)	7684	1	2	3	4	5	6	7	8	9	10		11			12					
27	Feb	4	BRIGHTON & HOVE ALB	2-2	Cooper, Agnew	12498	1	2	3		5	6		8	9	10		11		12	4			7		
28		11	West Bromwich Albion	1-1	Lowndes	12650	1	2	3		5	6	7	8	9			11		10	4					
29		21	Ipswich Town	0-2		10261	1	2	3	4	5	6	7	8	9	10		11		14	12					
30		25	BLACKBURN ROVERS	0-1		8777	1	2	3	4		6		8	9	10		11		12	5				7	
31		28	WATFORD	2-2	MacDonald, Shotton	6163	1	2		4		6		8		10		11	3	9	5				7	
32	Mar	4	Bradford City	2-1	Currie (pen), MacDonald	11085	1	2	3	4		6		8		10		11		9	5				7	
33		11	CRYSTAL PALACE	1-1	MacDonald	7055	1	2		4		6		8		10		11	3	9	5			12	7	
34		19	LEEDS UNITED	2-2	Agnew, Robinson	11575	1	2		4		6	9	8		10		11		3		12			7	5
35		25	Stoke City	1-1	Currie (pen)	10209	1	2		4		6	9	8	12	10		11		3					7	5
36		27	SUNDERLAND	3-0	Robinson, Cooper, Dobbin (pen)	8070	1	2		4		6	9	8	12	10		11		3	5				7	
37	Apr	1	Chelsea	3-5	McLaughlan (og), Dobbin, Agnew	15986	1	2		4		6	9	8	12	10		11		3	5	14			7	
38		8	SHREWSBURY TOWN	1-0	MacDonald	5252	1	2		4			6	8	9	10		11		3	5	12			7	
39		11	Leicester City	1-0	Lowndes	7266	1	2		4		6	7	8	9	10		11		3	5					
40		15	BIRMINGHAM CITY	0-0		6464	1	2		4		6	7	8	9	10		11		3	5				12	
41		22	Manchester City	2-1	Cooper (og), Shotton	21274	1	2		4		6	9	8		10		11		3	5				7	
42		25	Plymouth Argyle	2-1	Currie, Shotton	5468	1	2		4		6	9	8		10		11		3	5				7	
43		29	Bournemouth	2-3	O'Driscoll (og), Shotton	5520	1	2		4		6	9	8	12	10		11		3	5				7	
44	May	1	OXFORD UNITED	1-0	Evans (og)	5940	1	2		4				8	9	10		11		3	5	12			7	6
45		6	PORTSMOUTH	1-0	Currie (pen)	5718	1	2		4		6	12	8	9	10		11		3	5				7	
46		13	Walsall	3-1	MacDonald, Currie, Agnew	3966	1			4		6	9	8		10		11		3	5				7	2

	Baker CE	Joyce JP	Beresford J	Dobbin J	McGugan PJ	Futcher P	Lowndes SR	Agnew SM	Cooper SB	Currie DN	Thomas DG	MacDonald J	Clarke MD	Broddle JR	Shotton M	Foreman D	Marshall C	Rees AA	Robinson MJ	Tiler C
Apps	46	45	27	41	20	41	33	39	35	41	24	32	3	38	37	5	1	17	18	4
Goals			1	5	1		6	6	6	16	2	5		3	5			1	2	

Seven own goals

F.A. Cup

							Baker CE	Joyce JP	Beresford J	Dobbin J	McGugan PJ	Futcher P	Lowndes SR	Agnew SM	Cooper SB	Currie DN	Thomas DG	MacDonald J	Clarke MD	Broddle JR	Shotton M	Foreman D	Marshall C	Rees AA	Robinson MJ	Tiler C
R3	Jan	7	CHELSEA	4-0	Thomas, Agnew 2, Currie	13241	1	2	3	8	5	6		7	9	10	4	11	14			12				
R4		28	Stoke C	3-3	Currie 2, MacDonald	18592	1	2	3	4	5	6	7	8	9	10		11								
rep		31	STOKE C	2-1	MacDonald, Cooper	21086	1	2	3	4	5	6	7	8	9	10		11			14			12		
R5	Feb	18	EVERTON	0-1		32551	1	2	3	4	5	6	7	8	9	10		11		12						

F.L. Cup Littlewoods Challenge Cup)

							Baker CE	Joyce JP	Beresford J	Dobbin J	McGugan PJ	Futcher P	Lowndes SR	Agnew SM	Cooper SB	Currie DN	Thomas DG	MacDonald J	Clarke MD	Broddle JR	Shotton M	Foreman D	Marshall C	Rees AA	Robinson MJ	Tiler C
R2/1	Sep	27	WIMBLEDON	0-2		5194	1	2	3		5	6	7	8		10	4			11				9		
R2/2	Oct	12	Wimbledon	1-0	Currie	2259	1	2	3	10	4	5	11			8	6			9				7		

Full Members Cup (Simod Cup)

							Baker CE	Joyce JP	Beresford J	Dobbin J	McGugan PJ	Futcher P	Lowndes SR	Agnew SM	Cooper SB	Currie DN	Thomas DG	MacDonald J	Clarke MD	Broddle JR	Shotton M	Foreman D	Marshall C	Rees AA	Robinson MJ	Tiler C
R1	Nov	9	Millwall	1-1	Broddle	3330	1	2		8	3	6	9	12			4	10		11	5			7	14	

Lost 0-3 on penalties a.e.t.

1989/90 — 19th in Division 2

#	Date		Opponent	Score	Scorers	Att	Baker CE	Tiler C	Broddle JR	Dobbin J	Shotton M	Futcher P	Lowndes SR	Agnew SM	Cooper SB	Currie DN	Robinson MJ	MacDonald J	Banks IF	Wardle IS	Foreman D	Archdeacon OD	Cross P	Dunphy S	Smith MC	McCord BJ	Marshall C	Taggart GP	Glover EL	Gray P	Thomas DG	Saville AV	Fleming JG	O'Connell BJ
1	Aug	19	Ipswich Town	1-3	Lowndes	12025	1	2	3	4	5	6	7	8	9	10	11																	
2		26	BRIGHTON & HOVE ALB	1-0	Currie	6283	1	2	3	4	5	6	7	8	9	10	11	12	14															
3	Sep	2	Plymouth Argyle	1-2	MacDonald	7708	1		3	4	2	6	7	8	12	10	11	9	5															
4		5	STOKE CITY	3-2	Agnew, Cooper, Lowndes	8584	1	12	3	4	2	6	7	8	9	10	11		5															
5		9	MIDDLESBROUGH	1-1	Shotton	10535			3	4	2	6	7	8	9	10	11		5	1														
6		16	Swindon Town	0-0		6540			3	4	2	6	7	8	9			10	5	1	12	11												
7		23	BRADFORD CITY	2-0	Agnew, Foreman	8992			2	4	5	6		8		10	11		7	1	9	3												
8		26	WOLVERHAMPTON W.	2-2	Currie 2	10161			2	4	5	6		8	12	10	11		7	1	9	3												
9		30	Blackburn Rovers	0-5		8415			2	4	5	6		8		10	11		7	1	9	3												
10	Oct	7	Oldham Athletic	0-2		6769				5	4	2	6	8	9	10			7	1	11	12	3											
11		14	PORT VALE	0-3		6475	1		3	4	2	6	7	8		10	11		5		12													
12		17	SHEFFIELD UNITED	1-2	Agnew	16629	1		2	4	6			8		10			7		9	11	3	5										
13		21	Oxford United	3-2	Banks 2, Foreman	3865	1		2	4	6			8		10			7		9	11	3	5										
14		28	LEICESTER CITY	2-2	Archdeacon, Currie (pen)	6856	1		2	4	6			8		10			7		9	11	3	5										
15		31	Sunderland	2-4	Currie, Tiler	14368	1	3	2	4	6			8		10	14		7		12	9	11	5										
16	Nov	4	PORTSMOUTH	0-1		5524	1	12	2	4	6			8		10	14		7	1	9	11	3	5										
17		11	West Bromwich Albion	0-7		9317		5		2	6			8	12	10	7	11	4	1		9	3	14										
18		18	NEWCASTLE UNITED	1-1	Currie	10475	1			2	5			8	9	10			4			11	3		6	7								
19		25	Hull City	2-1	Cooper, Currie	5715	1			2	5			8	9	10			4			11	3		6	7								
20	Dec	2	Ipswich TOWN	0-1		6097	1			2	5		4	8	9	10					12	11	3		6	7								
21		9	Stoke City	1-0	Cooper	10055	1			2	5		4	8	9	10						11	3		6	7								
22		16	Bournemouth	1-2	Lowndes	5506	1		11	2	5		4	8	9						10		3		6	7	12							
23		26	WATFORD	0-1		7357	1		7	2	5		4		10				9		12	11	3		6		14							
24		30	LEEDS UNITED	1-0	Foreman	14841	1		11	2	5	3	4	8		10					9	7			6									
25	Jan	1	West Ham United	2-4	Dobbin, Archdeacon	18391	1	14	7	2	5	4		8	12	10					9	11	3		6									
26		13	Brighton & Hove Albion	1-1	Taggart	6856	1			2	5	4		8	9	10						11	3		6			12						
27		20	PLYMOUTH ARGYLE	1-1	Smith	7224	1			2	5	4	7	8		10						11	12		6			3	9	10				
28	Feb	3	Bradford City	0-0		9923	1		2	5	4				10	11			7		12				6				3	9	8				
29		10	SWINDON TOWN	0-1		7179	1				5	4	14	10	11				7		12				6				3	9	8	2			
30		24	HULL CITY	1-1	Cooper	8901	1	6			4	2	10	11					7		8		14	5					3	9		12			
31	Mar	3	Newcastle United	1-4	Agnew	18999	1	6			4	2	10	11					7		8		14	5					3	9		12			
32		10	Wolverhampton Wan.	1-1	Agnew (pen)	15995	1	6			4		10	11					7		8			5		2			3	9		12			
33		17	OLDHAM ATHLETIC	1-0	Milligan (og)	10598	1	6			4	14	10	11					7		8			5	2				3	9		12			
34		19	Port Vale	1-2	Banks	7036		6			4		10	11					7		8	1		5	2				3	9		12			
35		24	Sheffield United	2-1	Agnew, Saville	15472	1				4		10	11				14	8					5	6	7			3			9	2	12	
36		31	OXFORD UNITED	1-0	Smith	7096	1				4		10	11					8					5	6	7			3			9	2	12	
37	Apr	3	Blackburn Rovers	0-0		8713	1	4					10	11				14	8					5	6	7			3			9	2	12	
38		7	Leicester City	2-2	Cooper, Agnew	8620	1	4					10	11	12				8					5	6	7			3			9	2		
39		10	SUNDERLAND	1-0	McCord	11141	1	4					10	11				8						5	6	7			3			9	2	12	
40		14	WEST HAM UNITED	1-1	Taggart	10344	1	4					14	10	11				8					5	6	7			3			9	2	12	
41		17	Watford	2-2	Lowndes, Agnew (pen)	7289	1	4					11	10					8					5	6	7			3			9	2	12	
42		21	BOURNEMOUTH	0-1		7415	1	4				14	11	10					8					5	6	7			3			9	2	12	
43		25	Leeds United	2-1	O'Connell, Archdeacon	31663	1	4					7	11	10				8			14		5	6				3			9	2	12	
44		28	WEST BROMWICH ALB.	2-2	O'Connell, Saville	10334	1	4					6	11	10				8					12	5				3			9	2	7	
45	May	2	Middlesbrough	1-0	Smith	17015	1						7	10					8					5	6	11			3			9	2	12	
46		5	Portsmouth	1-2	Saville	8315	1					4	14	10					12					11	5				3			9	2	7	
					Apps		37	21	20	28	29	29	24	46	30	24	24	4	37	9	17	21	36	6	25	16	2	21	8	3	3	15	12	11	
					Goals			1		1	1		4	8	5	7			1	3		3	3		3	1		2				3		2	

One own goal

F.A. Cup

	Date		Opponent	Score	Scorers	Att																											
R3	Jan	6	Leicester City	2-1	Currie, Lowndes	16278	1			2	5	4	7	8	9	10			12		14	11	3		6										
R4		27	IPSWICH TOWN	2-0	Taggart, Cooper	14440	1	12		2	5	4	7	8	11								6					3	9	10					
R5	Feb	18	Sheffield United	2-2	Smith, Cooper	33113	1				5	4	2	10	11			7					8			12		6			3	9			
rep		21	SHEFFIELD UNITED	0-0		27672	1	6			4	2	10	11				7				8			5				3	9					
rep2	Mar	5	SHEFFIELD UNITED	0-1		26560	1	6			4	2	10	11				7				8			14	5			3	9					

Both R5 replays a.e.t.   Played in R5 second replay: JM Deehan (at 12)

F.L. Cup (Littlewoods Challenge Cup)

	Date		Opponent	Score	Scorers	Att																					
R2/1	Sep	19	BLACKPOOL	1-1	Archdeacon	7515			3	4	2	6	7	8	9			10	5	1	12	11									
R2/2	Oct	3	Blackpool	1-1	Briggs (og)	5251			5	4	2	6		8	9	10	11		7	1		12	3								

Blackpool won 5-4 on penalties, a.e.t.

Full Members Cup (Zenith Data Systems Cup)

	Date		Opponent	Score	Scorers	Att																		
R1	Nov	28	LEEDS UNITED	1-2	Dobbin	6136	1	12	7	2	5	6	14	8	9	10			4			11	3	

1990/91   8th in Division 2

			Opponent	Score	Scorers	Att	Baker CE	Fleming JG	Taggart GP	McCord BJ	Joyce JP	Smith MC	Banks IF	Cooper SB	Saville AV	Agnew SM	Archdeacon OD	Tiler C	O'Connell BJ	Robinson MJ	Connelly D	Rammell AV	Dobbin J	Gridelet PR	Marshall C	Deehan JM	Rimmer SA	Cross P
1	Aug	25	BRIGHTON & HOVE ALB	2-1	Cooper, Smith	6955	1	2	3	4	5	6	7	8	9	10	11											
2	Sep	1	Millwall	1-4	Banks	10114	1	2	3	4		5	7	8	9	10	11	6	12									
3		8	OLDHAM ATHLETIC	0-1		11257	1	2	3	4		5		8	9	10	11	6	12	7								
4		15	Blackburn Rovers	2-1	Saville, Rammell	7665	1	2	3	4		5		8	9		11	6	12	7	10	14						
5		18	Notts County	3-2	McCord, Saville, O'Connell	7187	1	2	3	4		5		8	9	10	11	6	12	7		14						
6		22	PORT VALE	1-1	Archdeacon (pen)	8533	1	2	3	4		5		8	9		11	6	12	7	10	14						
7		29	Charlton Athletic	1-2	Rammell	4455	1	2	3	4		5		8	9	10	11	6	12	7		14						
8	Oct	2	Ipswich Town	5-1	Taggart,Archdeacon,Rammell,Agnew,Saville	6934	1		3	4		5	2		9	10	11	6	7	12		8						
9		6	OXFORD UNITED	3-0	Rammell, Saville, O'Connell	6776	1		3	4		5	2		9	10	11	6	7			8						
10		13	Portsmouth	0-0		8701	1	5	3	4			2		9		11	6	7		12	8						
11		20	West Bromwich Albion	1-1	Cooper	9577	1	5	3	4			2	12	9		11	6	7		10	8						
12		23	SHEFFIELD WEDNESDAY	1-1	Rammell	23079	1	5	3	4			2		9		11	6	7		10	8						
13		27	SWINDON TOWN	5-1	O'Connell, Agnew 2 (1p), Rammell 2	7690	1	5	3	4	12		2		9	10	11	6	7			8						
14	Nov	3	Middlesbrough	0-1		18470	1	5	3	4			2	12	9		11	6	7			8						
15		7	Bristol Rovers	1-2	Banks	4563	1	5	3	4			2	12	9	10	11	6	7			8						
16		10	LEICESTER CITY	1-1	O'Connell	8581	1	5	3	4			2	12	9	10	11	6	7			8						
17		17	Newcastle United	0-0		15556	1	5		4		3	2	9			11	6	7	12	10		8	14				
18		24	WOLVERHAMPTON W.	1-1	Saville	9267	1	5			8	3	2		9		11	6	7	10			4		12			
19	Dec	1	Watford	0-0		7839	1	5			8	3	2		9		11	6	7	12		10	4					
20		15	Brighton & Hove Albion	0-1		5829	1	5	3	4			2		9		11	6	7		12	8		14				
21		22	WEST HAM UNITED	1-0	Smith	10348	1	4	3			5	2		9		11	6	7		12	8				14		
22		26	Plymouth Argyle	1-1	Rammell	5668	1	4	3			5	2		9		11	6	7			8				12		
23		29	Hull City	2-1	Agnew, Deehan	7916	1	4	3			5	2		9	10	11	6	7			8				12		
24	Jan	1	BRISTOL CITY	2-0	Rammell, Taggart	8961	1	4	3			5	2		9	10	11	6	7			8				12		
25		12	MILLWALL	1-2	Agnew	7857	1	3		4		5	2		9	10	11	6	7		14	8				12		
26		19	Oldham Athletic	0-2		13849	1	3		4		5	2		9	10	11	6	7			8	12					
27	Feb	23	Leicester City	1-2	Smith	9027	1	4	3			5	2		9	10	11	6	7			8						
28		26	BRISTOL ROVERS	1-0	Saville	6197	1	4	3			5	2		9	10	11	6	7	12		8	14					
29	Mar	2	WATFORD	2-1	Saville, Rammell	6755	1	4	3			5	2		9	10	11	6	7			8	14			12		
30		9	Wolverhampton Wan.	5-0	Saville,Rammell,Stancliffe (og),Robinson,Agnew	15671	1	3		2		5	14		9	10	11	6	7	12		8				4		
31		16	CHARLTON ATHLETIC	1-1	O'Connell	6373	1	3		2			14		9	10	11	6	7	12		8				4	5	
32		19	PORTSMOUTH	4-0	Saville 2, Rimmer, Agnew	4921	1	3					2		9	10	11	6	7	5		8	14			4	12	
33		23	Oxford United	0-2		4689	1	3				8	2		9	10	11	6	7	5		12	14			4		
34		30	PLYMOUTH ARGYLE	1-0	Agnew (pen)	6142	1	3					5		9	10	11	6	7			8	2			4		
35	Apr	1	West Ham United	2-3	Saville, O'Connell	24607	1	3					5		9	10	11	6	7	4		8	2			14	12	
36		6	HULL CITY	3-1	O'Connell 2, Rammell	6859	1	3					5		9	10	11	6	7	4		8	2			12		
37		9	NOTTS COUNTY	1-0	O'Connell	9801	1	3					5		9	10	11	6	7	4		8	2					
38		13	Bristol City	0-1		12081	1	4	3				5		9	10	11	6	7	12		8	2			14		
39		15	Port Vale	1-0	Saville	6939	1	3					5		9	10	11	6	7	2		12				8	4	
40		20	WEST BROMWICH ALB.	1-1	Deehan	9594	1	3					5		9	10	11	6	7	2		12	14			8	4	
41		23	BLACKBURN ROVERS	0-1		8648	1	3		14			5		9		11	6	7	2		12	10			8	4	
42		25	Ipswich Town	0-2		7570	1	3	12			5	2		9	10	11	6				8	14				4	
43		27	Sheffield Wednesday	1-3	Smith	30693	1	3	12	2		5	4		9		11	6	7			8				14		
44	May	4	Swindon Town	2-1	Tiler, Smith	9531	1	2	3			5	4		9	10	11	6	7			8				12		
45		7	NEWCASTLE UNITED	1-1	Smith	9534	1	2	3			5	4		9	10	11	6	7			8				12		
46		11	MIDDLESBROUGH	1-0	Tiler	14494	1	2	3			5	4		9	10		6	7	11		8						
						Apps	46	44	30	24	3	37	33	12	45	38	45	45	45	22	9	40	14	4	1	11	15	2
						Goals			2	1		6	2	2	12	8	2	2	9	1		12				2	1	

One own goal

F.A. Cup

			Opponent	Score	Scorers	Att																						
R3	Jan	6	LEEDS UNITED	1-1	Deehan	22424	1	4	3			5	2		9	10	11	6	7			8				12		
rep		9	Leeds United	0-4		19773	1	4	3			5	2		9	10	11	6	7	12		8				14		

F.L. Cup (Rumbelows Cup)

			Opponent	Score	Scorers	Att																						
R1/1	Aug	28	Wigan Athletic	1-0	Cooper	2144	1	2	3	6		4	7	8	9	10	11	5										
R1/2	Sep	4	WIGAN ATHLETIC	0-1		4558	1	2	3	4		5	7	8	9	10	11	6	14	12								
R2/1		26	Aston Villa	0-1		14471	1	2	3	4		5		8	9	10	11	6		7		12						
R2/2	Oct	9	ASTON VILLA	0-1		13924	1		3	4		5	2		9	10	11	6	7	12		8						

R1/2 won 4-3 on penalties, a.e.t.

Full Members Cup (Zenith Data Systems Cup)

			Opponent	Score	Scorers	Att																						
R1	Nov	21	West Bromwich Albion	5-3	Robinson, Smith, Banks 3	4452	1	5			7	3	2				11		8	10			4	6	9			12
R2	Dec	18	Sheffield Wednesday	3-3	Archdeacon 2, Connelly	5942	1	5	3	4		12	2		9	10	11	6	7		14	8						
Nqf	Jan	30	NOTTM. FOREST	2-1	Rammell, O'Connell	6692	1	4	3			5	2		9	10	11	6	7			8						
Nsf	Mar	13	EVERTON	0-1		10287	1	3		2			5	14	9	10	11	6	7	12		8					4	

R2 won 4-2 on penalties, a.e.t.

1991/92 — 16th in Division 2

#		Date	Opponent	Score	Scorers	Att	Whitehead PM	Bishop CD	Williams GJ	Banks IF	Davis SP	Taggart GP	O'Connell BJ	Rammell AV	Pearson JS	McCord BJ	Graham DWT	Fleming JG	Connelly D	Smith MC	Butler LS	Robinson MJ	Cross P	Redfearn ND	Currie DN	Archdeacon OD	Saville AV	Bullimore WA	Whitworth NA	Liddell AM
1	Aug	17	Plymouth Argyle	1-2	Pearson	6352	1	2	3	4	5	6	7	8	9	10	11	12												
2		20	SUNDERLAND	0-3		12454	1	2	3	4	5	6	7	8	9		11	10	12	14										
3		24	BRIGHTON & HOVE ALB	1-2	O'Connell	6066	1	2		4	5	6	7	8	9		12	10	11	3										
4		27	Port Vale	0-0		6299		10		4		6	7	8	9			11		5	1	2	3							
5		31	Swindon Town	1-3	Banks	7732		10		4		6	7	8	9		12	11		5	1	2	3							
6	Sep	3	WATFORD	0-3		6500		10		4	5	6	7	8			9	2	11		1	12	3							
7		7	Derby County	1-1	Saville	10559		2		4		6	7	8	12		3			5	1			9	10	11	14			
8		14	IPSWICH TOWN	1-0	Currie	6786				4		6	7	12			3			5	1	2		8	10	11	9			
9		17	LEICESTER CITY	3-1	Rammell, Taggart, Redfearn (pen)	9318				4		6	7	9			3			5	1	2		8	10	11	12			
10		21	Tranmere Rovers	1-2	Banks	8462				4		6	7	9				10	3	5	1	2		8		11	12			
11		28	MILLWALL	0-2		6544				4		6	7	9			3			5	1	2		8	10	11	12			
12	Oct	5	Wolverhampton Wan.	2-1	Saville, O'Connell	14082					12	6	7	11	9		4				1	2		8	10	3	5			
13		12	PORTSMOUTH	2-0	Taggart, Graham	6579		12				6	7	11	9		10	4			1	2		8		3	5			
14		19	BRISTOL CITY	1-2	Currie	6566			14			6	7	11	9		12	4			1	2		8	10	3	5			
15		26	Cambridge United	1-2	Rammell	5534			9			6	7	11			12	4		5	1	2		8	10	3				
16	Nov	2	Oxford United	1-0	Redfearn	3420			9			6	7	11				4		5	1	2		8	12	3		10		
17		5	MIDDLESBROUGH	2-1	Rammell, Taggart	6525			9			6	7	11				4		5	1	2		8	10	3				
18		9	BRISTOL ROVERS	0-1		6688	5		9			6	7	11			12	4			1	2		8	10	3				
19		16	Blackburn Rovers	0-3		13797	14		9			6	7	11	12			4		5	1	2		8	10	3				
20		23	Southend United	1-2	Saville	5060	10					6		11				4		5	1	2		8	12	3	9	7		
21		30	NEWCASTLE UNITED	3-0	Saville, Robinson, Rammell	9702	3					6			10			2		5	1	7		8	12	11	9	4		
22	Dec	7	Charlton Athletic	1-1	Redfearn (pen)	4581	3					6					12	2		5	1	7		8	10	11	9	4		
23		14	GRIMSBY TOWN	4-1	Currie, Archdeacon 2, Saville	6856	3		14			6					12	2		5	1	7		8	10	11	9	4		
24		22	Watford	1-1	Robinson	7522	3					6		12				2		5	1	7		8	10	11	9	4		
25		26	PORT VALE	0-0		8843	3					6		12				2		5	1	7		8	10	11	9	4		
26		28	SWINDON TOWN	1-1	Rammell	8357			14	3		6		10				2		5	1	7		8	12	11	9	4		
27	Jan	1	Sunderland	0-2		16125			3	14		6		10				2		5	1	7		8	12	11	9	4		
28		11	Brighton & Hove Albion	1-3	Currie	6107	3					6	7	9			12	5			1	2		8	10	11	14	4		
29		18	PLYMOUTH ARGYLE	1-3	Saville	5374	3			5		6	12	7			14	2			1			8	10	11	9	4		
30	Feb	1	Bristol City	2-0	Archdeacon, O'Connell	9508	3			8		6	7				9	4		5	1	2			10	11				
31		8	CAMBRIDGE UNITED	0-0		6196	3			8		6	7				9	4		5	1	2			10	11	12			
32		15	SOUTHEND UNITED	1-0	O'Connell	5328			3	8		6	7				9	4		5	1	2		14	10	11	12			
33		22	Newcastle United	1-1	Currie	27382				8	3		7			14		4		5	1	2		9	10	11	12		6	
34		29	CHARLTON ATHLETIC	1-0	Archdeacon	6050	3			8			7	12			14	4		5	1	2			10	11	9		6	
35	Mar	7	Grimsby Town	1-0	Archdeacon	6913	3			8	4		7							5	1	2			10	11		9	6	
36		14	OXFORD UNITED	1-0	Currie	5436	4			8			7							5	1	2		9	10	11			6	
37		21	Bristol Rovers	0-0		5641	4			3			7							5	1	2		9	10	11			6	
38		28	BLACKBURN ROVERS	2-1	Smith, Rammell	13337	4			3	8		7	12						5	1	2		9	10	11			6	
39		31	Ipswich Town	0-2		14157				3	8		4	7	10			14		5	1	2		9	12	11			6	
40	Apr	4	DERBY COUNTY	0-3		10127				3	8			7	10	14		4		5	1	2		9	12	11			6	
41		11	Leicester City	1-3	Currie	14438					8			7	3		12	4		5	1	2		9	10	11		14	6	
42		13	Middlesbrough	1-0	Redfearn	12743							3	7	12			4		5	1	2		9	10	11		8	6	
43		18	TRANMERE ROVERS	1-1	Archdeacon	5811	14						3	7	10		12	4		5	1	2		9		11		8	6	
44		22	Millwall	1-1	Rammell	5703	6						3	12	10			4		5	1	2		9	7	11		8		
45		25	WOLVERHAMPTON W.	2-0	Bullimore, Rammell	7244	6	12					3		10			4		5	1	2		9	7	11		8		
46	May	2	Portsmouth	0-2		11169				6			3		10		12	4		5	1	2		9	7	11		8		14
					Apps		3	28	17	26	9	38	36	37	10	3	21	42	3	38	43	41	3	36	37	40	22	18	11	1
					Goals					2		3	4	8	1		1			1		2		4	7	6	6	1		

F.A. Cup

		Date	Opponent	Score		Att	Whitehead	Bishop	Williams	Banks	Davis	Taggart	O'Connell	Rammell	Pearson	McCord	Graham	Fleming	Connelly	Smith	Butler	Robinson	Cross	Redfearn	Currie	Archdeacon	Saville	Bullimore	Whitworth	Liddell
R3	Jan	4	Norwich City	0-1		12189	3	6				9	10				2			5	1	7		8	12	11	14	4		

F.L. Cup (Rumbelows Cup)

		Date	Opponent	Score	Scorers	Att																								
R2/1	Sep	24	Blackpool	0-1		4123				4		6	7	9			10	3		5	1	2		8		11	12			
R2/2	Oct	8	BLACKPOOL	2-0	O'Connell, Pearson	6315	14					6	7	11	9		12	4			1	2		8	10	3	5			
R3		29	Middlesbrough	0-1		9381			9			6	7	11			14	4		5	1	2		8	10	3		12		

Full Members Cup (Zenith Data Systems Cup)

		Date	Opponent	Score	Scorers	Att																								
R1	Oct	2	Leicester City	3-4	Archdeacon, Currie, Saville (aet)	3995	4	14				6	7	11	9			3			1	2		8	10	12	5			

1992/93 — 13th in the new Football League Division 1

						Butler LS	Robinson MJ	Taggart GP	Bishop CD	Fleming JG	Bullimore WA	Currie DN	Rammell AV	Pearson JS	Redfearn ND	Archdeacon OD	Liddell AM	Smith MC	Graham DWT	Burton MA	O'Connell BJ	Robinson J	Biggins W	Godfrey W	Williams GJ	Watson DN	Davis SP	Whitehead PM	Hendon IM	Jackson CD	Gridelet PR	Bennett T	Feeney MA	Eaden NJ
1	Aug	16	WEST HAM UNITED	0-1		6798	1	2	3	4	5	6	7	8	9	10	11	12																	
2		22	Portsmouth	0-1		11473	1	2	3	4	5	6	12	8	9	10	11	7	14																
3		29	MILLWALL	0-0		4795	1	2	3	4	5	6	8	12	9	10	11	7		14																
4	Sep	1	WOLVERHAMPTON W.	0-1		6906	1	2	3	4	5	6	8	12	9	10	11	7		14																
5		5	Notts County	3-1	Taggart, Liddell, Archdeacon	6205	1	14	3	4	5			12	8	9	10	11	7	2		6														
6		12	DERBY COUNTY	1-1	Rammell	8412	1		3	4	5			8	9	10	11	7	2			6		12												
7		19	PETERBOROUGH UTD.	1-2	Liddell	5275	1		3	4	5		14	8	9	10	11	7	2			6		12												
8		26	Bristol City	1-2	O'Connell	8041	1	2	3	4	5	12	14		9	10	11	7				6		8												
9	Oct	3	Leicester City	1-2	Biggins	12290	1		5	4	2			8	9	10	11	14				6		12	3	7										
10		10	LUTON TOWN	3-0	Biggins 2, Pearson	5261	1	2		4	5	6		8	9	10	11					12		3	7	14										
11		17	Oxford United	0-0		4422	1	2	5	4	3	6		8	9	10	11					12		7												
12		24	BRENTFORD	3-2	Biggins, Pearson 2	4928	1	2	5	4	3			8	9	10	11					6		7	12											
13		31	Swindon Town	0-1		8069	1	2	5	4	3			12	9	10	11	8				6		7												
14	Nov	3	Bristol Rovers	5-1	*See below	5013	1	2	5	4	3			8		10	11	9				6		7	12											
15		7	WATFORD			6193	1	2	5	4	3			8		10	11	9				6		7	12											
16		14	Cambridge United	2-1	Biggins 2	3963	1	2	5	4	3		12		9	10	11	8				6		7												
17		21	BIRMINGHAM CITY	1-0	Currie	5603	1	2	5	4	3		12		9	10	11	8				6		7												
18		28	CHARLTON ATHLETIC	1-0	Biggins	5851	1	2	5	4	3		12		9	10	11	8				6		7												
19	Dec	5	Sunderland	1-2	Sampson (og)	17403	1	2	5	4	3		12	8	9	10	11					6		7												
20		13	NEWCASTLE UNITED	1-0	O'Connell	13263	1	2	5	4	3			8	9	10	11	12				6		7												
21		19	Southend United	0-3		3629	1	2	5	4	3		12	8		10	11	9				6		7	14											
22		26	Grimsby Town	2-4	Taggart, Currie	8242	1	2	5	4	3		7	8		10	11	9				6		12	14											
23		28	TRANMERE ROVERS	3-1	Currie, Rammell, Redfearn	8204	1	2	5	4	3		9	8		10	11					6	12	7												
24	Jan	9	Peterborough United	1-1	Rammell	6542	1	2	5	4	3		9	8	12	10	11					6		7												
25		16	BRISTOL CITY	2-1	O'Connell 2	5423	1	2	5	4	3		9	8		10	11					6		7												
26		27	Wolverhampton Wan.	0-1		11342	1	2	5	4	3		7	8	9	10	11					6			12											
27		30	PORTSMOUTH	1-1	Archdeacon	6551	1	2	5	4	3		7	8	9	10	11					6														
28	Feb	6	West Ham United	1-1	Rammell	14101	1	2	5	4	3		7	8	9	10	11	12				6														
29		10	Derby County	0-3		13096		2	5	4	3		7	8		10	11					6		12	9		1									
30		20	Millwall	4-0	Archdeacon 2, Biggins 2	8032		2	5		3		9	8		10	11					6		7			1	4								
31		27	Luton Town	2-2	O'Connell, Currie	7595		2	5		3		9	8		10	11					6		7			1	4								
32	Mar	6	LEICESTER CITY	2-3	Rammell 2	9282		2	5	4	3		9	8		10	11	14				6		7					12	1						
33		9	CAMBRIDGE UNITED	2-0	Biggins, Redfearn	5445			5		3		9	8		10	11	2		12		6		7					4	1							
34		13	Watford	2-1	Biggins 2	5785			5	2	3	12	9	8		10	11					6		7					4	1							
35		16	NOTTS COUNTY	0-0		6372			5	2	3	8	9			10	11					6		7					4	1							
36		21	SUNDERLAND	2-0	Biggins 2	7297			5	2	3		9			10	11	12				6		7					4	1	8						
37		23	Birmingham City	0-3		12664			5	2	3	14	9				11					6		7	12				4	1	8						
38		27	BRISTOL ROVERS	2-1	Graham, Archdeacon	5220			5	4	3	14	9			10	11		8			6		7	12					1	2						
39	Apr	3	Charlton Athletic	0-0		6154			5	4	3	8	12			10						9		6	11	7	14			1	2						
40		7	Newcastle United	0-6		29513			5	4	3	8	9			10						14		6	11	7				1	2	12					
41		10	GRIMSBY TOWN	0-2		4990			5	4	3	14	12			10			9			6		7					11	1	2		8				
42		12	Tranmere Rovers	1-2	Taggart	6436			5	4	3		8			10			9			6		7		12			11	1			14	2			
43		17	SOUTHEND UNITED	3-1	Williams 3	3855				4	3	14				10			9				2	7		11	1	5			8		6	12			
44		24	OXFORD UNITED	0-1		5588			5	4	3		12			10			9			6	2	7		11	1				8						
45	May	1	Brentford	1-3	Williams	7958			5	4	3	8				10			9			6	2	7		11			1					14	12	
46		8	SWINDON TOWN	1-0	Williams	6031			5	4	3	12	8			10	14		9			6	2			11			1							7

Played in game 14: D Connelly (14)
Scorers in game 14: M Robinson, Taggart, O'Connell, Refeam

	Apps	28	29	44	43	46	17	35	30	22	46	38	21	4	15	5	40	8	34	8	8	5	11	13	6	3	2	2	2	2
	Goals		1	4				4	7	3	3	5	2		1		6		14		5										

One own goal

F.A. Cup

R3	Jan	13	Leicester City	2-2	Whitlow (og), Redfearn	19137	1	2	5	4	3		9	8	12	10	11				6		7								
rep		20	LEICESTER CITY	1-1	Archdeacon	15423	1	2	5	4	3	14	9	8	12	10	11				6		7									
R4		24	WEST HAM UTD.	4-1	Rammell 3, Redfearn	13716	1		5	4	3		9	8	12	10	11				6		7						2			
R5	Feb	13	Manchester C	0-2		32807	1	2	5	4	3		7	8		10	11	9			6	14		12								

R3 replay won 5-4 on penalties, a.e.t.

F.L. Cup (Coca Cola Cup)

R1/1	Aug	19	Grimsby Town	1-1	Redfearn	3927	1	2	3	4	5	6		8	9	10	11	7							
R1/2		25	GRIMSBY TOWN	1-1	Liddell (aet)	4636	1	2	3	4	5	6	14	8	9	10	11	7		12						

Grimsby T won 5-3 on penalties

Anglo-Italian Cup

PR	Sep	15	Notts County	1-1	O'Connell	2115	1		3	4	5			8	9	10	11	7	2		6	12		
PR		29	DERBY COUNTY	1-2	Taggart	3960	1	2	5	4			12	9		10	11	7			6	8	3		14

1993/94   18th in Division 1

						Butler LS	Fleming JG	Snodin G	Wilson DJ	Taggart GP	Anderson VA	O'Connell BJ	Redfearn ND	Bryson JIC	Biggins W	Archdeacon OD	Graham DWT	Currie DN	Robinson J	Bishop CD	Watson DN	Eaden NJ	Rammell AV	Liddell AM	Jackson CD	Boden CD	Williams GJ	Payton AP	Sheridan DS
1	Aug	14	WEST BROMWICH ALB.	1-1	Anderson	12940	1	2	3	4	5	6	7	8	9	10	11	12											
2		17	Peterborough United	1-4	Currie	5875	1	2		4	5	6	7	8		10	11	9	12										
3		21	Watford	2-0	Biggins, Bryson	5937	1	2	3	4	5		7	8	9	10	11			12									
4		24	MIDDLESBROUGH	1-4	Anderson	10597	1	2	3	4	5	6	7	8	9	10	11	12											
5		28	BIRMINGHAM CITY	2-3	Redfearn, Anderson	7241	1	2	3	4	5	6	7	8		10	11				12									
6	Sep	4	Millwall	0-2		8004		2		4		6	7	8	9	10	11				5	1	3	12						
7		11	NOTTM. FOREST	1-0	Archdeacon (pen)	13270		2		4	5	6	7	8		10	11				3	1		9						
8		18	Tranmere Rovers	3-0	Rammell, Redfearn, O'Connell	6755		2		4	5	6	7	10	9		11				3	1		8						
9		25	LEICESTER CITY	0-1		10392		2		4	5	6	7	10	9		11				3	1		8	12					
10	Oct	2	Luton Town	0-5		6201		2		4	5	6	7	10			11				3	1	14	8	12					
11		9	CHARLTON ATHLETIC	0-1		5186		2		4	5	6	7	10	9	12	11				3	1		8	14					
12		16	Bristol City	2-0	Bryson, Redfearn	6923		2		4		6	7	8	9	10					5	1	11		12		3			
13		23	SOUTHEND UNITED	1-3	Redfearn (pen)	5240		2		4			7	8	9	10					5	1	6	12	11		3			
14		30	Stoke City	4-5	Redfearn, O'Connell, Bryson, Archdeacon	14691	1	2		4		6	7	10	9		12				5		11	8	14		3			
15	Nov	2	Oxford United	1-1	Redfearn	4065	1	2		4			7	10	9		11				6		5		8		3	12		
16		7	GRIMSBY TOWN	1-2	O'Connell	5942	1	2				6	7	8	9	10	11				4		5		12			3		
17		13	Wolverhampton Wan.	1-1	Biggins	18355	1	2		4		6	7	8	9	10	11				5		3							
18		20	CRYSTAL PALACE	1-3	Redfearn	5384	1	2		4		6	7	8	9	10	11				5		3		12			14		
19		27	BOLTON WANDERERS	1-1	Jackson	6755	1	2		4	5		7	8			11		12		6		3			9			10	
20	Dec	4	Grimsby Town	2-2	Payton, Redfearn	5283	1	2		4	5		7	8			11				6		3	12		9			10	
21		11	PETERBOROUGH UTD.	1-0	Payton	6424	1	3		4	5		7	8			11				6		2	9					10	
22		19	West Bromwich Albion	1-1	Payton	16062	1	3		4	5		7	8			11				6		2	9					10	
23		27	DERBY COUNTY	0-1		11562	1	3		4	5		7	8			11				6		2	9					10	
24	Jan	1	PORTSMOUTH	2-0	O'Connell, Redfearn	6328	1	3		4	5		7	8			11				6		2	9					10	
25		3	Sunderland	0-1		19096	1	3			5		7	8			11				6		2	9	12				10	4
26		15	BRISTOL CITY	1-1	Rammell	5222	1	3		4	5		7	8			11				6		2	9					10	
27		22	Charlton Athletic	1-2	Payton	7286	1	3		4	5		7	8			11				6		2	9					10	
28	Feb	5	Southend United	3-0	Eaden, Redfearn, Rammell	4101	1	3		4	5		7	8			11				6		2	9					10	
29		12	STOKE CITY	3-0	Rammell, Redfearn, Taggart	7551	1	3		4	5		7	8			11				6		2	9					10	
30	Mar	1	Notts County	1-3	Payton	6297	1	3	14	4	5		7	8			11				6		2	9	12				10	
31		5	Birmingham City	2-0	O'Connell, Rammell	15382	1	3		4	5	6	7	8			11						2	9					10	
32		12	TRANMERE ROVERS	1-0	Payton	6203	1	3		4	5	6	7	8			11						2	9					10	
33		16	Nottingham Forest	1-2	Taggart	20491	1	3		4	5		7	8			11				6		2	9					10	
34		19	Leicester City	1-0	Payton	15640	1	3		4	5		7	8			11				6		2	9	12				10	
35		26	LUTON TOWN	1-0	Payton	6289	1	3		4	5			8			11				6		2	9	7				10	
36		29	SUNDERLAND	4-0	Eaden, Liddell, Payton, Rammell	10042	1	3		4	5			8			11				6		2	9	7				10	
37	Apr	2	Derby County	0-2		14968	1	3	12	4	5			8			11				6		2	9	7				10	
38		4	NOTTS COUNTY	0-3		6827	1	3	11	4	5			8							6		2	9	7				10	12
39		9	Portsmouth	1-2	Redfearn (pen)	7005	1	3	11		5	6	7	8									2	9	12			14	10	4
40		12	WATFORD	0-1		4380	1	3	14	5		6		8			11						2	9	7			12	10	
41		16	OXFORD UNITED	1-0	Williams	4874	1	3		4	5			8			11				6		2	9	7			10		
42		23	Crystal Palace	0-1		20522	1	3		4	5			8			11				6		2	9	7	12		10		
43		26	Middlesbrough	0-5		6368	1	3		4	5		7	8			11				6		2	9					10	
44		30	WOLVERHAMPTON W.	2-0	O'Connell, Payton	11329	1	3		4	5		7	8			11				6		2	9					10	
45	May	3	MILLWALL	0-1		5059	1	3		4	5		7	8			11				6		2	9	12			10		
46		8	Bolton Wanderers	3-2	Bishop, Payton 2	11661		3	14	4	5			8			11				6	1	2	9	7			12	10	
					Apps		37	46	11	43	38	20	38	46	16	13	42	2	3	1	38	9	37	34	22	4	4	9	25	3
					Goals						2	3	6	12	3	2	2				1		1	2	6	1	1	1	12	

F.A. Cup

							Butler LS	Fleming JG	Snodin G	Wilson DJ	Taggart GP	Anderson VA	O'Connell BJ	Redfearn ND	Bryson JIC	Biggins W	Archdeacon OD	Graham DWT	Currie DN	Robinson J	Bishop CD	Watson DN	Eaden NJ	Rammell AV	Liddell AM	Jackson CD	Boden CD	Williams GJ	Payton AP	Sheridan DS
R3	Jan	8	Bromsgrove Rovers	2-1	Rammell, Archdeacon	4893	1	3		4	5		7	8			11				6		2	9	12				10	
R4		29	Plymouth Argylr	2-2	Payton, Taggart	12760	1	3		4	5		7	8			11				6		2	9					10	
rep	Feb	9	PLYMOUTH ARGYLE	1-0	O'Connell	10913	1	3		4	5		7	8			11				6		2	9					10	
R5		19	Oldham Athletic	0-1		15685	1	3		4	5		7	8			11				6		2	9					10	

F.L. Cup (Coca Cola Cup)

							Butler LS	Fleming JG	Snodin G	Wilson DJ	Taggart GP	Anderson VA	O'Connell BJ	Redfearn ND	Bryson JIC	Biggins W	Archdeacon OD	Graham DWT	Currie DN	Robinson J	Bishop CD	Watson DN	Eaden NJ	Rammell AV	Liddell AM	Jackson CD	Boden CD	Williams GJ	Payton AP	Sheridan DS
R2/1	Sep	21	PETERBOROUGH UTD.	1-1	Archdeacon (pen)	4549		2		4	5	6	7	10	9		11				3	1		8						
R2/2	Oct	5	Peterborough United	1-3	Bryson	3533		2		4	5	6	7	10	9		11				3	1	14		8	12				

R2/2 a.e.t.

Anglo-Italian Cup

							Butler LS	Fleming JG	Snodin G	Wilson DJ	Taggart GP	Anderson VA	O'Connell BJ	Redfearn ND	Bryson JIC	Biggins W	Archdeacon OD	Graham DWT	Currie DN	Robinson J	Bishop CD	Watson DN	Eaden NJ	Rammell AV	Liddell AM	Jackson CD	Boden CD	Williams GJ	Payton AP	Sheridan DS
PR	Sep	7	Middlesbrough	0-3		5173	1			4				10	9	3			6	5			2	8				11		12
PR		14	GRIMSBY TOWN	2-1	Archdeacon, O'Connell	1627					5		7	8	10		11		3	6	1		2	9	14	12				4

Played in first game: MJ Bullock (at 7)

1994/95   6th in Division 1

#	Date		Opponent	Score	Scorers	Att	Watson DN	Eaden NJ	Fleming JG	Wilson DJ	Taggart GP	Bishop CD	O'Connell BJ	Redfearn ND	Rammell AV	Payton AP	Snodin G	Davis SP	Liddell AM	Bullock MJ	Jackson CD	Sheridan DS	Archdeacon OD	Butler LS	Moses AP	Shotton M	Hurst G
1	Aug	13	DERBY COUNTY	2-1	Rammell 2	8702	1	2	3	4	5	6	7	8	9	10	11										
2		20	Charlton Athletic	2-2	Payton, Davis	8167	1	2	3	4	5	6	7	8	9	10	11	12									
3		27	READING	0-2		4771	1	2	3	4	5		7	8	9	10	11	6	12	14							
4		30	Port Vale	1-2	O'Connell	7228	1	2	3	4	5	6	7	8	9	10	11	12		14							
5	Sep	3	Burnley	1-0	Payton	11989	1	2	3	4	5		7	8	9	10	11	6									
6		10	WATFORD	0-0		4251	1	2	3	4	5		7	8	9	10	11	6	12								
7		13	NOTTS COUNTY	1-1	Rammell	3928	1	2	3	4	5		7	8	9	10	11	6	12								
8		17	Sunderland	0-2		16145	1		3	4	5	2	7	8	9	10	11	6	12								
9		24	Oldham Athletic	0-1		7941	1	14	3	4	5	2	7	8	9	10	11	6	12								
10	Oct	1	SWINDON TOWN	2-1	Redfearn 2	3911	1	2	3	4	5	6		8	9	10		7	12	9							
11		8	SOUTHEND UNITED	0-0		3659	1	2	3	4	5		7	8	12	10		6	14		9	11					
12		16	Sheffield United	0-0		12317	1	2	3	4	5		7	8	9	10		6				11					
13		22	WEST BROMWICH ALB.	2-0	O'Connell, Redfearn	5082	1	2	3	4	5		7	8	9	10		6				11					
14		29	Luton Town	1-0	Rammell	7212	1	2	3	4	5		7	8	9	10		6				11					
15	Nov	1	Tranmere Rovers	1-6	Rammell	5592	1	2	3	4	5		7	8	9	10		6	12			11	14				
16		5	STOKE CITY	2-0	O'Connell, Sheridan	5117	1	2	3	4	5		7	8				6	10		9	11					
17		19	Millwall	1-0	Liddell	7040		2	3	4	5		7	8		12		6	10		9	11	14	1			
18		26	BOLTON WANDERERS	3-0	Eaden, Davis, Redfearn	8507		2	3		5		7	8		12		6	10		9	11	4	1			
19	Dec	3	West Bromwich Albion	1-2	Jackson	13921		2	3		5		7	8		14		6	10	12	9	11	4	1			
20		7	BRISTOL CITY	2-1	Liddell, Archdeacon	4305		2	3		5		7	8		14		6	10	12	9	11	4	1			
21		10	CHARLTON ATHLETIC	2-1	Redfearn, Liddell	5466		2	3		5		7	8				6	10			11	4	1			
22		17	Derby County	0-1		13205		2	3		5		7	8		9		6	10	12		11	4	1			
23		26	GRIMSBY TOWN	4-1	Payton 3, Liddell	8669		2	3		5		7	8		9		6	10	4		11		1			
24		27	Portsmouth	0-3		6751		2	3		5	14	7	8	12	9		6	10	4		11		1			
25		31	WOLVERHAMPTON W.	1-3	Redfearn (pen)	9250		2	3			5	7	8	12	9		6	10	4		11		1			
26	Jan	14	LUTON TOWN	3-1	Redfearn, Liddell 2	4808	1	2	3	4			7	8	9			6	10			11			5		
27	Feb	4	Bristol City	2-3	Rammell, Wilson	6408	1	2	3	4			7	8	9				10	12		11			5	6	
28		11	TRANMERE ROVERS	2-2	Rammell, Redfearn	5506	1	2	3	4	5		7	8	9	14			10	12		11				6	
29		18	Bolton Wanderers	1-2	Liddell	12463	1	2	3	4	5		7	8		9	14	6	10	12		11					
30		21	MILLWALL	4-1	Redfearn 2, Payton 2	4730	1	2	3	4	5		7	8		9	14	6	10	12		11					
31		25	Swindon Town	0-0		8636	1	2	3	4	5		7	8		9		6	10	12		11					
32	Mar	7	BURNLEY	2-0	Taggart, Payton	5537	1	2	3	4	5		7	8		9	14	6	10	12		11					
33		11	Reading	3-0	O'Connell, Taggart, Payton	7556	1	2	3	4	5		7			9		6	10	8		11					
34		14	Middlesbrough	1-1	Payton	19655	1	2	3	4	5		7					6	10	8		11	12				
35		18	PORT VALE	3-1	Liddell 2, Sheridan	6878	1	2	3	4	5		7		12	9			10	8		11	6		14		
36		21	Watford	2-3	Liddell 2	6883	1	2	3	4	5		7		12	9			10	8		11			6		
37		24	SUNDERLAND	2-0	Shotton, Payton	7804	1	2	3	4	5		7			9			10	8		11				6	
38	Apr	1	Notts County	3-1	O'Connell, Wilson, Liddell	6834	1	2	3	4	5		7			9			10	8		11				6	
39		8	Wolverhampton Wan.	0-0		26385	1	2	3	4	5		7	12		9			10	8		11				6	
40		12	Stoke City	0-0		10734	1	2	3	4	5		7		12	9			10	8		11				6	
41		15	PORTSMOUTH	1-0	Payton	6825	1	2	3	4	5		7	12		9	11	6	10	8							
42		17	Grimsby Town	0-1		7277	1	2	3		5		7	4	12	9		6	10	8		11					
43		22	MIDDLESBROUGH	1-1	Liddell	11782	1	2	3				7	4		9		6	10	8		11				5	12
44		29	SHEFFIELD UNITED	2-1	O'Connell 2	10844	1	2	3				7	4		9		6	10	8		11				5	
45	May	2	OLDHAM ATHLETIC	1-1	Taggart	9383	1	2	3		5		7	8		9		6	10	4	12	11					14
46		7	Southend United	1-3	Redfearn	6451	1	2	3	4	5		12	8	10	9		6	14	7		11					
					Apps		37	45	46	34	41	8	45	39	24	43	14	36	39	29	8	35	9	9	4	8	2
					Goals			1		2	3		7	11	7	12		2	13		1	2	1			1	

F.A. Cup

R3	Jan	7	ASTON VILLA	0-2		11469	1	2	3	4			7	8	12	9		6	10	14		11			5		

F.L. Cup (Coca Cola Cup)

R1/1	Aug	17	Darlington	2-2	Taggart, Redfearn	2207	1	2	3	4	5	6	7	8	9	10	11										
R1/2		23	DARLINGTON	0-0		3263	1	2	3	4	5	6	7	8	9	10	11		12	14							
R2/1	Sep	20	Newcastle United	1-2	Redfearn	27208	1		3	4	5	6	7	8	9	10	2	11	12								
R2/2	Oct	5	NEWCASTLE UNITED	0-1		10992	1	2	3	4	5	11	7	8	14	10		6	12		9						

R1/2 won on away goals rule, a.e.t.

1995/96 10th in Division 1

	Date	Opponent	Score	Scorers	Att.	Watson DN	Eaden NJ	Davis SP	Bishop CD	Viveash AL	Kane PJ	Bullock MJ	Redfearn ND	Payton AP	Liddell AM	Archdeacon OD	Rammell AV	Fleming JG	Shirtliff PA	Sheridan DS	Butler LS	Jackson CD	Bochenski S	Shotton M	Moses AP	Molby J	De Zeeuw AJ	Hurst G	O'Connell BJ	Regis D	Jones S	Van der Velden C	Ten Heuvel L
1	Aug 12	Crystal Palace	3-4	Davis, Viveash, Liddell	12166	1	2	3	4	5	6	7	8	9	10	11	12																
2	19	OLDHAM ATHLETIC	2-1	Redfearn (p), Payton	8793	1	2	5	6		4	12	8	9	10	11	7	3															
3	26	Watford	3-2	Davis, Rammell 2	8049	1	2	5	6		4	14	8	9	10	12	7		3	11	13												
4	29	TRANMERE ROVERS	2-1	Davis, Payton	9816	1	2	5	6		4	12	8	9	10		7		3	11													
5	Sep 2	BIRMINGHAM CITY	0-5		11121	1	2		6	5		7	8	9	10	4			3	11	12												
6	9	Millwall	1-0	Redfearn	9272	1	2	5	6			12	8	9	10	4			3	11		7											
7	12	Huddersfield Town	0-3		14635	1	2	5	6			10	8	9		4		12	3	11		7	13										
8	17	SHEFFIELD UNITED	2-2	Davis, Payton	7150		2	5				13	8	9	10	4		3		11	1	7		6	12								
9	23	DERBY COUNTY	2-0	Liddell 2	8929	1	2	5	6			7	8	9	10	11						12			3	4							
10	30	Charlton Athletic	1-1	Redfearn	11198	1	2	5	6			12	8	9	10	11				7		13			3	4							
11	Oct 7	LEICESTER CITY	2-2	Bullock, Payton	13669	1	2	5	6			12	8	9		11	7			13		10			3	4							
12	14	Norwich City	1-3	Eaden	14002	1	2	5	6			12	8		9	11	13			7		10			3	4							
13	21	PORT VALE	1-1	Archdeacon	7332	1	2	5	6			7	8	12	10	11	14			13		9			3	4							
14	28	Sunderland	1-2	Liddell	17024	1	2	5				7	8	9	10	11	12			4				6	3								
15	Nov 4	WOLVERHAMPTON W.	1-0	Redfearn	9668	1	2	5				12	8	9	10	11	7		3	4							6						
16	11	Grimsby Town	1-3	Davis	6455	1	2	5				12	8	9	10	11	7		3	4							6						
17	18	Reading	0-0		6695	1	2	5				7	8	9	10	11			3	4							6						
18	21	PORTSMOUTH	0-0		6194	1	2	5				7	8	9	10	11	12		3	4							6	13					
19	25	LUTON TOWN	1-0	Redfearn	6437	1	2	5				7	8	9	10	11			3	4							6						
20	Dec 2	Leicester City	2-2	Payton 2	15129	1	2	5				7	8	9	10	11	12		3	4							6		13				
21	9	Derby County	1-4	Rammell	14415	1	2					7	8	9	10	11	12		3	4					5		6		13				
22	16	CHARLTON ATHLETIC	1-2	Payton	5534	1	2					13	8	9	7	11	10		3	4					5		6		12				
23	22	Ipswich Town	2-2	Liddell, De Zeeuw	12047	1	2						8	12	7	11	10		3	4					5		6		9				
24	26	STOKE CITY	3-1	Redfearn, Liddell, Rammell	9229	1	2	5					8		7	11	10		3	4					6				9				
25	Jan 1	Southend United	0-0		6537	1	2	5					8		7	11	10		3	4							6		9				
26	13	Oldham Athletic	1-0	Payton	6029	1	2	5					8	11	7		10		3	4					12		6		9				
27	20	CRYSTAL PALACE	1-1	Liddell	6637	1	2	5				12	8	10	7	11			3	4							6		9				
28	Feb 3	WATFORD	2-1	Payton, Archdeacon	5966	1	2	5				4	8	10	7	11	12		3								6		9				
29	10	Tranmere Rovers	3-1	Redfearn (p), Payton 2	6376	1	2	5				4	8	10	7	11			3	12							6		9				
30	20	Birmingham City	0-0		14168	1	2	5				4	8	10	7				3	11							6		9				
31	24	Sheffield United	0-1		14584	1	2	5	12			4	8	10	7				3	11							6		9	13			
32	27	MILLWALL	3-1	Payton 2, Liddell	6366	1	2					4	8	10	7	5			3	11							6		9	12			
33	Mar 2	Stoke City	0-2		12655	1	2					4	8	10	7	5			3	11							6	12	9				
34	9	IPSWICH TOWN	3-3	Redfearn 2(1p), Liddell	7666	1	2						8	10	7	5			3	11							6		9		4		
35	16	West Bromwich Albion	1-2	Payton	12645	1	2					13	8	10	7	5			3	11					12		6		9		4		
36	19	HUDDERSFIELD T	3-0	Eaden, Redfearn, Archdeacon	10660	1	2					12	8	10	7	11			3	4					5		6		9	13			
37	23	SOUTHEND UNITED	1-1	Payton	6727	1	2					13	8	10	7	11			3	4					5		6		9	12			
38	30	Port Vale	0-3		7358	1	2					13	8	10	7				3	4					5		6		9	12		11	
39	Apr 2	NORWICH CITY	2-2	Redfearn, Payton	6420	1	2					3	8	10						4					5		6	12	9	7		11	
40	6	SUNDERLAND	0-1		13189	1	2					11	8	10	7				3	4					5		6		12	13		9	
41	8	Wolverhampton Wan.	2-2	Payton, Moses	23789	1	2					11	8	10	7				3	4					5		6			12		9	
42	13	READING	0-1		5440	1	2					11	8	10	7	4			3						5		6		13	12		9	
43	20	Portsmouth	0-0		8734	1	2					7			10	11				4					5		6	12	8	9	3		
44	27	Luton Town	3-1	Redfearn 2, O'Connell	6194	1	2					11	8		10	3				4					5		6		7	9			12
45	30	WEST BROMWICH ALB.	1-1	Regis	6979	1	2					11	8		10	3				4					5		6		7	9		12	13
46	May 4	GRIMSBY TOWN	1-1	Redfearn	6056	1	2					11	8		10	13				4					5		6	12			3	7	9
					Apps	45	46	27	13	2	4	41	45	39	43	38	19	3	32	41	3	8	1	2	24	5	31	5	25	12	4	7	3
					Goals		2	5		1		1	14	17	9	3	4								1		1		1	1			

F.A. Cup

	Date	Opponent	Score	Scorers	Att.	Watson DN	Eaden NJ	Davis SP	Bishop CD	Viveash AL	Kane PJ	Bullock MJ	Redfearn ND	Payton AP	Liddell AM	Archdeacon OD	Rammell AV	Fleming JG	Shirtliff PA	Sheridan DS	Butler LS	Jackson CD	Bochenski S	Shotton M	Moses AP	Molby J	De Zeeuw AJ	Hurst G	O'Connell BJ	Regis D	Jones S	Van der Velden C	Ten Heuvel L
R3	Jan 8	OLDHAM ATHLETIC	0-0		9751	1	2	5				12	8	13	7	11	10		3	4							6		9				
rep	23	Oldham Athletic	1-2	Redfearn	6670	1	2	5				12	8	10	7	11				4			13		3		6		9				

F.L. Cup (Coca Cola Cup)

	Date	Opponent	Score	Scorers	Att.	Watson DN	Eaden NJ	Davis SP	Bishop CD	Viveash AL	Kane PJ	Bullock MJ	Redfearn ND	Payton AP	Liddell AM	Archdeacon OD	Rammell AV	Fleming JG	Shirtliff PA	Sheridan DS	Butler LS	Jackson CD	Bochenski S	Shotton M	Moses AP	Molby J	De Zeeuw AJ	Hurst G	O'Connell BJ	Regis D	Jones S	Van der Velden C	Ten Heuvel L
R2/1	Sep 19	Huddersfield Town	0-2		8264	1	2	5	3			7	8	9	10	4				11				6									
R2/2	Oct 3	HUDDERSFIELD T	4-0	Payton 3, Rammell	8192	1	2	5	6			12	8	9		11	7			4		10			3								
R3	24	ARSENAL	0-3		18429	1	2	5	6			7	8	9	10	11	12			4					3								

1980/81 Division 3

1	Rotherham United	46	17	6	0	43	8	7	7	9	19	24	61
2	BARNSLEY	46	15	5	3	46	19	6	12	5	26	26	59
3	Charlton Athletic	46	14	6	3	36	17	11	3	9	27	27	59
4	Huddersfield Town	46	14	6	3	40	11	7	8	8	31	29	56
5	Chesterfield	46	17	4	2	42	16	6	6	11	30	32	56
6	Portsmouth	46	14	5	4	35	19	8	4	11	20	28	53
7	Plymouth Argyle	46	14	5	4	35	18	5	9	9	21	26	52
8	Burnley	46	13	5	5	37	21	5	9	9	23	27	50
9	Brentford	46	7	9	7	30	25	7	10	6	22	24	47
10	Reading	46	13	5	5	39	22	5	5	13	23	40	46
11	Exeter City	46	9	9	5	36	30	7	4	12	26	36	45
12	Newport County	46	11	6	6	38	22	4	7	12	26	39	43
13	Fulham	46	8	7	8	28	29	7	6	10	29	35	43
14	Oxford United	46	7	8	8	20	24	6	9	8	19	23	43
15	Gillingham	46	9	8	6	23	19	3	10	10	25	39	42
16	Millwall	46	10	9	4	30	21	4	5	14	13	39	42
17	Swindon Town	46	10	6	7	35	27	3	9	11	16	29	41
18	Chester	46	11	5	7	25	17	4	6	13	13	31	41
19	Carlisle United	46	8	9	6	32	29	6	4	13	24	41	41
20	Walsall	46	8	9	6	43	43	5	6	12	16	31	41
21	Sheffield United	46	12	6	5	38	20	2	6	15	27	43	40
22	Colchester United	46	12	7	4	35	22	2	4	17	10	43	39
23	Blackpool	46	5	9	9	19	28	4	5	14	26	47	32
24	Hull City	46	7	8	8	23	22	1	8	14	17	49	32

1981/82 Division 2

1	Luton Town	42	16	3	2	48	19	9	10	2	38	27	88
2	Watford	42	13	6	2	46	16	10	5	6	30	26	80
3	Norwich City	42	14	3	4	41	19	8	2	11	23	31	71
4	Sheffield Wed.	42	10	8	3	31	23	10	2	9	24	28	70
5	Queen's Park Rgs.	42	15	4	2	40	9	6	2	13	25	34	69
6	BARNSLEY	42	13	4	4	33	14	6	6	9	26	27	67
7	Rotherham United	42	13	5	3	42	19	7	2	12	24	35	67
8	Leicester City	42	12	5	4	31	19	6	7	8	25	29	66
9	Newcastle United	42	14	4	3	30	14	4	4	13	22	36	62
10	Blackburn Rovers	42	11	4	6	26	15	5	7	9	21	28	59
11	Oldham Athletic	42	9	9	3	28	23	6	5	10	22	28	59
12	Chelsea	42	10	5	6	37	30	5	7	9	23	30	57
13	Charlton Athletic	42	11	5	5	33	22	2	7	12	17	43	51
14	Cambridge United	42	11	4	6	31	19	2	5	14	17	34	48
15	Crystal Palace	42	9	2	10	25	26	4	7	10	9	19	48
16	Derby County	42	9	8	4	32	23	3	4	14	21	45	48
17	Grimsby Town	42	5	8	8	29	30	6	5	10	24	35	46
18	Shrewsbury Town	42	10	6	5	26	19	1	7	13	11	38	46
19	Bolton Wanderers	42	10	4	7	28	24	3	3	15	11	37	46
20	Cardiff City	42	9	2	10	28	32	3	6	12	17	29	44
21	Wrexham	42	9	4	8	22	22	2	7	12	18	34	44
22	Orient	42	6	8	7	23	24	4	1	16	13	37	39

1982/83 Division 2

1	Queen's Park Rgs.	42	16	3	2	51	16	10	4	7	26	20	85
2	Wolverhampton Wan.	42	14	5	2	42	16	6	10	5	26	28	75
3	Leicester City	42	11	4	6	36	15	9	6	6	36	29	70
4	Fulham	42	13	5	3	36	20	7	4	10	28	27	69
5	Newcastle United	42	13	6	2	43	21	5	7	9	32	32	67
6	Sheffield Wed.	42	9	8	4	33	23	7	7	7	27	24	63
7	Oldham Athletic	42	8	10	3	38	24	6	9	6	26	23	61
8	Leeds United	42	7	11	3	28	22	6	10	5	23	24	60
9	Shrewsbury Town	42	8	9	4	20	15	7	5	9	28	33	59
10	BARNSLEY	42	9	8	4	37	28	5	7	9	20	27	57
11	Blackburn Rovers	42	11	7	3	38	21	4	5	12	20	37	57
12	Cambridge United	42	11	7	3	26	17	2	5	14	16	43	51
13	Derby County	42	7	10	4	27	24	3	9	9	22	34	49
14	Carlisle United	42	10	6	5	44	28	2	6	13	24	42	48
15	Crystal Palace	42	11	7	3	31	17	1	5	15	12	35	48
16	Middlesbrough	42	8	7	6	27	29	3	8	10	19	38	48
17	Charlton Athletic	42	11	3	7	40	31	2	6	13	23	55	48
18	Chelsea	42	8	8	5	31	22	3	6	12	20	39	47
19	Grimsby Town	42	9	7	5	32	26	3	4	14	13	44	47
20	Rotherham United	42	6	7	8	22	29	4	8	9	23	39	45
21	Burnley	42	10	4	7	38	24	2	4	15	18	42	44
22	Bolton Wanderers	42	10	2	9	30	26	1	9	11	12	35	44

1983/84 Division 2

1	Chelsea	42	15	4	2	55	17	10	9	2	35	23	88
2	Sheffield Wed.	42	16	4	1	47	16	10	6	5	25	18	88
3	Newcastle United	42	16	2	3	51	18	8	6	7	34	35	80
4	Manchester City	42	13	3	5	43	21	7	7	7	23	27	70
5	Grimsby Town	42	13	6	2	36	15	6	7	8	24	32	70
6	Blackburn Rovers	42	9	11	1	35	19	8	5	8	22	27	67
7	Carlisle United	42	10	9	2	29	13	6	7	8	19	28	64
8	Shrewsbury Town	42	13	5	3	34	18	4	5	12	15	35	61
9	Brighton & Hove A.	42	11	6	4	42	17	6	3	12	27	43	60
10	Leeds United	42	13	4	4	33	16	3	8	10	22	40	60
11	Fulham	42	9	6	6	35	24	6	6	9	25	29	57
12	Huddersfield Town	42	8	6	7	27	20	6	9	6	29	29	57
13	Charlton Athletic	42	13	4	4	40	26	3	5	13	13	38	57
14	BARNSLEY	42	9	6	6	33	23	6	1	14	24	30	52
15	Cardiff City	42	11	3	7	32	27	4	3	14	21	39	51
16	Portsmouth	42	8	3	10	46	32	6	4	11	27	32	49
17	Middlesbrough	42	9	8	4	26	18	3	5	13	15	29	49
18	Crystal Palace	42	8	5	8	18	18	4	6	11	24	34	47
19	Oldham Athletic	42	10	6	5	33	27	3	2	16	14	46	47
20	Derby County	42	9	5	7	26	26	2	4	15	10	46	42
21	Swansea City	42	7	4	10	20	28	0	4	17	16	57	29
22	Cambridge United	42	4	7	10	20	33	0	5	16	8	44	24

1984/85 Division 2

1	Oxford United	42	18	2	1	62	15	7	7	7	22	21	84
2	Birmingham City	42	12	6	3	30	15	13	1	7	29	18	82
3	Manchester City	42	14	4	3	42	16	7	7	7	24	24	74
4	Portsmouth	42	11	6	4	39	25	9	8	4	30	25	74
5	Blackburn Rovers	42	14	3	4	38	15	7	7	7	28	26	73
6	Brighton & Hove A.	42	13	6	2	31	11	7	6	8	23	23	72
7	Leeds United	42	12	7	2	37	11	7	5	9	29	32	69
8	Shrewsbury Town	42	12	6	3	45	22	6	5	10	21	31	65
9	Fulham	42	13	3	5	35	26	6	5	10	33	38	65
10	Grimsby Town	42	13	1	7	47	32	5	7	9	25	32	62
11	BARNSLEY	42	11	7	3	27	12	3	9	9	15	30	58
12	Wimbledon	42	9	8	4	40	29	7	2	12	31	46	58
13	Huddersfield Town	42	9	5	7	28	29	6	5	10	24	35	55
14	Oldham Athletic	42	10	4	7	27	23	5	4	12	22	44	53
15	Crystal Palace	42	8	7	6	25	27	4	5	12	21	38	48
16	Carlisle United	42	8	5	8	27	23	5	3	13	23	44	47
17	Charlton Athletic	42	8	7	6	34	30	3	5	13	17	33	45
18	Sheffield United	42	7	6	8	31	28	3	8	10	23	38	44
19	Middlesbrough	42	6	8	7	22	26	4	2	15	19	31	40
20	Notts County	42	6	5	10	25	32	4	2	15	20	41	37
21	Cardiff City	42	5	3	13	24	42	4	5	12	23	37	35
22	Wolverhampton Wan.	42	5	4	12	18	32	3	5	13	19	47	33

1985/86 Division 2

1	Norwich City	42	16	4	1	51	15	9	5	7	33	22	84
2	Charlton Athletic	42	14	5	2	44	15	8	6	7	34	30	77
3	Wimbledon	42	13	6	2	38	16	8	7	6	20	21	76
4	Portsmouth	42	13	4	4	43	17	9	3	9	26	24	73
5	Crystal Palace	42	12	3	6	29	22	7	6	8	28	30	66
6	Hull City	42	11	7	3	39	19	6	6	9	26	36	64
7	Sheffield United	42	10	7	4	36	24	7	4	10	28	39	62
8	Oldham Athletic	42	13	4	4	40	28	4	5	12	22	33	60
9	Millwall	42	12	3	6	39	24	5	5	11	25	41	59
10	Stoke City	42	8	11	2	29	16	6	4	11	19	34	57
11	Brighton & Hove A.	42	10	5	6	42	30	6	3	12	22	34	56
12	BARNSLEY	42	9	6	6	29	26	5	8	8	18	24	56
13	Bradford City	42	14	1	6	36	24	2	5	14	15	39	54
14	Leeds United	42	9	7	5	30	22	6	1	14	26	50	53
15	Grimsby Town	42	11	4	6	35	24	3	6	12	23	38	52
16	Huddersfield Town	42	10	6	5	30	23	4	4	13	21	44	52
17	Shrewsbury Town	42	11	5	5	29	20	3	4	14	23	44	51
18	Sunderland	42	10	5	6	33	29	3	6	12	14	32	50
19	Blackburn Rovers	42	10	4	7	30	20	2	9	10	23	42	49
20	Carlisle United	42	10	2	9	30	28	3	5	13	17	43	46
21	Middlesbrough	42	8	6	7	26	23	4	3	14	18	30	45
22	Fulham	42	8	3	10	29	32	2	3	16	16	37	36

1986/87 Division 2

1	Derby County	42	14	6	1	42	18	11	3	7	22	20	84
2	Portsmouth	42	17	2	2	37	11	6	7	8	16	17	78
3	Oldham Athletic	42	13	6	2	36	16	9	3	9	29	28	75
4	Leeds United	42	15	4	2	43	16	4	7	10	15	28	68
5	Ipswich Town	42	12	6	3	29	10	5	7	9	30	33	64
6	Crystal Palace	42	12	4	5	35	20	7	1	13	16	33	62
7	Plymouth Argyle	42	12	6	3	40	23	4	7	10	22	34	61
8	Stoke City	42	11	5	5	40	21	5	5	11	23	32	58
9	Sheffield United	42	10	8	3	31	19	5	5	11	19	30	58
10	Bradford City	42	10	5	6	36	27	5	5	11	26	35	55
11	BARNSLEY	42	8	7	6	26	23	6	6	9	23	29	55
12	Blackburn Rovers	42	11	4	6	30	22	4	6	11	15	33	55
13	Reading	42	11	4	6	33	23	3	7	11	19	36	53
14	Hull City	42	10	6	5	25	22	3	8	10	16	33	53
15	West Bromwich Alb.	42	8	6	7	29	22	5	6	10	22	27	51
16	Millwall	42	10	5	6	27	16	4	4	13	12	29	51
17	Huddersfield Town	42	9	6	6	38	30	4	6	11	16	31	51
18	Shrewsbury Town	42	11	3	7	24	14	4	3	14	17	39	51
19	Birmingham City	42	8	9	4	27	21	3	8	10	20	38	50
20	Sunderland	42	8	6	7	25	23	4	6	11	24	36	48
21	Grimsby Town	42	5	8	8	18	21	5	6	10	21	38	44
22	Brighton & Hove A.	42	7	6	8	22	20	2	6	13	15	34	39

1987/88 Division 2

1	Millwall	44	15	3	4	45	23	10	4	8	27	29	82
2	Aston Villa	44	9	7	6	31	21	13	5	4	37	20	78
3	Middlesbrough	44	15	4	3	44	16	7	8	7	19	20	78
4	Bradford City	44	14	3	5	49	26	8	8	6	25	28	77
5	Blackburn Rovers	44	12	8	2	38	22	9	6	7	30	30	77
6	Crystal Palace	44	16	3	3	50	21	6	6	10	36	38	75
7	Leeds United	44	14	4	4	37	18	5	8	9	24	33	69
8	Ipswich Town	44	14	3	5	38	17	5	6	11	23	35	66
9	Manchester City	44	11	4	7	50	28	8	4	10	30	32	65
10	Oldham Athletic	44	13	4	5	43	27	5	7	10	29	37	65
11	Stoke City	44	12	6	4	34	22	5	5	12	16	35	62
12	Swindon Town	44	10	7	5	43	25	6	4	12	30	35	59
13	Leicester City	44	12	5	5	35	20	4	6	12	27	41	59
14	BARNSLEY	44	11	4	7	42	32	4	8	10	19	30	57
15	Hull City	44	10	8	4	32	22	4	7	11	22	38	57
16	Plymouth Argyle	44	12	4	6	44	26	4	4	14	21	41	56
17	Bournemouth	44	7	7	8	36	30	6	3	13	20	38	49
18	Shrewsbury Town	44	7	8	7	23	22	4	8	10	19	32	49
19	Birmingham City	44	7	9	6	20	24	4	6	12	21	42	48
20	West Bromwich Alb.	44	8	7	7	29	26	4	4	14	21	43	47
21	Sheffield United	44	8	6	8	27	28	5	1	16	18	46	46
22	Reading	44	5	7	10	20	25	5	5	12	24	45	42
23	Huddersfield Town	44	4	6	12	20	38	2	4	16	21	62	28

1988/89 Division 2

1	Chelsea	46	15	6	2	50	25	14	6	3	46	25	99
2	Manchester City	46	12	8	3	48	28	11	5	7	29	25	82
3	Crystal Palace	46	15	6	2	42	17	8	6	9	29	32	81
4	Watford	46	14	5	4	41	18	8	7	8	33	30	78
5	Blackburn Rovers	46	16	4	3	50	22	6	7	10	24	37	77
6	Swindon Town	46	13	8	2	35	15	7	8	8	33	38	76
7	BARNSLEY	46	12	8	3	37	21	8	6	9	29	37	74
8	Ipswich Town	46	13	3	7	42	23	9	4	10	29	38	73
9	West Bromwich Alb.	46	13	7	3	43	18	5	11	7	22	23	72
10	Leeds United	46	12	6	5	34	20	5	10	8	25	30	67
11	Sunderland	46	12	8	3	40	23	4	7	12	20	37	63
12	Bournemouth	46	13	3	7	32	20	5	5	13	21	42	62
13	Stoke City	46	10	9	4	33	25	5	5	13	24	47	59
14	Bradford City	46	8	11	4	29	22	5	6	12	23	37	56
15	Leicester City	46	11	6	6	31	20	2	10	11	25	43	55
16	Oldham Athletic	46	9	10	4	49	32	2	11	10	26	40	54
17	Oxford United	46	11	6	6	40	34	3	6	14	22	36	54
18	Plymouth Argyle	46	11	4	8	35	22	3	8	12	20	44	54
19	Brighton & Hove A.	46	11	5	7	36	24	3	4	16	21	42	51
20	Portsmouth	46	10	6	7	33	21	3	6	14	20	41	51
21	Hull City	46	7	9	7	31	25	4	5	14	21	43	47
22	Shrewsbury Town	46	4	11	8	25	31	4	7	12	15	36	42
23	Birmingham City	46	6	4	13	21	33	2	7	14	10	43	35
24	Walsall	46	3	10	10	27	42	2	6	15	14	38	31

1989/90 Division 2

1	Leeds United	46	16	6	1	46	18	8	7	8	33	34	85
2	Sheffield United	46	14	5	4	43	27	10	8	5	35	31	85
3	Newcastle United	46	17	4	2	51	26	5	10	8	29	29	80
4	Swindon Town	46	12	6	5	49	29	8	8	7	30	30	74
5	Blackburn Rovers	46	10	9	4	43	30	9	8	6	31	29	74
6	Sunderland	46	10	8	5	41	32	10	6	7	29	32	74
7	West Ham United	46	14	5	4	50	22	6	7	10	30	35	72
8	Oldham Athletic	46	15	7	1	50	23	4	7	12	20	34	71
9	Ipswich Town	46	13	7	3	38	22	6	5	12	29	44	69
10	Wolverhampton Wan.	46	12	5	6	37	20	6	8	9	30	40	67
11	Port Vale	46	11	9	3	37	20	4	7	12	25	37	61
12	Portsmouth	46	9	8	6	40	34	6	8	9	22	31	61
13	Leicester City	46	10	8	5	34	29	5	6	12	33	50	59
14	Hull City	46	7	8	8	27	31	7	8	8	31	34	58
15	Watford	46	11	6	6	41	28	3	9	11	17	32	57
16	Plymouth Argyle	46	9	8	6	30	23	5	5	13	28	40	55
17	Oxford United	46	8	7	8	35	31	7	2	14	22	35	54
18	Brighton & Hove A.	46	10	6	7	28	27	5	3	15	28	45	54
19	BARNSLEY	46	7	9	7	22	23	6	6	11	27	48	54
20	West Bromwich Alb.	46	6	8	9	35	37	6	7	10	32	34	51
21	Middlesbrough	46	10	3	10	33	29	3	8	12	19	34	50
22	Bournemouth	46	8	6	9	30	31	4	6	13	27	45	48
23	Bradford City	46	9	6	8	26	24	0	8	15	18	44	41
24	Stoke City	46	4	11	8	20	24	2	8	13	15	39	37

1990/91 Division 2

1	Oldham Athletic	46	17	5	1	55	21	8	8	7	28	32	88
2	West Ham United	46	15	6	2	41	18	9	9	5	19	16	87
3	Sheffield Wed.	46	12	10	1	43	23	10	6	7	37	28	82
4	Notts County	46	14	4	5	45	28	9	7	7	31	27	80
5	Millwall	46	11	6	6	43	28	9	7	7	27	23	73
6	Brighton & Hove A.	46	12	4	7	37	31	9	3	11	26	38	70
7	Middlesbrough	46	12	4	7	36	17	8	5	10	30	30	69
8	BARNSLEY	46	13	7	3	39	16	6	5	12	24	32	69
9	Bristol City	46	14	5	4	44	28	6	2	15	24	43	67
10	Oxford United	46	10	9	4	41	29	4	10	9	28	37	61
11	Newcastle United	46	8	10	5	24	22	6	7	10	25	34	59
12	Wolverhampton Wan.	46	11	6	6	45	35	2	13	8	18	28	58
13	Bristol Rovers	46	11	7	5	29	20	4	6	13	27	39	58
14	Ipswich Town	46	9	8	6	32	28	4	10	9	28	40	57
15	Port Vale	46	10	4	9	32	24	5	8	10	24	40	57
16	Charlton Athletic	46	8	7	8	27	25	5	10	8	30	36	56
17	Portsmouth	46	10	6	7	34	27	4	5	14	24	43	53
18	Plymouth Argyle	46	10	10	3	36	20	2	7	14	18	48	53
19	Blackburn Rovers	46	8	6	9	26	27	6	4	13	25	39	52
20	Watford	46	5	8	10	24	32	7	7	9	21	27	51
21	Swindon Town	46	8	6	9	31	30	4	8	11	34	43	50
22	Leicester City	46	12	4	7	41	33	2	4	17	19	50	50
23	West Bromwich Alb.	46	7	11	5	26	21	3	7	13	26	40	48
24	Hull City	46	6	10	7	35	32	4	5	14	22	53	45

1991/92 Division 2

1	Ipswich Town	46	16	3	4	42	22	8	9	6	28	28	84
2	Middlesbrough	46	15	6	2	37	13	8	5	10	21	28	80
3	Derby County	46	11	4	8	35	24	12	5	6	34	27	78
4	Leicester City	46	14	4	5	41	24	9	4	10	21	31	77
5	Cambridge United	46	10	9	4	34	19	9	8	6	31	28	74
6	Blackburn Rovers	46	14	5	4	41	21	7	6	10	29	32	74
7	Charlton Athletic	46	9	7	7	25	23	11	4	8	29	25	71
8	Swindon Town	46	15	3	5	38	22	3	12	8	31	33	69
9	Portsmouth	46	15	6	2	41	12	4	6	13	24	39	69
10	Watford	46	9	5	9	25	23	9	6	8	26	25	65
11	Wolverhampton Wan.	46	11	6	6	36	24	7	4	12	25	30	64
12	Southend United	46	11	5	7	37	26	6	6	11	26	37	62
13	Bristol Rovers	46	11	9	3	43	29	5	5	13	17	34	62
14	Tranmere Rovers	46	9	9	5	37	32	5	10	8	19	24	61
15	Millwall	46	10	4	9	32	32	7	6	10	32	39	61
16	BARNSLEY	46	11	4	8	27	25	5	7	11	19	32	59
17	Bristol City	46	10	8	5	30	24	3	7	13	25	47	54
18	Sunderland	46	10	8	5	36	23	4	3	16	25	42	53
19	Grimsby Town	46	7	5	11	25	28	7	6	10	22	34	53
20	Newcastle United	46	9	8	6	38	30	4	5	14	28	54	52
21	Oxford United	46	10	6	7	39	30	3	5	15	27	43	50
22	Plymouth Argyle	46	11	5	7	26	26	2	4	17	16	38	48
23	Brighton & Hove A.	46	7	7	9	36	37	5	4	14	20	40	47
24	Port Vale	46	7	8	8	23	25	3	7	13	19	34	45

1992/93 Division 1 (of the "new" Football League)

1	Newcastle United	46	16	6	1	58	15	13	3	7	34	23	96
2	West Ham United	46	16	5	2	50	17	10	5	8	31	24	88
3	Portsmouth	46	19	2	2	48	9	7	8	8	32	37	88
4	Tranmere Rovers	46	15	4	4	48	24	8	6	9	24	32	79
5	Swindon Town	46	15	5	3	41	23	6	8	9	33	36	76
6	Leicester City	46	14	5	4	43	24	8	5	10	28	40	76
7	Millwall	46	14	6	3	46	21	4	10	9	19	32	70
8	Derby County	46	11	2	10	40	33	8	7	8	28	24	66
9	Grimsby Town	46	12	6	5	33	25	7	1	15	25	32	64
10	Peterborough Utd.	46	7	11	5	30	26	9	3	11	25	37	62
11	Wolverhampton Wan.	46	11	6	6	37	26	5	7	11	20	30	61
12	Charlton Athletic	46	10	8	5	28	19	6	5	12	21	27	61
13	BARNSLEY	46	12	4	7	29	19	5	5	13	27	41	60
14	Oxford United	46	8	7	8	29	21	6	7	10	24	35	56
15	Bristol City	46	10	7	6	29	25	4	7	12	20	42	56
16	Watford	46	8	7	8	27	30	6	6	11	30	41	55
17	Notts County	46	10	7	6	33	21	2	9	12	22	49	52
18	Southend United	46	9	8	6	33	22	4	5	14	21	42	52
19	Birmingham City	46	10	4	9	30	32	3	8	12	20	40	51
20	Luton Town	46	6	13	4	26	26	4	8	11	22	36	51
21	Sunderland	46	9	6	8	34	28	4	5	14	16	36	50
22	Brentford	46	7	6	10	28	30	6	4	13	24	41	49
23	Cambridge United	46	8	6	9	29	32	3	10	10	19	37	49
24	Bristol Rovers	46	6	6	11	30	42	4	5	14	25	45	41

1993/94 Division 1

1	Crystal Palace	46	16	4	3	39	18	11	5	7	34	28	90
2	Nottingham Forest	46	12	9	2	38	22	11	5	7	36	27	83
3	Millwall	46	14	8	1	36	17	5	9	9	22	32	74
4	Leicester City	46	11	9	3	45	30	8	7	8	27	29	73
5	Tranmere Rovers	46	15	3	5	48	23	6	6	11	21	30	72
6	Derby County	46	15	3	5	44	25	5	8	10	29	43	71
7	Notts County	46	16	3	4	43	26	4	5	14	22	43	68
8	Wolverhampton Wan.	46	10	10	3	34	19	7	7	9	26	28	68
9	Middlesbrough	46	12	6	5	40	19	6	7	10	26	35	67
10	Stoke City	46	14	4	5	35	19	4	9	10	22	40	67
11	Charlton Athletic	46	14	3	6	39	22	5	5	13	22	36	65
12	Sunderland	46	14	2	7	35	22	5	6	12	19	35	65
13	Bristol City	46	11	7	5	27	18	5	9	9	20	32	64
14	Bolton Wanderers	46	10	8	5	40	31	5	6	12	23	33	59
15	Southend United	46	10	5	8	34	28	7	3	13	29	39	59
16	Grimsby Town	46	7	14	2	26	16	6	6	11	26	31	59
17	Portsmouth	46	10	6	7	29	22	5	7	11	23	36	58
18	BARNSLEY	46	9	3	11	25	26	7	4	12	30	41	55
19	Watford	46	10	5	8	39	35	5	4	14	27	45	54
20	Luton Town	46	12	4	7	38	25	2	7	14	18	35	53
21	West Bromwich Alb.	46	9	7	7	38	31	4	5	14	22	38	51
22	Birmingham City	46	9	7	7	28	29	4	5	14	24	40	51
23	Oxford United	46	10	5	8	33	33	3	5	15	21	42	49
24	Peterborough Utd.	46	6	9	8	31	30	2	4	17	17	46	37

1994/95 Division 1

1	Middlesbrough	46	15	4	4	41	19	8	9	6	26	21	82
2	Reading	46	12	7	4	34	21	11	3	9	24	23	79
3	Bolton Wanderers	46	16	6	1	43	13	5	8	10	24	32	77
4	Wolverhampton Wan.	46	15	5	3	39	18	6	8	9	38	43	76
5	Tranmere Rovers	46	17	4	2	51	23	5	6	12	16	35	76
6	BARNSLEY	46	15	6	2	42	19	5	6	12	21	33	72
7	Watford	46	14	6	3	33	17	5	7	11	19	29	70
8	Sheffield United	46	12	9	2	41	21	5	8	10	33	34	68
9	Derby County	46	12	6	5	44	23	6	6	11	22	28	66
10	Grimsby Town	46	12	7	4	36	19	5	7	11	26	37	65
11	Stoke City	46	10	7	6	31	21	6	8	9	19	32	63
12	Millwall	46	11	8	4	36	22	5	6	12	24	38	62
13	Southend United	46	13	2	8	33	25	5	6	12	21	48	62
14	Oldham Athletic	46	12	7	4	34	21	4	6	13	26	39	61
15	Charlton Athletic	46	11	6	6	33	25	5	5	13	25	41	59
16	Luton Town	46	8	6	9	35	30	7	7	9	26	34	58
17	Port Vale	46	11	5	7	30	24	4	8	11	28	40	58
18	Portsmouth	46	9	8	6	31	28	6	5	12	22	35	58
19	West Bromwich Alb.	46	13	3	7	33	24	3	7	13	18	33	58
20	Sunderland	46	5	12	6	22	22	7	6	10	19	23	54
21	Swindon Town	46	9	6	8	28	27	3	6	14	26	46	48
22	Burnley	46	8	7	8	36	33	3	6	14	13	41	46
23	Bristol City	46	8	8	7	26	28	3	4	16	16	35	45
24	Notts County	46	7	8	8	26	28	2	5	16	19	38	40

1995/96 Division 1

1	Sunderland	46	13	8	2	32	10	9	9	5	27	23	83
2	Derby County	46	14	8	1	48	22	7	8	8	23	29	79
3	Crystal Palace	46	9	9	5	34	22	11	6	6	33	26	75
4	Stoke City	46	13	6	4	32	15	7	7	9	28	34	73
5	Leicester City	46	9	7	7	32	29	10	7	6	34	31	71
6	Charlton Athletic	46	8	11	4	28	23	9	9	5	29	22	71
7	Ipswich Town	46	13	5	5	45	30	6	7	10	34	39	69
8	Huddersfield Town	46	14	4	5	42	23	3	8	12	19	35	63
9	Sheffield United	46	9	7	7	29	25	7	7	9	28	29	62
10	BARNSLEY	46	9	10	4	34	28	5	8	10	26	38	60
11	West Bromwich Alb.	46	11	5	7	34	29	5	7	11	26	39	60
12	Port Vale	46	10	5	8	30	29	5	10	8	29	37	60
13	Tranmere Rovers	46	9	9	5	42	29	5	8	10	22	31	59
14	Southend United	46	11	8	4	30	22	4	6	13	22	39	59
15	Birmingham City	46	11	7	5	37	23	4	6	13	24	41	58
16	Norwich City	46	7	9	7	26	24	7	6	10	33	31	57
17	Grimsby Town	46	8	10	5	27	25	6	4	13	28	44	56
18	Oldham Athletic	46	10	7	6	33	20	4	7	12	21	30	56
19	Reading	46	8	7	8	28	30	5	10	8	26	33	56
20	Wolverhampton Wan.	46	8	9	6	34	28	5	7	11	22	34	55
21	Portsmouth	46	8	6	9	34	32	5	7	11	27	37	52
22	Millwall	46	7	6	10	23	28	6	7	10	20	35	52
23	Watford	46	7	8	8	40	33	3	10	10	22	37	48
24	Luton Town	46	7	6	10	30	34	4	6	13	10	30	45

BARNSLEY'S RECORD AGAINST OTHER LEAGUE CLUBS

Present day names used throughout

		Home:					Away:					Total Goals:		
	P	W	D	L	F	A	W	D	L	F	A	F	A	% won
Accrington Stanley	12	5	0	1	25	3	3	0	3	15	9	40	12	66.67
Aldershot	14	5	1	1	9	4	2	3	2	7	6	16	10	50.00
Arsenal	16	7	1	0	15	5	1	0	7	4	20	19	25	50.00
Aston Villa	10	0	1	4	2	13	0	2	3	2	9	4	22	0.00
Barrow	18	7	0	2	25	10	6	1	2	18	13	43	23	72.22
Birmingham C	50	9	6	10	40	40	6	5	14	27	44	67	84	30.00
Blackburn Rovers	46	4	12	7	23	27	5	4	14	27	55	50	82	19.57
Blackpool	64	19	6	7	68	40	9	10	13	31	49	99	89	43.75
Bolton Wanderers	22	6	3	2	16	11	2	1	8	9	30	25	41	36.36
Bournemouth	32	10	4	2	29	15	3	5	8	16	29	45	44	40.62
Bradford C	76	21	9	8	68	40	8	10	20	31	56	99	96	38.16
Bradford Park Ave.	52	15	6	5	54	26	7	5	14	41	50	95	76	42.31
Brentford	44	6	9	7	28	26	3	7	12	16	46	44	72	20.45
Brighton & Hove Alb.	28	8	2	4	23	14	3	5	6	9	17	32	31	39.29
Bristol C	64	18	9	5	73	40	4	4	24	27	78	100	118	34.38
Bristol R	28	6	3	5	20	19	2	6	6	19	24	39	43	28.57
Burnley	46	8	7	8	35	27	4	5	14	22	51	57	78	26.09
Burton Utd.	18	9	0	0	34	7	1	4	4	8	20	42	27	55.56
Bury	62	18	9	4	69	41	7	6	18	35	66	104	107	40.32
Cambridge U	18	5	3	1	16	6	2	4	3	10	10	26	16	38.89
Cardiff C	26	5	4	4	19	14	3	2	8	10	24	29	38	30.77
Carlisle U	26	7	3	3	25	15	4	3	6	22	27	47	42	42.31
Charlton Ath.	36	11	3	4	32	14	0	6	12	20	41	52	55	30.56
Chelsea	28	5	5	4	23	19	4	0	10	19	33	42	52	32.14
Chester C	26	6	3	4	19	13	1	6	6	15	22	34	35	26.92
Chesterfield	60	14	9	7	55	34	5	6	19	29	57	84	91	31.67
Colchester Utd.	22	4	2	5	18	12	1	4	6	11	25	29	37	22.73
Coventry C	38	11	5	3	36	19	2	5	12	19	41	55	60	34.21
Crewe Alexandra	34	10	6	1	43	19	6	6	5	26	23	69	42	47.06
Crystal Palace	34	8	3	6	32	28	9	2	6	22	20	54	48	50.00
Darlington	32	11	4	1	41	15	5	7	4	21	17	62	32	50.00
Darwen	2	1	0	0	6	0	0	1	0	1	1	7	1	50.00
Derby Co.	44	10	4	8	34	23	4	5	13	17	44	51	67	31.82
Doncaster R	52	12	8	6	43	29	6	9	11	32	41	75	70	34.62
Everton	6	1	1	1	4	4	0	1	2	4	8	8	12	16.67
Exeter C	20	5	4	1	15	9	2	0	8	9	22	24	31	35.00
Fulham	72	22	9	5	81	40	7	13	16	33	59	114	99	40.28
Gainsborough Trinity	28	9	2	3	36	15	3	4	7	12	24	48	39	42.86
Gateshead	28	8	3	3	26	11	2	5	7	17	30	43	41	35.71
Gillingham	16	5	2	1	18	8	1	4	3	9	13	27	21	37.50
Glossop	32	9	4	3	31	14	2	4	10	13	38	44	52	34.38
Grimsby T	88	23	10	11	83	57	9	9	26	45	92	128	149	36.36
Halifax T	36	9	4	5	29	19	5	6	7	21	28	50	47	38.89
Hartlepool U	32	13	2	1	38	18	9	2	5	30	21	68	39	68.75
Hereford U	4	1	1	0	2	1	1	1	0	3	2	5	3	50.00
Huddersfield T	42	10	4	7	30	30	3	4	14	18	39	48	69	30.95
Hull C	86	21	11	11	82	54	14	9	20	49	86	131	140	40.70
Ipswich T	18	6	1	2	23	10	0	1	8	4	19	27	29	33.33
Leeds City	20	6	1	3	22	14	2	2	6	15	16	37	30	40.00
Leeds United	42	9	7	5	30	24	5	6	10	21	37	51	61	33.33
Leicester C	86	14	15	14	61	55	7	12	24	33	78	94	133	24.42
Leyton Orient	52	19	4	3	55	25	3	5	18	20	53	75	78	42.31
Lincoln C	62	18	6	7	60	37	9	7	15	35	51	95	88	43.55
Liverpool	10	2	0	3	6	11	0	2	3	6	9	12	20	20.00
Loughborough	4	2	0	0	16	0	0	1	1	0	2	16	2	50.00
Luton T	44	18	1	3	55	21	3	5	14	25	61	80	82	47.73
Manchester City	22	1	6	4	9	16	1	4	6	13	33	22	49	9.09

Manchester Utd.	30	3	7	5	14	20	1	2	12	7	35	21	55	13.33
Mansfield T	30	7	6	2	29	17	5	4	6	25	22	54	39	40.00
Middlesbrough	42	8	6	7	26	34	3	4	14	11	42	37	76	26.19
Millwall	38	11	3	5	36	21	4	5	10	25	38	61	59	39.47
Nelson	2	0	1	0	0	0	0	0	1	3	4	3	4	0.00
New Brghton Tower	6	1	2	0	4	3	0	0	3	3	10	7	13	16.67
New Brighton	6	1	1	1	4	3	3	0	0	8	4	12	7	66.67
Newcastle U	26	7	5	1	19	13	3	2	8	9	26	28	39	38.46
Newport Co.	30	9	4	2	28	17	3	4	8	14	25	42	42	40.00
Northampton T	18	5	2	2	19	12	1	2	6	10	22	29	34	33.33
Norwich C	16	3	3	2	12	10	2	3	3	6	9	18	19	31.25
Nottm Forest	54	13	8	6	45	27	6	7	14	30	57	75	84	35.19
Notts County	58	13	13	3	46	28	12	3	14	46	59	92	87	43.10
Oldham Ath.	62	15	7	9	49	33	4	10	17	26	51	75	84	30.65
Oxford U	18	7	1	1	13	2	2	3	4	6	13	19	15	50.00
Peterborough U	16	4	1	3	11	13	0	1	7	12	29	23	42	25.00
Plymouth Argyle	48	8	7	9	29	36	3	6	15	22	51	51	87	22.92
Port Vale	86	31	5	7	91	34	7	8	28	37	79	128	113	44.19
Portsmouth	36	6	6	6	22	21	4	5	9	13	23	35	44	27.78
Preston North End	30	9	3	3	27	14	2	3	10	15	42	42	56	36.67
QPR	24	7	3	2	30	12	1	3	8	16	24	46	36	33.33
Reading	52	15	5	6	53	35	3	8	15	23	51	76	86	34.62
Rochdale	32	12	3	1	41	17	4	5	7	19	23	60	40	50.00
Rotherham U	46	13	6	4	40	19	3	7	13	12	33	52	52	34.78
Scunthorpe U	20	7	1	2	23	6	3	0	7	6	17	29	23	50.00
Sheffield Utd.	40	5	8	7	27	36	3	4	13	14	40	41	76	20.00
Sheffield Wed.	40	9	5	6	34	25	6	3	11	22	41	56	66	37.50
Shrewsbury T	38	14	4	1	39	16	4	5	10	23	35	62	51	47.37
Southampton	44	13	5	4	47	25	5	5	12	18	47	65	72	40.91
Southend U	32	5	6	5	23	22	2	5	9	13	29	36	51	21.88
Southport	28	10	3	1	25	8	2	4	8	9	20	34	28	42.86
Stockport County	74	20	11	6	59	27	5	14	18	38	60	97	87	33.78
Stoke C	48	15	5	4	45	25	3	7	14	17	41	62	66	37.50
Sunderland	20	6	1	3	14	7	1	1	8	9	20	23	27	35.00
Swansea	58	18	5	6	47	27	4	4	21	26	58	73	85	37.93
Swindon T	28	6	4	4	23	16	2	5	7	7	17	30	33	28.57
Torquay U	28	9	3	2	18	6	2	5	7	13	26	31	32	39.29
Tottenham Hotspur	26	8	3	2	24	11	1	1	11	10	36	34	47	34.62
Tranmere Rovers	36	11	7	0	37	14	5	3	10	21	33	58	47	44.44
Walsall	28	6	5	3	22	16	2	6	6	19	30	41	46	28.57
Watford	36	8	5	5	23	15	5	6	7	20	26	43	41	36.11
West Bromwich Alb.	46	8	9	6	32	28	3	8	12	34	60	66	88	23.91
West Ham U	42	6	9	6	28	20	1	4	16	19	50	47	70	16.67
Wigan Ath.	2	0	1	0	0	0	0	1	0	1	1	1	1	0.00
Wimbledon	10	3	1	1	10	4	1	3	1	6	6	16	10	40.00
Wolves	60	18	9	3	67	32	7	6	17	29	65	96	97	41.67
Workington	18	6	1	2	18	8	4	1	4	13	9	31	17	55.56
Wrexham	28	11	3	0	42	16	0	4	10	12	35	54	51	39.29
York C	22	8	2	1	15	6	6	4	1	19	10	34	16	63.64

OVERALL TOTALS TO THE END OF 1995/96

	p	*w*	*d*	*l*	*f*	*a*	*w*	*d*	*l*	*f*	*a*	*tf*	*ta*	*pts*
	3688	970	472	402	3340	2018	369	460	1015	1889	3503	5229	5521	3850

Made up of:

Div 1/2	2458	622	320	287	2197	1392	227	288	714	1201	2458	3398	3850	2546
Div 3	552	136	77	63	460	317	47	82	147	276	521	736	838	525
Div 4	460	128	61	41	394	207	49	66	115	234	348	628	555	481
Div 3(North)	218	84	14	11	289	102	46	24	39	178	176	467	278	298

Division 1/2 totals include the "new" Division 1 and the "old" Division 2

F.A. Cup Record in non-League Seasons

Players appearances and goals are included in the A-Z section only if they also made a League appearance.

1893/94

Q1	Oct	14	GAINSBOROUGH TRIN.	4-5	Stringer 2, Hirst, Smith		Greaves	Hastie J	Nixon	Baxter	Hirst	Woolhouse R	Smith T	Bairstow	Black	Stringer	Merrlless

1894/95

Q1	Oct	13	GRANTHAM ROVERS	3-1	Partridge 2, Bairstow	2500	Greaves	Nixon	Hey	Black	Hirst	Needham	Partridge	Keech	Vost	Bairstow	Smith T
Q2	Nov	3	LEEDS	8-0	Keech 2, Partridge 2, Vost 2, Bairstow 2		Greaves	Nixon	Keech	Black	Hirst	Needham	Partridge	Mouel	Vost	Bairstow	Smith T
Q3		24	Mexborough	1-1	Smith		Greaves	Nixon	Keech	Black	Hirst	Needham	Partridge	Mouel	Vost	Bairstow	Smith T
rep		28	MEXBOROUGH	1-0	Black		Greaves	Nixon	Keech	Black	Hirst	Needham	Partridge	Mouel	Vost	Bairstow	Smith T
Q4	Dec	15	WORKSOP TOWN	3-1	Keech 2, Crawshaw (og)		Greaves	Nixon	Keech	Black	Hirst	Hey	Partridge	Mouel	Vost	Bairstow	Smith T
R1	Feb	2	LIVERPOOL	1-2	Cutts	4000	Greaves	Coupe	Nixon	Keech	Hey	Black	Cutts	Bairstow	Vost	Thompson	Partridge
rep		11	Liverpool	0-4		4000	Greaves	Coupe	Nixon	Keech	Hey	Black	Cutts	Bairstow	Vost	Thompson	Partridge

R1 a.e.t., but a replay was ordered as extra time should not have been played. Ordered to count as a draw.

1895/96

Q1	Oct	12	Rotherham Town	1-1	Hey		Greaves	Nixon	Tyas	Hey	Lingard	Widdowson	Cronshaw	Rodgers	Lees	Woolhouse H	Drummond
rep		16	ROTHERHAM TOWN	3-7	Rawson, Lees, Drummond		Greaves	Nixon	Tyas	Hey	Lingard	Widdowson	Rawson	Rodgers	Lees	Woolhouse H	Drummond

1896/97

Q3	Nov	21	HUNSLET	3-2	Cronshaw, Woolhouse, Drummond		Greaves	Little	Hutchinson	Booth	Hey	Black	Cronshaw	Lingard	Woolhouse F	Taylor	Drummond
Q4	Dec	12	SHEFFIELD	2-1	Cronshaw, Woolhouse		Greaves	Ritchie	Hutchinson	Lingard	Hey	Black	Cronshaw	Smith T	Woolhouse F	Taylor	Drummond
Q5		28	Lincoln City	2-1	Cronshaw, Taylor		Greaves	Ritchie	Hutchinson	Lingard	Hey	Black	Cronshaw	Smith T	Woolhouse F	Taylor	Drummond
R1	Jan	30	Derby County	1-3	Smith	5461	Greaves	Ritchie	Hutchinson	Lingard	Hey	Black	Cronshaw	Smith T	Woolhouse F	Taylor	Drummond

Drawn at home in R1, but sold ground advantage for £100 and 50% of gate receipts

1897/98

Q3	Oct	30	Mexborough	1-2	Lees		Greaves	Nixon	Stothert	Hey	Porteous	Black	Hepworth	Lees	Platts A	McCulloch	Jones

1945/46

R3/1	Jan	5	Newcastle United	2-4	Harvey (og), Pallister (pen)	60384	Holdcroft	Cunningham	Pallister	Mansley	Wilson	Logan	Smith G	Cooling	Robledo G	Baxter	Kelly
R3/2		10	NEWCASTLE UNITED	3-0	Smith, Wilson, Baxter	30000	Holdcroft	Cunningham	Pallister	Mansley	Wilson	Logan	Smith G	Cooling	Robledo G	Baxter	Kelly
R4/1		26	ROTHERHAM UNITED	3-0	Kelly, Smith, Robledo	37100	Holdcroft	Cunningham	Pallister	Mansley	Wilson	Logan	Smith G	Cooling	Robledo G	Baxter	Kelly
R4/2		31	Rotherham United	1-2	Pallister	19500	Holdcroft	Harston	Pallister	Mansley	Wilson	Logan	Smith G	Cooling	Robledo G	Baxter	Kelly
R5/1	Feb	9	BRADFORD PARK AVE.	0-1		37770	Holdcroft	Cunningham	Ferrier	Mansley	Wilson	Logan	Smith G	Robledo G	Fisher	Baxter	Kelly
R5/2		13	Bradford Park Avenue	1-1	Robledo	29341	Holdcroft	Harston	Cunningham	Mansley	Wilson	Logan	Smith G	Robledo G	Asquith	Baxter	Kelly

Miscellaneous Games

1939/40 League Games

1	Aug	26	NOTTM. FOREST	4-1	Maxwell 3, McGarry	11535	Binns	Bokas	Everest	Brunskill	Harper	Logan	Bullock	Steele	Maxwell	Lang	McGarry
2		28	Sheffield Wednesday	1-3	Steele	23000	Binns	Pallister	Everest	Brunskill	Harper	Logan	Bullock	Steele	Maxwell	Lang	McGarry
3	Sep	2	Coventry City	2-4	Steele, Maxwell	11611	Binns	Shotton	Everest	Brunskill	Harper	Logan	Bullock	Steele	Maxwell	Lang	McGarry

BARNSLEY'S MANAGERS

Arthur Fairclough	1899-01
John McCartney	1901-04
Arthur Fairclough	1904-12
John Hastie	1912-14
Harry "Percy" Lewis	1914-19
Peter Sant	1919-26
John Commins	1926-28
Arthur Fairclough	1928-30
Brough Fletcher	1930-37
Angus Seed	1937-53
Tim Ward	1953-60
Johnny Steele	1960-71
John McSeveny	1971-72
Johnny Steele	1972-73
Jim Iley	1973-78
Allan Clarke	1978-80
Norman Hunter	1980-84
Bobby Collins	1984-85
Allan Clarke	1985-89
Mel Machin	1989-93
Viv Anderson	1993-94
Danny Wilson	1994-

The team of 1957/58, under Tim Ward's management. Back; Wood, Bartlett, Hough, Short, Sharp, Swift. Front; Edgar, Anderson, Chappell, Beaumont, McCann.

Player			D.O.B	Place of Birth	Died	First Lge Season	Last Lge Season	Previous Club	Next Club	Appearances				Goals			
										League	FAC	FLC	Other	League	FAC	FLC	Oth.
Adamson	KB	Keith	03/07/45	Houghton-le-Spring		1965	1966	Tow Low Town	Scarborough	7	0	0	0	0	0	0	0
Adcock	W			Cudworth		1900		Ecclesfield	Grimsby Town	2	0	0	0	0	0	0	0
Addy	GW	George	27/04/1891	Carlton, West Yorks	1971	1919		Carlton Victoria	Norwich City	1	0	0	0	0	0	0	0
Addy	M	Mike	20/02/43	Knottingley		1964	1966	Leeds United	Corby Town	51	2	1	0	5	0	0	0
Adey	W	Wilf	6/07/09	Featherstone	1975	1934	1936	Sheffield Utd.	Carlisle Utd.	66	2	0	0	0	0	0	0
Agnew	SM	Steve	09/11/65	Shipley		1983	1990	Apprentice	Blackburn Rovers	194	20	13	7	29	4	3	0
Ainscow	A	Alan	15/07/53	Bolton		1982		Everton (loan)		2	0	0	0	0	0	0	0
Airey	C	Carl	06/02/65	Wakefield		1982	1983	Apprentice	Darlington	38	1	1	0	5	0	0	0
Allan	J	John	26/09/31	Amble		1951	1952	Amble		11	0	0	0	0	0	0	0
Allen	F	Frank	05/05/01	Altofts	1989	1925	1927	Castleford T	Bangor City	68	3	0	0	2	0	0	0
Anderson	E	Eric	12/07/31	Manchester		1957		Liverpool	Bournemouth	9	0	0	0	1	0	0	0
Anderson	VA	Viv	29/08/56	Nottingham		1993		Sheffield Wed.	Middlesbrough	20	0	2	0	3	0	0	0
Anderson	W	Bill	12/01/13	High Westwood	1986	1935		Sheffield Utd.		14	0	0	0	0	0	0	0
Anderson	WB	Bill	28/03/35	Sunderland		1955		Silksworth Juniors	Hartlepools Utd.	6	0	0	0	0	0	0	0
Andrews	H	Harold	13/08/03	Lincoln	1988	1932	1934	Notts County	Luton Town	110	5	0	1	42	2	0	0
Appleyard	GE	George	16/03/05	Rawmarsh		1923		Rawmarsh	Exeter City	4	0	0	0	2	0	0	0
Arblaster	BM	Brian	06/06/43	Kensington		1967	1973	Scunthorpe Utd.	Boston Utd	111	10	4	0	0	0	0	0
Archdeacon	OD	Owen	04/03/66	Greenock		1989	1995	Glasgow Celtic		233	15	16	10	22	2	2	4
Archer	R	Ron	03/09/33	Barnsley		1951	1955	Juniors	Worcester City	29	2	0	0	0	0	0	0
Archibald	RF	Bobby	06/11/1894	Strathaven	1966	1932		Stoke City		6	2	0	0	1	0	0	0
Arnson	H	Herbert				1899				13	2	0	0	2	0	0	0
Armstrong	JD	Jimmy	12/06/1899	Chester-le-Street		1921	1924	Chester Le Street	Bournemouth	59	6	0	0	0	0	0	0
Arthurs	G	George		Sheffield		1909	1910	Worksop T	Rotherham C	19	0	0	0	2	0	0	0
Ashmore	RA	Dick	28/11/1892	Rotherham		1920		Bristol Rovers	Nottm. Forest	12	1	0	0	0	0	0	0
Ashton	E	Teddy	19/01/06	Kilnhurst	1978	1927	1936	Mexborough T	Sheffield Utd.	289	13	0	1	70	3	0	0
Asquith	B	Beaumont	16/09/10	Painthorpe	1977	1934	1938	Painthorpe Albion	Manchester Utd.	145	8	0	0	45	2	0	0
						1946	1947	Manchester Utd.	Bradford City								
Atkinson	JW	Josh	28/03/02	Blackpool	1983	1928	1929	Leeds United	Chester	61	2	0	0	2	0	0	0
Atterbury	S	Sep	18/10/1880	Allestree	1964	1899	1900	Loughborough T	Wellingborough	34	3	0	0	1	0	0	0
Aylott	TKC	Trevor	26/11/57	Bermondsey		1979	1981	Chelsea	Millwall	105	9	10	0	26	4	4	0
						1985		Crystal P (loan)									
Baines	CE	Charlie	09/02/1896	Ardsley	1954	1920	1930	Ardsley A		322	17	0	0	5	1	0	0
Baines	RE	Reg	1907	York	1974	1938		York City	Halifax T	1	0	0	0	0	0	0	0
Baker	C	Chris	02/02/52	Maltby		1971				1	0	0	0	0	0	0	0
Baker	CE	Clive	14/03/59	North Walsham		1984	1990	Norwich City	Coventry City	291	23	15	8	0	0	0	0
Baker	LH	Len	18/11/1897	Sheffield	1979	1924	1928	Leeds United	Rochdale	78	1	0	0	1	0	0	0
Banks	IF	Ian	09/01/61	Mexborough		1978	1982	Apprentice	Leicester City	260	17	25	5	44	1	3	3
						1989	1991	West Bromwich A	Rotherham Utd								
Bannister	E	Eddie	02/06/20	Leyland		1950		Leeds United		32	1	0	0	0	0	0	0
Barber	DE	David	06/12/39	Wombwell		1957	1960	Juniors	Preston NE	83	7	2	0	4	1	0	0
Barker	K	Keith	22/02/49	Stoke-on-Trent		1971		Cambridge United	Cambridge City	9	0	3	0	0	0	0	0
Barlow	H	Bert	22/07/16	Kilnhurst		1935	1937	Silverwood Colliery	Wolves	58	4	0	0	12	2	0	0
Barnett	LH	Laurie	08/05/03	Bramley	1982	1924	1925	Gainsborough Trinity	Blackpool	28	2	0	0	0	0	0	0
Barnfather	P	Percy	17/12/1879	Newcastle	1951	1903		Wallsend Park Villa	New Brompton	27	1	0	0	3	0	0	0
Barrowclough	SJ	Stewart	29/10/51	Barnsley		1969		Apprentice	Newcastle United	61	3	8	0	1	0	1	0
						1980	1982	Bristol Rovers	Mansfield Town								
Barson	F	Frank	10/04/1891	Grimethorpe	1968	1911	1919	Cammell Laird FC	Aston Villa	91	3	0	0	0	0	0	0
Bartlett	F	Frank	08/11/30	Chester-le-Street		1952	1962	Blackhall Coll. Welfare	Halifax Town	297	23	5	0	68	11	1	0
Barton	DR	Roger	25/09/46	Jump		1966	1968	Lincoln City	Worcester City	54	6	2	0	3	0	0	0
Bartrop	W	Wilf	1889	Worksop	1918	1909	1913	Worksop T	Liverpool	160	26	0	0	15	2	0	0
Bates	FG	Francis		Eckington	1947	1920		Beighton Rec.		7	1	0	0	0	0	0	0
Batty	W	Bill	04/06/05	South Bank	1974	1926	1928	Willington	Swindon Town	39	1	0	0	5	0	0	0
Batty	W	Billy	13/07/1886	Killamarsh		1922		Swindon Town		1	0	0	0	0	0	0	0
Baxter	AG	Arthur		Dundee	1944	1938		Dundee		6	0	0	0	2	0	0	0
Baxter	JC	Jimmy	08/11/25	Hill o' Beath	1994	1946	1951	Dunfermline Ath	Preston NE	248	15	0	0	57	2	0	0
						1959		Preston NE	Morecambe								
Beaumont	F	Frank	22/12/39	Hoyland		1957	1961	Juniors	Bury	107	8	2	0	37	3	1	0
Beaumont	P	Percy	03/09/1897	Mexborough		1921	1925	Sheffield Utd.	Southend Utd.	138	12	0	0	7	0	0	0
Bedford	F	Fred	25/06/02	Blackburn	1972	1925		Accrington Stanley	Lancaster T	9	0	0	0	2	0	0	0
Beech	GC	Jack		Sheffield		1904	1905	Sheffield Wed.		62	7	0	0	9	2	0	0
Beedles	N	Norman	13/06/07	Ardwick	1972	1934		Stockport Co.	New Brighton	1	0	0	0	0	0	0	0
Bell	DM	Derek	30/10/56	Wyberton		1978	1979	Halifax Town	Lincoln City	46	3	4	0	20	1	1	0
Bell	H	Harry	1898	Sheffield		1919		Craven Sports	Bristol Rovers	15	1	0	0	6	0	0	0
Bell	J	Jack	1884	Ryhope		1905	1906	Ryhope Villa		23	1	0	0	6	0	0	0
Bennett	GF	George	16/03/38	South Shields		1959	1960	Burnley	Morecambe	24	0	0	0	0	0	0	0
Bennett	GJ	George	1882	Mexborough		1901		Mexborough Thursday		9	3	0	0	3	2	0	0
Bennett	HE	Harry 'Tip'	1873	Mexborough	1905	1899	1904	Mexborough Town		115	14	0	0	4	1	0	0
Bennett	T	Troy	25/12/75	Barnsley		1992		Trainee		2	0	0	0	0	0	0	0
Bennett	WH	Walter	15/12/18	Mexborough		1946	1947	Mexborough Olympia	Doncaster Rovers	38	2	0	0	23	1	0	0
Beresford	J	John	04/09/66	Sheffield		1986	1988	Manchester City	Portsmouth	88	5	7	0	5	1	2	0
Bethune	J	Jack	19/10/1888	Milngavie	1955	1912	1919	Darlington	Bristol Rovers	103	4	0	0	1	0	0	0
Bettany	JW	John	16/12/37	Laughton		1964	1969	Huddersfield T	Rotherham Utd.	198	17	7	0	25	2	0	0
Betts	JB	Barry	18/09/32	Barnsley		1952	1956	Juniors	Stockport Co.	55	2	0	0	0	0	0	0
Biggins	FJ	Fred		South Kirkby		1908	1910	South Kirkby		29	1	0	0	2	0	0	0
Biggins	W	Wayne	20/11/61	Sheffield		1992	1993	Stoke City	Glasgow Celtic	47	4	0	0	16	0	0	0
Binns	CH	Cliff	09/03/07	Cowling	1977	1936	1938	Blackburn Rovers	Gainsborough T	95	6	0	0	0	0	0	0
Birch	A	Alan	12/08/56	West Bromwich		1981	1982	Wolves	Chesterfield	44	2	3	0	10	0	1	0
Birtles	TJ	Tommy	26/10/1885	Higham, Yorkshire	1971	1903	1905	Higham	Swindon Town	38	4	0	0	8	0	0	0
						1910		Portsmouth	Rotherham								

Player			D.O.B	Place of Birth	Died	First Lge Season	Last Lge Season	Previous Club	Next Club	Appearances				Goals			
										League	FAC	FLC	Other	League	FAC	FLC	Oth.
Bishop	CD	Charlie	16/02/68	Nottingham		1991	1995	Bury		130	9	12	5	1	0	0	0
Black	A	Alec	1867	Edinburgh		1898		Edinburgh St.Bernards		4	15	0	0	0	1	0	0
Blair	A	Andy	18/12/59	Bedworth		1987		Aston Villa (loan)		6	0	0	0	0	0	0	0
Blanchflower	RD	Danny	10/02/26	Belfast	1993	1948	1950	Glentoran	Aston Villa	68	2	0	0	2	0	0	0
Blenkinsopp	TW	Tom	13/05/20	Blyth		1952		Middlesbrough	Blyth Spartans	8	2	0	0	0	0	0	0
Blight	AB	Albert 'Abe'	1912	Blackhill		1933	1934	Blackhill	Annfield Plain	45	0	0	1	36	0	0	0
Boardman	G	George	14/08/43	Glasgow		1969	1972	Shrewsbury Town	St. Johnstone	126	8	7	0	14	0	0	0
Bochenski	S	Simon	06/12/75	Worksop		1995		Trainee		1	1	0	0	0	0	0	0
Boden	CD	Chris	13/10/73	Wolverhampton		1993		Aston Villa (loan)		4	0	0	0	0	0	0	0
Bokas	F	Frank	1914	Bellshill		1936	1938	Blackpool	Gainsborough T	88	5	0	0	4	1	0	0
Bonnar	P	Patrick 'Paddy'	27/11/20	Ballymena		1949		Belfast Celtic	Aldershot	5	0	0	0	1	0	0	0
Bonnell	A	Arnold	23/03/21	Barnsley		1946	1947	Juniors	Rochdale	7	0	0	0	0	0	0	0
Booker	M	Mike	22/10/47	Barnsley		1966		Apprentice	Bradford PA	2	0	0	0	0	0	0	0
Booth	D	David	02/10/48	Kexborough		1968	1971	Higham Rovers	Grimsby Town	164	14	8	0	8	0	0	0
Boughen	P	Paul	17/09/49	South Kirkby		1970		Apprentice		8	1	1	0	0	0	0	0
Bourne	RA	Dickie	1881	Roundle	1944	1902		Sheffield Utd.	Preston NE	19	6	0	0	0	1	0	0
Bowie	A	Alex		Canbloe		1923	1924	Rosehill Villa	Aberdeen	5	0	0	0	0	0	0	0
Boyd	G	Gordon	27/03/58	Glasgow		1980		Glasgow Rangers	Scunthorpe Utd.	2	0	1	0	0	0	0	0
Boyle	IR	Ian	07/12/53	Barnsley		1972	1973	Apprentice	Frickley Ath.	21	0	1	0	0	0	0	0
Boyle	TW	Tommy	29/01/1888	Hoyland	1940	1906	1911	Elsecar A	Burnley	160	18	0	0	17	2	0	0
Bradbury	A	Allen	23/01/47	Barnsley		1964	1969	Apprentice	Hartlepool	69	5	5	0	9	0	1	0
Bradbury	JJL	John	1878	South Bank		1900		Derby County	Bristol City	16	3	0	0	2	1	0	0
Bradshaw	C	Carl	02/10/68	Sheffield		1986		Sheffield W (loan)		6	0	0	0	1	0	0	0
Brannan	MH	Mike		Wombwell		1934	1935	Hull City	Notts County	5	0	0	0	0	0	0	0
Bratley	PW	Phil	26/12/1880	Rawmarsh	1962	1910	1913	Rotherham County	Liverpool	107	17	0	0	7	1	0	0
Bray	E	Eric		Barnsley		1935	1938	Barugh Green		37	3	0	0	12	0	0	0
Breedon	JN	Jack	29/12/07	South Hiendley		1928	1930	South Hiendley	Sheffield Wed.	8	0	0	0	0	0	0	0
Brindle	W	Billy	29/01/50	Liverpool		1970		Everton	Runcorn	1	0	0	0	0	0	0	0
Briscoe	J	John	31/05/47	Huddersfield		1966	1967	Juniors	LA Wolves (USA)	11	0	0	0	5	0	0	0
Broddle	JR	Julian	01/11/64	Laughton		1987	1989	Scunthorpe Utd.	Plymouth Argyle	77	3	5	2	4	2	0	1
Brodie	D	Duncan		Cumnock		1904		Cumnock		1	0	0	0	0	0	0	0
Broley	JF			Liverpool		1900		Tranmere Rovers		3	0	0	0	0	0	0	0
Brook	EF	Eric	27/11/07	Mexborough	1965	1925	1927	Wath Athletic	Manchester City	78	3	0	0	18	0	0	0
Brookes	C	Colin	02/01/42	Barnsley		1959	1960	Juniors	West Bromwich A.	47	4	2	0	5	0	0	0
Brookes	E	Eric	03/02/44	Mapplewell		1960	1968	Juniors	Northampton Town	326	34	18	0	1	0	0	0
Brooks	J	Joe	1886	Stairfoot	1955	1904	1906	Ardsley Nelson F.C.	West Bromwich A.	53	8	0	0	7	0	0	0
						1908		West Bromwich A	Rotherham County								
Brown	A	Alfred		Sheffield		1923	1925	Blackpool	Swindon Town	12	0	0	0	0	0	0	0
Brown	KG	Kenny	21/03/52	Barnsley		1969	1977	Apprentice	Bournemouth	277	16	10	0	24	2	0	0
Brown	R	Bobby	09/08/24	Glasgow		1953	1956	Shrewsbury Town	Rotherham Utd.	120	4	0	0	55	3	0	0
Brunskill	NH	Norman	12/06/12	Dipton	1988	1938		Birmingham		28	1	0	0	2	0	0	0
Bryson	JIC	Ian	26/11/62	Kilmarnock		1993		Sheffield Utd.	Preston NE	16	0	2	2	3	0	1	0
Bullimore	WA	Wayne	12/09/70	Sutton-in-Ashfield		1991	1992	Manchester Utd.	Stockport Co.	35	2	3	0	1	0	0	0
Bullock	GF	George	1916	Wolverhampton	1943	1936	1938	Stafford Rangers		68	1	0	0	12	0	0	0
Bullock	MJ	Martin	05/03/75	Derby		1994	1995	Eastwood T		70	3	4	1	1	0	0	0
Burke	P	Peter	26/04/57	Rotherham		1974	1977	Apprentice	Halifax Town	36	1	7	0	1	0	0	0
Burke	T	Tommy	18/10/39	Greenock		1962		Clyde		1	0	0	0	0	0	0	0
Burkinshaw	A	Abe		1886 Mexborough		1908		Mexborough T	Mexborough T	9	0	0	0	5	0	0	0
Burleigh	J					1898		Glossop North End	Scarborough	25	6	0	0	0	0	0	0
Burns	EO	Eric	08/03/45	Newton Stewart		1966		Bradford PA		3	0	0	0	0	0	0	0
Burns	K	Kenny	23/09/53	Glasgow		1985		Derby County	IF.Elsborg (Sweden)	22	1	2	0	0	0	0	0
Burton	MA	Mark	07/05/73	Barnsley		1992		Trainee		5	0	0	2	0	0	0	0
Butler	I	Ian	01/02/44	Darton		1975		York City (loan)		5	0	0	0	1	0	0	0
Butler	LS	Lee	30/05/66	Sheffield		1991	1995	Aston Villa		120	9	5	4	0	0	0	0
Butler	MA	Mick	27/01/51	Barnsley		1972	1975	Worsborough Br. MW	Huddersfield T	120	6	5	0	57	2	1	0
Byrne	J	John	25/05/39	Cambuslang		1963	1964	Hibernian	Peterborough Utd.	68	8	2	0	13	6	2	0
Caddick	GFR	George	02/03/00	Liverpool		1925	1931	Stockport Co.	Llanelly	169	7	0	0	0	0	0	0
Calder	J	Jack	19/10/13	Glengarnock		1938		Bolton Wanderers	Greenock Morton	9	0	0	0	5	0	0	0
Callaghan	WA	Willie	09/12/41	Glasgow		1964		Dumbarton	Albion Rovers	15	0	0	0	0	0	0	0
Campbell	A			Perth		1899		Holyhead Swifts	Dearne	6	0	0	0	1	0	0	0
Campbell	WR	Winston	09/10/62	Sheffield		1979	1986	Apprentice	Rotherham Utd.	128	6	10	0	9	0	1	0
Capstick	W	William				1931		Frickley Colliery	Mexborough Ath	6	0	0	0	0	0	0	0
Carlin	JC	Jack	1878	Waverley		1900	1901	Glossop North End		48	4	0	0	9	1	0	0
Carrigan	J	John				1926		Vale of Clyde		6	0	0	0	0	0	0	0
Carroll	J	James		Dumbarton		1901		Renton		13	0	0	0	1	0	0	0
Carthy	T			Liverpool		1898		Liverpool White Star		1	1	0	0	0	0	0	0
Chambers	PM	Phil	10/11/53	Barnsley		1970	1984	Apprentice	Rochdale	442	23	29	0	7	0	0	0
Chandler	I	Ian	20/03/68	Sunderland		1986		Juniors	Aldershot	12	1	2	1	4	0	1	0
Chappell	L	Larratt 'Lol'	19/12/30	Sheffield	1988	1952	1958	Birdwell Rovers	Doncaster Rovers	218	12	0	0	94	1	0	0
Charlesworth	SF	Stan	10/03/20	Conisbrough		1946		Grimsby Town	Gainsborough T	7	0	0	0	0	0	0	0
Chivers	FC	Frank	1909	Westbury	1942	1930	1935	Goldthorpe Utd	Huddersfield T	79	2	0	0	16	0	0	0
Clark	J	James				1936		Margate	Belfast Distillery	11	0	0	0	0	0	0	0
Clarke	AJ	Allan	31/07/46	Willenhall		1978	1979	Leeds United	Leeds U (Mgr)	47	5	3	0	15	3	0	0
Clarke	MD	Mick	22/12/67	Birmingham		1986	1988	Birmingham City	Scarborough	40	6	1	0	3	0	0	0
Clayson	WJ	Billy	12/07/1897	Wellingborough	1973	1926		Crewe Alexandra	Chesterfield	10	0	0	0	2	0	0	0
Clayton	L	Lew	07/06/24	Royston		1948	1949	Carlisle Utd.	QPR	15	0	0	0	0	0	0	0
Clegg	JA	John	1890	Sheffield		1910	1911	Bristol City	Sheffield Wed.	33	2	0	0	0	0	0	0
Cliffe	JW	John	1913	Lincoln		1934		Bradford City	Carlisle Utd.	3	0	0	0	0	0	0	0
Coatsworth	G	Gary	07/10/68	Sunderland		1987		Juniors	Darlington	6	0	0	0	0	0	0	0

Player			D.O.B	Place of Birth	Died	First Lge Season	Last Lge Season	Previous Club	Next Club	Appearances				Goals			
										League	FAC	FLC	Other	League	FAC	FLC	Oth.
Cochrane	H	Hugh	09/02/43	Glasgow		1963		Dundee Utd	Wimbledon	5	0	0	0	0	0	0	0
Cockburn	K	Keith	02/09/42	Barnsley		1966			Bradford PA	1	0	0	0	0	0	0	0
Cole	R	Roy	08/12/53	Barnsley		1971	1973	Apprentice	Worksop Town	6	0	1	0	0	0	0	0
Collier	GR	Graham	12/09/51	Nottingham		1977		Scunthorpe Utd.	Buxton	24	2	3	0	2	0	0	0
Collingwood	G	Graham	08/12/54	South Kirkby		1973	1974	Apprentice		14	1	0	0	0	0	0	0
Collins	JL	John	21/01/49	Bedwellty		1976	1979	Sheffield Wed.	Kidderminster H	130	7	9	0	1	0	0	0
Collins	WE	Bill	1887	Mansfield		1907		Sutton T		1	0	0	0	0	0	0	0
Connelly	D	Dean 'Dino'	06/01/70	Glasgow		1990	1992	Arsenal	Wigan Ath.	13	0	0	1	0	0	0	1
Cookson	S	Sam	22/11/1896	Manchester	1955	1933	1934	Bradford PA		30	1	0	1	0	0	0	0
Cooling	R	Roy	09/12/21	Barnsley		1946		Mitchell's Main Welfare	Mansfield Town	6	4	0	0	3	0	0	0
Cooper	A	Arthur	1895	Sheffield		1919	1921	Birmingham	Oldham Athletic	99	4	0	0	0	0	0	0
Cooper	JC	Jack	1889	Sneinton		1908	1914	Sutton T	Newport County	172	20	0	0	0	0	0	0
Cooper	N	Neil	12/08/59	Aberdeen		1979	1981	Aberdeen	Grimsby Town	60	3	8	0	6	1	1	0
Cooper	SB	Steve	22/06/64	Birmingham		1988	1990	Plymouth Argyle	Tranmere Rovers	77	9	5	1	13	3	1	0
Cooper	W	William		Mexborough		1906		Denaby U	Portsmouth	2	0	0	0	0	0	0	0
Cope	H	Harold	09/02/02	Rawmarsh	1980	1922	1924	Mexborough	Mexborough	32	2	0	0	0	0	0	0
Copley	G	Gary	30/12/60	Rotherham		1977	1978	Apprentice	Gainsborough T	1	1	0	0	0	0	0	0
Cornan	F	Frank	05/05/1880	Sunderland	1971	1902	1904	Willington	Birmingham	95	9	0	0	18	4	0	0
						1912		Exeter City									
Cornock	M	Matthew		Airdrie		1911		Darlington	Castleford T	12	0	0	0	5	0	0	0
Couchlin	D	David		Renfrew		1901		Renfrew Victoria	Thornliebank	11	1	0	0	0	0	0	0
Coulthard	ET	Ernest		Hylton		1908	1909	Sunderland West End		31	1	0	0	2	0	0	0
Cowley	JS	John	1886	Mexborough		1907		Mexborough T		1	0	0	0	0	0	0	0
Coxon	LW	Leybourne				1933		Burnhope Institute		1	0	0	0	0	0	0	0
Craven	JR	Roger		Barnsley		1898	1899		Monk Bretton	20	2	0	0	1	0	0	0
Craven	T	Terry	27/11/44	Barnsley		1964		Juniors		3	0	0	0	0	0	0	0
Crompton	L	Len	26/03/02	Tottington		1930		Rochdale	Norwich City	17	2	0	0	0	0	0	0
Cross	P	Paul	31/10/65	Barnsley		1982	1991	Apprentice	Hartlepool Utd.	119	12	8	4	0	0	0	0
Crump	JA					1906		Elsecar Main	Rotherham Town	1	0	0	0	0	0	0	0
Cunningham	AE	Tony	12/11/57	Jamaica		1982	1983	Lincoln City	Sheffield Wed.	42	1	2	0	11	0	0	0
Cunningham	L	Laurie	20/10/21	Consett		1946	1947	Consett Utd	Bournemouth	51	8	0	0	1	0	0	0
Cunningham	P	Peter		Glasgow	1934	1932		Cork	Port Vale	14	0	0	0	17	0	0	0
Cunningham	WL	Willie	11/07/38	Paisley		1964		Third Lanark	Stirling Albion	24	2	2	0	0	0	0	0
Curran	J	Jimmy	1902	Ryton-on-Tyne		1921	1931	Spen Black & White	Southend Utd.	244	12	0	0	71	2	0	0
Currie	DN	David	27/11/62	Stockton		1987	1989	Darlington	Nottm. Forest	155	10	6	3	42	4	1	1
						1991	1993	Oldham A	Carlisle Utd.								
Curry	T	Thomas		Newcastle		1919		Clarence Wesleyans	Scotswood	1	0	0	0	0	0	0	0
Dartnell	H	Herbert				1901		Manchester City	Wellingborough	18	0	0	0	6	0	0	0
Davie	J	Jock	19/02/13	Dunfermline		1946		Stockton	Kidderminster Harr.	6	0	0	0	0	0	0	0
Davies	SC	Stan	24/03/1898	Chirk	1972	1930		Rotherham Utd.	Manchester Central	1	0	0	0	0	0	0	0
Davis	H	Harry	1879	Wombwell	1962	1898	1899	Ardsley	Sheffield Wed.	49	7	0	0	21	4	0	0
Davis	SP	Steve	26/07/65	Birmingham		1991	1995	Burnley		83	3	5	0	7	0	0	0
De Zeeuw	A	Arjan	16/04/70	Castricum(Holland)		1995		Telstar (Holland)		31	2	0	0	1	0	0	0
Deakin	WE	Billy	19/01/25	Maltby		1949	1951	Sunnyside WMC	Chester	25	1	0	0	3	0	0	0
Dean	N	Norman	13/09/44	Corby		1968	1972	Cardiff City	Bedford T	60	8	3	0	19	4	0	0
Deehan	JM	John	06/08/57	Solihull		1989	1990	Manchester City	Norwich C (ass.mgr)	11	3	0	0	2	1	0	0
Deere	SH	Steve	31/03/48	Burnham Market		1975		Hull C (loan)		4	0	0	0	0	0	0	0
Diamond	JJ	Jack	30/10/10	Middlesbrough	1961	1934		Southport	Cardiff City	4	2	0	0	1	0	0	0
Dixon	C	Cyril	01/02/01	Rawmarsh	1978	1924	1931	Rawmarsh A	Reading	251	10	0	0	7	0	0	0
Dobbin	J	Jim	17/09/63	Dunfermline		1986	1990	Doncaster Rovers	Grimsby Town	129	11	4	4	12	0	0	1
Dobson	GW	George	07/10/1897	Rotherham	1957	1919		Kimberworth OB	Norwich City	25	2	0	0	0	0	0	0
Docherty	A	Archibald		Hebburn		1904		Hebburn Argyle	Denaby Utd	3	0	0	0	1	0	0	0
Donagher	M	Mick		Kilmarnock		1904	1905	Cronberry		66	7	0	0	1	0	0	0
Doncaster	T	Tommy	1888	Dinnington		1911		Dinnington Colliery	Cardiff City	4	0	0	0	0	0	0	0
Donkin	GWC	George	01/12/1892	Carlton, Yorkshire	1927	1913	1924	Monckton Athletic		231	13	0	0	20	0	0	0
Dougal	W	Willie	30/10/23	Falkirk		1952		Preston NE		21	0	0	0	0	0	0	0
Dowdall	C	Charlie		Dublin		1928		Fordsons (Cork)	Swindon Town	3	0	0	0	0	0	0	0
Downes	RD	Bobby	18/08/49	Bloxwich		1979	1980	Watford	Blackpool	43	6	6	0	1	0	0	0
Downing	J	John		Royston		1919		Monckton Athletic	Hednesford Town	7	0	0	0	0	0	0	0
Downs	JT	John 'Dickie'	05/04/1886	Middridge	1949	1908	1919	Shildon Athletic	Everton	274	32	0	0	10	1	0	0
Doyle	R	Bobby	27/12/53	Dumbarton		1972	1975	Jnrs.	Peterborough Utd.	149	6	5	0	16	0	0	0
Duerden	H	Harry	05/03/48	Barnsley		1965	1966	Apprentice	Kidderminster H	25	3	2	0	1	0	0	0
Dugdale	A	Alan	11/09/52	Liverpool		1979		Charlton Ath (loan)		7	0	2	0	0	0	0	0
Duggan	AJ	Andy	19/09/67	Bradford		1986		Trainee	Huddersfield T	2	0	0	0	1	0	0	0
Duggins	G	Gordon	08/12/32	Tamworth		1955	1957	Gresley Rovers	Buxton	17	1	0	0	6	0	0	0
Dungworth	JH	John	30/03/55	Rotherham		1974		Huddersfield T (loan)		3	0	0	0	1	0	0	0
Dunphy	S	Sean	05/11/70	Rotherham		1989		Trainee	Lincoln City	6	0	0	0	0	0	0	0
Dyer	JA	Jimmy	24/08/1883	Blacker Hill		1901		Wombwell T	Doncaster Rovers	2	0	0	0	0	0	0	0
Eaden	NJ	Nicky	12/12/72	Sheffield		1992	1995	Trainee		130	7	7	2	5	0	0	0
Earnshaw	RI	Bob	15/03/43	Rotherham		1962	1972	Juniors	Coaching staff	224	14	13	0	35	1	1	0
Eaton	F	Frank	12/11/02	Stockport	1979	1925	1929	New Mills, Manchester	Reading	150	5	0	0	59	2	0	0
Edgar	J	John 'Tich'	09/04/36	Barnsley		1955	1957	Juniors	Gillingham	22	3	0	0	6	0	0	0
Edgley	BK	Brian	26/08/37	Shrewsbury		1962		Brentford	Caernarfon Town	4	0	0	0	0	0	0	0
Edwards	M	Matt	1882	South Shields		1903	1904	Gateshead NER	Crystal Palace	65	4	0	0	3	0	0	0
Ellis	EE	Ernest	1888	Norwich		1909		Doncaster Rovers	Hartlepools Utd.	4	0	0	0	0	0	0	0
Ellis	T	Tom		Coxhoe		1932	1938	Wolves		169	10	0	1	0	0	0	0
Evans	IP	Ian	30/01/52	Egham		1979	1982	Crystal Palace	Crystal P (ass.mgr)	102	6	14	0	3	0	2	0
Evans	JD	Johnny	13/03/38	Liverpool		1966	1970	Exeter City		170	15	4	0	54	4	1	0
Everest	J	Jack	1907	The Curragh		1937	1938	Southend Utd.		37	0	0	0	0	0	0	0

Player			D.O.B	Place of Birth	Died	First Lge Season	Last Lge Season	Previous Club	Next Club	Appearances League	Appearances FAC	Appearances FLC	Appearances Other	Goals League	Goals FAC	Goals FLC	Goals Oth.
Farnsworth	PA	Peter	17/05/46	Barnsley		1964		Apprentice		1	0	0	0	0	0	0	0
Farrell	A	Arthur	01/10/20	Huddersfield		1951		Bradford PA	Scarborough	18	0	0	0	0	0	0	0
Fawcett	T					1898		Blackburn Rovers		1	0	0	0	0	0	0	0
Feeney	MA	Mark	26/07/74	Derry		1992		Trainee		2	0	0	0	0	0	0	0
Fell	G	Gerry	03/12/1898	Barnsley	1977	1919	1921	Elsecar	Bradford PA	61	2	0	0	3	0	0	0
Felton	GM	Graham	01/03/49	Cambridge		1975	1976	Northampton T	Kettering Town	36	1	4	0	5	0	0	0
Ferguson	M	Martin	21/12/42	Glasgow		1965		Greenock Morton	Doncaster Rovers	40	3	2	0	17	0	0	0
Ferry	W	Willie	21/11/66	Sunderland		1986		Scunthorpe Utd.	Easington Col.	4	0	0	0	1	0	0	0
Findlay	JW	Jake	13/07/54	Blairgowrie		1983		Luton T (loan)		6	0	0	0	0	0	0	0
Finnigan	T	Tommy	13/07/13	West Stanley	1937	1934		Middlesbrough	Southport	4	0	0	0	1	0	0	0
Fisher	FW	Fred	11/04/10	Barnsley	1944	1933	1937	Monckton Athletic	Chesterfield	66	11	0	1	16	2	0	0
Fisher	L	Lewis		Barnsley		1923		Worsborough Dale WMC	Wombwell T	1	0	0	0	0	0	0	0
Fisher	S	Stan	29/09/24	Barnsley		1946		Rockingham Colliery	Halifax Town	1	1	0	0	0	0	0	0
Flavell	RW	Bobby	07/03/56	Berwick-on-Tweed		1979		Chesterfield	Halifax Town	25	2	4	0	0	0	0	0
Fleetwood	ED	Eddie		Barnsley		1932	1934	Mexborough Ath	Denaby Utd	14	0	0	0	8	0	0	0
Fleming	JG	Gary	17/02/67	Derry		1989	1995	Manchester City		239	12	14	6	0	0	0	0
Fletcher	B	Brough	09/03/1893	Mealsgate	1972	1914	1925	Shildon Athletic	Sheffield Wed.	311	21	0	0	72	11	0	0
						1926	1929	Sheffield Wed.									
Fletcher	MRJ	Mark	01/04/65	Barnsley		1983		Apprentice	Bradford City	1	0	0	0	0	0	0	0
Foreman	D	Darren	12/02/68	Southampton		1986	1989	Fareham Town	Crewe Alexandra	47	5	3	1	8	0	0	0
Forman	T	Tom	26/10/1879	Basford		1907	1910	Sutton T	Tottenham H	126	12	0	0	16	2	0	0
Foster	J	James		Wigan		1935		Crewe Alexandra		6	0	0	0	0	0	0	0
Foulds	J	Jack	1874	Glasgow		1899		Partick Thistle		5	0	0	0	1	0	0	0
Fox	PD	Peter	05/07/57	Scunthorpe		1977		Sheffield Wed (loan)		1	0	0	0	0	0	0	0
Francis	A	Albert		Barnsley		1907		Hickleton Main		1	0	0	0	0	0	0	0
Frost	H	Harry		King's Lynn		1919	1920	Wath Athletic		4	0	0	0	0	0	0	0
Fryer	W	Bill		Burradon		1919	1920	Byker West End	Todd Shipyards(USA)	9	0	0	0	0	0	0	0
Futcher	P	Paul	25/09/56	Chester		1983	1989	Derby County	Halifax Town	230	20	13	4	0	0	0	0
Futcher	R	Ron	25/09/56	Chester		1984		NAC Breda (Holland)	Oldham Athletic	19	4	0	0	5	2	0	0
Gadsby	E	Ernie	1889	New Whittington		1909	1910	Mexborough Town	Bristol City	44	9	0	0	13	3	0	0
Gale	T	Tommy	12/10/1895	Castleford	1976	1922	1930	Harrogate T	Stockport Co.	296	12	0	0	0	0	0	0
Gallacher	F	Frank	1913	Paisley		1935	1937	Hamilton A	Bristol City	40	5	0	0	9	2	0	0
Geddis	D	David	12/03/58	Carlisle		1983	1984	Aston Villa	Birmingham City	45	1	4	0	24	0	0	0
Gedney	C	Charles		Elsecar		1906		Hoyland T	Castleford	1	0	0	0	0	0	0	0
Gibbs	GHW	George	1907	Chester-le-Street		1928		Leicester City	Scarborough	37	3	0	0	5	2	0	0
						1929	1930	Scarborough	Worcester C								
Gill	JE	James	1884	Halesowen		1903	1904	Halesowen	Swindon Town	32	0	0	0	0	0	0	0
Gillatt	K	Kenneth 'Ernie'	1900	Wensley		1924	1925	Mansfield T		13	0	0	0	1	0	0	0
Gillott	P	Peter	20/07/35	Barnsley		1955	1958	Worsborough C. Utd	Chelmsford C	5	0	0	0	0	0	0	0
Gittins	JH	Jack	11/11/1893	Stanton Hill	1956	1914	1926	Bentley Colliery	Chesterfield	261	12	0	0	7	0	0	0
Glavin	RM	Ronnie	27/03/51	Glasgow		1979	1983	Glasgow Celtic	Belenenses (Portugal)	182	10	23	0	73	4	15	0
						1985		Belenenses (Portugal)	Stockport Co.								
Glendenning	R	Bob	1889	New Washington	1940	1908	1912	Washington Utd	Bolton Wanderers	141	27	0	0	1	0	0	0
Glover	A	Arthur	27/03/18	Barnsley		1937	1952	Regent Street Congs		186	7	0	0	5	0	0	0
Glover	EL	Lee	24/04/70	Kettering		1989		Nottm. Forest (loan)		8	4	0	0	0	0	0	0
Godderidge	AE	Albert	29/05/02	Tamworth	1976	1927		Leicester City	Newark T	16	1	0	0	0	0	0	0
Godfrey	W	Warren	31/03/73	Liverpool		1992		Liverpool	Witton Albion	8	0	0	1	0	0	0	0
Goodison	WC	Wayne	23/09/64	Wakefield		1982	1985	Apprentice	Crewe Alexandra	36	3	1	0	0	0	0	0
Goodwin	J	John		Hallside		1925		Wigan Borough	Wigan Borough	2	0	0	0	0	0	0	0
Gordon	A	Arthur	1880			1901		Wallsend Park Villa		14	4	0	0	6	1	0	0
Gorry	MC	Martin	29/12/54	Derby		1975	1976	Apprentice	Newcastle United	34	0	4	0	3	0	0	0
Gosling	T	Thomas		Wombwell		1899		Wombwell T		14	2	0	0	1	0	0	0
Graham	DWT	Deiniol	04/10/69	Cannock		1991	1993	Manchester Utd.	Stockport Co.	38	0	4	0	2	0	0	0
Graham	M	Malcolm	26/01/34	Wakefield		1954	1958	Hall Green	Bristol City	129	5	1	0	40	1	0	0
						1964		QPR	Buxton								
Graham	P	Peter	19/04/47	Barnsley		1966	1969	Worsborough Bridge	Darlington	19	2	1	0	1	1	2	0
Graham	T	Tommy	31/03/58	Glasgow		1978	1979	Aston Villa	Halifax Town	38	1	2	0	13	0	1	0
Graham	TH	Thomas	1888	South Shields		1909			Castleford T	1	0	0	0	0	0	0	0
Grainger	J	Jack	17/07/12	South Elmsall	1976	1932		Royston Athletic	Southport	1	0	0	0	0	0	0	0
Gray	H	Harry	26/10/18	Hemsworth		1946		Grimethorpe Rovers	Bournemouth	7	0	0	0	1	0	0	0
Gray	P	Phil	02/10/68	Belfast		1989		Tottenham H (loan)		3	1	0	0	0	0	0	0
Gray	S	Stuart	19/04/60	Withernsea		1983	1987	Nottm. Forest	Aston Villa	120	6	7	2	23	0	3	1
Greaves	A	Arthur		Doncaster		1934		Crewe Alexandra	Watford	3	0	0	0	0	0	0	0
Greaves	J	Joe				1898	1902	Sheffield Wed.		104	28	0	0	0	0	0	0
Green	A	Alan	14/12/39	Darfield		1960	1961	Dodworth Colliery	York City	19	2	0	0	0	0	0	0
Green	BH	Benny	23/02/1883	Penistone	1945	1901	1903	Penistone Jnrs. FC	Small Heath	46	3	0	0	18	0	0	0
Green	F	Frank	1902	Ashington	1982	1931		Crewe Alexandra	Racing Club Paris(Fr)	4	0	0	0	0	0	0	0
Greenwood	PG	Paddy	17/10/46	Hull		1971	1973	Hull City	Nottm. Forest	111	8	4	0	6	0	0	0
Gridelet	PR	Phil	30/04/67	Edgware		1990	1992	Barnet	Southend Utd.	6	1	0	1	0	0	0	0
Griffin	MR	Mick	1887	Middlesbrough		1912	1914	Hartlepools U		69	5	0	0	7	0	0	0
Griffiths	JS	Steve	23/02/14	Barnsley		1947	1950	Aldershot	York City	65	2	0	0	29	1	0	0
Griffiths	W	Walter	1886	Nottingham		1907	1908	Ilkeston		16	1	0	0	3	0	0	0
Griffiths	W	William		Wombwell		1906		Mitchell's Main		7	1	0	0	4	0	0	0
Gullen	G	George		Newcastle		1903		Newcastle United		16	0	0	0	3	0	0	0
Hall	JE	John	1885	Tyne Dock		1905	1907	Kingston Villa	Brighton & Hove A.	74	6	0	0	14	1	0	0
Hall	JE	Joseph 'Jack'	1890	Boldon		1911	1912	Jarrow Croft	Manchester City	5	0	0	0	0	0	0	0
Halliwell	JA	Joe	17/01/1894	Lostock Hall		1913	1926	Preston NE	Nelson	312	16	0	0	83	0	0	0
Hallows	JH	Jack	16/02/07	Chester	1963	1935	1936	Bradford City		13	1	0	0	4	0	0	0
Hamill	A	Alex	1912	Dumbarton		1936	1937	Blackburn Rovers	Carlisle Utd.	24	1	0	0	4	1	0	0

Player			D.O.B	Place of Birth	Died	First Lge Season	Last Lge Season	Previous Club	Next Club	Appearances				Goals			
										League	FAC	FLC	Other	League	FAC	FLC	Oth.
Hamilton	E	Eddie	17/01/27	Glasgow		1949		Dundalk	St. Patrick's Ath Dublin	1	0	0	0	0	0	0	0
Hammerton	JD	John	22/03/00	Sheffield	1968	1920	1922	Oughtibridge	Rotherham C	30	0	0	0	9	0	0	0
Hamstead	GW	George	24/01/46	Rotherham		1966	1970	York City	Bury	149	13	3	0	22	0	0	0
Hanlon	E	Edward		Darlington	1925	1911		Darlington		12	0	0	0	1	0	0	0
Happs	R	Roland				1931	1933	Denaby Utd	Mexborough Ath	12	0	0	0	0	0	0	0
Harper	B	Bernard	23/11/12	Gawber		1932	1938	West Ward FC	Scunthorpe Utd.	217	12	0	1	2	0	0	0
Harris	A	Albert	16/09/12	Horden		1936		Newcastle United	Darlington	15	0	0	0	1	0	0	0
Harris	LH	Les	29/05/55	Stocksbridge		1975	1976	Juniors	Buxton	26	0	0	0	2	0	0	0
Harron	J	Joe	19/03/00	Langley Park	1961	1928	1929	Scarborough	Dartford	28	0	0	0	4	0	0	0
Harston	E	Ted	27/02/07	Monk Bretton		1930		Sheffield Wed.	Reading	12	0	0	0	4	0	0	0
Harston	JC	Jack	07/10/20	Barnsley		1946	1948	Wolves	Bradford City	20	2	0	0	1	0	0	0
Harvey	WA	Bill	1908	Chopwell		1929	1931	Eden Colliery	Eden Colliery	42	3	0	0	12	2	0	0
Hay	J	Jimmy	1876	Lanark		1901	1907	Renfrew Victoria	Chesterfield T	145	13	0	0	0	1	0	0
Hayes	J	Joe	20/01/36	Kearsley		1965		Manchester City	Wigan Athletic	26	2	2	0	3	0	0	0
Hedworth	C	Chris	05/01/64	Wallsend		1986	1987	Newcastle United	Halifax Town	25	3	1	1	0	0	0	0
Hellewell	A	Albert		Huddersfield		1899	1902			67	10	0	0	14	3	0	0
Hellewell	A	Alec		Sheffield		1902	1909	Mexborough Town		196	17	0	0	44	3	0	0
Hemstock	B	Brian	09/02/49	Goldthorpe		1966		Juniors	Bradford PA	1	0	0	0	0	0	0	0
Henderson	GB	George		Kelty		1928	1936	Sunderland		258	14	0	1	11	1	0	0
Hendon	IM	Ian	05/12/71	Ilford		1992		Tottenham H (loan)		6	0	0	0	0	0	0	0
Heppinstall	F	Frank	1885	South Hiendley		1904			Denaby Utd	8	1	0	0	1	0	0	0
Hepworth	W	Walter		Barnsley		1898	1899			26	7	0	0	9	2	0	0
Hewitson	R	Bob	26/02/1884	Blyth	1957	1903	1904	Morpeth Harriers	Crystal Palace	62	4	0	0	0	0	0	0
Hewitt	R	Dick	25/05/43	South Elmsall		1965	1968	Bradford City	York City	98	8	3	0	20	2	1	0
Higgs	FJ	Frank	1910	Willington Quay		1931		Linfield	Manchester City	35	2	0	0	0	0	0	0
Hill	A	Alan	03/11/43	Barnsley		1960	1965	Juniors	Rotherham Utd.	133	12	7	0	0	0	0	0
Hill	J	Joe	1906	Sheffield		1931		Newark T	QPR	8	0	0	0	3	0	0	0
Hinch	JA	Jimmy	08/11/47	Sheffield		1977		Sheffield Wed.	Calif. Surf (USA)	12	0	0	0	4	0	0	0
Hind	A	Arthur		Sheffield		1898		Owlerton Swifts		1	0	0	0	0	0	0	0
Hine	EW	Ernie	09/04/01	Smithy Cross	1974	1921	1925	Staincross Station	Leicester City	288	19	0	0	124	7	0	0
						1934	1937	Manchester Utd.									
Hinsley	G	George	19/07/14	Sheffield		1935	1938	Denaby Utd	Bradford City	9	1	0	0	0	0	0	0
Hirst	DE	David	07/12/67	Cudworth		1985		Apprentice	Sheffield Wed.	28	0	1	0	9	0	0	0
Hirst	G	George		Barnsley		1901				1	0	0	0	0	0	0	0
Hirst	MW	Malcolm	28/12/37	Cudworth		1956		Darfield Road Jnrs	Yeovil Town	1	0	0	0	0	0	0	0
Hobson	J	John	01/06/46	Barnsley		1965	1968	Blackpool	Notts County	36	0	0	0	7	0	0	0
Hodgkinson	H	Bert	26/12/03	Penistone	1974	1923	1929	Penistone Jnrs. FC	Tottenham H	200	7	0	0	0	0	0	0
Holley	T	Tom	15/11/13	Sunderland	1992	1933	1935	Sunderland	Leeds United	72	8	0	0	4	0	0	0
Holmes	T	Tommy	14/12/34	Hemsworth		1954	1958	Hemsworth Y.C.	Halifax Town	35	2	0	0	7	0	0	0
Hooley	JW	Joe	26/12/38	Barnsley		1956		Juniors	Sheffield Utd.	1	0	0	0	0	0	0	0
Hopkins	OT	Ollie	15/11/35	South Kirkby		1957	1960	Burtonwood FC	Peterborough Utd.	50	2	0	0	10	0	0	0
Hopkinson	A	Alan	15/04/53	Chapeltown		1970	1973	Apprentice		27	0	0	0	5	0	0	0
Hopper	A	Alan	17/07/37	Newcastle		1961	1964	South Shields	Bradford City	135	14	7	0	4	0	0	0
Horn	RI	Bobby	15/12/61	Westminster		1981	1983	Crystal Palace	Crystal Palace	67	1	12	0	0	0	0	0
Hosie	JE	Jim	03/04/40	Aberdeen		1962		Aberdeen		37	3	4	0	0	0	1	0
Hough	H	Harry	26/09/24	Chapeltown		1947	1958	Thorncliffe Welfare	Bradford PA	346	18	0	0	0	0	0	0
Houghton	WG	Billy	20/02/39	Hemsworth		1957	1963	Juniors	Watford	206	21	8	0	10	0	1	0
Howard	F	Fred		Hoyland		1898	1899	Lincoln City		49	8	0	0	1	0	0	0
Howard	P	Pat	07/10/47	Dodworth		1965	1971	Juniors	Newcastle United	177	15	9	0	6	0	1	0
Hudson	M	Maurice	12/09/30	Barnsley		1950	1953	Worsborough Dale ST	Bradford City	36	2	0	0	0	0	0	0
Humes	J	Jimmy	06/08/42	Carlisle		1967		Chester		7	1	0	0	1	0	0	0
Hunt	DA	Doug	19/05/14	Shipton Bellinger	1989	1936	1937	Tottenham H	Sheffield Wed.	36	4	0	0	18	1	0	0
Hunt	S	Sam	1866	Smithies		1899				1	0	0	0	0	0	0	0
Hunter	N	Norman	29/10/43	Eighton Banks		1979	1982	Bristol City	(Manager)	31	2	1	0	0	0	0	0
Hunter	W	William	1888	Sunderland		1912		South Shields	Manchester Utd.	2	0	0	0	1	0	0	0
Hurst	G	Glynn	17/01/76	Barnsley		1994	1995	Tottenham H		7	0	0	0	0	0	0	0
Ironside	R	Roy	28/05/35	Sheffield		1965	1968	Rotherham Utd.		113	9	6	0	0	0	0	0
Ives	AE	Albert		Haltwhistle		1935	1937	Sunderland		9	0	0	0	0	0	0	0
Jackson	B	Brian	02/02/36	Maltby		1965		Rotherham Utd.		29	1	0	0	0	0	0	0
Jackson	CD	Chris	16/01/76	Barnsley		1992	1995	Trainee		23	0	3	1	2	0	0	0
Jackson	M	Maurice	06/11/28	Barnsley	1971	1949	1955	Carlton Utd	Barrow	34	1	0	0	0	0	0	0
Jackson	S	Sam		Belfast		1922		Swansea T	Barn (N.Ireland)	1	0	0	0	0	0	0	0
Jagger	GN	George	30/09/41	Great Houghton		1960	1962	Houghton Main Coll.	Corby Town	45	3	1	0	2	0	0	0
Jarman	JE	John	04/02/31	Rhymney		1951	1955	Wellington Town	Walsall	45	2	0	0	1	1	0	0
Jebb	A	Alfred	1888			1909	1911	Ilkeston Utd	Watford	9	0	0	0	0	0	0	0
Jeffels	S	Simon	18/01/66	Darton		1983	1987	Apprentice	Carlisle Utd.	42	2	1	0	0	0	0	0
Jeffs	AS	Arthur	01/10/1897	Liverpool		1923		Everton	Tranmere Rovers	5	0	0	0	0	0	0	0
Johnson	A	Albert	1885	Sheffield		1906	1907	Attercliffe		11	1	0	0	0	0	0	0
Johnson	A	Arthur	1904	Atherstone		1925		Huddersfield T	Birmingham	21	1	0	0	4	0	0	0
Johnson	DE	David	23/10/51	Liverpool		1983		Everton (loan)		4	0	0	0	1	0	0	0
Johnson	JC	Jack	03/10/05	South Kirkby		1933		Rotherham Utd.	Carlisle Utd.	9	0	0	0	0	0	0	0
Johnson	P	Patrick		Wingate		1910		Crook Town		1	0	0	0	0	0	0	0
Johnson	WJ	Joe		Wednesbury		1925		Crystal Palace	West Ham Utd.	17	0	0	0	2	0	0	0
Joicey	B	Brian	19/12/45	Winlaton		1976	1978	Sheffield Wed.	Frickley Athletic	93	4	6	0	43	3	0	0
Jones	A	Aaron	1884	Rotherham	1950	1903	1904	Newstead Byron	Birmingham	32	3	0	0	16	1	0	0
Jones	B	Ben		Rotherham		1908		Doncaster Rovers	Denaby Utd	16	0	0	0	5	0	0	0
Jones	B	Brian 'Bryn'	15/09/38	Barnsley		1957	1958	Juniors	York City	14	1	0	0	0	0	0	0
Jones	GH	George	27/11/18	Sheffield	1995	1950	1951	Sheffield Utd.		22	0	0	0	6	0	0	0
Jones	L	Len	09/06/13	Barnsley		1934	1937	Huddersfield T	Chelmsford C	57	1	0	0	0	0	0	0

Player			D.O.B	Place of Birth	Died	First Lge Season	Last Lge Season	Previous Club	Next Club	Appearances League	Appearances FAC	Appearances FLC	Appearances Other	Goals League	Goals FAC	Goals FLC	Goals Oth.
Jones	R	Dick		Liverpool		1898		Liverpool White Star	Glossop	64	10	0	0	19	2	0	0
						1899	1900	Glossop									
Jones	S	Scott	01/05/75	Sheffield		1995		Trainee		4	0	0	0	0	0	0	0
Jones	WD	Dai	04/04/05	Hafod	1946	1927		Preston NE	Denaby Utd	12	1	0	0	0	0	0	0
Jonsson	S	Siggi	27/09/66	Akranes, Iceland		1985		Sheffield Wed. (loan)		5	0	0	0	0	0	0	0
Joyce	JP	Joe	18/03/61	Consett		1979	1990	Juniors	Scunthorpe Utd.	334	24	27	3	4	1	1	0
Jukes	AB	Bernard				1923	1924	Chesterfield		16	0	0	0	1	0	0	0
Kane	PJ	Paul	20/06/65	Edinburgh		1995		Aberdeen (loan)		4	0	0	0	0	0	0	0
Kay	H	Harold	24/04/00	Chapeltown		1920	1922	Army	Southend Utd.	14	1	0	0	0	0	0	0
Kay	H	Harry		Elsecar		1907	1909	Elsecar	Rotherham T	14	1	0	0	5	0	0	0
Kaye	A	Arthur	09/05/33	Barnsley		1950	1958	Juniors	Blackpool	265	15	0	0	54	6	0	0
Kear	MP	Mike	27/06/43	Coleford		1970		Middlesbrough (loan)		6	0	0	0	1	0	0	0
Kelly	DC	Doug	30/05/34	Worsborough		1952	1954	Juniors	Bradford City	18	1	0	0	7	0	0	0
Kelly	F	Frank	1883			1903		Chester	Chesterfield T	10	1	0	0	3	0	0	0
Kelly	J	John 'Mick'	1913	Sandbach		1935		Leeds United	Bradford City	3	0	0	0	0	0	0	0
Kelly	JC	Johnny	21/02/21	Paisley		1946	1952	Greenock Morton	Falkirk	217	12	0	0	25	1	0	0
Kelly	PM	Pat	09/04/18	South Africa	1985	1946	1950	Aberdeen	Crewe Alexandra	144	3	0	0	0	0	0	0
Kelly	T	Thomas	13/01/02	Manchester		1923	1924	Corpus Christi FC	Rhyl Athletic	15	2	0	0	5	1	0	0
Kennedy	S	Sam	1896	Platts Common	1963	1926		Fulham	Mexborough Ath	9	0	0	0	5	0	0	0
Kerr	GAM	George	09/01/43	Alexandria		1961	1965	Renton Select	Bury	166	14	10	0	40	8	4	0
Kerry	E	Ned	1905	Creswell	1978	1929	1931	Mansfield Town	Llanelly	48	2	0	0	6	0	0	0
Kilner	A					1899			Penistone	2	0	0	0	1	0	0	0
King	S					1920				1	0	0	0	0	0	0	0
King	T					1898		Burton Wanderers		3	0	0	0	0	0	0	0
Kirsop	WS	William	1892	Wallsend		1914		Gateshead Ath		3	0	0	0	0	0	0	0
Kitchen	J	Jack	28/02/25	Whitehaven	1992	1946	1951	Kells Athletic		53	2	0	0	0	0	0	0
Kiwomya	AD	Andy	01/10/67	Huddersfield		1985		Trainee	Sheffield Wed.	1	0	0	0	0	0	0	0
Lake	CE			Penistone		1899	1903	Thurlstone		37	2	0	0	10	0	0	0
Lakin	W	William		Sheffield		1919		Woodhouse	Exeter City	5	1	0	0	0	0	0	0
Lambert	K	Ken	07/06/28	Sheffield		1950	1951	Ecclesfield Coll. Rovers	Gillingham	11	0	0	0	2	0	0	0
Lambert	R	Roy	16/07/33	Chapeltown		1965		Rotherham Utd.	Witton Albion	3	1	0	0	0	0	0	0
Lampard	AJ	Alfred		Nailsworth		1930	1931	Bournemouth		2	0	0	0	0	0	0	0
Lang	J(1)	Johnny	16/08/1882	Kilbirnie		1902		Govan	Sheffield Utd.	13	4	0	0	2	3	0	0
Lang	J	Johnny	1908	Dumbarton		1937	1938	Aberdeen		43	2	0	0	10	0	0	0
Lathan	JG	John	12/04/52	Sunderland		1976		Carlisle Utd (loan)		7	0	0	0	0	0	0	0
Lavery	J	Jack	1884			1903		Jarrow	Denaby Utd	3	0	0	0	2	0	0	0
Law	N	Nicky	08/09/61	Greenwich		1981	1985	Arsenal	Blackpool	114	6	5	0	1	0	0	0
Lawton	P	Peter	25/02/44	Barnsley		1962	1963	Juniors	Rugby Town	2	0	0	0	0	0	0	0
Lawton	R	Robert		Barnsley		1899		Monk Bretton		2	0	0	0	0	0	0	0
Lax	G	George	1905	Pontefract		1931	1932	Wolves	Bournemouth	48	2	0	0	1	0	0	0
Lea	L	Les	05/10/42	Manchester		1970	1975	Cardiff City	Redfearns Sports	205	14	8	0	32	2	0	0
Leavey	HJ	Bert	1886	Guildford		1911		Liverpool	Bradford PA	28	7	0	0	2	1	0	0
Ledger	R	Roy	09/12/30	Barnsley		1950		Smithies Utd	Rotherham Utd	1	0	0	0	0	0	0	0
Ledingham	WD	William	1891	Newtongrange	1960	1913		Tranent Juniors		1	0	0	0	0	0	0	0
Lees	JWD	Joseph	1892	Coalville	1933	1914		Whitwick Imperial	Rotherham County	10	1	0	0	2	0	0	0
Lees	W	William 'Don'	1873	Cronberry		1898	1903	Darwen	Watford	188	24	0	0	42	8	0	0
						1904		Watford	Denaby Utd								
Leeson	D	Don	25/08/35	Askern		1956	1960	Askern Main Colliery		97	10	2	0	0	0	0	0
Leigh	WH	Harry	1888	Lymm		1908		Aston Villa	Stoke	1	0	0	0	0	0	0	0
Leighton	A	Tony	27/11/39	Leeds	1978	1962	1964	Doncaster Rovers	Huddersfield T	107	10	9	0	59	2	3	0
Lester	MJ	Mike	04/08/54	Manchester		1979	1980	Grimsby Town	Exeter City	64	8	5	0	11	2	0	0
Liddell	AM	Andy	28/06/73	Leeds		1991	1995	Trainee		126	5	8	3	25	0	1	0
Lillycrop	GB	George	07/12/1886	Gosport	1962	1907	1912	North Shields Adelaide	Bolton Wanderers	195	28	0	0	92	12	0	0
Lindsay	D	David	23/09/19	Dumbarton	1992	1948	1951	Luton Town	Wisbech Town	78	3	0	0	3	0	0	0
Little	A	Alan	05/02/55	Horden		1977	1979	Southend Utd.	Doncaster Rovers	91	4	9	0	14	0	1	0
Little	J	Joseph 'Jack'	1888	Seaton Delaval	1965	1908	1910	Scotswood	Crystal Palace	47	1	0	0	0	0	0	0
Little	T	Tommy	1872	Dumfries		1899		Swindon Town	Dumfries	14	2	0	0	2	1	0	0
Lockie	T	Tom	13/01/06	Duns	1977	1932		Leith Athletic	York City	14	1	0	0	1	0	0	0
Logan	JW	John	16/08/12	Horden	1980	1936	1946	Darlington	Sheffield Wed.	99	11	0	0	5	0	0	0
Longden	DP	Paul	28/09/62	Wakefield		1981	1982	Apprentice	Scunthorpe Utd.	5	0	0	0	0	0	0	0
Low	WR	Willie		Aberdeen		1920	1921	Gainsborough T		41	1	0	0	0	0	0	0
Lowe	SJ	Simon	26/12/62	Westminster		1983		Ossett Town	Halifax Town	2	0	0	0	0	0	0	0
Lowndes	SR	Steve	17/06/60	Cwmbran		1986	1989	Millwall	Hereford Utd.	116	10	7	3	20	1	1	0
Loyden	E	Eddie	22/12/45	Liverpool		1968	1970	Shrewsbury Town	Chester	65	5	1	0	23	3	0	0
Lumley	IT	Tommy	09/01/24	Leadgate		1951	1955	Charlton Ath.	Darlington	146	7	0	0	36	3	0	0
Lunn	J	Jackie	14/10/37	Barnsley	1989	1956	1960	Juniors	Chesterfield	56	8	0	0	19	1	0	0
Lydon	T	Thomas				1901		Glasgow Celtic		1	0	0	0	0	0	0	0
Lynch	TJ	Thomas 'Paddy	31/08/07	Tredegar	1976	1932		Colwyn Bay Utd	Barrow	19	0	0	0	0	0	0	0
Lyon	S	Sam	20/01/1890	Prescot	1977	1914		Hull City		8	0	0	0	3	0	0	0
MacDonald	J	John	15/04/61	Glasgow		1986	1989	Glasgow Rangers	Scarborough	94	9	4	2	20	2	1	1
Mackay	DM	Morgan		Invergordon		1935		Dundee	Queen of the South	1	0	0	0	0	0	0	0
Mahoney	B	Brian	12/05/52	Huddersfield		1971	1974	Huddersfield T		90	4	2	0	16	0	1	0
Malcolm	AM	Alex	15/12/21	Alloa		1946	1947	Alloa Athletic	Scarborough	5	0	0	0	0	0	0	0
Malcolm	PA	Paul	11/12/64	Felling		1986		Shrewsbury Town	Doncaster Rovers	3	0	0	0	0	0	0	0
Mallender	GS	Gary	12/03/59	Barnsley		1976	1978	Apprentice	Boston Utd	2	0	0	0	0	0	0	0
Mann	JA	Jimmy	15/12/52	Goole		1981	1982	Bristol City	Scunthorpe Utd.	15	0	0	0	0	0	0	0
Manning	JJ	John	11/12/40	Liverpool		1973	1974	Crewe Alexandra	Crewe Alexandra	45	4	1	0	7	2	0	0
Mansley	VC	Cliff	05/04/21	Skipton		1946	1947	Preston NE	Chester	30	6	0	0	0	0	0	0
March	W	Billy	28/02/25	Chester-le-Street		1951		Ferryhill Athletic	Gateshead	2	0	0	0	0	0	0	0

Player			D.O.B	Place of Birth	Died	First Lge Season	Last Lge Season	Previous Club	Next Club	Appearances League	Appearances FAC	Appearances FLC	Appearances Other	Goals League	Goals FAC	Goals FLC	Goals Oth.
Marshall	C	Colin	01/11/69	Glasgow		1988	1990	Trainee		4	0	0	1	0	0	0	0
Marshall	J	John	1892	Stenhousemuir		1913	1914	Preston NE	Clyde	14	0	0	0	1	0	0	0
Martin	F	Fred	1889	Clay Cross	1932	1909	1911	South Kirkby	Sunderland	10	0	0	0	2	0	0	0
Martin	P	Peter	29/12/50	South Shields		1971	1972	Darlington	Cambridge City	26	2	0	0	6	0	0	0
Maskill	T	Tom	02/05/03	York		1931		Carlisle Utd.	York City	17	2	0	0	3	0	0	0
Matthews	CM	Charles				1919		Leeds City	Scunthorpe Utd	2	0	0	0	0	0	0	0
Matthews	F	Frank	26/12/02	Wallsend	1981	1923	1924	Blackpool	Southampton	34	1	0	0	5	0	0	0
Mawson	F	Frank	1878	Ecclesfield	1938	1900	1902	Doncaster Rovers	Ecclesfield Church	61	5	0	0	8	1	0	0
May	H	Harry	15/10/28	Glasgow		1952	1954	Swindon Town	Southend Utd.	105	5	0	0	0	0	0	0
May	LC	Larry	26/10/58	Sutton Coldfield		1983	1986	Leicester City	Sheffield Wed.	122	10	6	1	3	2	1	0
McArdle	P	Peter	08/04/11	Lanchester	1979	1936	1937	Carlisle Utd.	Stockport Co.	16	0	0	0	3	0	0	0
McCairns	T	Tommy	22/12/1873	Dinsdale	1932	1901		Lincoln City	Wellingborough	23	4	0	0	9	1	0	0
McCann	H	Henry	1888	Falkirk		1912		Birtley	Exeter City	1	0	0	0	0	0	0	0
McCann	J	Johnny	23/07/34	Govan		1955	1958	Bridgeton Waverley	Bristol City	118	7	0	0	17	0	0	0
McCarthy	MJ	Mick	07/02/59	Barnsley		1977	1983	Worsborough Br.M.W.	Manchester City	272	16	26	0	7	0	3	0
McCarthy	RS	Roy	17/01/45	Barnsley		1961	1962	Barugh Green Sports	Barrow	3	0	0	0	0	0	0	0
McCartney	J	John	1866	Glasgow	1933	1898	1900	Luton Town		63	7	0	0	3	1	0	0
McCartney	WJ	Walter				1901	1904			8	3	0	0	0	0	0	0
McColl	D	Duncan	28/12/45	Glasgow		1965		Partick Thistle	Ballymena Utd	5	0	0	0	0	0	0	0
McCord	BJ	Brian	24/08/68	Derby		1989		Derby C (loan)		43	0	4	2	2	0	0	0
						1989	1991	Derby C	Stockport Co.								
McCormack	JC	Cec	15/02/22	Newcastle	1995	1950	1951	Chelmsford C	Notts County	50	1	0	0	42	1	0	0
McCullough	F	Fred		Liverpool		1898		Liverpool White Star		32	7	0	0	5	1	0	0
McDonagh	P	Patrick		Glasgow		1927		St. Anthony's	Nelson	9	0	0	0	2	0	0	0
McDonald	J					1900				1	0	0	0	0	0	0	0
McDonald	RR	Rikki	18/12/33	Paisley		1958		Saltcoats Victoria		1	0	0	0	0	0	0	0
McGarry	D	Danny	1911	Howwood		1938		Greenock Morton	Greenock Morton	41	1	0	0	12	1	0	0
McGee	J					1898		Stalybridge Rovers		3	0	0	0	0	0	0	0
McGowan	D	Duncan	1880	Renton		1901		Renton	Clyde	3	0	0	0	0	0	0	0
McGran	W	William		Beith	1922	1902		Lochwinnock NB	Glasgow Rangers	7	0	0	0	0	0	0	0
McGugan	PJ	Paul	17/07/64	Glasgow		1987	1988	Glasgow Celtic	Chesterfield	49	6	3	2	2	0	0	0
McGuinness	W	Billy	30/11/13	Workington	1978	1936		Blackpool		1	0	0	0	0	0	0	0
McGuire	J	James	10/12/1883	Wallsend		1903	1904	North Shields Ath	North Shields Ath	34	1	0	0	0	0	0	0
McGuire	MJ	Mick	04/09/52	Blackpool		1982	1984	Norwich City	Oldham Athletic	47	1	2	0	6	0	0	0
McHale	R	Ray	12/08/50	Sheffield		1980	1981	Brighton & Hove A.	Sheffield Utd.	53	1	8	0	1	0	0	0
McKenzie	IE	Ian	22/08/66	Wallsend		1985		Newcastle United	Stockport Co.	1	0	0	0	0	0	0	0
McLauchlan	R	Bob		Whitburn		1934		Gateshead	Wigan Athletic	3	0	0	0	0	0	0	0
McMahon	K	Kevin	01/03/46	Tantobie		1972		York City	Hartlepool	5	0	2	0	0	0	0	0
McMorran	EJ	Eddie	02/09/23	Larne	1984	1950	1952	Leeds United	Doncaster Rovers	104	5	0	0	32	2	0	0
McNeil	MA	Matt	28/07/27	Glasgow	1977	1951	1952	Newcastle United	Brighton & Hove A.	68	2	0	0	1	0	0	0
McPhee	J	John	21/11/37	Motherwell		1970		Blackpool	Southport	26	4	1	0	3	0	0	0
McPherson	PC	Peter	19/03/12	Livingston Station	1993	1933		Hibernian	Southport	1	0	0	0	0	0	0	0
McShea	E	Ernie		Glasgow		1907		Port Glasgow Ath	Clyde	20	0	0	0	8	0	0	0
Mearns	FC	Fred	31/03/1879	Sunderland	1931	1909	1910	Hartlepools Utd.	Leicester Fosse	26	7	0	0	0	0	0	0
Mears	F	Frank	1899	Chorlton		1928	1929	Leeds United		42	0	0	0	13	0	0	0
Millar	A	Ally	15/01/52	Glasgow		1970	1979	Benburb	York City	289	16	19	0	17	0	0	0
Millar	JM	John 'Jock'	31/12/06	Coatbridge		1928		Kilmarnock	Hartlepools Utd.	17	1	0	0	5	0	0	0
Millership	H	Harry	1889	Chirk	1959	1922		Rotherham County	Castleford T	5	0	0	0	0	0	0	0
Milton	A	Albert		Sheffield	1917	1907		South Kirkby	Sunderland	15	0	0	0	0	0	0	0
Mitchell	R	Bob	1889	Paisley		1911	1912	Cliftonville Belfast		4	0	0	0	0	0	0	0
Molby	J	Jan	04/07/63	Kolding, Denmark		1995		Liverpool (loan)		5	0	0	0	0	0	0	0
Moore	J	Jimmy	01/09/1891	Felling	1972	1911	1914	Boldon Colliery	Southampton	101	8	0	0	23	1	0	0
Moores	IR	Ian	05/10/54	Chesterton		1982		Bolton W (loan)		3	0	0	0	0	0	0	0
Moran	BJ	Brian	03/06/47	Hemsworth		1966		Juniors	Goole Town	1	0	0	0	0	0	0	0
Mordue	J	Jackie	13/12/1886	Edmondsley	1957	1906		Spennymoor Utd	Arsenal	25	0	0	0	12	0	0	0
Morris	FA	Freddie	11/03/20	Sheffield	1973	1946	1948		Southend Utd.	23	2	0	0	9	0	0	0
Morris	GR	George	1879	Manchester		1900		Glossop	Millwall Ath	23	1	0	0	1	0	0	0
Morris	H	Harold	02/09/02	Bolsover	1976	1929		Mansfield Town	Shirebrook	1	0	0	0	0	0	0	0
Morris	R	Bob		Coppull		1920		Fleetwood	Accrington Stanley	13	0	0	0	3	0	0	0
Morrison	FR	Frank	1874	Falkirk		1899	1901	Luton Town		48	3	0	0	0	0	0	0
Morton	J	James		Leith		1913		Ediinburgh St.Bernard's	Bristol City	18	0	0	0	3	0	0	0
Morton	R	Bobby	03/03/06	Widdrington	1990	1927		Bedlington Utd	Nottm. Forest	1	0	0	0	1	0	0	0
Moses	AP	Adrian	04/05/75	Doncaster		1994	1995	Trainee		28	2	2	0	1	0	0	0
Mulligan	PG	Peter	17/07/42	Barnsley		1959	1963	Juniors		9	2	0	0	0	0	0	0
Murfin	C	Clarrie	02/04/09	Barnsley		1930	1931	Barnsley West Ward	Scunthorpe Utd.	22	0	0	0	1	0	0	0
Murphy	BL	Barry	10/02/40	Consett		1962	1977	South Shields		512	26	29	0	3	0	0	0
Murphy	E	Eddie	13/05/24	Hamilton		1950	1951	Northampton Town	Exeter City	18	1	0	0	2	0	0	0
Murray	A	Ally	22/12/43	Longtown		1963		Sunderland	Carlisle Utd.	21	0	3	0	1	0	2	0
Murray	J					1898				4	0	0	0	0	0	0	0
Musgrove	R	Robert		Ryhope		1912	1914	Saltworth Colliery		12	0	0	0	2	0	0	0
Myers	J	Joseph		Sheffield		1925		Heeley Friends		3	0	0	0	2	0	0	0
Naylor	H	Harry				1898				1	0	0	0	0	0	0	0
Ness	HM	Harry	1885	Scarborough	1957	1908	1910	Parkgate	Sunderland	70	11	0	0	0	0	0	0
New	MP	Martin	11/05/59	Swindon		1980		Mansfield Town		24	4	6	0	0	0	0	0
Newton	A	Albert	13/03/1894	Barnsley	1975	1919	1925	Barnsley St. George's	Bradford City	222	15	0	0	21	0	0	0
Nicholson	S	Sidney	1912	Shildon		1935	1937	Scunthorpe Utd.	Aberdeen	7	0	0	0	0	0	0	0
Nicol	RBM	Bobby	11/05/36	Edinburgh		1962	1963	Hibernian	Berwick Rangers	37	3	5	0	1	0	0	0
Nimrod	J	Joseph	1881	Jarrow		1901	1902	Jarrow	Denaby Utd	12	0	0	0	0	0	0	0
Nixon	JC	Jon	20/01/48	Ilkeston		1977		Shrewsbury Town	Halifax Town	10	0	0	0	0	0	0	0

Player			D.O.B	Place of Birth	Died	First Lge Season	Last Lge Season	Previous Club	Next Club	Appearances				Goals			
										League	FAC	FLC	Other	League	FAC	FLC	Oth.
Nixon	T	Tom	21/09/1867	Wombwell		1898	1899	Darwen		40	17	0	0	0	0	0	0
Noble	WD	William		Wellingborough		1905	1906	Wellingborough		11	0	0	0	1	0	0	0
Normanton	S	Sidney 'Skinner'	20/08/26	Barnsley	1995	1947	1953	Barnsley Main Coll.	Halifax Town	123	7	0	0	2	0	0	0
Norton	P	Percy	1884	Wellingborough		1906		Wellingborough		1	0	0	0	0	0	0	0
O'Connell	BJ	Brendan	12/11/66	Waterloo, London		1989	1995	Burnley		240	14	11	8	35	1	1	3
O'Connor	D	Doug	29/04/54	Barnsley		1970	1973	Apprentice	Mansfield Town	36	0	1	0	7	0	0	0
O'Donnell	M	Magnus	1882	Willington Quay		1906		Lincoln City	Newark	19	5	0	0	4	2	0	0
O'Hara	EA	Eddie	28/10/35	Glasgow		1962	1964	Greenock Morton	Bloemfontein (SA)	127	11	9	0	36	3	1	0
O'Riley	PJ	Paul	17/10/50	Liverpool		1974		Hull City	Goole Town	14	0	1	0	2	0	0	0
Ogle	R	Roger	15/09/04	Bedlington		1929	1930	Shildon Athletic	Norwich City	11	0	0	0	0	0	0	0
Ogley	A	Alan	04/02/46	Barnsley		1962		Apprentice	Manchester City	9	0	0	0	0	0	0	0
Ogley	MA	Mark	10/03/67	Barnsley		1985	1986	Apprentice	Carlisle Utd.	19	1	1	0	0	0	0	0
Oliver	K	Ken	26/11/38	Pelton		1959	1962	South Shields	Watford	94	13	6	0	38	7	9	0
Oram	DC	David		Ruabon		1936		Blackpool	Burton Town	10	1	0	0	1	0	0	0
Ormond	JL	John 'Ian'	10/08/47	Larkhall		1968		(New Zealand)		1	0	0	0	1	0	0	0
Otulakowski	A	Anton	29/01/56	Dewsbury		1974	1976	Ossett Town	West Ham Utd.	42	1	4	0	2	0	0	0
Owen	G	Gordon	14/06/59	Barnsley		1984	1985	Cardiff City	Bristol City	68	5	2	0	25	4	0	0
Owen	JR	Jackie	1883	Busby	1924	1903		Hibernian	Greenock Morton	34	3	0	0	13	0	0	0
						1905	1906	Greenock Morton	Bolton Wanderers								
Owencroft	GE	George	30/04/11	Prestwich	1986	1932		Reading	Southport	5	0	0	0	2	0	0	0
Oxspring	A	Arnold		Ecclesfield		1901	1909	Doncaster Rovers		271	21	0	0	4	0	0	0
Padgett	D	Daniel				1898		Ward Green		1	1	0	0	0	0	0	0
Page	G	George	30/11/1898	Darlington		1921		Doncaster Rovers	Accrington Stanley	1	0	0	0	0	0	0	0
Pallister	G	Gordon	02/04/17	Howden-le-Weir		1938	1951	Bradford City		220	12	0	0	3	2	0	0
Parker	DH	Derrick	07/02/57	Wallsend		1979	1982	Southend Utd.	Oldham Athletic	107	6	14	0	32	3	4	0
Parker	RW	Bob	26/11/35	Seaham		1965	1968	Huddersfield T		108	8	1	0	0	1	0	0
Parry	S	Steve	11/12/56	Upton		1973	1974	Apprentice		5	0	0	0	0	0	0	0
Patterson	MT	Michael	24/03/00	South Shields	1995	1930		Doncaster Rovers	Southport	5	0	0	0	0	0	0	0
Pattison	FM	Frank	23/12/30	Barrhead		1951	1954	Alloa Athletic	Stirling Albion	29	2	0	0	5	0	0	0
Payton	AP	Andy	23/10/67	Burnley		1993	1995	Glasgow Celtic		107	7	7	0	41	1	3	0
Peachey	JM	John	21/07/52	Cambridge		1974	1978	York City	Darlington	127	5	9	0	31	0	2	0
Pearson	JS	John	01/09/63	Sheffield		1991	1992	Leeds United	Carlisle Utd.	32	3	3	2	4	0	1	0
Pedwell	R	Ralph		Durham		1934		Hartlepools Utd.	Frickley Colliery	10	2	0	0	2	0	0	0
Pegg	E	Ernest 'Dick'	1878	Leicester	1916	1905		Fulham		8	1	0	0	2	0	0	0
Pepper	F	Frank	1875	Sheffield		1899	1901	Newton Heath	Doncaster Rovers	58	2	0	0	0	0	0	0
Pettit	RJ	Ray	11/12/46	Hull		1972	1973	Hull City	Scarborough	51	6	1	0	1	0	0	0
Phoenix	AF	Arthur 'Ginger'	1902	Manchester		1925		Aston Villa	Exeter City	4	0	0	0	0	0	0	0
Pickering	J	John	07/11/44	Stockton		1974		Halifax Town	Blackburn R(coach)	43	1	1	0	2	0	0	0
Pickering	MJ	Mike	29/09/56	Heckmondwike		1974	1976	Juniors	Southampton	103	3	6	0	1	0	0	0
						1983		Sheffield W (loan)									
Pierce	G	Gary	02/03/51	Bury		1979	1982	Wolves	Blackpool	81	4	4	0	0	0	0	0
Pigg	A	Albert		Durham		1929		Raith Rovers	Consett	5	0	0	0	1	0	0	0
Plummer	CA	Calvin	14/02/63	Nottingham		1983	1986	Derby County	Nottm. Forest	54	1	2	1	7	0	0	0
Porteous	D	David				1898		Darwen	Royston	31	7	0	0	0	0	0	0
Powell	H	Bert	1880	Maidstone		1906		Chesterfield Town	Carlisle Utd.	6	2	0	0	2	1	0	0
Prendergast	MJ	Mick	24/11/50	Denaby		1977	1978	Sheffield Wed.	Mexborough T	20	0	1	0	2	0	0	0
Price	B	Bryn	15/11/36	Treorchy		1956	1957	Treorchy Boys Club	Buxton	2	0	0	0	0	0	0	0
Price	PW	Peter	17/08/49	Wrexham		1974	1977	Portsmouth		79	4	7	0	28	0	2	0
Priestley	RM	Roy	26/11/48	Barnsley		1967		Juniors		1	0	0	0	0	0	0	0
Proudfoot	J	Jimmy	31/01/06	Usworth Colliery	1963	1927	1931	Usworth Colliery	Notts County	143	4	0	0	28	1	0	0
Provan	AMH	Andy	01/01/44	Greenock		1963		St Mirren	York City	3	0	0	0	0	0	0	0
Pugh	JG	Graham	12/02/48	Hoole		1976	1979	Chester	Scunthorpe Utd.	130	5	8	0	8	0	1	0
Raggett	BC	Brian	11/01/49	Barnsley		1966	1971	Apprentice		64	2	1	0	0	0	0	0
Rammell	AV	Andy	10/02/67	Nuneaton		1990	1995	Manchester Utd.	Southend Utd.	184	13	14	8	44	4	1	1
Rawson	AN	Albert	1900	West Melton	1980	1924		Birmingham		15	1	0	0	6	0	0	0
Redfearn	ND	Neil	20/06/65	Dewsbury		1991	1995	Oldham Athletic		212	12	14	5	44	3	3	0
Redford	J	James 'Jack'				1921		Aberdeen Mugiemoss	Scunthorpe Utd.	3	1	0	0	2	0	0	0
Reed	C	Charles	1885	Sunderland		1905		Sunderland West End	Sunderland West End	27	2	0	0	0	0	0	0
						1907		Sunderland West End									
Reed	G	Graham	24/06/61	Doncaster		1978	1979	Apprentice	Frickley Athletic	3	1	0	0	0	2	0	0
Rees	AA	Tony	01/08/64	Merthyr Tydfil		1987	1988	Birmingham City	Grimsby Town	31	1	2	1	3	0	0	0
Reeves	G	George	1884	Hucknall	1954	1906	1907	Sutton Town	Aston Villa	30	0	0	0	27	0	0	0
Regis	D	Dave	03/03/64	Paddington		1995		Southend Utd.		12	0	0	0	1	0	0	0
Reid	W	Billy		Rotherham		1899		Rotherham Town		6	0	0	0	0	0	0	0
Rhodes	AC	Andy	23/08/64	Askern		1983	1984	Apprentice	Doncaster Rovers	36	1	2	0	0	0	0	0
Richards	AG	Aneurin 'Nai'	28/04/02	Mardy	1976	1927	1933	Bridgend	Southport	123	8	0	0	0	0	0	0
Richardson	F	Fred	18/08/25	Middlestone Moor		1948	1949	Hartlepools Utd.	West Bromwich A.	41	1	0	0	12	0	0	0
Richardson	GC	George		Newcastle		1902		Willington		5	0	0	0	1	0	0	0
Richmond	J	Joe	1897	Leasingthorpe	1953	1925		Leeds United	Norwich City	13	0	0	0	5	0	0	0
Ridyard	A	Alf	05/03/08	Cudworth	1981	1930	1931	Shafton	West Bromwich A.	21	0	0	0	3	0	0	0
Riley	G	Glyn	24/07/58	Barnsley		1974	1981	Apprentice	Bristol City	131	8	11	0	16	1	3	0
Rimmer	SA	Stuart	12/10/64	Liverpool		1990		Walsall	Chester City	15	0	0	1	1	0	0	0
Rimmington	N	Norman	29/11/23	Barnsley		1946		Mapplewell T	Hartlepools Utd.	27	2	0	0	0	0	0	0
Ring	T	Tommy	08/08/30	Glasgow		1961	1962	Everton	Aberdeen	21	0	0	0	1	0	0	0
Ritchie	R	Robert				1898		Stockton	Middlesbrough	3	0	0	0	0	0	0	0
Roberts	NE	Neville	15/06/02	Penhancho		1936			Carlisle Utd.	7	0	0	0	0	0	0	0
Robertson	SP	Sam	1887	Hebburn		1904	1905	Hebburn Argyle		22	1	0	0	1	0	0	0
Robinson	EG	Ernie	21/01/10	York	1990	1932		Tunbridge Wells Rgs	Sheffield Utd.	23	0	0	0	0	0	0	0
Robinson	J	Jamie	22/02/72	Liverpool		1992	1993	Liverpool	Carlisle Utd.	9	0	0	3	0	0	0	0

Player			D.O.B	Place of Birth	Died	First Lge Season	Last Lge Season	Previous Club	Next Club	Appearances League	FAC	FLC	Other	Goals League	FAC	FLC	Oth.
Robinson	MJ	Mark	21/11/68	Manchester		1987	1992	West Bromwich A.	Newcastle United	137	8	9	5	6	0	0	1
Robledo	EO	Ted	26/07/28	Iquique, Chile	1970	1947	1948	Notts County	Newcastle United	5	0	0	0	0	0	0	0
Robledo	GO	George	14/04/26	Iquique, Chile	1989	1946	1948	Huddersfield T	Newcastle United	105	9	0	0	45	2	0	0
Robson	J	Jimmy	23/01/39	Pelton		1967	1969	Blackpool	Bury	87	7	4	0	15	1	1	0
Rolph	DG	Darren	19/11/68	Romford		1987		King's Lynn	King's Lynn	2	0	0	0	0	0	0	0
Ronson	W	Billy	22/01/57	Fleetwood		1982	1985	Wrexham	Blackpool	113	7	7	0	3	0	0	0
Rooney	T	Thomas		Felling	1936	1914		Gateshead	Durham City	25	1	0	0	0	0	0	0
Round	E	Elijah	1882	Stoke-on-Trent		1904	1907	Mexborough Town	Oldham Athletic	45	1	0	0	0	0	0	0
Roystone	A	Albert		Barnsley		1911	1913	Redfearns	Doncaster Rovers	1	1	0	0	0	0	0	0
Ruddlesdin	A	Arthur	07/02/1899	Hoyland	1972	1920	1922	Tankersley Utd	Swindon T	4	0	0	0	1	0	0	0
Ruddlesdin	W	William	1884	Birdwell		1906		Birdwell	Birdwell	14	0	0	0	0	0	0	0
Rushton	R	Richard	18/09/02	Willenhall	1981	1926		Sheffield Wed.	Wombwell Town	6	0	0	0	0	0	0	0
Russell	HG	Harry		Burton-on-Trent		1923		Burton All Saints	Burton All Saints	2	0	0	0	0	0	0	0
Rutherford	C	Colin	11/07/44	Rowlands Gill		1963		Sunderland		1	1	0	0	0	0	0	0
Rutter	A	Arthur	1887	South Shields		1910		South Shields	Exeter City	16	0	0	0	5	0	0	0
Ryalls	J	Joe	1881	Sheffield		1905		Sheffield Wed.	Fulham	17	0	0	0	0	0	0	0
Rymer	GH	George	06/10/23	Barnsley		1946		Ardsley Victoria	Accrington Stanley	3	0	0	0	0	0	0	0
Sampy	T	Tom	14/03/1899	Shiremoor	1978	1934		Sheffield Utd.		1	0	0	0	0	0	0	0
Sanderson	CA	Charles				1923	1925	Wombwell	Mexborough Ath	24	2	0	0	0	0	0	0
Sanderson	P	Phil	01/11/53	Barnsley		1974		Worsborough Bridge		2	0	0	0	1	0	0	0
Sanderson	R	Robert				1907		Sunderland R.Rovers		5	0	0	0	0	0	0	0
Saunders	JG	John	01/12/50	Worksop		1975		Huddersfield T (loan)		149	7	4	0	7	0	0	0
						1975	1978	Huddersfield T	Lincoln City								
Saville	AV	Andy	12/12/64	Hull		1989	1991	Walsall	Hartlepool Utd.	82	3	6	4	21	0	0	1
Sawyer	R	Roy	29/03/40	Barnsley		1960	1961	Worsborough Bridge		2	0	0	0	0	0	0	0
Saxton	E	Edgar	1896	Carlton		1919	1920	Carlton Victoria	Bournemouth	3	0	0	0	0	0	0	0
Sayles	T	Tommy	1892	Worksop		1921	1922	Cardiff City	Southend Utd.	20	4	0	0	0	0	0	0
Scattergood	E	Eric	09/09/29	Barnsley		1949	1951	Worsborough Dale ST	Wisbech Town	12	0	0	0	0	0	0	0
Scott	JW	Joe	06/07/00	Lye	1962	1927		Rotherham Utd.	Tottenham H	10	0	0	0	3	0	0	0
Seal	J	Jimmy	09/12/50	Pontefract		1971		Wolves	York City	43	3	3	0	12	1	0	0
Semley	A	Alan	21/02/66	Barnsley		1983		Apprentice	Matlock Town	4	1	0	0	0	0	0	0
Senior	RV	Roy	21/06/40	Barnsley		1964		Millwall	Rugby Town	21	1	0	0	4	1	0	0
Senior	S	Stuart	26/10/53	Barnsley		1972		Apprentice	Frickley Colliery	2	0	0	0	0	0	0	0
Seymour	A	Arthur		South Shields	1931	1901	1902	Hebburn Argyle	Bradford City	61	8	0	0	0	0	0	0
Sharp	D	Duncan	16/03/33	Barnsley		1953	1961	Woolley Colliery	Bedford Town	213	21	4	0	0	0	0	0
Sharp	F	Frank	28/05/47	Edinburgh		1970	1972	Cardiff City	Grimsby Town	125	9	4	0	7	0	0	0
Shaw	EL	Eric	12/02/47	Barnsley		1964		Apprentice		2	0	0	0	0	0	0	0
Shaw	MV	Michael				1925		Cheshire Regiment	Crewe A	5	0	0	0	1	0	0	0
Sheavills	JE	Jimmy	28/07/40	Aylesham		1963	1964	Peterborough Utd.		65	6	5	0	6	0	1	0
Sheridan	DS	Darren	08/12/67	Manchester		1993	1995	Winsford Utd		79	3	3	2	2	0	0	0
Sherman	E	Ernest				1903		Chester	Rotherham T	3	0	0	0	1	0	0	0
Sherratt	B	Brian	29/03/44	Stoke-on-Trent		1969		Oxford United	Colchester Utd.	15	0	0	0	0	0	0	0
Sherwin	H	Harry	1893	Walsall	1953	1924	1925	Leeds United		14	0	0	0	0	0	0	0
Shirtliff	PA	Peter	06/04/61	Hoyland		1995		Wolves		32	1	0	0	0	0	0	0
Short	J	Jack	18/02/28	Barnsley	1976	1956	1959	Stoke City	Houghton Main Coll	109	7	0	0	0	0	0	0
Shotton	M	Malcolm	16/02/57	Newcastle		1988	1989	Huddersfield T	Hull City	76	4	3	2	7	0	0	0
						1994	1995	Ayr Utd									
Shotton	R	Bob	27/10/10	Bear Park		1932	1938	Hartlepools Utd.		221	15	0	1	8	0	0	1
Shutt	SJ	Steve	29/11/64	Barnsley		1982	1983	Apprentice	Goole Town	1	0	1	0	0	0	0	0
Silto	WA	Billy	1883	Washington		1904	1908	Hebburn Argyle	Swindon T	92	6	0	0	3	0	0	0
Simmons	W	William	1879	Sheffield	1911	1899		Sheffield Wed.	Sheffield Wed.	15	0	0	0	6	0	0	0
Smart	E	Ernest				1923	1924	Frickley Colliery		3	0	0	0	0	0	0	0
Smillie	RD	Ron	27/09/33	Grimethorpe		1951	1955	Juniors	Lincoln City	114	14	3	0	17	1	0	0
						1960	1961	Lincoln City	Chelmsford City								
Smith	F	Frank	22/11/1889	Darnall	1982	1914	1919	Sheffield Club	Swansea T	26	0	0	0	0	0	0	0
Smith	G	Gavin	25/09/17	Cambuslang	1992	1946	1953	Dumbarton	Stocksbridge Wks	257	14	0	0	35	3	0	0
Smith	J	Jackie		Littletown		1932	1934	West Stanley	Plymouth Argyle	104	3	0	0	26	0	0	0
Smith	JW	Joseph 'Jack'		Halesowen		1928	1931	Halesowen T	Notts County	118	6	0	0	1	0	0	0
Smith	MC	Mark	21/03/60	Sheffield		1989	1992	Plymouth Argyle	Notts County	104	6	6	5	10	1	0	1
Smith	N	Norman	02/01/25	Darwen	1990	1952	1958	Arsenal	Shrewsbury T	156	9	0	0	14	1	0	0
Smith	R	Bobby	20/06/41	Barnsley		1961	1962	Juniors	Chelmsford City	3	0	1	0	0	0	0	0
Smith	T	Tom	1869	Ecclesfield		1898	1899	Sheffield Strollers		11	9	0	0	0	3	0	0
Snodin	G	Glynn	14/02/60	Rotherham		1993	1994	Heart of Midlothian	Carlisle Utd.	25	0	3	0	0	0	0	0
Souter	DD	Don	01/12/61	Hammersmith		1982		Ipswich Town	Aldershot	21	0	4	0	0	0	0	0
Speedie	DR	David	20/02/60	Glenrothes		1978	1979	Juniors	Darlington	23	0	0	0	0	0	0	0
Spence	R	Dickie	18/07/08	Barnsley	1983	1932	1934	Thorpe Colliery	Chelsea	64	1	0	1	25	0	0	0
Spoors	J	Jimmy		Jarrow		1920	1921	Sheffield Wed.		23	2	0	0	10	1	0	0
Springett	PJ	Peter	08/05/46	Fulham		1975	1979	Sheffield Wed.	Scarborough	191	9	11	0	0	0	0	0
Sproates	J	John	11/04/43	Houghton-le-Spring		1963		West Auckland Town	Gateshead	2	0	0	0	0	0	0	0
Spruce	GD	George	03/04/23	Chester		1952	1956	Wrexham	Chester	149	5	0	0	0	0	0	0
Stacey	GW	George	1887	Thorpe Hesley		1905	1906	Thornhill Utd	Manchester Utd.	64	8	0	0	6	2	0	0
Stainsby	J	John	25/09/37	Stairfoot		1959	1960	Wolves	York City	34	0	2	0	12	0	0	0
Stark	J	James		Glasgow		1926	1927	St. Roch's		8	0	0	0	2	0	0	0
Steele	J	Johnny	24/11/16	Glasgow		1938	1948	Ayr Utd	(Coaching staff)	49	1	0	0	21	0	0	0
Stevenson	GW	General	1877	Hapton		1900	1901	Liverpool	Wellingborough	54	7	0	0	0	0	0	0
Stewart	G	Gerry	02/09/46	Dundee		1971	1974	Preston NE	Boston Utd	138	8	3	0	0	0	0	0
Storer	JA	Jackie	03/02/08	Swinton		1928	1930	Mexborough Ath	Bristol Rovers	22	1	0	0	6	0	0	0
Storey	S	Sid	25/12/19	Darfield		1956		York City	Accrington Stanley	29	2	0	0	4	0	0	0
Stott	GRB	George	31/01/06	North Shields	1963	1926		Monckton Ath	Bedlington Utd	2	0	0	0	0	0	0	0

Player			D.O.B	Place of Birth	Died	First Lge Season	Last Lge Season	Previous Club	Next Club	Appearances League	Appearances FAC	Appearances FLC	Appearances Other	Goals League	Goals FAC	Goals FLC	Goals Oth.
Suddick	G					1931				1	0	0	0	0	0	0	0
Surtees	E	Ernie	1886	Rotherham		1907		Parkgate		10	0	0	0	3	0	0	0
Swaby	HN	Harry	22/01/06	Grimsby	1982	1932		Grimsby Town	Scarborough	18	0	0	0	0	0	0	0
Swallow	BE	Barry	02/07/42	Doncaster		1964	1966	Crewe Alexandra	Bradford City	96	5	3	0	1	0	0	0
Swallow	E	Ernie	09/07/19	Wheatley Hill	1962	1947	1949	Doncaster Rovers	Oldham Athletic	36	1	0	0	0	0	0	0
Swan	E	Eddie				1924		Aberdeen	Dumbarton	2	0	0	0	0	0	0	0
Swann	A	Andrew	1878	Dalbeattie		1900		New Brompton	Arsenal	29	3	0	0	18	1	0	0
Swann	G	Gordon	07/12/37	Maltby		1961		Rotherham Utd.	Heanor Town	2	0	0	0	0	0	0	0
Swift	C	Colin	23/12/33	Barnsley		1955	1961	Juniors	Chelmsford City	241	18	4	0	0	0	0	0
Swindells	J	Jackie	12/04/37	Manchester		1961		Accrington Stanley	Workington	14	3	0	0	8	3	0	0
Sylph	J	James				1903		Jarrow		1	0	0	0	0	0	0	0
Taggart	GP	Gerry	18/10/70	Belfast		1989	1994	Manchester City	Bolton Wanderers	212	14	15	6	16	2	1	1
Taylor	A	Archie	1882	Dundee		1911	1912	Huddersfield T	York City	57	15	0	0	0	0	0	0
Taylor	AM	Arthur 'Archie'	07/11/39	Dunscroft		1961		Bristol City	Mansfield Town	2	0	0	0	0	0	0	0
Taylor	BJ	Brian	24/03/37	Walsall		1967		Port Vale	Kidderminster H	23	1	1	0	2	0	1	0
Taylor	JH	Harry	1888	Sutton-in-Ashfield		1909	1910	Sutton Town	Portsmouth	16	1	0	0	7	0	0	0
Taylor	T	Tommy	29/01/32	Barnsley	1958	1950	1952	Smithies Utd	Manchester Utd.	44	2	0	0	26	2	0	0
Ten Heuvel	L	Laurens	06/06/76	Amsterdam(HOL)		1995		FC Den Bosch(HOL)		3	0	0	0	0	0	0	0
Thomas	BE	Barrie	19/05/37	Measham		1966	1967	Scunthorpe Utd.	Retired	43	6	1	0	19	3	0	0
Thomas	DG	Gwyn	26/09/57	Swansea		1983	1989	Leeds United	Hull City	201	13	11	3	17	2	0	0
Thomas	JC	John 'Joe'	22/09/32	West Houghton		1952	1957	Wolves	Mansfield Town	134	5	0	0	0	0	0	0
Thomas	RS	Bob	1911	Durham		1934	1935	Blackpool	Millwall	39	3	0	0	2	0	0	0
Thomas	W	William	1885	Liverpool		1908		Leeds City	Huddersfield T	3	0	0	0	0	0	0	0
Thompson	L	Len	18/12/01	Sheffield		1919		Hallam FC	Birmingham	2	0	0	0	0	0	0	0
Thompson	N	Norman	05/09/00	Forest Hall		1926		Middlesbrough	Chilton Colliery	4	0	0	0	0	0	0	0
Thorpe	T	Tommy	19/05/1881	Kilnhurst	1953	1905	1908	Doncaster Rovers	Northampton Town	118	13	0	0	1	0	0	0
						1921		Northampton Town									
Tiler	C	Carl	11/02/70	Sheffield		1987	1990	Trainee	Nottm. Forest	71	5	4	4	3	0	0	0
Tilson	SF	Fred	19/04/03	Barnsley	1972	1926	1927	Regent St. Congs	Manchester City	61	3	0	0	23	1	0	0
Tindall	JT	Jack	1891	Barnsley		1913	1922	St.Barnabas FC	Accrington Stanley	140	8	0	0	0	0	0	0
Tindill	H	Bert	31/12/26	South Hiendley	1973	1959	1961	Bristol City	Frickley Colliery	98	15	1	0	29	2	0	0
Tingay	P	Phil	02/05/50	Chesterfield		1972		Chesterfield (loan)		8	0	0	0	0	0	0	0
Tomlinson	F	Fred	1886	South Shields		1907	1908	West Stanley	Stoke	16	0	0	0	1	0	0	0
Topping	H	Harry	1908	Manchester		1935		Manchester Utd.	Macclesfield T	14	5	0	0	2	0	0	0
Travers	JE	James 'George'	04/11/1888	Birmingham	1946	1910	1913	Leicester Fosse	Manchester Utd.	84	17	0	0	23	2	0	0
Travers	P	Patrick 'Paddy'	28/05/1883	Renfrew	1962	1901		Renfrew Victoria	Thornliebank	22	0	0	0	4	0	0	0
						1903		Thornliebank	Thornliebank								
Troops	H	Harry	10/02/26	Sheffield	1963	1948		Hadfield Works	Lincoln City	3	0	0	0	1	0	0	0
Tufnell	H	Harry	02/03/1888	Burton-on-Trent		1909	1919	Bury	Wakefield City	200	29	0	0	60	10	0	0
Tummon	O	Oliver	03/03/1884	Sheffield	1955	1920		Sheffield Utd.		1	0	0	0	0	0	0	0
Turnbull	JM	Jimmy		Ashington		1932		Hakoah (USA)	Tunbridge Wells R	1	0	0	0	0	0	0	0
Turner	J	Joe	21/03/31	Barnsley		1961		Scunthorpe Utd.	Goole Town	7	0	0	0	0	0	0	0
Turner	JH	Joe				1920	1921	Rotherham Town	Worksop T	12	0	0	0	0	0	0	0
Turner	P	Paul	08/07/53	Barnsley		1970	1974	Apprentice	Frickley Athletic	35	3	0	0	1	0	0	0
Turner	PJ	Percy	1880			1900		Swindon Town	Chesterfield T	5	0	0	0	1	0	0	0
Underwood	A	Albert		Glencartra		1902		Rutherglen Glencaim	Aidrieonians	14	4	0	0	3	0	0	0
Utley	G	George	1887	Elsecar	1966	1908	1913	Elsecar	Sheffield Utd.	170	26	0	0	8	1	0	0
Van Der Velden	C	Carel	03/08/72	Arnhem(Holland)		1995		FC Den Bosch (Holland)		7	0	0	0	0	0	0	0
Vaughan	H	Harry				1919		Wath Athletic		5	0	0	0	1	0	0	0
Viveash	AL	Adrian	30/09/69	Swindon		1995		Swindon T (loan)		2	0	0	0	1	0	0	0
Waddell	W	Willie	16/04/50	Denny		1971		Kilmarnock	Hartlepool Utd.	18	3	2	0	4	0	0	0
Wadsworth	W	Wilf		Kilnhurst		1932		Doncaster Rovers		17	0	0	0	4	0	0	0
Wainscoat	WR	Russell	28/07/1898	Maltby	1967	1919	1923	Maltby Main	Middlesbrough	144	9	0	0	54	2	0	0
Waldron	H	Harry		Sheffield		1899		Attercliffe		14	0	0	0	1	0	0	0
Walker	C	Colin	01/05/58	Rotherham		1980	1982	Gisborne City (NZ)	Gisborne City (NZ)	24	1	3	0	12	0	1	0
Walker	PG	Paul	03/04/49	Bradford		1975		Peterborough Utd.	Ottawa Tigers (Can)	13	1	2	0	0	0	0	0
Wall	G	George	20/02/1885	Boldon	1962	1903	1905	Jarrow	Manchester Utd.	75	5	0	0	24	1	0	0
Wallbanks	J	Jimmy	12/09/09	Platt Bridge	1979	1930		Annfield Plain	Norwich City	9	0	0	0	0	0	0	0
Wallbanks	J	John		Hindley		1929	1932	Crook T	Portsmouth	118	8	0	0	65	0	0	0
Walls	J	Jack	08/05/32	Seaham		1952		Juniors	Peterborough Utd.	7	1	0	0	0	0	0	0
Walsh	C	Charlie				1926		Preston NE		6	0	0	0	0	0	0	0
Walsh	IP	Ian	04/09/58	St Davids		1984	1985	Swansea City	Grimsby Town	49	1	3	0	15	0	0	0
Walters	H	Henry	15/03/25	Wath-on-Dearne		1953	1959	Walsall	Wombwell	160	12	0	0	4	0	0	0
Ward	J	John				1903		Wallsend Park Villa		8	0	0	0	0	0	0	0
Ward	TV	Tim	17/10/18	Cheltenham	1993	1950	1952	Derby County	(coaching staff)	33	0	0	0	0	0	0	0
Wardle	IS	Ian	27/03/70	Doncaster		1989		Juniors	Maltby Miners Welfare	9	0	2	0	0	0	0	0
Wardle	W	Billy	20/01/18	Houghton-le-Spring	1989	1953	1954	Birmingham City	Skegness Town	28	1	0	0	1	0	0	0
Waring	T	Tom 'Pongo'	12/10/06	High Tranmere	1980	1935		Aston Villa	Wolves	18	4	0	0	7	2	0	0
Warner	P	Percy		Birdwell		1905		Birdwell		3	0	0	0	2	0	0	0
Warnock	N	Neil	01/12/48	Sheffield		1976	1977	Aldershot	York City	57	3	3	0	10	1	1	0
Warrilow	F	Frank				1935		Wellington T	Dudley Town	13	0	0	0	4	0	0	0
Watson	D	Don	27/08/32	Barnsley		1961		Bury	Rochdale	8	0	0	0	1	0	0	0
Watson	DN	David	10/11/73	Barnsley		1992	1995	Trainee		96	3	9	1	0	0	0	0
Watson	PR	Phil	23/02/07	Dykehead		1937		Blackpool	Queen of the South	4	0	0	0	0	0	0	0
Welch	C	Christopher	1878	Hebburn on Tyne	1922	1901	1903	Hebburn Argyle	Denaby Utd	57	10	0	0	0	1	0	0
West	A	Alf	15/12/1881	Nottingham		1902	1903	Ilkeston Town	Liverpool	42	6	0	0	0	1	0	0
White	ET	Earl				1919		Dearne Athletic	Wakefield City	1	0	0	0	0	0	0	0
Whitehead	PM	Phil	17/12/69	Halifax		1991	1992	Halifax Town	Oxford United	16	0	0	0	0	0	0	0
Whitehouse	D	Dean	03/10/63	Mexborough		1983		Apprentice	Torquay United	2	0	1	0	0	0	0	0

Player			D.O.B	Place of Birth	Died	First Lge Season	Last Lge Season	Previous Club	Next Club	Appearances				Goals			
										League	FAC	FLC	Other	League	FAC	FLC	Oth.
Whitham	V	Vic	1894	Burnley	1962	1919		Kimberworth Old Boys	Norwich City	3	0	0	0	0	0	0	0
Whitworth	E	Ernie		Treeton		1932	1934	Rotherham Utd.	Aldershot	78	5	0	1	4	0	0	0
Whitworth	NA	Neil	12/04/72	Wigan		1991		Manchester U (loan)		11	0	0	0	0	0	0	0
Whyke	P	Peter	07/09/39	Barnsley		1957	1960	Smithies FC	Rochdale	26	0	1	0	1	0	0	0
Whyte	JA	Archie	17/07/19	Redding	1973	1946	1949	Armadale Thistle	Oldham Athletic	91	1	0	0	2	0	0	0
Wigg	RG	Ron	18/05/49	Great Dunmow		1976	1977	Grimsby Town	Scunthorpe Utd.	18	0	2	0	5	0	0	0
Wigmore	C	Clive	1892	Kiveton Park		1911	1914	Dinnington	Aston Villa	61	2	0	0	5	0	0	0
Wilcock	GH	George	24/01/1890	Edinburgh		1911		Bradford PA	Goole Town	4	0	0	0	0	0	0	0
Wilcox	A	Tony	13/06/44	Rotherham		1964		Rotherham Utd.	Kidderminster Harr.	6	0	0	0	0	0	0	0
Wilkes	DA	David	10/03/64	Barnsley		1981	1983	Apprentice	Harps (Hong Kong)	17	0	2	0	2	0	0	0
Wilkinson	F	Fred		Durham		1908		Shildon Athletic	Darlington	15	0	0	0	0	0	0	0
Wilkinson	J	Jack		Ilkeston		1905	1907	Hickleton Main		24	3	0	0	2	1	0	0
Williams	C	Clarrie	13/01/33	Wardley		1960	1961	Grimsby Town	Grimsby T (ass.tnr)	24	2	0	0	0	0	0	0
Williams	E	Emlyn	15/01/12	Maesteg	1989	1936	1938	Buxton Town	Preston NE	105	5	0	0	0	0	0	0
						1947	1948	Preston NE	Accrington Stanley								
Williams	GJ	Gareth	12/03/67	Cowes		1991	1993	Aston Villa	Bournemouth	34	2	1	2	6	0	0	0
Williams	JH	John				1919	1920	Staincross	Doncaster Rovers	39	2	0	0	0	0	0	0
Williamson	R	Bob	06/12/33	Edinburgh		1963	1964	St. Mirren	Leeds United	46	4	4	0	0	0	0	0
Wilshaw	J	John		Ashington		1927		Bedlington Utd	Wath Athletic	2	0	0	0	0	0	0	0
Wilson	DJ	Danny	01/01/60	Wigan		1993	1994	Sheffield Wed.		77	5	6	1	2	0	0	0
Wilson	JB	John				1935		Blackhall Coll. Welfare	Margate	3	0	0	0	0	0	0	0
Wilson	JW	Joe	10/09/11	Tow Law		1946		Reading	Blyth Spartans	20	8	0	0	0	1	0	0
Winstanley	E	Eric	15/11/44	Barnsley		1961	1972	Juniors	Chesterfield	410	33	18	0	35	3	1	0
Woffinden	RS	Richard	20/02/17	Rotherham	1987	1938		Winterwell A	Hartlepools Utd.	2	0	0	0	0	0	0	0
Wood	BW	Barrie	05/12/36	Doncaster		1960	1961	South Shields	Grantham	4	0	1	0	2	0	0	0
Wood	CC	Chris	18/05/55	Penistone		1972		Huddersfield T (loan)		1	0	0	0	0	0	0	0
Wood	R	Bobby	15/02/30	Elphinstone		1951	1964	Hibernian		338	28	7	0	41	3	0	0
Wood	RE	Ray	11/06/31	Hebburn		1966	1967	Bradford City	LA Wolves(USA)(coach)	30	4	1	0	0	0	0	0
Wormley	P	Paul	16/09/61	Leeds		1979		Yorkshire Amateurs	Huddersfield T	1	0	0	0	0	0	0	0
Worrall	A	Arthur				1898		Crewe Alexandra	Belfast Distillery	7	0	0	0	0	0	0	0
Wren	C	Cecil		Hemsworth		1909		South Kirkby		2	0	0	0	0	0	0	0
Wright	AM	Alex	18/10/25	Kirkcaldy		1947	1950	Hibernian	Tottenham H	84	2	0	0	31	2	0	0
Wright	P	Peter	1882	Hebburn on Tyne		1904		Hebburn Argyle		2	0	0	0	0	0	0	0
Wroe	H	Harold	1906	Birdwell		1925		Birdwell	Wombwell Town	1	0	0	0	0	0	0	0
Wylde	RJ	Rodger	08/03/54	Sheffield		1984	1987	Sunderland	Stockport Co.	52	5	2	1	19	1	0	0
Yates	D	David 'Sammy'	18/03/53	Barnsley		1972	1977	Apprentice	Frickley Athletic	104	7	1	0	2	0	0	0
Youell	JH	Jasper	23/03/25	Bilston		1952		Portsmouth	Weymouth	19	1	0	0	0	0	0	0
Young	NJ	Norman	1907	Birmingham		1936		Aston Villa	Brierley Hill Alliance	22	1	0	0	0	0	0	0

Appeared in FA Cup only

Cotton						1899				0	1	0	0	0	1	0	0
Ferrier	HR	Harry	20/05/20	Ratho		1945		Ratho Amateurs	Portsmouth	0	1	0	0	0	0	0	0
Holdcroft	GH	Harry	23/01/09	Burslem	1983	1945		Preston NE	Morecambe	0	6	6	0 0	0	0	0	0
Scott	J	Joe				1906				0	2	0	0	0	0	0	0
Shears	AE	Bert	12/05/00	Newcastle	1954	1931		Wigan Borough	Aldershot	0	1	0	0	0	0	0	0

Appeared in League Cup only

Markham	D	David 'Eric'	1959			1978		Apprentice	Rotherham Utd	0	0	1	0	0	0	0	0
Mokone	SV	Steve	23/03/32	Pretoria (SA)		1961		Benfica(Portugal)		0	0	1	0	0	0	0	0